KB203147

목회현장에서 꼭 필요한 교회법률상식 II

목회현장에서 꼭 필요한

교회법률상식 II

2021년 9월 10일 초판 1쇄 인쇄
2021년 9월 20일 초판 1쇄 발행

지은이 | 신현만 • 한기승
펴낸이 | 황성연
펴낸곳 | 글샘출판사
등록번호 | 제 8-0856호

총판 | 하늘물류센터
주소 | 경기도 파주시 광탄면 혜음로 883번길 39-32
전화 | (031) 947-7777
팩스 | (0505) 365-0691
Copyright © 2021, 글샘출판사

ISBN 978-89-91358-57-7 (03230)

목회현장에서 꼭 필요한

교회법률상식

II

저자
신현만
한기승

글샘
GEULSAEM PUBLISHING

추 천 사

저는 기본적으로 교회는 은혜 원리, 생명 원리로 가야 한다고 생각합니다. 그래서 저는 지금까지도 목회를 할 때 항상 은혜와 생명으로 하였습니다. 교회 분쟁이나 다툼을 단 한 번도 해 본 적이 없습니다. 그런데 언제부턴가 한국교회 안에 이런 저런 분쟁과 다툼이 빈번하게 발생하고 은혜와 생명보다는 법과 제도를 앞세우는 풍토가 생겨나기 시작했습니다. 물론 교회도 사람이 모인 곳이기에 어찌 분쟁과 다툼이 없을 수 있겠습니까? 그럴 때를 대비하여 교회법이 필요한 것이고 전문가들의 조정 역할이 있어야 하는 것입니다.

하나님께서는 우리가 하나님 없이 내 생각으로 판단하고 내 독선적인 편견으로 판단하는 것을 제일 싫어합니다. 적어도 우리는 성경적인 세계관과 가치관을 가지고 판단을 해야 합니다. 동시에 교회 법률에 맞게 판단을 해야 합니다. 그렇지 않고 독선적 신념과 편견에 사로잡혀서 시비를 가리려고 하다보면 분쟁과 다툼에 빠지게 되는 것입니다.

그런 의미에서 신현만 목사님께서 교회법 전문가로서 집필하신 "목회현장에서 꼭 필요한 교회법률상식 2부"는 많은 교회와 목회자들에게 큰 도움을 줄 것입니다. 교회 행정, 교회 직원, 치리회 등에 대해서 누가 보아도 쉽고 상세하게 이해할 수 있도록 잘 기술하여 놓으셨습니다. 그러나 우리가 대전제로 기억해야 할 것은 아무리 인간이 정의를 행하려고 해도 거기에 악이 있고 공의롭게 재판을 하려고 해도 악이 있다는 것입니다(전3:16). 그러므로 이 책이 교회법을 개인의 욕망의 수단으로 쓰지 말고 정의와 하나님의 뜻을 세우고 공동체의 질서를 위해 잘 선용될 수 있기를 바랍니다. 바라기는, 이 책을 통하여 교회 안의 불필요한 오해와 다툼을 그치게 하고 바른질서가 세워지며 은혜와 생명의 길을 열어갈 수 있기를 바랍니다.

소강석 목사

(새에덴교회, 대한예수교장로회 제105회 총회장)

추 천 사

성경 요한1서 3장 4절에 "죄를 짓는 자마다 불법을 행하나니 죄는 불법이라"고 했다. 또 사무엘상 10장 25절에는 "사무엘이 나라의 제도를 백성에게 말하고 책에 기록하여 여호와 앞에 두고 모든 백성을 각기 집으로 보내었다"고 했다. 이로 보건대 각 나라나 사회에는 법과 관습에 의하여 세워진 모든 사회적 규약의 체계가 있다. 우리가 이것에 합하면 정상적 삶이 되는 것이고 이것에 반하면 불법적 삶이 되는 것이다. 교회도 교회 나름의 법과 제도가 있어서 거기에 준하여 운영하고 유지하게 되어 있다.

저자는 이미 2014년 7월에 "목회현장에서 꼭 필요한 교회법률상식" 이란 제호로 책을 출판하였다. 그러나 그 후 추가할 많은 문제들이 생겨 금번에 본서의 2부를 발간하게 되었다. 총 3편으로 구분하되 제1편 교회 행정, 제2편 교회 직원, 제3편 치리회로 나누었고, 1편에는 일반 행정 재판 행정 관련 헌법을, 2편에는 목사 장로를, 3편에는 당회 노회 총회(일반 행정, 총회 재판국)를 모두 95개 문항으로 분류하였다.

이와 같은 문항들은 목회 현장에서 일어나는 실제 사건들을 당회 노회 총회별로 나누어 법리적으로 요약 정리한 것이다. 물론 여기에서 전개한 법리가 다 옳다는 것이 아니다. 그러나 법리 전개에는 상당한 이유와 논리가 구비되어야 한다. '모든 윤리적인 것은 다 논리적이나 모든 논리적인 것은 다 윤리적이 아니다.'라는 말이 있기 때문이다. 항용 윤리나 법리는 논리적으로 정당하고 타당해야 한다. 그러므로 이긴 재판도 오심일 수 있고 진 재판도 역사의 무대에선 뒤집힐 수 있는 법이다. 또한 잘못된 법 적용이나 판단 착오일 때 그것은 오히려 법리 이해에 반면교사로서 향도자(向道者)가 될 수 있음을 유의했으면 한다.

그러므로 신현만 목사님의 "목회현장에서 꼭 필요한 교회법률상식 2부"는 한국 교회의 목회 현장에서 빈번히 직면하는 제 문제를 이해하고 해결하는 데 큰 도움이 되는 책이 되리라고 본다. 법 없어도 살 수 있는 세상이면 오죽 좋으련만 현실 세상은 죄악 세상이요, 법을 악용하는 사례가 빈번하므로 모든 시비곡직을 가려주고 밝혀 줄 교회 법률 상식이 실제 생활에서 필히 필요하다고 여겨 본서를 널리 추천한다.

장차남 목사
(온천제일교회 원로, 증경총회장)

서 언(序言)

제89회 총회 부총회장 류재양 장로님의 간절한 요청으로 2005년 5월 9일에 "교회재판 이렇게 한다"(도서출판 GRM)의 초판을 출간하면서 기독신문과 한국기독신문에 투고하여 교계에 검증된 '교회법률상식' 49편을 부록하였고, 연이어 2006년 9월 18일에 "교회재판 이렇게 한다"(기독신문사)의 개정 증보판을 출간하면서 기독신문, 한국기독신문, 교회연합신문 등에 투고한 '교회법률상식' 70편을 부록하였으며, 그 후 2014년 7월 21에 교회 헌법 관리편 해설 시리즈로 출간한 "목회현장에서 꼭 필요한 교회법률상식"(야곱의 우물)을 기독신문, 한국기독신문, 리폼드뉴스, 크리스천포커스 등 언론사에 투고하여 검증된 202편의 기사를 '교회법률상식' 단편 655쪽의 분량으로 출판하였다.

작금 중국 우한 코로나 바이러스 감염증이 세계적 재앙으로 확산 대유행(Pandemic)하여 지역 간 활동이 심각한 제약을 받은 차제에 2014년 '교회법률상식' 단편을 출간한 이후 한국기독신문과 크리스천포커스 등 교계 언론에 투고한 신문 기사의 원고를 정리하여 "목회현장에서 꼭 필요한 교회법률상식 2부"를 출간함으로 전국 교회의 목회자와 성도들 앞에 다가서게 되었다.

필자는 본서로 하여금 당회와 노회와 총회 등의 치리회에 도사리고 있는 모든 갈등의 악순환을 잘라내고 개혁으로의 지름길로 안내함은 물론 교회 행정과 교회 재판에 관한 시대적 역사적 자료가 될 것으로 기대한다.

이 책이 출간되기까지 원고를 정리한 막내 성진, 바쁘신 중에도 원고를 교정해 주신 정태중 장로님 그리고 개혁의 동반자적인 사명으로 졸고(拙稿)를 기꺼이 신문에 보도해준 한국기독신문과 크리스천포커스에 지면을 빌어 깊은 감사를 드린다.

특히 부족한 사람과 동고동락하며 평생 동안 기도와 격려로 조력한 아내 김명한 님과 항상 여러모로 기쁨과 즐거움을 선사해 주는 큰아들 금철 내외와 큰딸 혜영 내외 그리고 작은딸 혜진 내외와 7명의 손자 손녀들에게도 고마운 마음을 전한다.

끝으로 중부산교회를 개척 설립하여 26년 동안 믿음과 사랑으로 정성을 다하여 섬겨 오신 성도들과 은퇴 후 소망가운데 은목교회(隱牧敎會)를 함께 섬기는 목사님, 사모님들에게 진심어린 감사를 드리며 모든 영광을 하나님께만 올려 드릴 뿐이다.

지은이 아룀

목 차(目次)

第1篇 교회 행정(敎會行政)

第1章 일반 행정(一般行政)

1. 만 70세 전 원로목사 총회 총대, 운영이사장 될 수 있다 • 19

2. 공동 의회의 헌법적 원리와 원칙 • 25

3. 교회 이적과 목사 이명을 위한 공동 의회 의미 • 31

4. 교회 정관 총회 헌법과 상충되면 효력 없어 • 35

5. 끊임없는 교회 분쟁의 요인 • 38

6. 돈 400만원에 인격을 팔아넘긴 어리석은 사람 • 44

7. 비대위의 교인 총회, 노회 탈퇴는 불법 당연 무효 • 48

8. 시무 정년 만료 후에 연장 시무는 할 수 없어 • 54

9. 장로회 정치 체제는 대의 민주 정치 • 57

10. 전국 교회 당회장과 당회 회원들에게 고함 • 60

11. 지교회와 미조직 교회를 혼동하면 안 된다 • 63

12. 회장의 비상 정회 선언권과 속회 선언권 • 69

13. 총회 총대 선거 박수 선정, 총회가 가르쳐준 것 • 72

14. 합동 총회 임시 목사인가 시무 목사인가 • 75

15. 지교회와 미조직 교회에 대한 오해 • 81

16. 치리회 동일체의 원칙 • 83

17. 교단 탈퇴 노회 허락 없이 신문 광고로 • 85

18. 만 40세 이전 피택은 무효, 이후 피택은 합법 • 88

第2章 재판 행정(裁判行政)

19. 경남동노회 서○○ 목사 외 3인 면직 판결 확정 • 91

20. 교회 재판 시벌에 "제명"이란 벌은 없다 • 98

21. 교회 재판과 세상 재판의 상반된 우선 기준 • 101

22. 상소 통지서 접수, 노회 서기의 절대적 직무 • 104

23. 상소건 소원건은 경유인 필요치 않아 • 107

24. 위탁 판결 청원 없이 노회가 장로 재판 못 해 • 110

25. 재판으로 원로 목사 해지 절대 불가 • 116

26. 판결 주문으로 평가한 재판국원의 자질 • 119

27. 총회 재판국장 동시에 노회 재판국장 됨은 당연 • 125

28. 피고 4인 판결의 상소건, 4인 연명의 1건으로 • 127

第3章 관련 헌법(關聯憲法)

29. 미조직 교회에 담임 목사 위임예식 불가 • 129

30. 최종 헌법 개정안의 문제점 • 133

31. 헌법개정위원회 연구 흔적 전혀 보이지 않아 • 137

32. 헌법 개정안 공청회 자료에 대한 소고 • 143

33. 헌법개정위원회에 바란다 • 149

34. 헌법을 짓밟고 장로회 정치를 포기한 합동 총회 • 155

35. 헌법재판소 구성은 반드시 9인이어야 • 160

36. 헌법개정위원회의 개정안 검토할 가치도 없어 • 164

37. 교회 헌법과 총회 결의의 상위권 • 169

第2篇 교회 직원(教會職員)

第1章 목사(牧師)

38. 교단을 탈퇴한 목사의 후속 조치 • 177

39. 리폼드뉴스의 권징조례 제110조에 관한 왜곡된 해석 • 181

40. 미조직 교회 목사 임시 목사인가 시무 목사인가 • 184

41. 미조직 교회가 교육 목사 청빙할 수 있는가 • 187

42. 원로 목사 20년 시무 계산법 • 190

43. 위임 목사로서의 당회장 직무와 권한 • 193

44. 교회는 과연 목사의 교회인가 • 199

45. 목사 사면서 목사 본인이 직접 노회에 제출해야 • 202

第2章 장로(長老)

46. 원로장로는 당회장에게 당회 소집 청원권 없다 • 205

47. 은퇴 장로는 원로 장로 될 수 없다 • 208

48. 장로 임직식 담임 목사 홀로 거행해도 합법 • 211

49. 협동 장로가 신학교 법인 이사장 될 수 있는가 • 214

50. 장로 재판국장은 판결문 선고 못 한다 • 217

第3篇 치리회(治理會)

第1章 당회(堂會)

51. 당회 의결 정족수와 개회 성수가 같다 함 어불성설 • 223

52. 당회 의결 정족수에 대한 소 박사의 반란 • 229

53. 당회의 구성 요소와 회원권 • 232

54. 당회장과 임시 당회장 혼동해서는 안 된다 • 235

55. 임시 당회장의 의미 • 238

56. 당회 의결 정족수에 대한 당회의 분쟁 • 241

57. 찬성 결의는 출석수 3분의 2, 날인은 재적 과반수 • 244

58. 임시 당회장 과연 노회가 파송한 당회장인가 • 246

第2章 노회(老會)

59. 교회의 노회 소속 변경 가능한 경우와 변경 절차 • 250

60. 굴화리와 천상리는 남울산노회 지역 • 256

61. 노회 임원 정치부의 담임 목사 해임 범죄 행위 • 262

62. 노회가 당회에 임시 당회장 대리 당회원 파송 절대 불가 • 266

63. 봄 정기 노회에 유감 • 269

64. 예정한 일시와 장소에서 모인 노회가 정통 노회 • 272

65. 전주서문교회의 소속 노회는 중전주노회 • 276

66. 지역 노회가 사라져 가고 있다 • 281

67. 폐 당회 된 교회 위임 목사도 피선거권 있다 • 284

68. 장로 은퇴한 미조직 교회 노회장 직무 계속 가능 • 287

69. 총회 재판 계류 중인 위임 목사 권고 사임 결의 언어도단 • 291

第3章 총회(總會)

第1節 총회 행정(總會行政)

70. 비상 정회는 치리회 회장의 고유한 특권 • 294

71. 상비부인 감사부가 총회 결의 뒤집을 수 없어 • 300

72. 위험천만한 합동 총회기구혁신위원회의 발상 • 306

73. 장로교 총회 명칭의 변천사 • 312

74. 직전 총회장은 총회 재판회장 될 수 없어 • 315

75. 총회 감사부의 감사 업무 한계 • 318

76. 총회 기소위원회 정치부 상설화 어불성설 • 323

77. 총회 노회분립위원회의 반역 • 329

78. 총회 유령 위원회가 노회에 하달한 유령 공문 • 334

79. 총회 임원회 노회에 목사 시벌 지시 어불성설 • 339

80. 총회가 목사 정회원권 박탈 결의 언어도단 • 345

81. 총회는 재판국 보고를 변경 갱심케 할 수 없다 • 348

82. 총회 총대 임기와 파회 후 위원회 활동 근거 • 351

83. 합동 교단 사면위원회 설치 운영 언어도단 • 354

84. 합동 제102회 총회 왜 이러십니까 • 362

85. 합동 총회 유령 위원회가 활동하고 있다 • 368

86. 직전 총회 총대 아닌 자, 차기 임원 후보 불가 어불성설 • 371

第2節 총회 재판국(總會裁判局)

87. 재판국 판결문과 총회 검사 용어에 대한 흠결 • 374

88. 제101회 총회 재판국의 현상을 진단한다 • 377

89. 제101회 총회 직할 재판의 흠결 • 382

90. 제103회 총회 재판국 변화의 바람 기대한다 • 388

91. 총회 재판과 관련된 "환송"과 "환부"의 의미 • 391

92. 총회 재판국은 헌법의 규정한바 법률심으로 재판해야 • 394

93. 총회 재판국 왜 이러십니까 • 397

94. 재판건에 관계된 총회와 재판국 행정의 흠결 • 403

95. 환부환송유권해석연구위원회 해설에 대한 소고 • 406

부록(附錄)

장로회 각 치리회 보통회의 규칙 • 409

第1篇
교회 행정(敎會行政)

第1章
일반 행정(一般行政)

1. 만 70세 전 원로목사 총회 총대, 운영이사장 될 수 있다

모 인터넷 신문(2016. 2. 10. 입력)에 "정년 전 은퇴한 원로 목사의 노회 회원권의 한계"라는 제목의 기사 내용 중 헌법에 상충되는 위헌적 기사를 보았다. 그런데 그 기사는 교회 헌법을 뿌리 채 흔들어 놓는 아연실색할 만한 내용이기에 부득불 이 글을 쓸 수밖에 없음을 먼저 밝혀 둔다.

논점이 될 만한 기사의 일부는 다음과 같다.

"만 70세 전에 은퇴하여 원로 목사 된 자는 노회 회원권이 주어진다는 교단 헌법에 근거하여 총회 총대나 운영 이사가 될 수 있기 때문에 운영 이사장 직무 대행은 법적으로 그 신분이 유지되므로 할 수 있다고 주장한다.

하지만 노회 회원이면서 조직 교회 위임 목사가 아니라 미조직 교회 임시 목사란 이유로 총회 총대가 될 수 없다는 총회 결의(제87회)가 있다. 정년 전 은퇴한 원로 목사는 노회 회원권이 주어져 있기 때문에 총회 총대가 될 수 있으므로 운영 이사장 직무 대행을 맡을 수 있다는 주장은 옳지 않다.

그리고 조직 교회 위임 목사직을 사임하고 은퇴한 원로 목사는 운영 이사회 이사로 파송할 수 없다. 왜냐하면 운영 이사회 규칙 제4조에 운영 이사회 구성 요건에 21당회 이상의 노회에서 파송한 이사로 구성한다. 원로 목사는 운영 이사로 파송할 수 없으며 이사 자격이 상실된다.

이 같은 법리에 따라 당회가 구성된 위임 목사가 아니면 운영 이사회 이사가 될 수 없으며 위임 목사직을 사임한 목사가 단지 정년 이전의 은퇴자로 노회 회원권이 주어져 있다 하더라도 운영 이사 자격이 상실되므로 운영이사장 직무 대행을 맡을 수 없다.

이사장이 아닌 이사장 직무 대행을 맡을 수 있는 자격이 유지되지 못하므로 '현행 송춘현 목사가 운영 이사회 소집권을 갖고 있으며 송춘현 목사가 소집하지 아니한 운영 이사회의 소집은 위법이다'라는 주장은 설득력이 없다. 이 해석은 총회의 몫이다."라는 대목이다.

이상의 기사에서 송춘현 목사가 운영 이사장 직무 대행을 맡을 수 있다는 주장에 대하여 "옳지 않다" 함이나 "설득력이 없다" 함이나 "이 해석은 총회의 몫이다"라는 주장은 교단 헌법에서 규정하고 있는 정당한 법리에 대하여 교단 헌법에 상충된 반론을 제기하는 역풍에 다름 아니다.

1. 이사장 직무 대행을 할 수 있다는 주장에 대하여

"만 70세 전의 원로 목사는 교단 헌법에 근거하여 총회 총대나 운영 이사가 될 수 있기 때문에 운영 이사장 직무 대행은 법적으로 그 신분이 유지되므로 할 수 있다."는 주장은 흠잡을 것이 전혀 없는 지극히 합법적이고 정당한 법리이다.

또한 만 70세 전 원로 목사인 "송춘현 목사가 운영 이사회 소집권을 갖고 있으며 송춘현 목사가 소집하지 아니한 운영 이사회의 소집은 위법이다."라는 주장 역시 교단 헌법이 보장한 지극히 합당한 법리이다.

그 이유는 교단 헌법 정치 제10장(노회) 제3조(회원 자격)에 "각 지교회 시무 목사와 정년 이전의 원로 목사와 총회나 노회가 파송한 기관 사무를 위임한 목사는 회원권을 구비하고, 그 밖의 목사는 언권 회원이 되며 총대권은 없다."라고 규정하였고 본 조항은 노회의 회원 자격 규정으로 "정회원"(회원권을 구비하고)과 "언권 회원"으로 구별하였기 때문이다.

여기에서 ① 언권 회원은 "그 밖의 목사는 언권 회원이 되며 총대권은 없다."라는 문장에서 "그 밖의 목사"란 무임 목사, 전도 목사, 정년 후 원로 목사, 은퇴 목사를 의미하며(정치 제4장 제4조 참조) "총대권은 없다."란 총회 총대 피선거권이 없다는 말이다.

그런데 "총대권은 없다."라는 필요치 않는 문장을 덧붙인 것은 개정되기 전의 구 헌법이 노회에서 장로 총대가 아닐지라도 투표만 받으면 총회 총대가 될 수 있었던 것과 무임 목사도 위원회에서는 피선거권이 있었던 것을 삭제 개정하면서 강조한 문장이고, 언권 회원은 정회원 그 밖의 목사이므로 선거권, 피선거권, 결의권, 총회 총대권이 없는 노회 회원이다.

② 정회원은 지교회 시무 목사인 위임 목사, 임시 목사, 부목사 와 정년 이전의 원로 목사, 기관 목사로서 선거권, 피선거권, 결의권, 총회 총대권을 구비한 노회 회원이다.

따라서 언권 회원이 아니고 정회원(회원권을 구비한)에 속한 정년 이전의 원로 목사는 노회와 총회가 투표만 해주면 총회 총대, 운영 이사, 운영 이사로서의 운영 이사장 또는 운영 이사장 직무 대행이 되는 것은 헌법이 규정한바 정당한 권리이다.

2. 이사장 직무 대행을 할 수 없다는 주장에 대하여

그런데 본 기사 내용에 "하지만 노회 회원이면서 조직 교회 위임 목사가 아니라 미조직 교회 임시 목사라는 이유로 총회 총대가 될 수 없다는 총회 결의(제87회)가 있다. 정년 전 은퇴한 원로 목사는 노회 회원권이 주어져 있기 때문에 총회 총대가 될 수 있으므로 운영 이사장 직무 대행을 맡을 수 있다는 주장은 옳지 않다."는 논리는 교단 헌법을 짓밟고 하위법을 우선하는 역행으로서 오히려 교단을 혼란케 하는 위헌적 주장이다.

교단 헌법이 보장한 노회의 정회원인 "만 70세 이전의 원로 목사"에 대하여 "운영 이사장 직무 대행을 맡을 수 있다는 주장은 옳지 않다."라는 것이 말이나 되는가? 이런 법리는 밭갈이하는 소가 들어도 웃을 일이다.

그 이유로서 기사 내용을 분석해 보면 제87회 총회가 결의한 "전북노회장 유성종 씨가 헌의한 미조직 교회 목사(임시 목사)가 노회장과 총회 총대가 될 수 있는지를 질의하는 건은 법(노회장과 총회 총대가 될 수 없다)대로 하기로 가결하다(제87회 총회 촬요 및 요람 p. 53)."의 결의를 준거하여 엉뚱하게 "정년 전 은퇴한 원로 목사가 총회 총대와 운영 이사장 직무 대행을 맡을 수 있다는 주장은 옳지 않다."는 논리는 하위법을 내세우면서(세상 법원과 같이) 상위법인 교단 헌법이 보장하고 있는 기본법을 박탈하는 논거이기 때문이다.

또한 "운영 이사회 규칙 제4조에 운영 이사회 구성 요건에 21당회 이상의 노회에서 파송한 이사로 구성한다. 원로 목사는 운영 이사로 파송할 수 없으며 이사 자격이 상실된다."는 잘못된 규칙을 준거한 것 역시도 규칙 내용에 규칙으로서의 미비점은 차치하더라도 하위법을 내세우면서(현행 세상 법원의 법리를 따르면서) 상위법인 교단 헌법이 보장하고 있는 원로 목사의 기본권인 피선거권을 박탈하는 논거이기 때문이다.

3. 상위법 우선의 원칙

장로회 정치는 "총회의 규칙과 결의는 헌법을 우선하지 못하고 노회의 규칙과 결의는 총회의 규칙과 결의를 우선하지 못하고 당회의 규칙과 결의는 노회의 규칙과 결의를 우선하지 못하고 동류 치리회의 결의는 동류 치리회의 규칙에 우선하지 못한다."는 "상위법 우선의 원칙"에 의하여 교회와 치리회의 행정을 시행하고 있다.

그런데 기사 내용은 총회의 결의와 운영 이사회의 규칙을 빙자하여 상위법인 교단 헌법보다 하위법을 우선하면서(정교 분리의 원칙에 어긋난 세상 법원의 법리를 따르면서) 교단 헌법을 짓밟고 장로교회의 헌정 질서를 어지럽히는 괴변으로 정년 전 원로 목사의 기본 회원권인 피선거권을 박탈하려 들고 있다.

부언컨대 제87회 총회의 결의는 수치스러운 결의이다. 왜냐하면 ① 교단 헌법에 상충되는 결의이고 ② "미조직 교회 목사(임시 목사)"라는 문장은 미조직 교회 목사와 임시 목사를 분간하지도 못하는 무지의 소치이고 ③ "법대로 하기로"의 괄호 안의 설명으로 "노회장과 총회 총대가 될 수 없다."고 함은 법을 잘못 설명한 총회의 씻을 수 없는 수치이고 ④ 노회는 질의의 대상도 되지 않는 법리를 질의하였고, 총회는 "법대로 하기로"라는 결의를 하면서 교단 헌법은 임시 목사가 정회원이므로 "노회장과 총회 총대가 될 수 있음"에도 불구하고 "노회장과 총회 총대가 될 수 없다."고 답하였으니 질의한 노회도 답변한 총회 역시도 법리 해석에 있어서 수준 미달의 수치스러운 일이라 아니할 수 없다.

노회는 이런 수치스러운 질의를 해서도 안 되고 총회는 이런 수치스런 질의에 대하여는 질의의 대상이 아니므로 반려하거나 "노회장과 총회 총대가 될 수 있다."고 답해야 한다.

임시 목사는 노회의 회원권에 있어서 위임 목사와 동등하므로 투표만 받으면 노회장과 총회 총대는 물론 총회장도 될 수 있는 것이 현행 교단 헌법이 규정한 권리인 것을 총회는 아는가 모르는가.

또한 기사 내용 중 운영 이사회 규칙 제4조와 관련하여 "원로 목사는 운영 이사로 파송할 수 없으며 이사 자격이 상실된다."는 문장에 "정년 전"이라는 단어가 없고 단순하게 원로 목사라고만 한 것을 정년 전 원로 목사까지 포함하여 피선거권이 없는 것처럼 호도하였다. "정년 전 원로 목사"와 단순하게 "원로 목사"라는 용어는 그 신분이 엄연히 다르다. 보편적으로 "원로 목사"는 정년이 되어 은퇴하면서 원로 목사로 추대된 자를 칭하고 "정년 전 원로 목사"는 노회의 정회원으로서 피선거권을 구비한 노회원이다.

4. 결론

거두절미하고 "상위법 우선의 원칙"에 의하여 치리회가 상위법인 헌법에 상충되는 규칙이나 결의는 할 수 없고, 만일 헌법에 상충되는 규칙을 정하거나 결의를 했다면 그 규칙과 결의는 시행해서도 안 되고 그 규칙과 결의는 폐기처분해야 함이 법리이다.

따라서 노회의 정회원에 속한 정년 전 원로 목사로서 운영 이사장 직무대행인 "송춘현 목사가 운영 이사회 소집권을 갖고 있으며 송춘현 목사가 소집하지 아니한 운영 이사회의 소집은 위법이다."라는 주장은 교단 헌법이 보장하고 있는 정당한 법리이자 논리이다.

2. 공동 의회의 헌법적 원리와 원칙

공동 의회는 민주 정치를 실현하는 교인의 주권 행사

일반 의결은 과반수, 특별 의결은 3분의 2 이상으로

[질의] 제가 섬기는 교회의 장로가 8명인데 8명의 장로 전원과 교인 대부분이 위임 목사님의 사퇴를 원합니다.

모 언론사의 대표이신 두 분 목사님께 자문을 구하였더니 "교인 3분의 1 이상이 서명 날인으로 당회장에게 공동 의회 소집을 요청하고, 당회장이 거부하면 시찰회를 경유하여 노회에 대리 당회장 파송을 요청하고 대리 당회장이 공동 의회를 진행하여 3분의 2 이상의 결의로 결정하면 된다."하고, 다른 한 분은 "과반수로 결의하여 결정하면 된다."고 합니다.

두 분 목사님의 자문이 한결같지 아니하여 어떻게 해야 할지 망설이다가 목사님께 전화를 하였습니다. 위임 목사를 교회가 해지할 수 있는 법조문이 어디에 있는지요? 아니면 다른 방법은 없는지 목사님의 법리적인 답변을 부탁드립니다. (합동, X장로)

[답] 질의자가 합동 교단의 장로임을 밝혔으므로 합동 총회의 헌법으로 답한다.

질의자에게 자문해준 두 분 언론사 대표 목사님들의 자문 내용이 사실이라면, 이는 법적인 근거도 제시하지 아니하고 부적절한 자문을 해준 결과 질의자에게 혼란을 가중시킨 것 같아 보인다.

위임 목사의 해임을 공동 의회로 처리하려는 것은 위헌적 불법이요, 노회에 대리 당회장 파송을 요청하는 일이나 노회가 대리 당회장을 파송하는 것은 어불성설이다.

1. 공동 의회에 관한 개요

공동 의회는 사단 법인인 교회의 교인 총회이다.

1) 회원의 자격과 임원

회원의 자격은 당회가 매년 노회에 통계표를 제출하기 위하여 권징조례 제50조에 규정한 대로 검사하여 정리된 본 교회의 무흠 입교인이어야 한다(정치 제21장 제1조 1항).

단, 본 교회의 입교인일지라도 무고히 6개월 이상 본 교회 예배 회에 계속 출석치 아니한 교인은 선거권과 피선거권이 중지된다(헌법적 규칙 제3조 2항).

그리고 공동 의회의 임원은 본 교회의 당회장과 당회 서기가 겸하고 당회장이 없는 경우에는 당회가 본 노회의 목사 중에 임시 회장을 청하여 시행하고 그 회의록은 따로 작성하여 당회 서기가 보관한다(정치 제21장 제1조 3항).

2) 공동 의회의 소집에 대하여

"공동 의회는 ① 당회가 필요로 인정할 때와 제직회의 청원이나 무흠 입교인 3분의 1 이상 청원이나 상회의 명령이 있는 때에 ② 당회의 결의로 소집한다(정치 제21장 제1조 2항)."고 규정하였다.

여기에 "당회의 결의가 절대적"이어서 당회가 거부하면 임시 공동 의회는 불가불 할 수 없는 것이 현행 헌법이다(교회법률상식 pp. 356~358 참조).

3) 공동 의회의 회집에 대하여

"당회는 개회할 날짜(필자 주: 일시)와 장소와 의안(議案)을 1주일 전에 교회에 광고 혹은 통지하고 그 작정한 시간에 출석하는 대로 개회하되 회집 수가 너무 적으면 회장은 권하여 다른 날에 다시 회집"하는 것이 현행 헌법이다(정치 제21장 제1조 4항).

2. 공동 의회의 법리적 의미에 대하여

교회 정치 총론 5항에 "대한예수교장로회 정치는 지교회 교인들이 장로를 선택(정치 21장 5항 '회의' 참조)하여 당회를 조직하고(정치 제9장 제1조 '당회의 조직') 그 당회로 치리권을 행사하게 하는 주권이 교인들에게 있는 민주적 정치이다."라고 규정하였다.

여기에서 '주권이 교인들에게 있는 민주적 정치이다.'라고 규정함은 실제로 정치는 교인들이 하는 것이 아니요, 목사와 장로로 조직된 치리회가 정치를 하기 때문에 "대의 민주 정치" 또는 "의회 민주 정치"라고 한다.

즉 공동 의회를 통하여 목사를 청빙하여 치리에 복종하겠다는 서약을 하고 "교회의 대표자"로 세워 치리를 위임하고, 공동 의회를 통하여 장로를 선택하여 치리에 복종하겠다는 서약을 하고 "교인의 대표자"로 세워 치리를 위임하므로 "대의 민주 정치"라 하고, 목사와 장로가 반드시 치리회인 당회의 회의를 통하여 교회를 다스리기 때문에 "의회 민주 정치"라고 하는 것이 공동 의회의 원리이다.

그러나 당회를 비롯하여 제직회 및 교회의 모든 기관의 활동에 관하여 연말 정기 공동 의회에 보고하여 채용하는 것으로 교인이 주권 행사를 하는 정치 제도이다.

3. 공동 의회의 의결에 대하여

공동 의회의 "회의" 규정으로 "연말 정기 공동 의회에서는 당회의 경과 상황을 들으며 제직회와 부속 각 회의 보고와 교회 경비 결산과 예산서를 채용하며 그 밖에 법대로 제출하는 사건을 의결하나니 일반 의결은 과반수로 하되, 목사 청빙 투표에는 투표수 3분의 2(필자 주: 3분의 2 이상)의 가와 입교인 과반수의 승낙을 요하며 장로, 집사 및 권사 선거에는 투표수 3분의

2 이상의 가로 선정한다."고 하였다.

공동 의회의 의결은 "일반 의결"과 "특별 의결"로 구별하였다.

특별 의결(필자 주)은 3분의 2 이상의 가로 선정하는 ① 목사 청빙 투표 ② 장로, 집사 선거 투표 ③ 권사 선거 투표 등으로 특별히 규정하였으며 그 외의 모든 결의는 일반 의결로서 과반수의 찬성으로 의결하도록 규정하였다.

첨언컨대 일반 의결 중에 예외 사안이 있는바, 이와 같은 일은 바람직하지 아니한 일이지만 불가불 노회(교단)를 탈퇴하는 공동 의회를 해야 할 경우에는 특별 의결인 3분의 2 이상의 찬성은 물론, 재적 교인 3분의 2 이상의 찬성으로 결정해야 한다. 이는 일반 의결인 과반수로 결의해도 공동 의회의 의결은 법적으로 하자가 없어 교단 탈퇴는 성립이 되지만 교회의 모든 재산권은 포기하고 교인들만 교단을 떠나야 되기 때문이다(재적 교인 3분의 2 이상의 찬성으로 탈퇴해야 재산권까지 포함된다는 대법원 판례가 있음. 대법원 2006. 4. 20. 선고 2004다 37775 전원 합의체 판결).

4. 대리 당회장과 임시 당회장

대리 당회장은 당회가 노회에 청원하여 노회가 파송하는 법리가 아니다. 오직 교회에 당회장이 있음에도 ① 당회장이 신병이 있을 때 ② 당회장이 출타할 때 ③ 특별한 경우에 한해서 대리 당회장을 청하기로 당회가 결의하고, 대리 당회장을 지명하기는 당회장이 본 노회에 속한 목사 1인을 정하여 청한다(정치 제9장 제3조).

그리고 임시 당회장 역시 노회가 파송하는 법리가 아니다. 오직 교회에 당회장이 없는데도 불구하고 노회가 당회장을 파송하지 아니했을 경우에 본 당회가 당회 회집이 필요할 때 "당회가 회집할 때마다" 본 노회에 속한 목사 1인을 청하여 당회를 시작할 때부터 당회를 마칠 때까지의 "임시 당회장 될 목사"를 청한다.

이에 관하여 정치 제9장 제4조(당회 임시 의장)에 "어떤 교회에서든지 목사가 없으면 그 교회에서 목사를 청빙할 때까지 '노회가 당회장 될 사람'을 파송할 것이요 노회의 파송이 없는 경우에는 '그 당회가 회집할 때마다 임시 당회장 될 목사'를 청할 수 있다."고 하지 않았는가. 즉 "노회는 당회장을 파송할 것이요" 노회가 당회장을 파송하지 아니했을 경우는 당회 회집이 필요할 때에 "당회는 임시 당회장을 청할 수 있다."고 하였다.

오직 "당회장"은 노회가 파송하고, "임시 당회장"은 당회가 청하는 것이 법리적 원칙이다. 결코 노회는 대리 당회장이나 임시 당회장을 파송할 수 없다는 것이 현행 헌법이다. 오직 노회는 당회장을 파송할 권한뿐이요, 만일 노회가 임시 당회장이나 대리 당회장을 파송했다면 이는 노회가 당회의 권한에 월권을 행하는 불법이다.

5. 위임 목사의 해임에 대하여

법의 원칙은 노회가 지교회에 "교회의 머리되신 주 예수그리스도의 이름과 노회의 권위로" 목사를 위임하면 목사는 별세할 때까지 그 교회를 시무해야 하고(시무 정년제 도입 후는 만 70세까지), 교회는 목사가 범죄하여 재판으로 책벌을 받은 흠결이 아니면 위임 목사가 별세할 때까지 함께 교회를 섬겨야 한다. 그런데 현실은 목사와 교인 간의 갈등이 예사롭지 않은 경우가 부지기수이다. 결국 결별해야 할 지경에 이르게 되면 법리적인 지혜를 택할 수밖에 없다.

하지만 공동 의회의 결의로는 불가능한 일일 뿐만 아니라, 당회에서도 위임 목사 해임을 처리할 수는 없다(교회법률상식 p.359 참조). 오직 목사 본인의 의사에 의하여 자유 사면원을 노회에 제출(정치 제17장 제1조)하는 길이 아니면, 부득불 권고 사면(정치 제17장 제2조)의 길을 택할 수밖에 없다.

여기에서 노회가 위임 목사를 권고 사면으로 처리할 수 있도록 교회가 해야 할 역할은 당회 혹은 무흠 입교인 중에 누구든지 육하원칙에 의한 증거를 제시하고 목사의 권고 사면을 위한 진정서(제2회 총회 결의 p.32 참조)를 작성하여 당회장과 시찰장을 경유하여 노회 서기에게 제출하고 노회의 처리를 기다리는 길밖에 없다.

6. 결론

교회정치문답조례 378문의 답 ②에 "교회의 청원이 있을 때"를 교회의 공동 의회로 이해하고 공동 의회의 결의로 노회에 해임 청원을 할 수 있는 것으로 보는 경우가 있으나 교회정치문답조례는 참고서로 총회가 결의했을 뿐이요 헌법의 원문을 초월할 수는 없다.

지교회의 위임 목사는 상회인 노회가 "교회의 머리되신 주 예수그리스도의 이름과 노회의 권위로" 목사에게도 서약을 받고, 해 교회의 성도들에게도 서약을 받아 해 교회의 목사로 위임하였다는 사실을 명심하고 하나님의 영광을 위하여 모두가 지혜를 모아 하나님의 뜻대로 하나님을 기쁘시게 하는 결과를 바랄 뿐이다(고전 10:31 참조).

3. 교회 이적과 목사 이명을 위한 공동 의회 의미

총회 결의는 법조문 또는 내용 제시 없이 애매모호하면 안 돼

목사 이명 청원은 공동 의회 근거 아닌 권징조례 제110조에 근거

[질의] 리폼드뉴스가 "제99회 총회 결의, 공동 의회에서 목사의 이명 결의는 헌법에 위배"라는 머리기사(2014. 10. 2.)로 전주서문교회 관련 건을 보도했습니다.

위 보도에서 리폼드뉴스는 "삼산노회 윤남철 씨가 헌의한 공동 의회 결의로 목사의 이명이 가능한지의 건은 공동 의회에서 이명 결의는 불가하며 헌법대로 처리함이 가한 줄 아오며"라는 결의를 인용하면서 전주서문교회에 시무하는 목사님들이 노회에 목사 이명 청원서를 제출한 것이 마치 공동 의회의 결의를 근거로 제출한 것처럼 왜곡하여 기사를 보도했습니다.

여기에서 ① "공동 의회에서 이명 결의"의 의미에 대하여 제86회 총회 결의와 연계한 법리적 답변과 ② "헌법대로 처리함이 가한 줄 아오며"에 대한 법리적인 답변과 ③ 본 교회 목사님들의 목사 이명 청원서의 이명 이유에 "시무 교회의 지역 노회로의 이적으로 인함"이라는 이유를 제시하였고 이명 청원서를 제출한 것은 공동 의회 결의를 근거로 제시한 바가 없으며 오직 헌법에 근거하여 제출했는데도 불구하고 "삼산노회 측에서는 교회가 소속 노회를 이적할 경우 최종적으로 공동 의회 결의가 필요하지만 목사 이명은 공동 의회 결의로는 불가"라는 주장에 대하여 제86회 총회 결의와 연계하여 법리적 답변을 바랍니다. (합동, J교회 L집사)

[답] 2001년 제86회 총회 결의의 내용은 "무지역 노회에 소속한 교회와 목사가 지역 노회로 이적의 건은 공동 의회 결의로 청원하면 교회와 목사를

이명하여 주기로 가결하다. 단, 고의로 이명하여 주지 아니할 시는 지역 노회 결의로 이명한다."이다.

본 결의와 연계하여 질의의 문장에 따라 질의자가 합동 교단의 집사이므로 합동 총회 헌법으로 답한다.

1. 제86회 총회 결의 중 목사 이명 공동 의회 결의의 의미

제86회 총회 결의 내용 중 "교회와 목사가 지역 노회로 이적의 건은 공동 의회 결의로 청원하면"에서 교회 이적 결의는 절대적이지만 목사 이명 결의는 부수적 결의로 여겨진다. 즉 목사 이명에 대한 공동 의회 결의의 의미는 공동 의회의 결의를 근거로 목사 이명 청원서를 노회에 제출하라는 의미가 결코 아니라고 본다.

혹 교회는 이적을 원하지만 목사가 이적을 원하지 아니할 경우 등을 감안하여 목사와 교회가 함께 지역 노회로 이적함에 대한 합의 차원에서 광고를 할 때는 "교회와 목사가 지역 노회로 이적하기 위한 공동 의회를 합니다."라는 광고를 하고 공동 의회 결의 후 노회에 목사의 이명 청원서를 제출할 때는 공동 의회 결의를 근거로 제출하는 것이 아니라 헌법 권징조례 제11장 제110조를 근거로 제출한다는 말이다.

엄연히 헌법 규정이 존재하는데도 불구하고 헌법 규정을 제쳐놓고 부수적인 면의 공동 의회의 결의를 근거로 이명 청원서를 제출하는 바보가 어디 있겠는가.

2. "헌법대로 함이 가한 줄 아오며"의 결의에 대하여

총회가 "헌법대로 함이 가한 줄 아오며" 또는 "현행대로 함이 가한 줄 아오며" 또는 "법대로 하는 것이 가한 줄 아오며"라는 애매모호한 결의를 해서는 결코 안 된다(2014년도 발간, 교회법률상식 pp. 484~486 참조). 부득불 그런 결의를 할 때에는 반드시 괄호 안에 법조문이나 법의 내용을 기록해야 한다.

질의자가 질의한 제99회 총회 결의를 제86회 총회 결의와 연계해서 볼 때에 "헌법대로"라는 의미는 "공동 의회 결의로 목사 이명 청원은 불가"라는 의미보다는 권징조례 제110조에 근거하여 이명 청원서를 제출해야 한다는 의미로 이해하는 것이 순리로 보인다. 다만 총회가 "불가"라고 답변한 연유는 질의자인 윤남철 씨가 "공동 의회 결의로 목사의 이명이 가능한지"라고 질의를 했기 때문에 질의의 문장에 대한 답으로는 "불가"라고 답변을 할 수밖에 없는 것으로 이해하면 그만이다.

3. 삼산노회가 목사 이명은 공동 의회 결의로는 불가하다는 주장에 대하여

제1항과 2항의 답에서 언급한 바와 같이 전주서문교회가 교회 이적은 제86회 총회 결의에 의하여 공동 의회 결의를 근거로 삼산노회에 교회 이적 청원서를 제출하였으나, 담임 목사와 부목사들의 이명 청원은 공동 의회 결의를 근거로 제출한 것이 아니라 헌법에 근거하여 삼산노회에 제출하였다고 하니 삼산노회의 주장은 오해인 것으로 보여 진다.

더욱 중요한 것은 전주서문교회 목사들이 이명 이유에 "시무 교회의 지역 노회로의 이적으로 인함"이라고 이명 이유를 제시하였으니 그 이하 이명 청원서를 제출하는 법적인 근거는 군이 공동 의회의 결의를 염두에 둘 필요 없이 권징조례 제11장 제110조라고 여기는 것은 교단 산하의 모든 목사들이라면 다 아는 상식에 속한 사안이다.

4. 결론

따라서 전주서문교회가 "교회와 목사의 지역 노회로의 이적을 위하여 공동 의회 결의"를 한 후 목사들이 권징조례 제110조를 근거로 노회에 목사 이명 청원서를 제출한 것에 관하여 불법이니 위헌이니 하는 것은 법리 오해로 인한 왜곡된 주장일 뿐이다.

4. 교회 정관 총회 헌법과 상충되면 효력 없어

당회장과 장로 2분의 1의 출석으로는 당회 개회도 할 수 없어

장로 3인 이상인 당회는 장로 과반수 이상 출석해야 개회 성수

교계의 언론에 보도된 신문 기사를 읽는 중에 모 교회의 정관 제9조(당회의 의사 및 의결 정족수)에 "당회의 결의는 당회장과 치리장로 2분의 1 이상의 출석과 출석 회원 3분의 2 이상의 찬성으로 한다."고 규정하고 있음을 알게 되었다.

1. 상위법 우선의 원칙에 반한 헌법과 상충된 규정

모 교회 정관 중에 "치리 장로 2분의 1 이상의 출석"이라는 규정은 상위법인 대한예수교장로회 헌법 정치 제9장 제2조(당회의 성수)에 "장로 과반수 이상의 출석"이라는 규정과 상충된다.

그러므로 모 교회 정관 제9조는 "규칙은 헌법을 우선하지 못하고, 치리회의 결의는 규칙을 우선하지 못하고, 노회 결의는 총회 결의를 우선하지 못하고, 당회 결의는 노회 결의를 우선하지 못한다."는 "상위법 우선의 원칙"에 의하여 시행할 수 없는 규정이요, 만일 시행했을 경우에는 결의 무효 소송의 법적 시비가 다분한 규정이다.

그 내용을 다시 정리해보면 모 교회의 정관 제9조에 "당회장과 치리 장로 2분의 1 이상의 출석"이라는 규정은 교회 헌법 정치 제9장 제2조(당회의 성수)에 규정한 "당회에 … 장로 3인 이상이 있으면 장로 과반수와 당회장(필자 주: 목사 1인은 당회장을 의미함)이 출석하여야 성수가 된다."는 내용과 정면으로 상충되기 때문에 상위법 우선의 원칙에 의하여 시행할 수 없는 규정이라는 말이다.

여기에서 장로 과반수가 출석하였을 경우는 문제가 되지 아니한다고 볼 수도 있겠으나 장로 2분의 1이 출석하여 결의한 모든 안건은 헌법에 규정한 과반수의 출석이 아닌 2분의 1이 출석하여 개회하였기 때문에 개회 성수에 미달된 회원의 출석으로 개회하여 안건을 처리한 것은 불법 결의라는 말이다.

2. 실정법상 법정 시비가 다분한 규정

이에 관한 현실적인 문제는 실정법상으로 교회에서는 교회 헌법을 상위법으로 인정하지만 세상 법정에서는 교회 헌법보다 교회 정관을 우선하는 것이 판례에 의한 현실이기 때문에 교회 내부에 혼란이 야기될 것은 기정사실이다.

즉 본 규정에 의한 법정 소송이 야기되었을 경우 교회 재판에서는 장로 2분의 1의 출석으로 당회를 개회하여 안건을 처리한 사건은 상위법 우선의 원칙에 따라 헌법 정치 제9장 제2조(당회의 성수)에 규정한 "장로 과반수의 출석"에 반하는 장로 2분의 1이 출석하여 불법 당회를 하였으므로 무효로 처리된다.

그런데 이에 불복하고 당회가 교회 정관에 의한 합법을 주장하면서 세상 법정에 소송을 제기하면 세상 법정에서는 교회 정관을 우선하여 당회의 결의를 정당한 것으로 처리되는 경우가 현실적으로 허다하여 교회에 혼란과 막대한 손실을 당하는 경우가 다반사이다.

3. 결론

본 건에 관하여 모 교회는 교회 헌법과 상충되지 않도록 "장로 2분의 1 이상의 출석"을 "장로 과반수의 출석" 또는 "장로 과반수 이상의 출석"으로 조속히 개정해야 하고 차제에 정관 전체를 검토하여 교회 헌법과 상충되는 조항은 헌법과 상충되지 아니하도록 개정하거나 폐기하고 헌법대로 시행하는 것이 교회의 질서와 안정을 위하여 바람직하다고 하겠다.

　만일에 모 교회가 이를 시행하지 아니할 경우는 노회가 지도하여 교회로 하여금 이미 알려진 교회 정관이 헌법과 상충되지 아니하게 개정하도록 선도해야 할 사안이라고 생각한다. 뿐만 아니라 전국의 각 교회들과 노회와 총회 역시 헌법과 상충되는 모든 정관이나 규칙은 반드시 개정해야 하고 헌법과 상충되는 결의를 해서도 안 된다.

5. 끊임없는 교회 분쟁의 요인
법의 미비로 인하여 발생하는 지교회의 혼란
상충되는 법 규정으로 인한 치리회의 분쟁
인쇄 과정, 문화적 변천의 오류로 인한 혼란

인류의 사회적 활동에는 가지각색의 끊임없는 분쟁의 요소가 도사리고 있다. 그 원인은 여러 방면으로 생각할 수 있겠으나 결국은 법의 해석과 견해의 차이 또는 법의 미비와 상충되는 법 규정에서 발생하는 것으로 귀결된다.

현실적으로 대한예수교장로회 총회(합동 측) 산하 각 지교회 내부의 분쟁, 총신대학교의 분쟁, 교회의 내부적 사건을 세상 법정으로 끌고 가는 일 등 그 요인의 예를 들어 분석함으로 이해를 돕고자 한다.

1. 법의 미비로 인한 각 지교회의 분쟁에 대하여

지난 4년 동안 헌법전면개정위원회의 수고에 비하여 제102회 총회가 결의하고 노회 수의가 남은 개정안의 내용을 보면 헌법 전면 개정이라고 하기에는 아주 초라하기 그지없어 보인다.

반드시 개정해야 할 자구만 해도 수백 곳이나 되는데 불과 2,3십 곳의 자구 개정 정도로 만족해야 했으니 앞으로 더 개정해야 할 자구가 수백 군데인 것에 대하여 총회는 무엇이라 답하려는지 묻고 싶다.

대표적인 법의 미비로 인하여 지교회 내의 끊임없는 갈등을 해소할 수 없는 조문을 예로 들어본다.

헌법적 규칙 제7조 제3항에 "연기명(連記名) 투표에 있어 계표(計票)함에 대하여 투표 정원(定員) 수 이상을 기록한 표는 무효로 인정하고 정원 수 이내를 기입(記入)한 표는 유효(有效)표로 정한다."라고 규정하였다.

이에 대하여 어떤 교회에서 장로 5인을 선출하기 위하여 투표를 한다고 가정할 때 정원 수 5는 정원 수 이상에도 5가 포함되고, 정원 수 이내에도 5가 포함된다. 그런데 정원 수인 5명의 이름을 기록한 투표지를 놓고 전자에서는 "무효로 인정하고"라 하였고, 후자에서는 "유효표로 정한다."라고 규정하고 있으니 전자의 법 규정을 주장하는 자와 후자의 법 규정을 주장하는 자 간에 법적 이론은 끊임없는 분쟁의 요인이 되는 헌법 규정이라는 말이다.

그래서 필자는 본 규정에 관하여 노회로 하여금 세 번에 걸쳐서 "정원 수 이상을 기록한 표는 무효로 인정하고"를 "정원 수를 초과하여 기록한 표는 무효로 인정하고"로 총회에 헌법 자구 개정 헌의를 하였다.

그런데 한번은 "반려하는 것이 가한 줄 아오며"로 결의하였고, 한번은 "현행대로 하는 것이 가한 줄 아오며"로 결의하였으며, 한번은 "헌법대로 하는 것이 가한 줄 아오며"로 결의하고 말았다.

그러나 제102회 총회에서 본 건을 개정하기로 결의한 것으로 알려지고 있는바 늦은 감이 있지만 퍽이나 다행으로 생각하며 제103회 총회를 기대해 본다.

2. 상충되는 법 규정으로 인한 분쟁에 대하여

총회와 총신대학교의 계속되는 분쟁은 한마디로 말해서 총회는 교회법과 총회 결의와 신학교의 설립 목적 등을 우선하여 총신 측이 이에 따를 것을 요구하는 반면에 총신 측에서는 이에 상충하는 사학법을 우선하므로 법정 분쟁이 끊임없이 이어지는 것 같아 보인다.

이와 같은 현실은 교회법과 세상 법의 상충된 법 시행의 결과에서 오는 분쟁이요, 또 다른 분쟁을 야기하는 현실을 예로 들어 본다.

교회 헌법은 "목사와 장로, 집사의 시무 정년은 만 70세로 한다."는 규정과는 달리 어떤 교회 정관은 "목사, 장로, 집사의 시무 정년은 만 65세로 한다."라고 상충되게 규정한 것이 분쟁의 요인이 된 실례이다.

해 교회의 한 분 장로가 만 65세를 지나서도 "나는 교회 헌법대로 만 70세까지 계속하여 시무하겠다."고 하는 일로 해 교회의 다른 장로들이 고소를 하였고, 최종심인 총회 재판국에서 상위법 우선의 원칙에 따라 교회 정관보다 교회 헌법을 우선하여 피고의 손을 들어주어 만 70세까지 계속하여 시무하도록 본 건은 종결되었다.

그런데 원고들은 이에 불복하여 세상 법정에 고발한바 세상 법정에서는 교회 헌법보다 교회 정관을 상위법으로 인정하고 총회 재판국의 판결을 뒤집어 원고들의 손을 들어준 결과, 해 교회 내부에서는 교회법을 준수해야 한다는 주장과 국가법이 우선이라는 주장으로 분쟁의 해결이 요원하게 됨을 볼 수 있다.

3. 인쇄 과정의 오류와 헌법 개정의 오류에 대하여

자구 개정이 절대적으로 필요한 요인은 인쇄 과정에서의 오류와 헌법 개정에서의 오류 및 문화적 변천에서의 오류가 대부분이다.

그 예로 교회 정치 제4장 제3조 1항에 "… 하나님을 대표하여 축복하고" 인데 2000년도 판 개정 인쇄 과정에서의 오류로 "하나님을 대리하여"로 잘못된 결과 예배모범 제6장 5항의 "하나님을 대표하여"와 상충된다.

교회 정치 제9장 제4조에 "노회가 당회장 될 목사를"인데 1964년도 판의 오류로 "당회장 될 사람"으로 잘못되었고 "임시 당회장 될 목사"를 "임시 당회장 될 사람"으로 잘못되었다.

교회 정치 제10장 제5조에 "예정한 시일과 장소에"를 1960년도 판 오류로 "장소와 날짜에"로 잘못되었다.

교회 정치 제15장 제11조 2항의 ⑤에 "이같이 서약과 공포를 마친 후에 회장이나"를 1964년도 판 오류로 "서약을 마친 후에"로 잘못되었다.

대요리문답 제139문 (제 칠 계명에서 금지된 죄들은 무엇인가?)

[답] … 동시에 하나 이상의 아내나 남편을 가지는 것이며 … 에서 "하나 이상의"를 "하나를 초과하여" 또는 "둘 이상의"로 해야 하며 신도게요 제24장 1항도 마찬가지이다.

교회 헌법이라면 문장 하나, 용어 하나, 철자법이나 띄어쓰기 하나라도 오류가 있어서는 안 된다. 따라서 인쇄 과정에서 발생한 오류와 헌법 개정시에 발생한 오류와 문화적 변천의 오류에 관계된 교회 헌법의 조문만을 열거하여 교회 헌법에 관심이 있는 분들의 교회 헌법 연구 과제로 제시하여 교회 헌법 자구 개정에 관한 이해를 돕고자 한다.

① 정치 제5장(치리 장로) 제4조(직무) 2. 부패에 이르지 않기 위하여 → 부패에 이르지 않게 하기 위하여 ② 동 제7조(협동 장로) → 삭제(이유: 교인의 투표와 서약 없이 당회원이 될 수 없다) ③ 제7장(1964년도 판의 오류) 4. (성경 해석과 강도) 행 10:4 → 행 10:42 ④ 동 6. (성찬) 고전 11:23,28 → 고전 11:23~28 ⑤ 동 8. (성경 문답) 히 5:21, 딤후 3:14,17 → 히 5:12, 딤후 3:14~7 ⑥ 동 9. (헌금) 행 11:27,30, 고전 16:1~14 → 행 11:27~30, 고전 16:1~4 ⑦ 동 10. (권징) 딤전 5:12 → 5:20 ⑧ 정치 제8장(교회 정치와 치리회) 제1조(정치의 필요) 교회의 행사에 의지한즉 → 교회의 행사에 의한즉 ⑨ 동 제4조(치리회의 권한)(1976년도 판 오류)(행 15:1,32) → (행 15:1~32) ⑩ 정치 제9장(당회) 제1조(당회 조직) 당회는 지교회 목사와 → 당회는 지교회 당회장과 ⑪ 동 제2조(당회의 성수) 장

로 1인과 목사의 출석으로 → 장로 1인 이상과 당회장의 출석으로 장로 과반수와 목사 1인이 출석 → 장로 과반수 이상과 당회장이 출석 ⑫ 동 5조 2(교인의 입회와 퇴회) → (교인의 입회와 전출) 제명도 한다. → 삭제도 한다. ⑬ 동 5(각 항 헌금 수집하는 일을 주장)(1960년도 판 오류) 수집할 날짜 → 수집할 시일 ⑭ 동 6(권징하는 일)(1922년도 판 오류) 권계, 견책, 수찬 정지, 제명, 출교 → 권계, 견책, 정직, 면직, 수찬 정지, 제명 출교 ⑮ 정치 제10장(노회) 제1조(노회의 요의) 사도 시대 노회와 같은 회가 있었나니(1976년도 판 오류) → 사도 시대 교회 노회와 같은 교회가 있었나니 ⑯ 교회가 분산한 후에(1930년도 판 오류) → 예루살렘 교회가 분산한 후에 ⑰ 모든 성경에 확연하다(행 6:5~6, 9:31, 1993년도 판 오류) → (행 6:1, 9:31) ⑱ 이런 각 교회가 한 노회 아래 속하였고(행 15:2~4, 6:11,23~39, 21:17~18, 1966년도 판 오류) → 행 15:2~4, 6:23~30, 21:17~18) ⑲ 동 제3조(회원 자격) 총대권은 없다.(2000년도 판 오류) → 상회의 총대권은 없다. ⑳ 동 제4조(총대) → (장로 총대) ㉑ 동 제5조(노회의 성수) 예정한 날짜와 장소에(1960년도 판 오류 → 예정한 시일과 장소에 ㉒ 동 제6조(노회의 직무) 1. 강도사와 전도사와(1930년도 판 오류) → 강도사와 목사 후보생 ㉓ 미조직 교회를(1934년도 판 오류) → 미조직 지교회를

㉔ 9. 봉급에 대하여(1930년도 판 오류) → 생활비에 대하여(이유: 청빙서 용어에도 생활비이다) ㉕ 동 제9조(노회 회집) 예정한 날짜와 장소에(1964년도 판 오류 → 예정한 시일과 장소에 ㉖ 각 다른 지교회 목사 3인과 각 다른 지교회 장로 3인의 청원에(1922년도 판 오류) → 목사 3인 이상과 … 장로 3인 이상의 청원에 ㉗ 회장이 임시회를 소집할 수 있다.(1922년도 판 오류) → 회장이 임시회를 소집하여야 한다. ㉘ 제11장 제1조(조직)(1964년도 판 오류) → 대회 조직 (이유: 당회 조직, 노회 조직, 총회 조직과

의 조화 ㉙ 동 제2조(개회 성수) 날짜와 장소에(1964년도 판 오류) → 시일과 장소에 ㉚ 동 제4조(대회 권한과 직무) 8. 대회에 제기한 상고, 고소, 문의의 안건 (1964년도 판 오류) → "고소"를 삭제 (이유: 대회는 원심 재판을 할 수 없음)

계속하여 교회 헌법 전문을 기고하려면 수백 곳이나 되어 지면 관계상 이하는 생략하고 독자들 중에 모두의 기고를 원할 시에는 추가 기고를 약속한다.

6. 돈 400만원에 인격을 팔아넘긴 어리석은 사람
팥죽 한 그릇에 장자권을 팔아버린 에서와 다를 바 없어

  필자는 20년 넘게 법률 상담에 답변한 원고를 정리하여 655쪽 분량의 도서를 출판하여 법률 실천 개혁을 호소하고 있다.

  그런데 최근에 어떤 법인체가 공금 1억원을 좌담회 형식으로 횡령을 모의한 후 24시간 안에 회원들의 통장으로 본인의 의사도 묻지 않고 400만원씩을 강제 송금하는 사건이 발생하여 이를 고발한다.

1. 본 건 사실 관계

  본 건은 2015년 3월 1일에 매우 선한 목적으로 현재 사무실이 열악하니 더 나은 사무실로 옮기기 위해 "전세금 마련을 위한 사용 목적금을 매월 200만원씩 적립하기로" 전체 회의에서 결의하였고, 동년 4월 12일에 회장이 임시 총회를 소집하여 당시 총무인 O씨 명의로 대표자 통장을 개설하여 입금하기로 결의하였으며, 동년 6월 7일에 3분기 회의에서는 법인 단체의 "정상 운영비를 쓰고 남은 것은 모두 사무실 전세금으로 적립하기로 가결"하였다.

  그 후 3년이 지나 약 1억원의 거금이 모여지자 그 돈을 나누어 쓰자고 선동하는 자가 있다는 소문에(두 분 L씨에게 들음) 대응하여 2017년 12월 19일 임원회에서 "전세 적립금 1억원은 사무실을 옮길 때까지 거론하지 않기로" 가결하였고, 동년 12월 24일 오전11시 45분에 N회장이 임시 본회를 개회하여 "그간 모인 전세금 1억 5백만원은 사무실을 옮길 때까지 사용하지 않기로" 가결하였다.

  그런데 위와 같이 결의한 지 9일 후인 2018년 1월 2일 오후에 사무 간사

S씨가 N회장에게 "O씨의 통장에 1억원이 예금된 전액을 내일(3일)까지 다른 사람의 통장으로 옮겨 달라 합니다. 그렇지 않으면 기초 연금을 받을 수 없답니다." N회장이 "수표로 찾아 놓으세요."라는 지시에 답하기를 "저는 그 수표를 보관하기 힘듭니다. 그리고 수표로 찾으면 O씨의 통장에 그대로 남아 있어서 기초 연금 혜택을 못 본답니다."고 하여 "그러면 현금으로 찾으세요."라고 지시하였다.

그 후 3일이 지난 2018년 1월 7일 오후 1시 30분에 N회장은 간사의 보고 건을 처리하기 위하여 임시 전체 회의를 소집하여 회원 33명으로 개회를 선언하였다. "회원 중 O씨가 공금 1억원이 자기 통장에 입금이 되어 있기 때문에 기초 연금을 받을 수 없게 된다고 하니 O씨의 통장에 입금되어 있는 1억원을 다른 사람의 통장으로 옮겨 주어야 한다."는 의제로 N회장이 발제한 바 몇몇 회원들이 "기초 연금을 못 받는데 누가 하겠어요?"라고 목청을 높였다. N회장은 혹 "기초 연금 받지 않으시는 분 없습니까?" 그래도 응답이 없었다.

그 후 "정말 아무도 없습니까?"를 세 번 다짐하며 질문한 결과 "누가 그것을 하겠어요?"라고 여러 사람의 음성으로 항변하기에 이르렀다. 비로소 N회장이 그러면 "회장인 내 통장으로 옮겨 주십시오."라고 하니 여러 사람이 동시에 "그것은 안 됩니다." 그리고 총무인 H씨도 "그것은 절대로 안 됩니다!"라고 목청을 높였다.

그 후 K씨가 언권을 얻어 발언하기를 "N씨의 이름으로 통장을 개설하면 N씨가 사망한 후에는 그 아들의 돈이 되기 때문에 안 되고 다른 회원들도 다 언제 죽을지 모르니 마찬가지입니다. 우리 회원 모두가 구제 대상자들이니까 통장을 해제하고 회원의 구제금으로 나누어 쓰는 것이 최선의 방법입니다."라고 의견을 말하니 "동의합니다.", "재청합니다."라고 할 때에 N회장은 "전체 회의에서 사무실을 옮길 때까지 쓰지도 않고, 거론도 하지 않도록 결의하였을 뿐 아니라 이는 범죄 행위이기 때문에 회장으로서는 받아들일 수 없습니다."라고 말하니 장내가 심히 소란하여 더 이상 회의를 진행할 수 없는 상황이 되자 N회장은 비상 정회를 선언하고 퇴장하였다.

2. 불법 좌담회의 공금 횡령 모의

회장이 비상 정회를 선언한 후에는 그 회장이 속회를 소집할 때까지 어느 누구도 회의를 진행할 수가 없다. 만일 회장 아닌 다른 회원이 사회를 맡아 회의를 진행한다면 그것은 회의일 수는 없고 일종의 좌담회에 불과하다. 그런데 회장이 비상 정회를 선언하고 퇴장하자 임원회와 전체 회의에서 결의하기를 '사무실 전세금은 사무실을 옮길 때까지 쓰지도 말고 거론하지도 않기로' 결의한 그 회의록을 기록하고 서명한 총무 겸 서기인 H씨가 뛰어나가 "내가 사회하겠습니다. 회의 계속합시다!"라고 하면서 소위 좌담회가 진행되었다.

방금 전에 발언한 K씨가 "통장을 해제하고 회원들이 똑 같이 나누어 쓰기로 동의합니다."라고 하니 재청을 받아 가부를 물으려하자 투표하기로 하고 투표하니 재적 회원 48명 중 가 21표, 기권 1표로 가결되었다고 하면서 좌담회를 마쳤다.

그런데 "21표로 가결되었습니다."라고 공포한 그 서기가 회록을 기록하면서 회장의 비상 정회 선언은 누락시키고 "가 21표(증인 L씨, G씨, T씨)"를 "31표"라고 조작하여 기록하고 서명하였다.

3. 결론

본 건의 수습 방안은 "불법 좌담회의 모의"를 통하여 "사용 목적 자금으로 적립한 공금 회령"을 주도한 자들은 자신들의 불법 행위를 뉘우치고 회원들에게 사과한 후 회원들을 설득하여 전세 목적 적립금 1억 8백만원 전액을 회수하여 원상회복하는 길뿐이다.

7. 비대위의 교인 총회, 노회 탈퇴는 불법 당연 무효
비대위의 위임 목사 예배당 출입 금지 행패는 예배 방해죄
노회의 직무인 위임 목사 해임 지교회 공동 의회 절대 불가

[질의] 경평노회 영동중앙교회 사건입니다. 2016년 6월 8일 수요예배를 마치고 담임 목사와 교인들이 귀가하기를 기다렸다가 일부 교인들이 담임 목사도 모르게 별도 간담회를 하다가 돌연 영동중앙교회 비상대책위원회(위원장 황○○ 장로 이하 "비대위"라 함)를 조직하고 김○○ 장로를 사회자로 선임하여 교인 총회를 한다고 하면서 "영동중앙교회는 경평노회를 탈퇴하기로" 결의하고 6월 10일자로 한국경제신문에 경평노회 탈퇴 공고를 한 후 총회 임원회와 경평노회에 노회 탈퇴를 통고하였습니다.

소위 비대위는 용역 약 10명을 동원하여 영동중앙교회 위임 목사와 성도들의 예배당 출입을 제지하고 비대위를 제외한 목사와 성도들이 예배당에 출입을 할 수 없게 하므로 부득불 다른 곳에서 주일 예배를 드렸습니다. 이에 대하여 경평노회를 탈퇴한 자들 중 장로 8명이 영동중앙교회의 위임 목사인 장광우 목사와 정영수 장로를 교회 불법 분립이라고 하면서 6월 27일자로 자기들이 탈퇴했다고 통고한 그 경평노회에 고발장을 제출하였습니다.

① 교회가 비대위를 조직하여 노회 탈퇴를 위한 교인 총회를 한 일과 ② 비대위가 위임 목사의 출입을 제지한 후 목사와 교인들이 다른 장소에서 예배드린 것을 교회 불법 분립이라고 고발한 일과 ③ 비대위가 변호사 김진필 씨를 대리인으로 "영동중앙교회 담임목사 해임 결의 및 신임 담임 목사 선임을 위한 임시 공동 의회 소집 요청 건"을 통고한 일과 ④ 비대위가 총회 임원회에 노회 탈퇴를 통고한 후에 총회 사무국이 비대위와 영동중앙교회 양측

에 대하여 총회 서류 발급을 거부하는 일 등이 법적으로 합당한 일인지 목사님의 법리적 답변을 바랍니다. (서울, 합동 A목사)

[답] 질의자가 합동 측 교단의 목사이므로 합동 총회의 교회 헌법으로 답한다.

1. 비대위의 교인 총회로 노회를 탈퇴했다 함에 대하여

교회는 세상의 어떤 단체들처럼 비대위를 인정하지 않고 비성경적이고 반교회적인 사조직으로서 그 활동은 특수 범죄 행위로 본다(교회법률상식 pp.613~647 참조). 그 이유인즉 교회의 모든 조직과 활동은 하나님의 통치 하에 있는 믿음의 공동체로서 성령의 역사를 따라 하나님의 말씀인 성경과 교회 헌법의 규정을 준수하며 하나님의 뜻을 이루기 위한 활동임에 반하여 소위 비대위와 같은 사조직의 활동은 하나님의 통치를 거부하는 비성경적이고 세속적인 인본주의의 처사이기 때문이다.

교회에서의 교인 총회란 교회 정치 제21장 제1조에 규정한 공동 의회를 의미하는데 공동 의회의 소집은 반드시 당회의 결의가 있어야 하고(동 2항), 회의의 의제를 반드시 1주일 전에 교회 앞에 광고 혹은 통지해야 하며(동 4항), 공동 의회 의장은 반드시 당회장인 목사이어야(동 3항) 함을 교회 헌법은 명백히 규정하고 있다.

그런데 본 건은 일부 교인들이 교회의 대표자인 당회장도 모르게 간담회를 한다고 하면서 대화를 하다가 돌연히 비대위를 조직하고 당회장도 아닌 권원 없는 장로를 사회자로 세워 놓고 공동 의회(교인 총회)를 한다고 하면서 "영동중앙교회는 경평노회를 탈퇴한다."는 결의를 하였으니 소위 비대위의 행패야말로 합법적인 것은 하나도 찾아볼 수 없고 성경과 교회 헌법을 짓밟고 그리스도의 몸인 하나님의 교회(엡 1:22~23)를 나누는 특수 범죄 집단에 다름 아니다.

2. 비대위가 목사와 장로를 고소한 일에 대하여

소위 비대위는 용역을 동원하여 하나님께서 노회를 통하여 위임한 교회의 대표자요, 하나님의 양 무리를 먹이고 치도록 하나님께서 보내신 교회의 사자요, 그리스도의 사신인 목사(교회 정치 제4장 제1조)와 그 교회 성도들의 예배당 출입을 제지한 것은 성도의 하나님께 드리는 예배를 방해하는 집단적 특수 범죄 행위이다.

그런데 용역까지 동원하여 목사와 교인들의 예배당 출입을 방해한 자들이 예배당에 들어갈 수가 없으므로 다른 곳에서 주일 예배를 드린 일에 대하여 교회 불법 분립 운운하였다. 더구나 6월 8일에 경평노회를 탈퇴하고 6월 10일에 한국경제신문에 탈퇴 공고까지 한 비대위 집단의 장로들 8명이 스스로 탈퇴했다고 선언한 바로 그 경평노회에 고발장을 제출하였다고 하니 그야말로 밭갈이하는 소가 들어도 웃을 일이다.

자기들이 출입을 제지하여 예배 방해죄를 범해 놓고 예배당에 들어갈 수가 없어서 다른 곳에서 예배를 드린 교회의 대표자인 목사와 그 교회의 교인들을 교회 불법 분리라고 하면서 고소하는 것이 말이나 되는가. 이를 두고 적반하장이라 하였던가?

3. 담임 목사 해임을 위한 공동 의회 소집 청원에 대하여

정치 제4장 제4조 1항에 "위임 목사는 지교회의 청빙으로 노회의 위임을 받은 목사니 특별한 이유가 없으면 그 담임한 교회를 만 70세까지 시무한다."고 규정하였다.

즉 위임 목사는 만 70세까지 특별한 이유가 없으면 위임을 해제(해임)할 수가 없는 것이 대한예수교장로회 헌법 규정이다. 다만 특별한 이유가 있으면 해임을 할 수 있는데 그 특별한 경우에도 반드시 노회가 해임하는 것이지(정치 제16장, 제17장) 그 목사를 청빙한 지교회가 해임할 수는 없다. 만일 지교회가 정당한 이유 없이 위임 목사를 해제하려 함은 하나님과 공회 앞에서 서약한 교회 헌법 정치 제15장 제11조 2의 서약을 어긴 범법 행위가 된다.

즉 장로는 지교회가 장립 위임하였으니 지교회가 공동 의회로(정치 제13장 제4조) 시무 해임을 할 수 있고, 당회 결의로 권고 사직(정치 제13장 제6조) 등을 할 수가 있다. 그러나 목사는 교회가 담임 목사의 해임이나 권고 사임이나 권고 사직 등을 할 수 없고, 상술한 바와 같이 오직 노회의 직무로서 노회만 할 수 있는 사안이다.

그러므로 만일 지교회가 장로의 시무 투표를 하는 것과 같이 담임 목사의 해임이나 계속 시무를 묻는 공동 의회를 했다면 이는 그 공동 의회의 결과는 효력이 없을 뿐만 아니라 용서 받을 수 없는 범죄 행위이다.

그런데 분당의 대형 교회인 모 교회는 목사 스스로 7년마다 장로처럼 공동 의회로 위임 목사의 계속 시무를 묻는 투표를 한다고 자랑삼아 TV 방송으로 공개까지 하였으니 예사로운 일이 아니다.

해 교회는 전국 교회와 교단의 헌정 질서를 위하여 즉시 그 위헌적 불법 공동 의회를 취소해야 한다. 전국의 많은 교회들이 분당의 그 교회를 사례로 들면서 우리 교회도 "7년마다 위임 목사 계속 시무 투표를 시행하자"는 위헌적 불법 요청으로 교회가 어려움을 당하고 있는 현실을 분당의 그 대형 교회 목사는 아는가 모르는가.

부언컨대 소위 비대위가 변호사를 대리인으로 하여 "영동중앙교회 담임 목사 해임 결의 및 신임 담임 목사 선임을 위한 임시 공동 의회 소집 요청

건"을 통보하였다고 하니 이는 담임 목사에게 담임 목사 자신의 해임을 위한 공동 의회 소집 요청이므로 허락하지 아니할 것을 예견하고 2주 동안 기다렸다가 법원에 공동 의회(교인 총회) 소집 허락 청원을 하고자 하는 꼼수를 부리는 것 같아 보인다.

이에 대하여 법원은 종교 단체인 교회를 종교 단체로 보지 아니하고 비법인 사단으로 비하하여 교회의 공동 의회 소집 청원을 허락한 사례가 있다. 그러나 교회 헌법은 장로를 공동 의회로 시무 해임하는 것은 교회 헌법이 정한바 당연하지만(정치 제13장 제4조) 위임 목사의 시무 해임을 위한 공동 의회는 교회 헌법이 정한 바 없으므로 법원도 역시 정교 분리의 원칙에 의하여 법이 정한 다른 일반 행정 사안이라면 혹 몰라도 "담임 목사 해임을 위한 공동 의회"를 허락해서는 절대 안 된다.

소위 비대위에 묻노니 비대위는 청빙하고자 하는 신임 목사를 미리 지정해 놓고 신임 목사 선임을 위한 공동 의회 소집을 청원한다고 허세를 부리는가? 현재 담임 목사가 버젓이 시무를 하고 있는데 어찌 잠꼬대 같은 신임 목사 선임을 위한 공동 의회 운운하는가!

4. 총회 사무국의 서류 발급 거부에 대하여

총회 사무국은 스스로 비대위 측 영동중앙교회 측 운운하면서 양측에 대하여 서류 발급을 거부하지는 아니한 것으로 본다.

다만 비대위가 총회 임원회에 6월 8일 교인 총회를 하였고, 6월 9일 비상 대책 회의를 하였고, 6월 10일 노회 탈퇴 공고를 하였다고 통고한 것을 빙자하여 총회 임원회가 총회 사무국 담당 직원에게 지시한 것이 아니겠는가.

총회 임원회는 상술한바 교회의 비대위를 인정해서는 안 된다. 총회 서기는 비대위가 서류 발급을 요청하는 것은 거부할지언정 영동중앙교회의 담임 목사가 합법적인 서류 발급을 요구할 경우 정당한 이유 없이 서류 발급을 거부하면 직무 유기가 될 뿐만 아니라 노회가 사건을 수습하는 일에 훼방자가 됨에 다름 아니다.

5. 결론

질의자의 질의 내용으로 볼 때 비대위가 행한 일은 한 가지도 합법적인 행위는 없고, 불법만 골라서 행함으로 교회와 노회와 총회 임원회를 혼란스럽게 하는 것 같아 보인다.

해 노회는 본 건을 처리함에 있어서 정치적으로 해결하려 하지 말고 마 18:15~17에 말씀한 주님의 교훈대로 권고하여(권징조례 제9조, 제18조) 비대위의 해산과 그들의 범죄 행위를 회개케 함으로 신령적 유익을 도모하여(권징조례 제3조) 교회를 더 잘 섬기는 성숙한 성도들이 되게 할 것이요, 끝까지 회개치 아니하면 권징하여(권징조례 제35조: 출교도 할 수 있음) 교회를 평안케 해야 한다.

또한 본 건에 관하여 총회 임원회가 간섭해서는 안 된다. 그 이유는 총회 임원회가 이와 같은 사건을 간섭할 수 있는 권한이나 임무를 규정한 헌법 규정이나 어떤 법규에도 명문 규정을 찾아볼 수가 없고, 제100회 총회로부터 위임받은 사안이 아니기 때문이며, 교회와 노회가 사건을 처리함에 있어서 전혀 도움이 되지 아니한다.

8. 시무 정년 만료 후에 연장 시무는 할 수 없어

총회 총대 보궐 선거, 임시 노회에서 투표로 선택하는 것이 법리

[질의] 1. 예를 들어 8월 15일이 생일인 장로가 2015년 8월 15일이면 만 70세가 되고 장로 시무 기간이 19년 10개월이 되어 20년 시무에는 2개월이 부족합니다. 그런데 원로 장로 추대를 위하여 2015년 연말까지 연장 시무를 하여 20년 이상 시무하게 한 후 원로 장로로 추대할 수 있는지요?

2. 노회가 총회 총대를 투표하여 선택하였으나 노회를 폐회한 후 장로 총대 1인이 사퇴를 하였고 장로 부총대 2인도 모두 사퇴를 하였습니다. 장로 총대 1인과 부총대를 선출하는 방법은 법리적으로 어떻게 해야 하는지요? (합동, D장로)

[답] 질의자가 합동 측 장로이므로 합동 헌법으로 답한다.

1. 만 70세 시무 정년의 의미

만 70세 시무 정년의 의미는 만 70세가 되면 시무 기간이 종료되므로 만 70세가 지나면 더 이상 시무할 수 없다는 말이다.

따라서 만 70세 익일부터는 은퇴식 등과 관계없이 자동적으로 당회나 제직회에 참석할 수 없고 어떤 공직도 받을 수 없다.

이에 관하여 만 70세까지(교회 정치 제3장 제2조, 제3조)에서 만 70세의 의미는, 71번째 생일 전 날 하루뿐이다. 그 이유는 만 1세는 출생 후 365일째인 두 번째 생일 전 날이 만 1세이기 때문이다(교회법률상식 pp. 220~226 참조). 그런데 총회는 제93회 총회가 만 70세에 대한 해석을 도표까지 그려 가면서 1년 동안이라고 잘못 해석(제93회 총회 회의 결의 및 요람 p. 70 참

조)하여 웃음거리가 되고 있다.

2. 장로 20년 시무를 위한 연장 시무에 대하여

질의자의 질의 내용에 만 70세까지의 장로 시무 기간이 19년 10개월인 장로를 원로 장로로 추대하기 위한 조건인 20년 이상의 시무 기간을 충족시키기 위하여 시무 정년이 종료된 만 70세 이후에 연장 시무 운운함은 치외법권을 요구하는 사안으로 절대 허용할 수 없는 천부당만부당한 불법이다. 그러므로 만 70세에 장로 시무 기간이 19년 10개월인 자는 원로 장로로 추대하는 방법이 없다. 법은 단 하루만 미달되어도 추천할 수 없는 것이 현행 헌법의 법리이다.

3. 총회 총대 결원의 보선에 대하여

정치 제12장 제2조(총회 조직)에 "총회는 각 노회에서 파송하는 목사와 장로로서 조직하되 목사와 장로는 그 수를 서로 같게 하고 총대는 각 노회 지방의 매 7당회에서 목사 1인, 장로 1인씩 파송하되 노회가 투표하여 개회 2개월 전에 총회 서기에게 송달(送達)하고 차점순(順)으로 부총대 몇 사람을 정해 둔다."고 하였고,

정치 제22장 제1조에 "총회 총대는 총회 전 정기 노회에서 선택할 것인데 총회 개회 6개월 이상을 격하여 택하지 못한다."고 하였으며,

동 제2조(총대 교체)에 "총회 원총대가 출석하였다가 자기 임의로 부총대와 교체하지 못할 것이나 부득이한 때에는 총회의 허락으로 부총대와 교체할 수 있다."고 규정하였다.

이상과 같은 총회 총대 선택에 관한 규정은 ① 정기 노회에서 선택할 것 ② 목사와 장로수를 같게 할 것 ③ 총회 개회 6개월 전에는 택하지 말 것 ④ 총회 개회 2개월 전에 총대와 부총대 명단을 총회 서기에게 제출할 것 ⑤

총회에 출석한 후에 부총대와 교체하는 경우는 총회의 허락을 받을 것 등의 규정을 충족해야 한다.

그런데 질의자의 노회는 정기 노회를 마친 후 장로 총대 중 1인이 사퇴를 하였고 장로 부총대 2인 모두도 사퇴를 하였으나 총회에 총대를 보고하기 이전이요, 총대 보고는 목사와 장로의 수를 같게 해야 하고 부총대 몇 사람도 보고해야 함이 헌법의 규정이다.

그러므로 부득불 "임원 선거는 정기 노회에서 선거" 하도록 규정되어 있으나 "임원 중 결원이 있을 때는 임시 노회에서 보궐 선거"를 하는 것이 통상적인 것처럼 "결원된 총대와 부총대 선거" 역시 임시 노회를 소집하여 장로 총대 1인을 선택하는 선거를 하여 총대 1인을 선정하고 차점순으로 부총대 2인을 선정하여 총회 개회 2개월 전에 총회 서기에게 노회의 총대 보고를 하는 것이 법리이다.

여기에서 혹 임시 노회는 3건 이상 등을 주장하는 경우가 있으나 임시 노회는 단 한건만 있어도 목사 3인, 장로 3인이 청원하되 일시와 장소까지 정하여 노회 소집 청원서를 제출하면 회장은 반드시 그 시간 그 장소에 노회를 소집해야 한다(정치 제10장 제9조).

혹자는 임원회가 총대와 부총대를 선정하는 것도 가능하다는 의견을 제시하지만 노회가 임원회에 위임하지 아니한 사안이므로 불가하며 노회가 투표로 선택하는 것이 법리이다.

9. 장로회 정치 체제는 대의 민주 정치

임시 목사를 시무 목사로 개정하면 위임 목사는 언권 회원

임시 목사 시무 만기 후 계속 시무 반드시 투표로 청원해야

모 인터넷 신문에 "장로회 정치에서 미조직 교회 목사는 누구인가?"라는 기상천외(奇想天外)한 글을 읽고 씁쓸한 마음을 억눌렀다.

1. 임시 목사 칭호의 변천

변천이라기보다는 시무 목사로의 개정이 불법 무효임을 밝힌다.

1) 1934년도 판 정치에 임시 목사를 신설하여 "교인 3분의 2 이상의 가결로 청빙을 받고 시무 기간은 1년"이 현재에 이르렀다.

2) "시무 목사"로의 개정안 폐기(廢棄) 종결

① 제95회 총회에서 임시 목사를 시무 목사로 개정안을 가결하였고 ② 제96회 총회에서 노회 수의 결과 보고를 총회가 받았음에도 불구하고 총회장이 사정상 공포를 하지 아니하고 총회를 파회함으로 개정안은 자동 폐기(自動廢棄) 종료(終了)되어(정치 제19장 제2조, 정치문답조례 613문 13 참조). 제96회와 제97회 회기의 2년간은 임시 목사로 시행하여 왔다. ③ 그런데 제98회 총회에 이미 2년 전에 폐기 종료된 임시 목사 개정안에 대하여 "공포하여 시행할 것"을 7개 노회가 헌의했다. 이는 각하 처리해야 할 헌의 안건인데 본회에 상정하여 토의하는 과정에서 "이미 공포해야 할 권한 있는 자인 제96회 총회장이 공포하지 아니하고 총회가 파회되어 자동 폐기 종결된 것으로 권한 없는 제98회 총회장의 공포 시행은 불가"라는 법리적 발언에 대응하여 총대 중 한 분이 "추완(追完) 공포하면 됩니다. 나 법학 박사입니다."라는 불법적 억지 발언에 대하여 공포할 권한이 없는 제98회 총회

장이 마지못해 "추완 공포합니다."라고 불법 선언을 하기에 이르렀다. 그런데 누구인지 헌법 책을 재빠르게 교정 발행하였고, 더구나 당시 임원회는 시무 목사를 시행하라는 공문을 하회에 하달하여 현재까지 시행하고 있으나 법리상으로는 시무 목사가 아니요, 임시 목사이다(한국기독신문 제788-789호 p.8 참조).

2. 대의 민주 정치

장로회 정치란 "장로들이 회의하여 다스리는 정치"라는 문장의 약자이다. 여기에 "장로들이"란 강도와 치리를 겸한 "교회의 대표자요 목사인 장로"와 강도는 할 수 없으나 치리권만 있는 "교인의 대표자인 시무 장로"들을 의미한다. 따라서 장로회 정치는 장로들만으로도 교회를 다스릴 수 없고, 목사 혼자서도 교회를 다스릴 수 없다. 오직 목사와 장로로 조직된 당회가 교회를 치리하는 정치이다. 그리고 장로회 정치는 주권이 교인들에게 있는 민주 정치로서 교인들이 직접 정치를 하는 것이 아니고 투표로써 주권을 행사하는 간접 민주 정치이다.

그 방법은 교인들이 투표하여 청빙한 위임 목사에게 치리에 복종하겠다는 서약을 하여(정치 제15장 제11조) 치리권을 위임하고, 교인들이 투표하여 임직하는 시무 장로에게 치리에 복종하겠다는 서약을 하여(정치 제13장 제3조) 치리권을 위임한 당회가 치리권을 대행(교회 정치 총론 5)함에 있어서 당회의 모든 의사를 교인 전체의 의사로 간주하여 시행하므로 "대의 민주 정치" 또는 "간접 민주 정치"라고 한다. (박병진 저: 교회헌법대전 pp. 1410~1414 참조).

그러므로 미조직 교회 목사는 교인에게 투표는 받으나 치리에 복종하겠다는 서약을 받지 아니했기 때문에 치리권이 없고, 노회가 당회장권을 허락하면 행정 치리권만 행사할 수 있으며, 시무 기간이 만료되면 반드시 교인들의 투표로 계속 시무 청원을 해야 한다.

3. 대의 민주 정치에 대한 오해

위의 신문 기고 내용에 "전임 목사의 시무 기간은 3년이요 연기를 청원할 때에는 청빙 절차를 거쳐 당회장이 노회에 더 청원할 수 있다는 헌법 개정 수의안은 대의 정치에 부합하지 않는다."고 했다. 이는 대의 정치를 오해함이다. 오히려 대의 정치에 꼭 부합한 법리이다. 또한 "미조직 교회 목사들이 매 3년마다 공동 의회에서 교인들 3분의 2 이상의 가결을 받아야 한다는 것은 실상 장로회 정치에서 말하는 대의 정치가 아니다."라는 내용 역시 법리적으로 꼭 맞는 대의 정치이다. 그 이유는 시무 기간이 정해져 있는 경우, 시무 기간이 종료 되면 상기한 바와 같이 반드시 교인의 투표로써만 계속 시무 청원을 하는 정치가 대의 민주 정치이기 때문이다.

그리고 "노회 결의로 당회장권을 안 줄 수도 있다."는 생각은 대 착각이다. 법의 원리는 미조직 교회의 목사에게 으레 당회장권을 주는 것이 아니라 "줄 수도 있다."는 단항이다.

4. 결론

미조직 교회 목사는 "교인에게 투표는 받으나 치리에 복종하겠다는 서약을 받지 아니하고 시무에 임하기 때문에 시무 기간 만료 후에도 반드시 교인의 투표로 계속 시무 청원을 해야 하는 것이 대의 민주 정치의 골자이다." 또한 법리적으로 임시 목사를 시무 목사로 결정하면 시무 목사는 정회원이 되지만 위임 목사는 언권 회원이 된다(정치 제 10장 제3조, 교회법률상식 pp. 207~209 참조). 그러나 개정 초안대로 전임 목사로 하면 아무런 문제가 없다.

10. 전국 교회 당회장과 당회 회원들에게 고함

전국 교회를 혼란케 하는 소 박사의 그릇된 당회 결의 정족수
당회장과 장로 합한 수의 과반수 결의는 회중 정치라는 망언

R뉴스의 대표자인 소 박사의 당회 결의 정족수에 관한 그릇된 법리 주장으로 인하여 총회 산하의 모든 당회가 혼란에 휩싸이고 있어 부득불 이에 관한 변증의 글을 쓰게 됨을 먼저 밝혀 둔다.

1. 당회 개회 성수와 결의 정족수의 구별

당회의 개회 성수와 결의 정족수는 결코 같지 않다.

1) 당회 개회 성수

정치 제9장(당회) 제2조(당회의 성수)에 "당회에 … 장로 3인 이상이 있으면 장로 과반수와 당회장이 출석하여야 성수가 된다."라고 규정하였다. 다른 설명이 필요 없다. "반드시 당회장이 출석하고 반드시 재적 장로수의 과반수 이상이 출석하면 개회 성수가 된다."는 말이다. 이는 소 박사도 동의하는 부분이다.

2) 당회 결의 정족수

"당회장과 출석 장로수를 합하여 과반수 이상의 찬성으로 결의된다."는 것이 "대한예수교장로회 총회 헌법"과 총회가 채택하여 시행하고 있는 "장로회 각 치리회 보통회의 규칙"의 법리이다.

그런데 소 박사의 법리는 당회장이 찬성하는 것은 절대적이고 반드시 출석 장로수의 과반수 이상이 찬성해야 가결된다고 주장하여 "당회의 개회 성수와 결의 정족수가 같은 것으로 설명"하면서 필자가 헌법대로 설명한 "당회장과 출석 장로수를 합한 수의 과반수로 결의된다."고 함은 "회중 정치

가 되어 버린다."는 망언을 하고 있다.

2. 당회 결의 정족수의 법리 해설

소 박사가 주장하는 "출석 장로 과반수 이상과 반드시 당회장이 찬성해야 가결된다."는 망언과는 달리 법이 정한 "당회장과 출석 장로수를 합하여 과반수 이상 찬성으로 가결된다."는 법리를 정리하여 이해를 돕고자 한다.

1) 교회 헌법 정치 제19장 제2조(회장의 직권)에 "회장은 … 가부를 물을 의제(議題)는 회중에 밝히 설명한 후에 가부를 표결할 것이요 '가부 동수인 때는 회장이 결정'하고 회장이 이를 원하지 않으면 그 안건은 자연히 부결된다."고 규정하였다.

본 규정에 ① 가부 표결한 결과가 가부 동수인 때에 회장에게 결정권이 있다 함은 당회장과 장로수를 합한 수의 과반수로 결의된다는 의미가 분명하고 ② 가부 표결한 결과 과반수 이상 이었다면 가결된다는 뜻이니 이것도 역시 당회장과 장로수를 합한 수의 과반수로 결의된다는 의미이다.

이상의 설명 이전에 "가부 동수인 때는 회장이 결정하고"라는 문장 안에 "당회장과 장로수를 합한 수의 과반수로 결의된다."는 것도 이해하지 못하면서 과연 법리 운운할 수 있겠는가!

2) 동 제9장(당회) 제7조(당회 회집) "당회는 … 당회장이 있을 때는 장로 반수(半數) 이상이 청구(소집)할 수 있고, 당회장이 없을 때에는 장로 과반수(過半數)가 소집할 수 있다."는 규정의 내용 역시도 "당회장과 장로수를 합한 수의 과반수로 결의된다."는 의미가 분명하다.

3) 장로회 각 치리회 보통회의 규칙 제8항(회장의 투표권)에 "치리회가 무기명 투표로 표결할 때에 회장도 다른 회원과 같이 투표할 수 있다. 그러나 이같이 투표하였으면 가부 동수가 되어도 회장이 다시 투표할 수 없고,

그 안건은 부결된다."라고 함은 가부 동수이고 회장이 투표하지 아니하였을 경우 회장이 가결을 공포할 수 있다 함이니 이런 상황은 곧 "당회장과 출석 장로수를 합하여 과반수가 찬성하면 결의 정족수가 된다."는 의미가 아닌가.

3. 회장의 특권

회장은 ① 특별한 일로 회의 질서를 유지할 수 없는 경우 비상 정회 선언권이 있고 ② 의안의 내용이 위법인 경우이거나 교회에 위해한 사안인 경우에는 의안의 가부 또는 공포를 거부할 수 있다.

11. 지교회와 미조직 교회를 혼동하면 안 된다
미조직 교회와 조직 교회 다 같이 지교회
시무 목사도 노회장, 총회 총대, 총회장 될 수 있는 정회원

필자의 메일에 "목사님 한번 살펴봐 주십시오."라고 요청하면서 "샬롬"의 명의로 아래의 글을 보내왔다(2018. 12. 17. 입력).

[헌법 정치 10장 3조의 오해와 진실 윤수중 장로(서대전노회 공주남산교회) 기독신문 2018. 10. 23. 제2172호]

…중략… 정치 제10장 제6조 1항, 5항, 9항에도 지교회와 미조직 교회를 구분했다. 만약 미조직 교회를 지교회로 인정한다면 노회 설립 요건인 21당회가 필요 없다.

…중략… 둘째, 지교회와 미조직 교회를 구분하지 못했다. 지교회는 정치문답조례 36문대로 장로 1인 이상을 세워 당회를 조직하고 노회 설립 요건 21당회에 일익을 담당하지만 미조직 교회는 지교회가 되기 위한 준비 단계의 교회로 보아야 된다.

…중략… 또 하나, 노회가 만약 미조직 교회 시무 목사에게 정회원권을 주면 노회장, 총대, 총회장도 할 수 있다는 결론이 나온다. 이렇게 되면 헌법이 정한 장로회 정치가 변질되어 질서가 무너지며 더 이상은 장로회 정치를 하는 장로교회라고 할 수가 없다. 모든 목사는 목회에서 모든 의무, 본질, 기본권은 똑같으나 치리회에서는 목회하는 교회의 형편에 따라 한시적으로 주어지는 '권리의 다름'을 인정하자.

현재 총회 산하 노회들이 이렇게 심각한 문제들을 안고 있다. 총회 지도자들이 이 점을 충분히 인지하고 현명하게 대처하길 기대한다.

[답] 먼저 윤 장로의 교회법에 대한 깊은 관심에 찬사를 드리며 글 내용에서 합동 측 장로임이 밝혀져 있어 합동 총회 헌법으로 답한다.

1. 지교회와 미조직 교회를 구분함에 대하여

윤 장로의 주장은 "정치 제10장 제6조에 지교회와 미조직 교회를 구분했다. 만약 미조직 교회를 지교회로 인정한다면 노회 설립 요건인 21당회가 필요 없다."고 하면서 아예 미조직 교회는 지교회가 아니라고 못을 박아 버렸다.

그러나 교회 헌법은 조직 교회나 미조직 교회 모두를 지교회라고 정의하였다.

① 정치 총론 5. (장로회 정치)에 "이 정치는 지교회 교인들이 장로를 선택하여 당회를 조직하고 그 당회로 치리권을 행사하게 하는 주권이 교인들에게 있는 민주적 정치이다."라고 하였다

여기에서 "지교회"라 함은 "지교회 교인들이 장로를 선택하여 당회를 조직하고"라는 문맥에서 미조직 지교회로 있을 때 먼저 장로를 선택하고, 그후에 임시 목사(시무 목사)가 미조직 지교회에서 선택하여 세운 장로와 함께 당회를 조직한다는 순리적 법리에 따라 "미조직 지교회"임을 분명하게 밝혀 주고 있다.

② 정치 제2장(교회) 제4조(각 지교회)에 "예수를 믿는다고 공언하는 자들과 그 자녀들이 일정한 장소에서 그 원대로 합심하여 하나님을 경배하며 성결하게 생활하고, 예수의 나라를 확장하기 위하여 성경에 교훈한 모범대로 연합하여 교회 헌법에 복종하며, 시간을 정하여 공동 예배로 회집하면 이를 '지교회'라 한다."고 "정의"하면서 조직 교회이어야 지교회이고 미조직 교회는 지교회가 아니라는 언급이 전혀 없이 모두 지교회임을 명백하게 밝

했다.

③ 정치 제10장(노회) 제6조(노회의 직무) 1.에 "노회는 그 구역에 있는 당회와 지교회와 목사와 강도사와 전도사와 목사 후보생과 미조직 지교회를 총찰한다."라고 분명하게 밝혔다.

여기에서 "당회와 지교회와"는 그 당회도 총찰하고 그 조직 교회인 지교회도 총찰한다는 의미이고, 하반부에 "미조직 지교회"는 문장 그대로 미조직 교회도 지교회임을 천명(闡明)한 용어이다.

④ 동 5.에 "지교회를 설립, 분립, 합병, 폐지 및 당회를 조직하는 것과 지교회와 미조직 교회의 목사의 청빙과 전도와 학교와 재정 일체 사항의 처리 방침을 지도 방조한다."고 하였다.

여기에서 "지교회를 설립"은 미조직 지교회를 설립한다는 의미로서 지교회 설립 허락 청원과 지교회 설립 허락에 대하여 청원자들은 미조직 지교회 설립을 청원하고 노회는 미조직 지교회를 허락하는 것이고, 이미 당회가 조직된 지교회는 설립 청원이 아니라 교회 가입 허락 청원을 해야 하고 노회 역시 교회 가입을 허락해야 한다. 그리고 가입을 받은 그 교회의 모든 조직을 노회가 인정한다.

다만 중반부에 "지교회와 미조직 교회의 목사의 청빙"에서 지교회는 조직된 지교회를 의미하고 미조직 교회는 미조직 지교회를 의미한다. 동 9.에 "지교회 및 미조직 교회를 순찰하고"에서의 지교회와 미조직 교회도 마찬가지이다.

2. 조직 교회이어야 지교회라 함에 대하여

윤 장로의 주장은 "지교회는 정치문답조례 36문대로 장로 1인 이상을 세워 당회를 조직하고"라 하였고 "미조직 교회는 지교회가 되기 위한 준비 단계의 교회로 보아야 된다."고 하면서 미조직 교회는 지교회가 될 수 없다고 하였다. 이에 대하여 윤 장로는 "정치문답조례 36문"을 잘못 인용하였다.

"36문 : 노회가 조직되지 못한 교회라도 돌아볼 수 있느뇨?

답 : 노회가 조직되지 못한 교회를 돌아보며 강도인을 파송하는 것이 가하니라(교회정치문답조례: J. A. 하지 원저, 박병진 김정덕 역 p. 33)."고 하였으니 지교회란 반드시 조직된 교회이어야 한다는 법리가 아니다. 오직 "노회는 미조직 교회도 돌아보아야 하되 설교할 교역자를 파송하는 일은 특별히 명심해야 한다는 문답이다.

더더구나 "미조직 교회는 지교회가 되기 위한 준비 단계의 교회로 보아야 된다."고 함은 헌법 어디에서도 그 근거를 찾을 수가 없다. 윤 장로 사견에 불과하며 이미 지교회가 되어 있는 미조직 교회를 "지교회가 되기 위한 준비 단계의 교회"라 함은 언어도단이다. 교회 헌법 어디에도 "준비 단계의 교회"라는 용어는 없다.

3. 미조직 교회 시무 목사의 노회 정회원권에 대하여

윤 장로는 "노회가 만약 미조직 교회 시무 목사에게 정회원권을 주면 노회장, 총대, 총회장도 할 수 있다는 결론이 나온다."라고 하면서 임시 목사(시무 목사)는 언권 회원이라고 잘못 주장하였다.

그런데 미조직 교회 임시 목사(시무 목사)는 노회가 정회원권을 주는 것이 아니라 이미 현행 대한예수교장로회 총회 헌법에 정회원으로 규정하여 명시되어 있다.

전국 교회에 이해를 돕기 위하여 현행 헌법의 조문을 살펴본다.

1) 정치 제4장 제4조(목사의 칭호)에 "① 위임 목사 ② 임시 목사(시무 목사) ③ 부목사 ④ 원로 목사 ⑤ 무임 목사 ⑥ 전도 목사 ⑦ 교단 기관 목사

⑧ 군종 목사 ⑨ 군 선교사 ⑩ 교육 목사 ⑪ 선교사 ⑫ 은퇴 목사" 등 12개 항의 목사 칭호를 규정하고 있다.

2) 이에 반하여 정치 제10장 제8조(노회가 보관하는 각종 명부)에는 "① 시무 목사 ② 무임 목사 ③ 원로 목사 ④ 전도사 ⑤ 목사 후보생 ⑥ 강도 사" 등 6개항뿐이고 위임 목사, 임시 목사, 부목사 등의 명부가 없다.

3) 그런데 정치 제10장(노회) 제3조(회원 자격)에도 "① 지교회 시무 목사와 ② 정년 이전의 원로 목사와 ③ 총회나 노회가 파송한 기관 시무를 위임한 목사는 회원권을 구비하고 ④ 그 밖의 목사는 언권 회원이 되며 총대권은 없다."라고 하였다. 여기에도 역시 회원권을 구비한 목사에 위임 목사, 임시 목사(시무 목사), 부목사는 누락되었다. 이것이야말로 이상한 일이 아닌가?

위의 1), 2), 3) 등 각 항을 연계하여 정리해 보자.

"노회 회원 자격"에 대하여 3)항의 ④에 명시한 그 밖의 목사인 언권 회원은 "정년 이후의 원로 목사"와 1)항에 명시되어 있는 "무임 목사"와 "은퇴 목사" 등인데 정회원에 대하여는 "지교회 시무 목사와 정년 이전의 원로 목사와 총회나 노회가 파송한 기관 사무를 위임한 목사"라고만 명시하였고, "위임 목사, 임시 목사(시무 목사), 부목사"는 노회 회원 자격에 누락된 연유를 밝히면 이상할 것 이 없을 것이다.

이상과 같이 누락된 이유는 2)항의 노회가 보관하는 각종 명부에 위임 목사 명부와 임시 목사(시무 목사) 명부와 부목사 명부가 없기 때문이다. 왜 없을까? 이는 위임 목사, 임시 목사(시무 목사), 부목사는 지교회를 섬기는 "지교회 시무 목사"들이므로 3)의 ①에 "지교회 시무 목사"명부 안에 위임 목사, 임시 목사(시무 목사), 부목사 등은 명칭에 구애받지 않고 전입순대로 정회원 목사 명부로 작성되기 때문이다.

따라서 노회의 목사 회원 자격에서 정회원은 3)의 ①지교회의 시무 목사인 (1) 위임 목사와 (2) 임시 목사(시무 목사)와 (3) 부목사와 3)의 ②에 명시한 (4) 정년 이전의 원로 목사와 3)의 ③에 명시한 (5) 총회나 노회가 파송한 기관 시무를 위임한 목사와 1)의 ⑧, ⑨, ⑩에 명시한 (6) 군종 목사와 (7) 군 선교사와 (8) 교육 목사와 (9) 선교사 등의 (1)~(9)의 목사는 노회에서 정회원으로 선거권 피선거권 결의권이 부여된다. 그 중에 (2)의 임시 목사(시무 목사)가 정회원에 포함되어 있으니 임시 목사(시무 목사)도 피선만 되면 노회장, 총회 총대, 총회장이 될 수 있는 정회원인 것은 지극히 당연한 법리이다(교회법률상식 pp. 280~283 참조).

4. 결론

지구상에 그리스도인들이 한곳에 회집하여 예배드릴 수 없으니 각 지역에 지교회를 설립하게 하여 시간의 차이를 두고 모이지만 각 지교회에서 드리는 예배가 하나의 교회에서 예배드리는 것이 되게 한 것이다(정치 제2장 제3조 참조). 그러므로 각 노회가 교회 설립 또는 교회 가입을 허락한 교회들은 미조직 교회이든 조직 교회이든 모두 지교회이다.

또한 임시 목사(시무 목사)도 "지교회 시무 목사"인 정회원이므로 위임 목사와 시무 형편은 다르지만 노회 회원권은 동등하다.

12. 회장의 비상 정회 선언권과 속회 선언권
속회 선언은 비상 정회 선언한 그 회장 외에 누구도 할 수 없어
비상 정회 선언 후 속회 선언 전 모든 회의 불법 행위 당연 무효

합동 정치 제19장 제2조(회장의 직권)에 "회장은 … 특별한 일로 회의 질서를 유지할 수 없는 경우에는 회장이 비상 정회를 선언할 수 있다."라고 규정하였다. 본 규정에서 특히 회장의 비상 정회 선언권에 대하여 논함으로 회의법에 대한 이해를 돕고자 한다.

1. 회장의 비상 정회 선언권

정회는 동의와 재청이 있은 후 표결하여 가결되어야 비로소 회장이 선언하는 것이 "정상 정회"이고, 회장 판단에 회의 질서를 유지할 수 없을만한 사달이 일어났을 경우는 위의 모든 절차 없이 회장이 단독으로 그 회를 대표하여 "비상 정회"를 선언하는 권한을 준다.

여기에서 질서 유지가 곤란한 경우에 관한 여부를 판단하는 권한은 오직 회장에게 있고 회원에게 있는 것이 아니므로 일단 회장의 판단에 따라 비상 정회를 선언하였으면 그 회의 회원들은 불가불 순복하는 길밖에 없다. 그 이유는 회원들 보기에는 질서 유지가 어려울 만한 경우가 아니라고 여겨진다 해도 이에 대한 판단 권한은 법이 보장한 회장에게만 있고 회원들에게 있지 않기 때문이다(박병진 著 교회헌법대전 p.1403,1406 참조).

2. 비상 정회 선언의 효능

정회는 "정상 정회"나 "비상 정회"나 그 효능에 있어서 아무런 차이가 없다. 그 이유는 회장의 비상 정회 선언은 그 회를 대표하여 선언함이요 그 회의 가결 공포와 동일한 효능을 갖기 때문이다. 만일 노회장이 비상 정회를 선언하였으면 그 비상 정회는 곧 그 노회의 결의로 정회한 것과 똑같은 효력을 가진다는 의미이다.

그러므로 회장의 "비상 정회"를 선언한 것이 불법성이 확실하여 정정이 불가피한 경우라고 할지라도 그 노회의 결의로는 변경할 방도가 없고 오직 상회에 소원(권징조례 제84조)하여 상회의 결정으로만 변경이 가능할 뿐이다(同 p.1406).

3. 비상 정회의 속회 선언권

시일을 정하고 비상 정회를 선언하였으면 그 시일에 그 회장의 사회로 자연 속회된다. 그러나 무기 비상 정회를 선언하였으면 오직 정회를 선언한 그 회장이 속회를 선언할 때까지 정회되고 그 회장이 아닌 타인이 속회할 방도는 전혀 없다.

비상 정회 선언의 배경인 회의 질서 유지가 곤란한 경우의 여부를 판단하는 권한이 오직 회장에게 있고 회원들에게 있지 아니한 것이 법리인 것과 같이 질서 유지가 회복되어 속회를 할 만하다는 판단 역시도 회원 중 어느 누구도 왈가왈부할 수는 없고 그 회장의 절대적 권한에 속한 것임은 너무나도 자연스럽고 당연한 법리이다.

가령(假令) 부노회장이 노회의 사회를 하다가 비상 정회를 선언하였으면 그 노회의 노회장도 속회를 선언할 권한이 없고, 오직 비상 정회를 선언했던 그 부노회장에게만 속회 선언권이 있다.

이는 곧 "비상 정회를 선언한 자만이 가지는 비상 정회 속회권의 고유한 특권임을 분명히 하는 대목이다"(同 p.1405 참조).

4. 비상 정회 선언 후 발생한 사건에 대하여

상론한 바와 같이 비상 정회 선언 후에는 오직 그 회장 외에는 회원 중 누구도 사회를 대행하거나 속회를 대행하거나 혹 총회장이 와서 속회 운운해도 그 모든 행위와 결의는 불법 집회일 뿐 정식 회의일 수는 없고 다만 "좌담회에 불과"함으로 당연 무효이다.

또한 비상 정회 기간 중에 소위 비상대책위원회나 소위 전권위원회라는 기구를 구성하여 활동한다면 그 위원회는 불법 단체요 그들의 활동 및 결의 역시 당연 무효이다(同 pp. 1403~1409 참조).

5. 결론

비상 정회 선언권과 속회 선언권은 회장의 고유한 특권이요 직무이다. 그러므로 회장이 비상 정회를 선언한 후 속회를 선언하기까지의 그 사이에 발생한 모든 사안은 불법 범죄 행위이니 당연 무효이다. 만일 소위 자칭 비상대책위원회나 자칭 전권위원회를 구성하여 다른 회장을 세웠다면 그 회장은 허수아비 회장이요, 혹 다른 임원회를 재선출하였다면 그 임원회는 유령임원회에 다름 아니다. 그 이유는 그 구성된 모든 단체와 활동과 결의 등은 불법 범죄 행위로서 모두 무효로 돌아가기 때문이다.

또한 유령 임원회는 그리스도의 몸(골 1:18, 엡 1:22~23)을 쪼개(고전 1:10~13)는 이탈 집단이요, 오직 비상 정회를 선언한 그 회장과 정기회에서 선출한 임원회만이 다음 정기회까지 계속 합법적인 임원회이다(필자의 拙著 교회법률상식 pp. 613~621, pp. 625~637 참조).

이때 합법적인 임원회를 따르는 회원이 극소수일지라도 상관없다. 우리 주님께서 "좁은 문으로 들어가라 멸망으로 인도하는 문은 크고 그 길이 넓어 그리로 들어가는 자가 많고 생명으로 인도하는 문은 좁고 길이 협착하여 찾는 이가 적음이라"(마 7:13~14)고 하시지 않았는가.

13. 총회 총대 선거 박수 선정, 총회가 가르쳐준 것

"윗물이 맑아야 아랫물도 맑다"는 속담, 총회는 깊이 깨달아야

기독신문 제1973호(2014. 7. 30.) p.6 하단에 합동 남울산노회가 "남울산노회 입장을 밝힙니다."라는 성명의 내용을 게재하였다.

그 내용을 보면 2014. 3. 22~23일간의 봄 정기 노회에서 수년 동안 시행해 왔던 대로 총회 총대를 전형 위원이 추천한 자들을 박수로 받아 선출하였고, 부총회장 후보 정연철 목사의 총회 임원 후보 추대 역시 만장일치 기립 박수로 추대했다고 하였다.

그런데 총회 선관위에서는 정연철 목사의 부총회장 후보자 추대를 박수로 결정했다는 이유로 미루어 오다가 며칠 전에는 남울산노회 노회장과 서기를 소환하여 총회 임원 후보 추대 방식에 대한 의견을 청취한 후에도 선관위는 아직 후보자 결정을 계속 연기하고 있다고 밝혔다.

그리고 아래와 같이 선관위의 입장에 대하여 반문하였다.

1. 본 총회 산하의 많은 노회들이 정기 노회 시에 총회 총대를 선출할 때 본 노회와 같이 만장일치 박수로 선출한 총대와 임원 후보를 추대하는 것이 현실인데 이것이 위법이라면 다른 모든 노회 총대를 제99회 총회 총대 천서를 받을 것인지 유권 해석을 듣고 싶다 하였고,

2. 전형 위원이 추천하여 박수로 선출된 총회 총대는 위법이 아니고 박수로 추대한 임원 후보 추대는 위법이라면 제98회 총회 시 박수로 받아 선출된 총회의 현 임원들에 대하여 선관위의 입장을 듣고 싶다고 반문하였다.

이상과 같은 성명의 내용에 대하여 필자는 남울산노회가 총회 총대를 전형위원회가 추천하여 박수로 선출하고 총회 임원 후보자를 박수로 추천한 것을 합법이라고 변론하려는 것은 결코 아니다. 물론 남울산노회가 총대

선거 방법과 총회 임원 후보자를 박수로 추천한 것은 합법이라고는 할 수 없기 때문이다.

다만 남울산노회가 성명서에서 밝힌 바와 같이 전국에 수많은 노회들이 (풍문에 의하면 절반 이상이라고도 함) 총회 총대 선거에 있어서 전형 위원 혹은 임원회가 추천하면 그들만을 상대로 투표를 하거나 그들만을 놓고 박수로 받아 선정함으로 추천을 받지 못한 모든 회원들의 피선거권을 박탈하는 지극히 기본적인 불법을 행하는 경우가 다반사임이 현실이라는 점이다.

이에 대하여 총회가 임원 선거에 박수로 받기 전에는 역시 산하의 노회들이 총대 선거 및 임원 선거를 박수로 받는 일이 없었다. 분명한 것은 총회가 먼저 박수로 받는 선례로써 본을 보이므로 총회가 노회에 가르쳐준 것에 다름이 아니라는 말이다.

중요한 사실은 총회가 헌법에 상충되는 임원 후보자를 세우는 제도부터 위헌적 발상으로서 임원 후보자 외에는 모든 총대들의 피선거권을 박탈하는 불법을 노회보다 먼저 행했다는 사실이다.

즉 총회가 임원 후보자를 세움으로 다른 회원들의 피선거권을 박탈함과 같이, 총회 산하의 여러 노회들도 전형위원 또는 임원회가 추천하는 제도를 도입하여 그 추천받은 자들 외의 다른 회원들의 피선거권을 박탈하고, 그 추천받은 자들만 박수로 선출하는 과정에서 어떤 회원이 "불법이요"라고 하면 "총회도 그렇게 한다."며 오히려 큰 소리를 치면서 밀어 붙인다고 하니 더 이상 두고만 볼 일은 아닌 것 같아 보인다.

결국은 여러 노회가 박수로 받는 것은 총회가 가르쳐준 것을 노회가 배워서 시행하는 꼴이 되었다는 점이다. 윗물에 오물을 쏟아 부어 놓고 아랫물이 맑기를 바라는 것은 어불성설이다.

성명서의 내용에 의하면 선거관리위원장도 역시 박수로 총회 서기가 되었었다고 하는데 선관위가 남울산노회의 부총회장 후보를 만장일치 박수로 추대했다는 이유로 후보자 천서 결정을 미룬다고 하니 이거야말로 "똥 묻은 개가 겨 묻은 개 나무란다."는 속담에 딱 어울리는 격이 아니고 무엇이겠는가!

총회 임원인 총회 서기를 박수로 받았다면 그것은 현 헌법상 당연 위헌적 불법이지만 노회가 총회 임원 후보를 박수로 추천한 것은 흔히 있는 지극히 당연한 상식이라는 것을 삼척동자도 다 아는 일이다.

선거관리위원회여!

남이 하면 스캔들, 내가 하면 로맨스라는 잘못된 인식과 관행을 버리지 아니하면 교단의 개혁은 요원할 것이다.

차제에 첨언컨대, 총회는 상위법 우선의 원칙(상위법에 상충되는 하위법은 시행할 수 없다)에 의하여 상위법인 성경과 총회 헌법에 정면으로 상충되는 하위법인 총회 규칙에 명시된 제비뽑기(대한예수교장로회라는 교단이 일백 수십 개가 되는데 본 교단이 12년이나 시행했음에도 한 교단도 따르지 않음은 비성경적이기 때문이 아닌가. 박윤선 주석, 행 1:26 p. 53 참조)와 총회 임원 및 상비부장 등의 입후보 제도를 파기 개정하고 헌법대로 투표하기를 바란다. 그렇게 되면 산하 노회들도 전형 위원이나 임원회가 추천한 자를 박수로 선정하는 일은 자연스럽게 사라지고 교단은 개혁되어질 것이다.

14. 합동 총회 임시 목사인가 시무 목사인가
임시 목사이면 임시 목사와 위임 목사 모두 정회원
시무 목사이면 시무 목사는 정회원, 위임 목사는 언권 회원

소제목과 같이 시무 목사를 고집하고 시행하는 현실은 법리적으로 개정 전 "임시 목사"를 "시무 목사"로 개정한 결과 노회에서 "시무 목사는 정회원"이 되지만 "위임 목사는 언권 회원"으로 바뀌었다는 사실조차도 모르고 아무 일도 없는 것처럼 각 치리회가 시무 목사나 위임 목사나 정회원이라고 생각을 하고 있으니 필자는 심히 안타까운 마음으로 다시 글을 쓰게 된 것을 먼저 밝혀 둔다.

1. 본 건의 사실 관계
제95회 총회가 임시 목사를 시무 목사로 개정하기로 결의하고 각 노회 수의 결과를 제96회 총회에 개정함이 가한 것으로 보고되었으나 제96회 총회장이 당시 정황을 반영하여 헌법 개정 공포를 하지 아니하고 총회를 파회한 결과 법률상으로 노회 수의까지 마친 개정안이 폐기 처분되는 것으로 종결되었다.

그래서 제96회 총회 이후 제98회 총회 전까지는 임시 목사로 계속 시행하였으나 폐기 처리된 후 2년이 지난 제98회 총회에 7개 노회에서 임시 목사 개정건을 공포하여 시행할 것을 헌의하였고, 제98회 총회에서 그 헌의안을 토의하는 중에 "이미 공포할 권한이 있는 제96회 총회장이 공포하지 아니한 결과 자동 폐기 종결되었으므로 공포 시행은 불가하다."라는 법리적 발언에 대응하여 총대 중 한 분이 "추완(追完) 공포하면 됩니다. 나 법학 박사입니다."라는 법리에 반하는 억지 발언에 마지못해 제98회 총회장이 "추

완 공포합니다."라고 선언하였다.

제98회 총회가 파회되자 누구인지는 알 수 없으나 재빨리 헌법 책자를 개정안으로 인쇄하여 서점에 진열되었고 총회 임원회가 시무 목사 시행 지침을 각 노회에 하달하여 현재까지 시무 목사로 시행하고 있는 것이 현실이다.

2. 개정했다고 한 시무 목사에 관한 법리적 문제점

개정되었다고(이하 개정안) 하는 법조문 내용은 "특별한 이유가 있으면 노회 허락으로 조직 교회는 1년간 시무 목사로 시무하게 할 수 있고 만기 후에는 다시 노회에서 1년간 더 승낙을 받을 것이요, 미조직 교회는 3년간 시무 목사로 시무하게 할 수 있고 만기 후에는 다시 노회에 3년간 더 승낙을 받을 것이요 노회 결의로 당회장권을 줄 수 있다"(제98회 총회 결의 및 요람 p.74, 참조).라고 하였다. 본 개정안의 시행에 관하여 여러분들로부터 질의를 받았다. 이는 질의하는 목사나 장로들 역시 법리적 문제점을 감지했기 때문이라고 생각된다.

(1) 시무 기간이 조직 교회는 2년, 미조직 교회는 6년뿐

시무 목사의 시무 기간에 관련한 문제점에 관하여 알기 쉽게 설명하고자 한다.

① "조직 교회는 1년간 시무 목사로 시무하게 할 수 있고 만기 후에는 다시 노회에서 1년간 더 승낙을 받을 것이요"라고 한 내용과

② "미조직 교회는 3년간 시무 목사로 시무하게 할 수 있고 만기 후에는 다시 노회에 3년간 더 승낙을 받을 것이요"라고 한 내용의 문장이 "조직과 미조직, 1년과 3년"만 다르고 그 외에는 글자 한 자도 다르지 않고 똑같다. 법조문의 문장과 글자 하나까지 다르지 않다는 것은 무엇을 의미하는가?

조직 교회의 시무 목사는 공동 의회의 결의로 총 투표수 3분의 2 이상의 가(可)와 재적 입교인 과반수의 서명을 받아 노회의 허락으로 1년간씩의 시무로 2번만 시무할 수 있고 3번째는 위임 목사로 청빙을 받지 못하면 그 교회를 떠나야 한다는 의미인 것은 삼척동자도 다 아는 상식이요, 수십 년간 시행해온 역사이다.

마찬가지로 미조직 교회의 시무 목사도 역시 공동 의회의 결의로 총 투표수 3분의 2 이상의 가와 재적 입교인 과반수의 서명을 받아 노회의 허락으로 3년간씩의 시무로 2번만 시무할 수 있고 3번째는 당회를 조직하여 위임 목사로 청빙을 받지 못하면 그 교회를 떠나야 한다는 의미이다.

즉 조직 교회와 미조직 교회가 글자 한 자도 다르지 않고 똑같은 문장의 시무 목사로서 시무할 수 있는 기간만 2년과 6년으로 종결되는 것이다. 즉 조직 교회가 2년만 시무 목사로 시무한 후에도 계속 시무를 위해서는 위임 목사로 청빙을 받아야 하는 것과 같이 미조직 교회도 역시 6년만 시무할 수 있고, 계속 시무를 위해서는 6년 이내에 당회를 조직하여 위임 목사로 청빙을 받아야 한다는 말이다. 이는 차라리 개정 전 미조직 교회의 임시 목사는 계속 시무 허락만 받으면 몇 십 년이라도 시무할 수 있는 개정 전의 임시 목사의 제도보다 시무 목사의 입지가 더 어렵게 되었다고 하겠다.

(2) 시무 목사는 정회원, 위임 목사는 언권 회원

정치 제10장(노회) 제3조(회원 자격)에 "각 지교회 시무 목사와 정년 이전의 원로 목사와 총회나 노회가 파송한 기관 사무를 위임한 목사는 회원권을 구비하고 그 밖의 목사는 언권 회원이 되며 총대권은 없다."라고 규정하였다.

여기의 "각 지교회 시무 목사"는 임시 목사의 칭호가 있을 때에는 대명사로서 "위임 목사, 임시 목사, 부목사"를 의미하였다. 그런데 임시 목사를 시무 목사로 개정한 후에는 전에 존재했던 임시 목사 대신 시무 목사라는 목사 칭호가 등장하게 되어 "각 지교회 시무 목사"가 고유 명사로서 지교회를 맡아 사역하는 시무 목사로 볼 수밖에 없다. 따라서 오직 "시무 목사, 정년 전 원로 목사, 총회나 노회가 파송한 기관 목사"만 회원권이 구비하고, "그밖의 목사는 언권 회원이 되고, 총대권은 없다."라는 규정에서 그 밖의 목사 칭호는 정치 제4장 제4조에 열거한 대로 "위임 목사, 부목사, 정년 후 원로 목사, 무임 목사, 종군 목사, 교육 목사, 은퇴 목사" 등인데, 그 중에 위임 목사도 그 밖의 목사에 속하여 언권 회원이 된다는 것이 문제이다. 혹 부목사, 정년 후 원로 목사, 무임 목사, 종군 목사, 교육 목사, 은퇴 목사는 언권 회원이 된다고 해도 문제가 없다고 할 수 있으나 위임 목사가 언권 회원이 된다는 것은 말이 안 된다.

이에 관하여 개정하기 전의 임시 목사 제도에서는 아무 문제가 없었는데 임시 목사를 시무 목사로 잘못 개정한 결과 법리적으로 위임 목사가 언권 회원이 되는 엄청난 문제점이 발생하게 되었다는 말이다.

(3) 헌법 개정 절차상 흠결

근본적으로 총회 결의와 노회 수의를 거친 헌법 개정안은 총회장이 공포하여 시행해야 하는데 총회장이 공포하지 않고 총회를 파회하면 그 개정안은 자동 폐기되는 것으로 종결되는 것이 법리이다.

그런데 폐기 종결된 개정안을 회원들이 공포를 강요하면서 압박한다고 해서 개정안을 공포할 권한이 있는 총회장이 공포하지 아니하고 폐기된 개정안을 2년이 지난 후 권원 없는 다른 총회장이 공포했다고 하면서 시행하는 것은 천부당만부당한 불법이요 당연 무효이다.

그 연유는 당연히 공포해야 할 결의안이라고 할지라도 공포해야 할 회장이 공포하지 아니하고 폐회되었으면 그 안건은 자동 폐기되는 것이 법리이거늘 2년이나 경과한 후 권원 없는 회장이 불법으로 공포했기 때문에 법률로서의 효력을 발생할 수가 없기 때문이다.

3. 본 건에 관한 후속 조치

교회 법률에 대한 시행의 우선순위는 세상 법과는 달리 상위법이 우선이다. 즉 법원은 교회 헌법 보다 지교회 정관을 우선하는 판례를 앞세운다. 그러나 교회 치리회는 교회 정관이나 결의보다 교회 헌법을 우선한다. 그러므로 임시 목사를 시무 목사로 개정한 법조문은 상술한 바와 같이 당연히 위임 목사는 언권 회원이 될 수밖에 없다.

이에 대한 후속 조치로는 정치 제10장 제3조의 노회 회원 자격을 보완 개정하거나, 임시 목사를 시무 목사로 개정한 것을 다시 "전임 목사"로 목사의 칭호를 바꾸어 개정하면 아무런 문제가 없다.

4. 결론

총회가 "헌법에 위반되게 처리한 사건이 있는 줄을 확인하면"(권징조례 제76조) 총회는 상회가 없으므로 차기 총회에서 총회의 잘못된 결의를 변경해야 한다.

본 건과 관련하여 한 가지 첨언할 것은 언론의 잘못된 기사가 문제를 부추기고 있다. 한 예로 모 언론에서는 총회 헌법에 상충되는 결의일지라도 "… 총회가 확정된 해석을 불법이라는 취지의 주장은 옳지 않다. … 얼마든지 부목사나 기관 목사, 선교사, 교육 목사도 노회 정회원이며 정회원이기 때문에 총회 총대가 될 수 있다. 하지만 총회가 내린 유권 해석은 노회 회원 자격과 상관없이 총회 총대에 대한 자격 기준을 총회 결의로 확정하고 있다. 즉 총회 총대는 위임 목사이어야 한다는 점이다. … [2016. 3. 6. (12:35) 입력 총회 결의 정신 왜곡하면 안 된다]라고 하면서 필자의 신문 기사를 110행이나 되는 장문으로 논평하면서 사람의 실명을 11번이나 기록하는 상식 이하의 글을 보았다.

필자가 크리스천포커스에 기고한 신문 기사를 잘못 논평한 모 언론에 되묻고 싶다. 아무리 최고회인 총회라고 할지라도 총회 결의가 교회 헌법에 상충되는 결의를 하여 시행하는 것을 불법이라고 하는 것이 옳지 않다는 것이 말이나 되는가?

또한 총회가 헌법을 해석하면서 회원의 선거권과 피선거권인 기본권을 박탈하고 장로회 정치의 근본 원리를 말살하고 위임 목사만 총회 총대권이 있다는 총회의 유권 해석 및 결의가 정당하다고 찬양하는 언론이 과연 정론의 철필이라고 할 수 있는가! 밭갈이 하는 소가 들어도 웃을 일이다.

15. 지교회와 미조직 교회에 대한 오해

[질의] "기독신문 2018. 10. 23. 제2172호"에 윤수중 장로의 "헌법 정치 10장 3조의 오해와 진실"이라는 기고(寄稿)에서 "미조직 교회는 지교회가 아니고 조직 교회만 지교회"라고 주장했는데 목사님의 헌법적 법리를 부탁 드립니다. (합동 목사, 샬롬)

[답] 정치 총론 5. (장로회 정치)에 "이 정치는 지교회 교인들이 장로를 선택하여 당회를 조직하고 그 당회로 치리권을 행사하게 하는 주권이 교인들에게 있는 민주적 정치이다."라고 하였다

여기에서 "지교회"라 함은 "지교회 교인들이 장로를 선택하여 당회를 조직하고"라는 문맥에서 미조직 지교회로 있을 때 먼저 장로를 선택하고 그후에 임시 목사(시무 목사)가 미조직 지교회에서 선택하여 세운 장로와 함께 당회를 조직한다는 순리적 법리에 따라 "미조직 지교회"임을 분명하게 밝히고 있다.

또 정치 제2장(교회) 제4조(각 지교회)에 "예수를 믿는다고 공언하는 자들과 그 자녀들이 일정한 장소에서 … 시간을 정하여 공동 예배로 회집하면 이를 '지교회'라 한다."고 "정의"하면서 조직 교회이어야 지교회이고 미조직 교회는 지교회가 아니라는 언급이 전혀 없이 모두 지교회임을 명백히 밝혔고,

정치 제10장(노회) 제6조(노회의 직무) 1항에 "노회는 그 구역에 있는 당회와 지교회와 목사와 강도사와 전도사와 목사 후보생과 미조직 지교회를 총찰한다."라고 분명하게 밝혔다.

여기에서 "당회와 지교회와"는 그 당회도 총찰하고 그 조직 교회인 지교

회도 총찰한다는 의미이고, 하반부에 "미조직 지교회"는 문장 그대로 미조직 교회도 지교회임을 천명(闡明)한 용어이다.

결론은 정치 제2장 제3조(교회 회집)에 "대중이 한곳에만 회집하여 하나님을 경배할 수 없으니 각처에 지교회를 설립하고 회집하는 것이 사리에 합당하고 성경에 기록한 모범에도 그릇됨이 없다."고 했으니 조직 교회나 미조직 교회를 무론하고 "지교회"라고 한다.

16. 치리회 동일체의 원칙

법대로 결정된 치리회의 결정은 전국 교회의 결정

[질의] 평안을 기원합니다. 고신 총회에 속한 목사입니다. 질의내용은 다음과 같습니다.

1. A노회 강도사가 B노회로의 이명을 진행 중입니다.

2. 해당자는 A노회에서 목사 고시를 합격하였으나 미혼으로 목사 안수를 받지 못했습니다.

3. B노회로 이명을 할 경우 A노회에서 합격한 목사 고시를 B노회에서도 유효하게 수용할 수 있는지요?

4. 만약 1) 유효하지 못하다면 B노회에서 다시 목사 고시를 해야 하는지요? 2) 유효하다면 이명 시 목사 고시 합격에 따른 어떤 제반 서류(A노회에서 발급하는 서류)를 함께 받아야 하는지요?

목사님의 가르침을 바랍니다.

[답] 질의자가 고신 총회에 속한 목사이므로 고신 헌법으로 답한다.

1. 목사 임직과 미혼자 임직 보류에 대하여

목사 임직은 교회 정치 제84조에 ① 목사의 자격을 구비하고 ② 개체 교회 또는 기타 기관에 청빙을 받고 ③ 노회 허락으로 안수 임직한다. ④ 미혼자이므로 임직이 보류된 것은 혹 교회 정치 제40조 8항에 "자기 가정을 잘 다스리는 자"를 기혼자로 오해하는지는 알 수 없으나 이는 가정을 이룬 목사가 가정을 잘 다스려야 한다는 의미이므로 해당 사항이 아니고 총회 가결로 미혼자 목사 임직 보류를 한 것으로 생각된다.

2. A노회 강도사의 목사 고시 합격 효력에 대하여

강도사가 A노회에서 목사 고시에 합격한 것은 교회 정치 제100조 1항에 "각 치리회는 고유한 특권이 있으나 독립된 개체는 아니므로 어느 회에서든지 법대로 결정된 사안은 총회 산하 교회가 준거할 수 있는 결정이 된다."라고 규정된 치리회 동일체의 원칙에 의하여 B노회뿐만 아니라 전국 어느 노회로 이명을 할지라도 해 노회에서도 목사 고시 합격자로 인정한다.

3. 질의 내용의 강도사 이명 시 구비 서류

A노회 강도사는 B노회로 이명을 할 경우 반드시 A노회에서 ① "이명 증서"와 ② "목사고시 합격증서"를 동시에 교부받아 B노회에 제출해야 한다.

17. 교단 탈퇴 노회 허락 없이 신문 광고로
교단을 탈퇴하면 결별 선언이니 직원 명부에서 삭명해야

[질의] 지교회가 교단을 탈퇴하기로 하고 공동 의회 결의 후 시찰회를 경유하지 아니하고 노회에 보내왔습니다. 시찰회를 경유하지 아니한 것을 절차상 하자가 있다고 하여 반려해야 한다고 말하는 이도 있습니다. 고신 헌법에는 "다른 교단에 가입하면 치리회가 두세 번 권면해 본 후 불응하면 그 이름을 삭제한다."고 되어 있습니다. 이에 노회 임원회에서는 1차적으로 시찰회로 하여금 권면하도록 했습니다. 그런 후 시찰회의 보고를 받고 임원회가 재권면하기로 했는데 이 때 노회에서는 어떤 절차를 통해 이 문제를 풀어가야 하는지요? 임원회에서 처리할 수도 있는지요? 귀한 지도 바랍니다.

[답] 질의 내용이 고신 교단의 지교회로 보이므로 고신 헌법으로 답한다.

1. 교단 탈퇴의 공동 의회 절차

교단을 탈퇴하기 위한 공동 의회는 반드시 당회장의 사회로 실시해야 효력이 있다. 만일의 경우 교인 대다수가 탈퇴를 원하는데 당회장이 거부할 때는 재적 세례 교인 3분의 1 이상(교회 정치 제150조 제2항)이 교단 탈퇴를 위한 공동 의회를 당회에 청원하여 2주간이 지나도록 공동 의회를 실시하지 아니하면 그 과정의 경유서를 첨부하여 법원에 공동 의회 허락 청원서를 제출한다. 그리고 법원이 허락한 서명자의 대표자가 사회하여 공동 의회를 실시 결의하면 합법적인 공동 의회가 된다.

2. 교단 탈퇴 공동 의회의 효력

공동 의회의 일반적 결의는 과반수 찬성으로 결의된다. 그러나 교단 탈퇴를 위한 공동 의회는 3분의 2 이상의 결의와 재적 세례 교인 3분의 2 이상의 서명을 받아야 한다.

이는 대법원 판례에 의하여 교회 전체 재산의 소유권까지 교단을 탈퇴한 자들이 소유할 수 있도록 하기 위해서이다. 만일의 경우 공동 의회에서 투표 결과 과반수로만 결의되고 교인 3분의 2 이상의 서명 날인이 없으면 재산은 하나도 소유하지 못하고 교인들만 교회를 떠나야 한다.

3. 교단 탈퇴자의 처리

본 건 지교회가 교단 탈퇴를 위한 공동 의회를 실시하고 노회에 통보까지 했다고 하니 이미 결별을 선언한 것이므로 임원회는 처리할 권한이 없고 권징조례 제10조에 의하여 ① 목사와 교회는 노회가 두세 번 권면하여도 거부하면 제적 제명하고 ② 소송 사건이 있으면 계속 재판할 수 있고 ③ 이단에 가입하거나 그 교리를 신봉하면 직원에 대하여 정직, 면직, 또는 출교해야 한다.

4. 결론

지교회가 합법적인 공동 의회로 교단을 탈퇴하였으면 관할을 배척하고 딴 살림을 차린 것이나 마찬가지로서 탈퇴한 교회는 이전 노회의 허락이 요구되지 아니하므로 별다른 후속 조치가 필요치 아니하고 신문 광고만 하면 된다. 그리고 해 노회는 위원을 선정하여 두세 번 권면해도 불응하면 제적, 제명(권징조례 제10조 제1항) 처리한다. 만일의 경우 세례 교인 재적 3분의 2 이상의 서명을 받지 못했으면 그 교회의 모든 재산은 법 절차에 따라 노회에 귀속된다.

만일의 경우 이전 교회에 그대로 남아서 교회를 계속 섬기는 자들이 있으면 모든 재산은 노회에 귀속되는 것이 아니라 남은 교회의 소유가 된다.

18. 만 40세 이전 피택은 무효, 이후 피택은 합법

장로 증원 허락 후 반드시 단회로 투표하는 것 아니야
노회 임원회가 노회에 접수된 서류, 처리도 반려도 못해

[질의] 노회에서 장로 증원 허락을 받은 후, 장로 1인 선택을 노회에 보고하니 노회 임원회가 피택자의 연령이 만 40세에 10일이 부족함을 발견하고 서류를 반려했습니다. 그로부터 10일 지난 후 만 40세 이후에 다시 공동 의회를 실시하여 피택 되었고 노회에 보고하였습니다.

이런 경우, 고신 헌법에서는 선택 공동 의회는 노회의 장로 증원 허락 후 1년 이내에 단회에 걸쳐 실시하도록 되어 있습니다. 그러나 이 교회는 1년 이내에 2회에 걸쳐(10일 부족한 때와 만 40세가 지난 때) 선택 공동 의회를 실시하였습니다. 이런 경우 어떻게 정리해야 할까요? 노회 임원회에서 먼저 제출된 선택 보고를 연령 기준에서 10일 부족하다는 이유로 반려할 수 있는지와 이후에 제출된 선택 보고를 임원회에서는 처리가 불가능하고 반드시 노회(임시 혹은 정기)에서만 받아 처리가 가능한지요? 가르침을 기다립니다.

[답] 질의 내용이 고신 측 교회의 사건이므로 고신 헌법으로 답한다.

1. 접수된 서류 임원회의 처리 및 반려에 대하여

노회에 접수된 모든 서류는 교회 정치 제105조에 의하여 서기가 관리하는 것이지 임원회가 관여하는 것이 아니다. 교회 헌법에 임원회의 조직도 없고 임원회의 임무 규정도 없다. 다만 "임원회"라는 용어만 사용하고 있는 것이 치리회 현장의 현실이다.

그러므로 노회가 어떤 사건을 임원회에 위임하면 임원회는 위임받은 안건만 처리하면 된다. 오직 노회가 접수할 수 없는 서류에 한하여 서기가 반려할 수 있고 임원회의 결의로 반려하는 것은 불법에 다름 아니다. 다만 서기의 착오로 불법 서류가 접수되었을지라도 노회에 상정하여 노회가 처리하는 것이 적법한 절차이지 임원회가 왈가왈부할 일은 전혀 아니다.

2. 만 40세 이전 선택과 이후 선택에 대하여

교회 정치 제65조(장로의 자격) 1항에 "40세 이상 65세 이하의 남자 세례 교인으로 무흠하게 7년을 경과한 자"라고 규정하였으므로 만 40세에 단 1일만 부족해도 자격 미달이다.

그러나 10일이 미달된 장로 피택 보고 서류는 불법 서류로 반려되었고, 그 후에 만 40세가 지난 후에 당회가 다시 공동 의회를 실시하여 노회에 보고하였다고 하니 이는 합법적 서류이다.

3. 증원 허락 후 1년 이내에 단회 선택에 대하여

교회 정치 제37조 제1항에 "장로와 집사 및 권사를 선택하는 투표는 허락 후 '1년 이내에 단회로 실시하되' 2차까지 투표할 수 있다."고 하였으니 단회를 원칙으로 하되 부득이한 경우에는 2차까지도 할 수 있도록 임의 규정으로 정하였다.

또한 동 조 제2항에는 "1차 투표 결과 산표로 인하여 당선자 선출이 어려울 경우 득표순으로 후보자를 선정하여 투표하게 할 수 있다."라고 법은 융통성 있게 규정하였다.

그런데 본 건 공동 의회 결과를 보고한 내용에서 공동 의회를 잘못 진행했다는 이유로 임원회가 반려하여 공동 의회를 무효시킨 흠결이 있으나 선택 기간이 아직 남아 있고 피택자가 하나도 없으므로 소기의 목적을 달성하기 위해서는 교회 정치 제37조의 규정한 대로 만 40세 이후에 다시 공동 의회를 실시하여 2차 투표로 선택한 피택 장로는 헌법의 규정상 합법인 것이다.

4. 결론

본 건은 시일이 급한 것도 아닌데 당회장이 겨우 10일을 기다리지 못하여 불법 공동 의회를 실시하여 당회와 노회 행정에 흠결을 남겼고, 노회 임원회는 서기의 직무를 월권하여 당사자들을 혼란케 한 사건이다. 그러나 당회가 지혜롭게 10일이 지난 후 공동 의회를 다시 실시하여 만 40세 이상의 자격을 갖춘 피택 장로를 합법적으로 선출하여 보고하였다고 하니 다행한 일이다

이제 피택 장로는 교회 정치 제68조(장로의 임직) 제1항에 "장로로 피택된 후 당회의 지도로 6개월 이상 교육을 받고 노회 고시에 합격하면 개체 교회에서 안수로 임직한다."고 규정한 대로 6개월간 당회의 교육을 받고 노회가 시행하는 장로 고시에 응시하여 합격한 후 당회가 주관하는 장로 임직 예식을 거행하면 해 교회의 시무 장로가 된다.

第2章
재판 행정(裁判行政)

19. 경남동노회 서○○ 목사 외 3인 면직 판결 확정
치리회 재판 판결의 취소 및 변경은 상소하는 길밖에 없어
총회 임원회의 면직 제명 정직, 무효 통지는 위헌적 범죄 행위

대한예수교장로회 합동 총회 임원회의 위헌적 사무 행정의 흠결이 동시에 같은 양상으로 발생한 동대전노회와 경남동노회가 소위 쌍둥이 사건으로서 도마 위에 올라 정치권에서 소용돌이치고 있다(쌍둥이 사건 중 동대전노회의 사건은 한국기독신문 제772호<2016. 5. 21.>와 크리스천포커스 참조).

1. 사건 발단의 법리적 사실 관계

먼저 총회 임원회가 절대로 해서는 안 될 노회에 하달 지시한 공문을 살펴보자.

(1) 첫 번째 하달한 공문에 대하여

"본부 제100-785호(2016. 4. 6.), 수신: 수신처 참조, 제목: 경남동노회 문제 실태 파악 관련 지시의 건, 내용: 총회 임원회는 귀 노회에서 양측에서 올린 문건을 검토하고 실태를 파악하기로 한바 실태 파악이 종료될 때까지 2016년 3월 21일 이후 처리된 행정 처리 및 재판 진행 조사처리 임시 노회를 중지하시기 바랍니다. 총회실사위원회의 지도와 실사에 불응할 시 그 책임은 불응하는 자에게 있으니 협조하여 주시기 바랍니다. 끝, 대한예수교 장로회 총회(관인) 총회장 박무용, 경남동노회 실사위원장 김동관, 수신처: 박창복 목사, 박종회 목사"로 되어 있다.

이 문서는 치리회인 노회가 접수 처리해야 할 문서가 아니다.

그 이유는 총회가 경남동노회 사건에 대하여 실사위원회를 설치하여 처리하도록 임원회에 맡긴 바가 없다. 그런데 권원 없는 임원회가 불법으로 위원회를 설치하였고, 그 유령 위원회는 "총회실사위원회"라는 총회 명칭까지 도용하여 경남동노회 사건을 실사 운운하면서 노회에 "행정 처리 및 재판 진행 조사처리 임시 노회를 중지"하라는 등 당치도 않는 월권을 행사하였기 때문이다(정치 제12장 제4조, 교회정치해설 pp.60~68 참조). 즉 장로회 정치는 치리권 행사에서의 상회와 하회 관계에 있어서 "청원권과 허락권의 합의에 의한 정치이므로 청원권을 배제한 허락권(상회권)의 독주와 또한 허락권을 배제한 청원권(하회권)의 독주는 장로회 정치가 아니라는 말이다.

하물며 치리회도 아닌 임원회가 하회가 청원도 하지 아니한 노회를 실사하겠다고 하면서 유령 실사위원회를 불법으로 설치하였고 소위 실사 위원장은 총회와 총회장의 명의를 도용하여 일개 위원회가 치리회인 노회에 불법 공문을 발송하였으니 기가 막힐 일이다.

뿐만 아니라 법적 근거도 없이 불법으로 설치된 유령 위원회가 치리회인 노회에 "2016년 3월 21일 이후 처리된 행정 처리 및 재판 진행 조사처리 임시 노회를 중지하시기 바랍니다."라는 내용의 공문을 하달한 것은 교회 헌법을 짓밟는 행위요, 수신자를 박창복, 박종희 등 개인으로 해놓고 지시와 지시 내용은 노회로 하였으니 공문 형식의 기본도 갖추지 못한 불법 문서이다.

(2) 두 번째 하달한 공문에 대하여

"본부 제100-788호(2016. 4. 7.) 수신: 박종희 목사님, 제목: 출석 요청 건, 일시: 2016년 4월 8일(금) 오전 7시, 장소: 창원 인터내셔널 호텔 커피숍, 참석 대상: 양측 대표 3명(노회장, 서기 포함) 대한예수교장로회 총회(관인) 총회장 박무용 경남동노회 실사 위원장 김동관"으로 되어 있다.

이런 문서를 어찌 총회가 하달한 문서라고 할 수 있겠는가!

그 이유는 수신자가 개인으로 되어 있을 뿐만 아니라 상술한 바와 같이 하회의 청원이 없는 상회의 독주적 허락에 의한 지시 문건이요, 총회 서기란에는 엉뚱하게 권원 없는 실사 위원장의 명의가 기재되어 있으니 이런 공문이 총회가 하달한 공문일 수는 없고 단지 사문서에 불과할 뿐이기 때문이다.

총회가 노회에 하달할 수 있는 공문은 "위원회 심사의 원칙"에 의하여 총회 산하 모든 위원회와 상비부가 치리회인 노회에 공문을 하달할 수 없고, 오직 총회의 결의 사항을 시행하기 위하여 총회장과 서기의 명의로 서기가 날인한 것을 서기만 발송할 수 있다는 것을 총회 임원회는 아는가 모르는가.

뿐만 아니라 문서의 내용을 보면 정치적 이해관계에 있어서 얼마나 다급하고 중차대한 정치적인 비밀이 숨겨져 있는지 짐작이 가는 대목이다. 그 내용인즉 문서의 시행 일자는 2016. 4. 7.로 되어 있는데 회의 일시는 다음 날인 2016년 4월 8일 오전 7시로 되어 있어 단 하루의 여유도 없이 공문을 송달한 것이다. 더욱 기가 막힌 것은 회의 전날에 ① 실사 위원 김○관, 양○수 ② 이탈자 중 정통 노회로부터 면직된 서○호, 박○복 ③ 총회장 ④

언론에 수시로 보도된 바 있는 소위 총회의 실세라고 통하는 허○민 등 6명이 회의 장소로 예고된 인터내셔널호텔 내 뷔페식당에 모여 식사를 했다는 사실을 알고, 경남동노회의 서기 성경선 목사가 총회장에게 "어떻게 함께 밥을 먹을 수 있습니까?"라고 항의를 하니까 "밥값 돌려주면 될 거 아니야"라고 하기에 다시 "밥값 돌려준다는 말은 잘못을 인정하는 거지요?"라고 하니 "뭐, 잘못을 인정해?"라고 하는 웃지 못 할 언쟁이 있었다는 얘기가 들리니 생각할수록 궁금증이 더해진다.

(3) 세 번째 하달한 공문에 대하여

"본부 제100-958 (2016. 5. 20.), 수신: 박창복 목사, 박종희 목사, 제목: 경남동노회 사태에 대한 지시의 건, 내용: 1. 본부 제100-583호의 답변에서 양원 지원영 씨는 경남동노회 선거 관리 규칙에 의거하여 자격이 없음이 판명되다. 2. 본부 제100-785호로 지시한 공문에 2016년 3월 21일 이후 모든 행정 처리 및 재판 진행 조사처리 임시회를 중지 지시한바 이에 불응하여 진행한 1차, 2차 임시회의 조사처리위원회, 재판국의 판결은 무효로 한다. 3. 박종희 목사 측 임원회와 정치부가 모여 결의한 박창복, 서광호, 곽병찬, 하재몽, 임승인 목사의 당회장 해임과 이화전, 권만규 장로의 당회원 해임을 무효로 한다. 4. 박종희 목사 측에서 조직한 재판국의 판결 박창복, 서광호, 곽병찬, 하재몽 목사의 면직, 제명, 정직은 무효로 한다. 5. 이후 총회 지시를 불응할 시 더 큰 불이익이 있음을 양지하시기 바랍니다. 끝, 대한예수교장로회 총회(관인), 총회장 박무용, 서기 이승희"로 되어 있다.

이 문서 역시도 명백한 불법 문서로서 왈가왈부할 가치도 없는 문서이다.

필자는 총회 서기가 총회 관인을 날인하고 서기가 발송한 문서라고 믿고 싶지 않다. 다만 누구인지 문서 발송의 권한이 없는 자가 서기도 모르게 불법 문서를 작성하여 총회 명의와 총회 관인을 도용 날인하여 하달한 것으로 보이기 때문이다.

이상의 3개 문서를 보면 모 정치꾼들이 모종의 시나리오에 따라 총회 명의와 총회 인장을 도용하여 소위 쌍둥이 사건의 불법 문서를 하달하고 노회의 행정과 권징에 대하여 무효 운운하면서 총회와 노회를 혼란에 빠뜨리는 위해를 가한 것으로 밖에 볼 수 없다.

2. 노회를 불법 분리해 놓은 유령 실사위원회

거두절미하고 첫 번째 하달한 불법 공문의 내용에서 "양측"이라는 용어를 도입 사용함으로 노회 분리를 획책하였고, 두 번째 하달한 불법 공문의 내용에서 노골적으로 "참석 대상: 양측 대표 3명(노회장 서기 포함)"이라는 문장으로 명기해 노회 불법 분리를 공식화함에 다름 아니다.

차제에 공개적으로 유령 실사위원회에 몇 가지 묻고 싶다.

경남동노회의 봄 정기 노회 장소를 이탈하여 다른 장소에서 노회를 별도로 하기 위해 동행한 서○호, 박○복, 곽○찬 등 목사 3인만 모여 노회 개회를 선언했다고 하면서 단 목사 3명이 노회 임원과 총회 총대를 선정한 것이 어찌 노회란 말인가! 또한 필자가 확인한 것은 노회 서기 성경선 목사와 전화 사담을 통하여 그 후에 진○호, 하○몽, 임○인 목사 등이 합세하여 겨우 목사 6명만이 노회를 진행하고 폐회했다는 사실이다.

이는 백번 그 노회를 인정하고 싶어도 장로는 한 사람도 없이 목사만 6명이 모여서 회의를 진행하고 폐회한 이탈자들을 어찌 "양측 노회장 서기" 운운할 수 있단 말인가!

"노회의 개회 성수"는 정치 제10장 제5조에 ① 예정한 장소 ② 예정한 날짜 ③ 목사 3인 총대 장로 3인 이상의 출석이 절대적인 요건으로 규정하고 있다는 것을 유령 실사 위원들은 정녕 아는가 모르는가.

장로는 단 1명도 참석치 아니하고 목사 6명만이 모여서 노회를 했다고 하는 자들이 과연 노회일 수는 없고 결국 불법 이탈 범죄 집단일 수밖에 없다.

3. 노회 재판국 판결에 상소 없으면 노회 판결로 확정

경남동노회에 관련한 유령 실사위원회가 불법 공문으로 불법 지시를 해 놓고 정당한 노회가 설치하여 위탁한 재판국의 판결을 무효라는 불법 공문을 노회에 하달하였으니 이런 경우를 두고 적반하장이라 했던가?

교회 재판 소송건에 관한 판결을 취소하거나 변경하고자 하면 상소하는 것밖에 다른 길이 없다(권징조례 제94조). 그러므로 노회 재판국이 혹 불법 재판을 하였을지라도 피고가 선고 후 10일이 지나도록 노회 서기에게 상소 통지서를 제출하지 아니하면 노회의 판결은 확정된다(권징조례 제96조, 97조).

따라서 경남동노회 서○○ 목사 외 3인은 면직이 확정되었으므로 다시 목사가 되는 길은 죄를 인정하고 회개한 후 노회가 해벌 복직을 결의하고 다시 안수하는 절차를 이행해야 한다.

4. 결론

경남동노회는 유령 실사위원회의 지시 등에 관계없이 4인의 면직된 목사는 교회 헌법 권징조례의 규정대로 혹 상소를 한다할지라도 재판국의 선고 즉시 시행하되 책벌자 명부에 옮겨 기록하고 면직된 목사가 시무했던 교회는 즉시 당회장을 파송하여 조속히 후임자를 선정 위임하여 노회와 교회의 평안을 유지해야 한다.

또한 총회 임원회는 경남동노회와 동대전노회의 소위 쌍둥이 사건에 관하여 더 이상 간섭하지 말고 총회 총대 천서검사위원회가 "총회 총대의 천

서를 검사하여 적당하지 못한 총대가 있을 때에는 해 노회에 통고하여 재 보고토록 하고 이를 이행치 아니할 경우 총회에 보고하여 그 지시대로"하 는 것이 교회 헌법과 총회 규칙이 정한 법리이다(권징조례 제100조, 총회 규 칙 제9조 2-6 참조).

20. 교회 재판 시벌에 "제명"이란 벌은 없다

[질의] 권징조례 제35조에 "제명"이라는 벌이 있는데도 불구하고 교회법에 관한 참고서에는 "제명"은 없다고 하니 이에 대한 문제가 궁금합니다. 1930년도 판 헌법 책에는 제명이 없는지 궁금하고 또 어디에서 찾아야 하는지 알고 싶습니다. (합동, 서울 D장로)

[답] 질의자가 합동 측 장로이므로 합동 교단 헌법으로 답한다.

1. 당회 재판에 애매한 "제명" 규정

정치 제9장 제5조 6항에 "범죄한 증거가 명백한 때에는 권계, 견책, 수찬 정지, 제명, 출교" 등 5가지의 시벌만 명시하였고, 권징조례 제35조에는 "당회가 정하는 책벌은 권계, 견책, 정직, 면직, 수찬 정지, 제명, 출교 등 7가지 시벌을 명시하였다.

이에 관하여 결론부터 정리하면 재판 판결로 시벌할 수 있는 책벌은 "권계, 견책, 정직, 면직, 수찬 정지, 출교 등 6가지뿐이요 정직과 면직은 수찬 정지를 겸하여 할 수 있다." 그런데 정치에는 정직과 면직이 누락되어 있고 제명이 추가되어 있으며, 권징조례에는 "제명"이 법적 근거도 없이 끼어들었다. 이를 규명하기 위해서는 먼저 웨스트민스터 헌법을 번역한 1922년도 판 최초의 장로교 헌법과 비교해 보아야 하고, 그 후 출판한 모든 헌법 책에 새로이 등장한 시벌 명칭에 대하여는 헌법 개정의 근거 유무를 총회 회의록을 검토하여 반드시 찾아내야 한다. 즉 당회 재판에만 헌법 개정의 근거 없이 "제명"의 벌이 끼어든 것이 흠결이다.

2. 1922년도 판 정치와 권징조례 규정

조선예수교장로회 헌법 정치 제9장(당회) 六(당회의 직무) 중 "범죄한 증거가 명백할 시에는 권면하거나 책망하거나 책벌(수찬 불참케 함)하거나 출교하기도 하며 회개하는 자를 해벌하기도 하느니라."고 하여 "제명"이라는 벌이 없고, 권징조례 제5장(당회에서 재판하는 특별 규례) (35)에 "당회가 정하는 벌은 권면, 책망, 정직 혹 면직, 수찬 정지와 출교는 종시 회개치 아니하는 자에게만 쓸 것이니라"고 하여 권징조례 역시도 "제명"이라는 벌이 없다.

3. 1930년도 판 정치, 권징조례 규정

대한예수교장로회 헌법 정치 제10장(당회, 필자 주: 제7장 제직회가 추가되어 있어서 10장으로 되어 있다) 제6조(당회의 직무) 중 "범죄한 증거가 명백할 때에는 권계나 견책이나 수찬 정지나 제명, 출교를 하며 회개하는 자를 해벌하느니라."(1930년도 판 p. 96)고 하였고, 권징조례 제5장(당회 재판에 대한 특별 규례) 제35조에 "당회가 정하는 책벌은 권계, 견책, 정직, 면직, 수찬 정지, 제명 출교니 출교는 종시 회개치 아니하는 자에게만 하나니라"(1930년도 판 p. 171)고 하여 제명과 출교를 띄어 썼다. 여기에서 제명은 "제명, 출교"가 아니라 "제명 출교"의 하나의 단어로서 출교가 되면 자동적으로 제명이 된다는 의미로 붙여진 것인데 정치에서는 "제명, 출교"로 잘못 인쇄된 것으로 이해하고 시행함이 옳아 보인다.

4. 출판 과정에서 "제명" 용어의 변천 과정

(1) 1922년도 판 헌법은 "제명" 시벌이 없다. (2) 1930년도 판의 정치: 제명, 출교 권징조례: 제명 출교 (3) 단기 4291년도 판 정치: 제명 출교 (4) 단기 4293년도 판 정치: 제명출교 권징조례: 제명 출교 (5) 현행 헌법 정치 :

제명, 출교 권징조례: 제명, 출교 이다.

즉 권징조례는 하나같이 제명 출교이었으나 현행 헌법만 제명, 출교로 잘못되어 있고, 정치에서는 (제명, 출교) (제명 출교) (제명출교)로 띄어 썼다가 붙여 썼다했고, 점을 찍었다 떼었다 하다가 결국 현행 헌법은 (제명, 출교)로 하여 몹쓸 법조문이 되어 버렸다.

5. 결론

교인을 "제명"하는 경우는 재판으로는 할 수 없고, 오직 권징조례 제53조에 "입교인이 이명서 없이 다른 교파에 가입하면 본 당회가 제명하고"와 동 제54조에는 "목사가 장로회의 관할을 배척하고 그 직을 포기하거나 자유로 교회를 설립하거나 이명서 없이 다른 교파에 가입하면 노회는 그 성명을 노회 명부에서 삭제만 하고"라는 규정대로 행정 처리를 할 수 있을 뿐이요, 그 외에는 사망 시, 이명서 접수 통지서 접수 시, 출교 시 등에만 제명하는 경우이다.

본 건에 관하여 당회 재판에만 "제명"이란 시벌이 끼어있고 노회 재판인 권징조례 제6장 (직원에 대한 재판 규례) 제41조에는 오직 "권계, 견책, 정직, 면직, 수찬 정지(정직과 면직은 수찬 정지를 함께 할 수도 있다), 출교뿐이요 "제명"이라는 시벌이 없다.

더욱 중요한 것은 동 제47조에 "장로 및 집사에 대하여 재판할 사건이 있으면 본 장 각 조에 해당한 대로 적용할 것이다."라고 하였으니 권징조례 제35조 "제명"의 벌은 없는 것으로 여겨도 무방하다고 하겠다. 만일 당회가 교인을 재판하여 제명 판결한다면 그 교인의 소속 교회는 어느 교회이겠는가? 교인으로서 교회의 소속이 없는 교인은 있을 수 없는 것이 법리이다.

21. 교회 재판과 세상 재판의 상반된 우선 기준

세상 재판의 교회 정관 우선은 교회 재판의 헌법 우선에 상충된 모순

법원도 정교 분리의 원칙에 따라 교회 정관보다 교회 헌법 우선해야

초대 교회 시에는 교회 내부 사건으로 세상 법정에 소송하는 경우가 거의 없었다. 그런데 근래에 와서는 교회 내부 사건으로 세상 법정이 성시(盛市)를 이루고 있다.

이에 대한 대책으로 교회 내부 사건을 처리하기 위하여 비록 대부분의 구성원들이 기독교인이라고 하지만 세상 직업이 법조인들로 구성된 기독교화해중재위원회를 구성한 것이 그 현실을 입증하고 있어 교회로서는 심히 부끄럽고 안타까운 일이다.

성경은 교회 내부의 사건으로 세상 법정에 소송하는 것을 금하고 있다(고전 6:1~8). 그럼에도 불구하고 교회 내부의 사건을 세상 법정에까지 끌고 가야만 하는 연유가 무엇인가? 첫째는 교회가 불법 재판을 하기 때문이요, 둘째는 세상 법원이 교회 재판에서 교회 헌법을 우선하는 것과는 달리 단체 자치 규정인 교회 정관을 우선하는 상충된 모순 때문이다.

1. 총회 재판국의 불법 재판 현실

상세한 내역은 생략하고 교회 재판의 최종심인 총회 재판국의 불법 재판 결과, 세상 법정의 판단을 받은 최근의 사건들을 열거하면 제97회 총회 재판국의 광주중앙교회 사건과 목동제자교회 사건과 제98회 총회 재판국의 광명 동산교회 사건으로 세상 법정에서 수십 건의 재판을 한 것이 대표적인 예이다. 그런데 제100회 총회가 지났음에도 불구하고 아직도 그 교회들이 몸살을 앓고 있다. 그 중에 광명 동산교회의 사건은 24번이나 세상 법정의

판단을 받았고 지금도 세상 법정의 재판이 진행 중에 있으니 예사롭지 않는 일이다.

2. 교회 재판과 세상 재판의 상충된 법 적용의 우선 기준

정교 분리의 원칙에 의하여 세상 법정에서는 교회 내부의 재판 사건이나 교리에 관한 사건은 사법 심사의 대상으로 하지 아니하는 것은 다행이라 하겠으나 행정 절차상의 문제는 사법 심사의 대상으로 하면서 교회 재판 결과가 뒤집히는 경우 등에 대하여는 우려하지 아니할 수 없다.

이에 관련하여 교회 재판의 법률 우선 기준으로 "교회 정관은 노회 규칙을 우선하지 못하고 노회 규칙은 총회 규칙을 우선하지 못하고 총회 규칙은 교회 헌법을 우선하지 못한다."는 "상위법 우선의 원칙"에 따른다.

하지만 세상 법정에서는 교회의 상위법인 교회 헌법보다 최하위법인 교회 정관을 우선하여 판결하므로 교회 헌법을 우선하는 교회재판에서 패소한 자들이 교회 재판에 불복하고 교회 헌법보다 교회 정관을 우선하는 세상 법정으로 끌고 가서 법원이 교회 재판의 판결을 번복하는 판결로 인하여 발생한 갈등의 악순환을 치유할 길이 없다.

이와 관련하여 우려되는 현실로 분당 W교회가 교회 헌법에 위임 목사의 시무 기간에 대하여 "담임한 교회를 만 70세까지 시무한다"(정치 제4장 제4조 1항).는 규정에 반하여 "위임 목사는 6년마다 1차씩 공동 의회에서 3분의 2 이상의 찬성으로 계속 시무한다."는 교회 정관을 만들어 이미 2회나 공동 의회를 하여 계속 시무를 하고 있는 일이다. 만일 이와 같은 교회가 전국적으로 확산된다면 한국 교회 위임 목사의 만 70세까지 시무에 관한 교회 헌법 규정은 휴지 조각이 되고 각 교회마다 지각 변동이 발생할 것은 예고된 일이다.

뿐만 아니라 서울 S교회의 정관은 교회 헌법 정치 제9장 제2조(당회의 성수)의 "장로 과반수와 목사 1인이 출석하여야 성수가 된다."는 규정에 반하여 비록 단서 조항이기는 하나 "일반 결의는 치리 장로 2분의 1 이상의 출석과 출석 회원 3분의 2 이상의 찬성, 당회장과 치리 장로 3분의 2 이상의 출석과 출석 회원 3분의 2 이상의 찬성으로 결의한다."는 교회 정관에 스스로 부딪쳐서 당회가 특정 안건을 결의하여 시행할 수 없게 된 부끄러운 현실이다.

3. 결론

교회 재판과 세상 재판에 관련하여 교회 재판은 교회 헌법 우선의 원칙을 적용함에 반하여 세상 재판에서는 교회 정관을 우선하는 판결로 인하여 발생하는 교회 재판과 세상 재판의 갈등은 반드시 풀어야 할 숙제이다.

이에 대하여는 정교 분리의 원칙과 국가에서도 헌법재판소가 최상위 법정임을 감안하여 법원에서도 교회 재판에서와 같이 교회 정관보다 교회의 상위법인 교회 헌법을 우선으로 적용하여 일원화하는 것이 바람직하다고 하겠다.

또한 각 지교회는 교회법을 우선하여 잘 지켜야 함은 물론 교회 헌법에 상충되는 교회 정관의 제정을 자제하고 이미 교회 헌법과 상충된 교회의 정관을 해 교회와 전국 교회의 평안을 위하여 수정하고 삭제해야 한다. 그리고 전국 교회가 오직 성경의 교훈대로 교회 내부 사건을 세상 법정으로 끌고 가서 세상의 판단을 받는 일이 없도록 해야 할 것이나.

22. 상소 통지서 접수, 노회 서기의 절대적 직무
서기는 상소장과 재판 전말서 총회 서기에게 반드시 교부해야
노회 서기의 상소 통지서 접수 거부 결과는 노회 판결 무효

[질의] 노회 재판국에서 재판하여 판결문을 보내왔기에 판결문을 받은 날로부터 10일 안에 상소 통지서와 상소장과 상소 이유 설명서를 작성하여 노회 서기에게 제출하였습니다. 그런데 노회 서기는 그 서류를 접수할 수 없다고 하면서 "서류 거부 반송 확인서"까지 써 주어서 받아 왔습니다. 이런 경우에 상소인은 어떻게 하여야 하며 노회 서기가 상소 통지서 접수를 거부한 후 그 결과는 어떻게 되는지요? 목사님의 법리적 해답을 바랍니다. (합동, N목사)

[답] 상소 통지서 접수를 노회 서기가 거부하는 것은 서기가 법을 잘 몰라서 그러는 경우도 혹 있으나, 대부분의 경우는 법을 알면서도 정치적 편견에 의해서 고의적으로 직무를 유기하는 것 같아 보여 심히 안타까운 마음 그지없다.

1. 서기의 직무
교회 정치 제19장 제3조와 제4조에 "각 치리회는 그 회록과 일체 문부를 보관하기 위하여 서기를 선택하며 … 서기가 날인한 등본은 각 치리회는 원본과 같이 인정한다."라 하였고, 각 노회 규칙에 "각종 문서의 수발은 서기의 직무"로 정하여 시행하고 있다.

또한 상소 통지서 접수에 관하여는 권징조례 제96조에 "상소인은 하회 판결 후 10일 이내에 상소 통지서와 상소 이유 설명서를 본회 서기(서기가 별

세하였거나 부재 혹 시무하기 불능할 때에는 회장에게 제출한다)에게 제출할 것이요 그 서기는 그 상소장과 안건에 관계되는 기록과 일체 서류를 상회 다음 정기회 개회 다음날 안에 상회 서기에게 교부한다."고 규정하였다.

여기에 상소 통지서와 상소 이유 설명서를 노회가 접수하는 것은 서기의 절대적 직무임을 명시하고 있다. 서기의 절대적 직무로 명시한 직접적인 증거는 "서기가 별세하였거나 부재 혹 시무하기 불능할 때에는 회장에게 제출한다."는 괄호 안의 문장이 바로 그것이다. 얼마나 중요하고 절대적이며 긴급한(10일 내에) 직무이기에 서기가 부재중일 때에는 특별히 회장에게 직접 제출하라 하였겠는가!

또한 서기가 접수한 상소 통지서는 노회 재판에 관계되는 기록과 일체 서류를 첨부하여 상회 서기에게 반드시 교부해야 하는 이유에서도 유기할 수 없는 서기의 절대적인 직무이다.

2. 상소인의 후속 조치

상소인은 판결문 수취 후 10일 이내에 노회 서기에게 상소 통지서를 제출하였는데도 불구하고 서기가 접수를 거부하면서 "서류 거부 반송 확인서" 까지 발급해 주었다고 하니 그 "서류 거부 반송 확인"서를 첨부하고 부전하여 총회 서기에게 등기 배달 증명으로 제출한 후 다음 총회 개회 다음 날에 출석하여 총회 서기에게 출석 신고를 해야 한다. 만일 불가항력의 사유 없이 출석하지 아니하면 상소는 취하하는 것으로 인정하고 하회의 판결은 확정된다(권징조례 제97조). 이상과 같은 절차를 모두 시행하였으면 총회가 위탁한(권징조례 제134조 2항) 총회 재판국의 최종 판결을 기다린다.

3. 서기가 상소 통지서 접수를 거부한 결과

서기가 상소 통지서의 접수를 거부하는 것은 상론한 바와 같이 권징조례

제96조에 규정한 대로 "노회 서류 접수 의무와 상회 서기에게 재판 관계 서류 교부 의무"를 이행하지 아니한 결과 총회 재판국에 재판 진행에 대한 결정적 차질을 빚게 했고 노회 재판이 무효로 돌아가게 하는 엄청난 결과를 발생하게 하는 직무 유기이다.

여기에 노회 재판이 무효로 돌아가게 되는 법리는 권징조례 제101조에 "상소가 제기되면 하회는 그 사건에 관한 기록 전부와 일체 서류를 상회에 올려 보낼 것이니 만일 올려 보내지 아니하면 상회는 하회를 책하고 이를 올려 보낼 때까지 하회의 결정을 정지하게 한다."는 규정이다. 총회 재판국은 상소인이 제출한 상소장으로 재판하는 것이 아니라(상소인이 제출한 상소장은 상소건 성립의 구비 서류일 뿐이요, 그 서류는 재판하는 서류가 아님) 노회 서기가 제출한 서류로 재판을 하기 때문에 "하회 서기가 재판 관계 서류를 올려 보내지 아니했으면 하회 판결을 정지하고 서류를 올려 보내라고 독촉한다." 그런데 하회 서기는 상소장 접수를 거부 반송하였으니 상회에 서류를 제출할 방도가 없고 상회는 재판을 할 수 없게 되며 하회 판결은 계속 정지로서 결국은 무효로 돌아가게 된다.

4. 결론

노회 서기가 상소 통지서나 소원 통지서의 접수를 거부 반송하는 결과 총회는 재판할 서류가 없어 재판을 할 수 없게 되고, 하회 재판의 판결과 결정은 무효가 되는 법리를 명심하고 각 노회마다 임원이나 재판국원 등 모든 노회 회원은 각자의 직무를 유기함이 없이 하나님 앞에서 교회의 머리되신 주께서 위탁하신 모든 직무에 성실하게 임하기를 바라는 마음 간절하다. 코람 데오! 코람 데오!

23. 상소건 소원건은 경유인 필요치 않아
총회 재판국, 상소건 소원건에 경유인 미비로 기각 언어도단

[질의] 목사님께서 저술하신 책에 "상소건과 소원건은 경유인이 필요치 아니하다."로 되어 있고, 얼마 전 노회 목사 장로 세미나에서도 그렇게 강의를 하셨습니다. 그런데 제101회 총회 재판국의 보고 내용에 보면 "하급 치리회 경유 미비" 등의 이유를 붙여 기각 처리하였는데 혼란스럽기만 합니다. 이에 대한 법리적 해석과 답변을 한 번 더 부탁드립니다. (합동, K목사)

[답] 질의자가 제시한 바와 같이 합동 총회의 기관지인 기독신문에 보도된 "제101회 총회 헌의안 처리 결과" 내용 중에 "재판국 보고"를 보니 질의 내용과 같이 어처구니없는 판결문 내용을 확인하였다.

그 내용을 열거하면, "① 서평양노회 김충주 씨 외 1인의 서평양노회 서화석 씨에 대한 상소의 건: 당회 경유 미비로 기각 ② 서광주노회 광주새한교회 박성철 씨의 서광주노회 김종인 씨 외 1인에 대한 고소장(소원장): 절차 미비, 하급 치리회 경유 미비 부전지 미비로 기각 ③ 경평노회 전동운 씨의 경평노회 영동중앙교회 이순희 씨 외 9인에 대한 상소건: 경유 미비로 기각" 등이다.

어찌 총회 재판국이 하급 치리회 경유인 미비를 운운하면서 상소인과 소원인의 권리를 박탈할 수 있다는 말인가! 상소장과 소원장에는 하급 치리회의 경유인이 필요치 아니한 것이 현행 헌법이요, 지극히 상식에 속한 사안이다(교회법률상식 pp. 139~141 참조).

본 사건의 연유는 몇 년 전 총회 사무국 직원 중에 필자에게 전화 상담을 해온 일이 있었다. 필자는 그 질의에 답을 한 후 "총회사무국이 왜 상소건과 소원건에 경유인을 요구하느냐?"고 반문을 한바 "우리 사무국은 옛날부터 그렇게 하고 있습니다."는 답이었다. 그래서 총회뿐 아니라 노회나 대회에서도 상소건과 소원건은 경유인이 필요치 않고 경유인을 받을 시간적 여유도 없다는 이유를 설명하면서 경유인이 없다는 이유로 서류 접수를 거부해서는 안 되고 접수하는 것이 현행 헌법이라고 자문을 한 바 있다.

모르기는 해도 그 후부터는 사무국에서 경유인을 받아 제출한 상소장과 소원장이나(전례대로?) 경유인이 없는 상소장과 소원장(헌법대로?) 모두를 접수하여 총회로 보낸 것으로 짐작되고 총회 재판국은 종전과 같이 경유인 유무를 확인하여 경유인이 있는 상소장과 소원장은 재판을 하고 경유인이 없는 상소장과 소원장은 기각 처리하는 것으로 판단된다.

교회 헌법 어디에도 상소장과 소원장에 경유인이 없는 서류는 접수할 수 없다는 규정이 없고 총회 규칙에도 없다. 다만 각 노회 규칙에 "노회에 제출하는 서류는 정기 노회 개회 ○○일 전까지 당회장과 시찰장 경유인을 받아 노회 서기에게 제출한다."는 자체 규정에 의하여 노회에 제출하는 모든 서류에 한하여 경유인을 필요로 한 것으로 알고 있다.

그러나 노회가 총회에 제출하는 헌의서, 청원서 등도 경유인을 필요로 하지 아니한다. 더욱이 "상소인은 하회 판결 후 10일 이내에 상소 통지서와 상소 이유 설명서를 본회 서기(서기가 부재 혹 시무불능 시에는 회장에게 제출한다)에게 제출할 것이요(권징조례 제96조)"라고 했고, 소원인은 "소원에 대한 통지서와 이유서는 하회 결정 후 10일 내로 작성하여 그 회 서기에게 제출할 것이요(권징조례 제85조)"라고 하였으니 하급 치리회에 10일 이내에 경유인을 받는 것은 사무 일정상 절대 불가한 일이다. "10일 이내"라는 기간이 절대적이기 때문에 서기 부재 시에는 회장에게 직접 제출하게 한 것이다. 회장이 직접 접수하는 서류는 모든 서류 중 유일하게 본 건뿐이다.

다만 본회 서기가 상소 및 소원 통지서를 거부할 때에 한해서 상소 및 소원 통지서 대신 부전지를 붙여서 상회 서기에게 상회 개회 익일 이내로(권징조례 제97조, 제87조) 총회 서기에게 제출한다.

혹 정치 제12장 제4조에 "총회는 … 하회에서 합법적으로 제출하는 … 상고를 … 접수하여 처리하고"를 경유인으로 오해하지 않기를 바라는 마음에서 첨언한다. 여기의 합법적 서류란 하급 치리회 경유인을 필요로 한다는 의미가 아니라 상소건은 ① 권징조례 제96조에 명시한 "하회 판결 후 10일 이내에 본회 서기에게 상소 통지서의 제출" 여부 ② 동 제97조 상(上)에 명시한 "상회 정기회 개회 익일 이내에 상회 서기에게 상소장 제출" 여부 ③ 동 제97조 하(下)에 명시한 "상회 정기회 개회 익일에 총회에 출석" 여부를 의미한다.

그리고 소원건은 ① 권징조례 제85조에 명시한 "하회 결정 후 10일 이내에 본회 서기에게 소원 통지서 제출" 여부 ② 동 제87조에 명시한 "상회 서기에게 소원장 제출" 여부 ③ 통상적 소원은 그 회의 회원이면 소원할 수 있으나, 하회의 결정을 상회 결정 시까지 중지시키기 위하여 3분의 1 이상의 연명으로 하는 소원은 반드시 사건 결정 시에 참석했던 회원이어야 한다(권징조례 제84조, 제86조).

24. 위탁 판결 청원 없이 노회가 장로 재판 못 해
대리 당회장은 당회 결의 없이 선정할 수 없어
치리회가 불법을 행하면 극렬한 혼란으로 이어져

[질의] K노회 산하의 G교회 시무 장로 8명을 G교회 당회의 위탁 판결 청원도 받지 않고 K노회가 재판을 하여 "면직 및 교인 지위 제명"이라는 판결을 하였습니다. 바로 8명의 장로들이 제101회 총회에 상소하여 총회 재판국으로부터 노회 재판의 절차상 하자로 인해 노회 재판의 판결은 원인 무효가 되었습니다.

그런데 K노회는 G교회의 당회장으로 제척 사유가 다분히 있는 불법 재판을 한 재판국원 중의 목사를 파송하였고, 그 당회장은 당회 결의 후 직원 선거를 위한 공동 의회를 하였으나 피선된 자가 한 사람도 없게 되자 당회장은 당회의 결의도 없이 대리 당회장을 선정하였고, 그 대리 당회장 역시 당회의 결의도 없이 2차 공동 의회를 집행하여 장로 5인과 집사와 권사들을 다수 선택하였습니다.

위 직원 선거를 마친 후 당회원들과 교인들 사이에 직원 선거를 위한 2차 공동 의회 소집 절차 및 대리 당회장 선정 절차 등을 문제 삼아 극렬한 혼란을 거듭하고 있습니다.

이상의 사건에서 ① 노회의 불법 재판 ② 제척 대상자의 당회장 파송 ③ 총회 재판국의 판결과 관계된 8인의 장로 신분 ④ 당회의 결의 없이 공동 의회 거행과 대리 당회장의 법적 지위 ⑤ 당회 결의 없이 대리 당회장이 일방적으로 소집한 2차 공동 의회 ⑥ 불법으로 진행한 공동 의회에서 선출된 장로 5인 및 집사와 권사들의 지위 등에 대한 목사님의 법리적 견해를 부탁드립니다. (합동, 서울 O목사)

[답] 필자는 본 질의 내용의 자세한 상황을 알 수 없으므로 질의자가 밝힌 사실 범위 내에서 질의의 내용을 답변함으로 법리적 이해를 돕고자 한다.

1. 노회의 불법 재판에 대하여

교회 헌법 권징조례 제19조에 "목사에 관한 사건은 노회 직할에 속하고 일반 신도(필자 주: 장로 포함)에 관한 사건은 당회 직할에 속하나 상회가 하회에 명령하여 처리하라는 사건을 하회가 순종하지 아니하거나 부주의로 처결하지 아니하면 상회가 직접 처결권이 있다."라고 규정하여 목사의 원심 재판은 반드시 노회이고 장로의 원심 재판은 반드시 당회임을 원칙으로 하고 있다.

다만 장로를 노회가 직접 원심 재판을 할 수 있는 경우는 ① 위의 권징조례 제19조 하반부에 "상회가 하회에 명령하여 처리하라는 사건을 하회가 순종하지 아니하거나 부주의로 처결하지 아니하면 상회가 직접 처결권이 있다."는 경우와 ② 당회가 노회에 위탁 판결 청구의 경우(권징조례 제78조~83조 참조) 등에 한하여 인정하고 있다.

그런데 본 건의 K노회가 G교회의 시무 장로 8명을 재판한 것은 위의 ①과 ②의 경우에 해당되지 아니하는 불법 재판으로서 총회에 상소하여 총회 재판국으로부터 노회 재판이 절차상 하자가 있어 노회 재판의 판결을 원인무효(필자 주: 취소)가 되게 한 것은 당연한 일이다.

여기에서 조금 더 욕심을 부린다면 총회 재판국의 판결에서 권징조례 제99조 4항대로 ① 취소하든지 ② 변경하든지 ③ 하회로 갱심하게 하든지 중 하나로 판결했더라면(취소로) 하는 아쉬움이 남는다.

첨언컨대 노회 재판을 정상적인 재판으로 가정한다고 하더라도 판결문에 "면직 및 교인 지위 제명"이라는 판결문은 있을 수 없는 판결의 흠결이다. "면직에 처한다."하면 그만인데 "교인 지위 제명"의 군두더기를 붙인 것은 재판국원들에 대하여 수준 미달이라 아니할 수 없다. 원심 재판의 판결문은 ① 권계 ② 견책 ③ 정직 ④ 면직 ⑤ 수찬 정지 ⑥ 제명 출교 ⑦ 정직, 수찬 정지 ⑧ 면직, 수찬 정지 등 8가지 책벌 중 오직 한 가지의 책벌 외에는 아무것도 더 붙일 수가 없다(권징조례 제41조 참조). 그런데 "면직 및 교인 지위 제명"을 어찌 노회 재판국의 판결문이라 할 수 있겠는가!

2. 노회가 파송한 당회장에 대하여

노회 재판국의 불법 재판에 대하여 장로 8인이 불복하고 총회에 상소하여 노회 재판에 절차상 하자가 있어 권징조례 제99조 4항에 의거 "판결 취소"라는 처분을 받은 상황에서 노회의 정회원 목사이면 누구든지 지교회의 당회장으로 파송할 수 있는데도 불구하고 하필이면 해 교회의 장로를 8명이나 불법 재판으로 면직 판결한 그 재판국원 중에서 당회장으로 파송한 것은 교회에 덕을 세우는 면에서 노회 행정의 흠결이 아닐 수 없다(권징조례 제40조, 제46조 참조).

3. 총회 재판국의 판결과 관계된 8인의 장로 신분에 대하여

노회 재판국의 판결은 권징조례 제121조 2항에 "본 치리회가 폐회한 후 본회를 대리한 재판국에서 재판한 안건은 공포 때로부터 본 노회의 판결로 인정한다."는 규정에 의하여 노회 재판국이 판결하여 공포한 때부터 시행한다. 혹 상소를 제기하는 경우일지라도 세상 법과는 달리 권징조례 제100조에 규정한바 상회의 판결이 나기까지 하회의 판결대로 시행한다.

그러나 총회 재판국의 판결은 권징조례 제138조에 "총회 재판국의 판결은 총회가 채용할 때까지 당사자 쌍방을 구속(필자 주: 현상 동결 상태)할 뿐이다."라는 규정에 의하여 현상 동결, 즉 "원고는 원고대로 피고는 면직된 상태 그대로" 현상이 유지되기 때문에 노회 재판국처럼 재판국의 판결문 공포 때부터 시행함이 아니고 제102회 총회가 재판국의 보고를 채용할 때까지는 구속(현상 유지)상태인 면직된 신분으로 있게 되고, 총회가 재판국의 보고를 채용하면 시무 장로의 신분으로 회복된다.

즉 권징조례 제141조에 "총회는 재판국의 판결을 검사하여 ① 채용하거나 ② 환부하거나(필자 주: 총회 재판국으로) ③ 특별 재판국을 설치하고 그 사건을 판결 보고하게 한다."는 규정에 의하여 제102회 총회가 제101회 총회 재판국의 판결을 보고할 때에 제102회 총회 재판국에서 "취소" 판결한 대로 채용하였다고 하니 노회 재판국의 판결이 취소되어 8인의 장로는 시무 장로로 회복된 것이다.

법리의 이해를 돕기 위하여 첨언하면

만일의 경우 제102회 총회가 제101회 총회 재판국의 판결을 보고할 때에 제102회 총회 재판국에서 "취소" 판결에 대하여 채용하지 아니하고 환부하거나 특별 재판국을 설치하게 하였다고 가정하면 권징조례 제100조대로 제103회 총회 재판국의 보고 시까지 면직 상태의 신분이 계속 된다는 법리도 잊어서는 안 된다.

4. 본 건에서 대리 당회장의 공동 의회 집행과 법적 지위

교회 정치 제9장 제3조에 "당회장은 그 지교회 담임 목사가 될 것이나 특별한 경우에는 당회의 결의로 본 교회 목사가 그 노회에 속한 목사 1인을 청하여 대리 회장이 되게 할 수 있으며 본 교회 목사가 신병이 있거나 출타할 때에도 그러하다."라는 규정에서 대리 당회장을 청할 수 있도록 규정하였다.

그런데 대리 당회장을 청하는 조건과 절차는 ① 본 교회 목사가 신병이 있을 경우, 출타할 경우, 특별한 경우에 ② 당회의 결의로 ③ 본 교회 위임 목사인 당회장이 지명하는 절차에 따라 대리 당회장을 청하는 것이 법의 정한 바이다.

여기에서 대리 당회장을 청할 수 있는 당회장은 위임 목사인 당회장(지교회의 담임 목사)을 의미하고 있음이 법이 정한 원칙이다. 그러므로 노회가 파송한 당회장이 대리 당회장을 청한 것은 언어도단이다. 노회로부터 파송받은 당회장이 대리 당회장을 청한 이유가 무엇인지 묻고 싶다.

더구나 노회가 파송한 당회장이 당회 결의도 없이 법이 허락하지도 아니한 대리 당회장을 불법으로 청하였고, 그 대리 당회장 역시도 공동 의회에 대한 당회 결의도 하지 아니하고 교회에 광고도 하지 아니하고 어느 주일에 기습적으로 나타나 2차 공동 의회를 집행하여 장로 5인과 집사와 권사들을 다수 선택하였다고 하니 어안이 벙벙하다. 이는 밭갈이하는 소가 들어도 웃을 일이다.

본 건 대리 당회장의 청함은 법이 허락지 아니한 사안이므로 소위 대리 당회장은 해 교회와는 아무 관계가 없는 자이며, 공동 의회에 대하여는 ① 당회 결의도 없이 ② 교회에 광고도 하지 아니하고 ③ 공동 의회 의장의 자격도 없는 자의 사회로 결의했다고 하면서 처리한 안건들은 법을 논하기 전에 법의 정의인 상식으로 보아도 당연 무효일 수밖에 없어 보인다.

5. 결론

질의의 내용 ⑤번과 ⑥번은 4.의 답변에 언급되었으므로 결론을 맺고자 한다.

노회가 당회의 위탁 판결 청구도 받지 아니하고 일반 신도에 관한 사건을 재판하는 것은 현행 교회 헌법으로는 절대로 있을 수 없는 불법이요, 노회가 8인의 장로를 면직 판결한 재판국원이었던 목사를 해 교회 당회장으로 파송한 것도 그 교회에 혼란의 불씨를 던진 것이요, 노회 파송 당회장이 대리 당회장을 청하여 자기가 실패한 공동 의회를 다시 실시하게 한 것은 어불성설이다.

본 사건은 노회 행정의 흠결과 노회가 파송한 당회장의 교회 행정에 관한 수준 미달로 지교회에 극렬한 혼란을 주는 빌미가 된 현장이 되고 말았다.

25. 재판으로 원로 목사 해지 절대 불가

원로 목사 해지가 필요할 경우 행정 처리로만 할 수 있어
조사처리위원회가 진정인을 조사하여 재판함은 어불성설

[질의] 저는 원로 목사로서 후임 목사가 3년 동안이나 공동 의회와 당회와 제직회도 하지 아니하고 독재 정치로 교회를 운영하면서 공금을 횡령한 의혹에 대한 조사 처리를 위하여 노회에 진정서를 제출하였습니다. 이에 대하여 노회는 조사 과정에서 범죄 사실이 드러나면 기소하여 재판하는 권한까지 주어 9인의 조사 처리 위원을 선정하여 위탁하였습니다.

그런데 조사처리위원회는 피진정인의 공금 횡령에 대하여는 조사도 하지 아니하고 그 조사 결과를 진정인에게 통지한 일도 없이 오히려 진정인을 조사하여 재판한다고 하면서 "피고 ○○○ 씨를 원로 목사 해지 및 수찬 정지와 제명에 처한다."라는 판결을 하였습니다.

저는 너무나 황당하여서 교회헌법대전 등 30여권의 교회 법률에 대한 책을 저술하신 P목사님께 판결문을 읽어 드리면서 하소연을 하였습니다.

P목사님께서 말씀하시기를 법리적으로 노회가 위원회에 조사를 위탁한 것은 피진정인을 조사하라 함이지 진정인을 조사하여 재판하라는 법리가 결코 아니며, 혹 재판을 한다고 가정할지라도 원로 목사 해지 결정은 재판으로는 절대로 할 수 없으며, 제명 판결도 재판으로는 결코 할 수 없는 일인데 기독교 백년 역사상 처음 있는 일이라고 하시면서 저를 위로해 주셨습니다. 이에 대하여 목사님의 자세한 법리적 설명을 바랍니다. (부산, 합동 N목사)

[답] 질의자의 질의 내용 중 P목사님의 말씀 안에 답이 명쾌하게 밝혀져

있으나 질의자의 요구에 응하여 법리적 설명을 첨가한다.

1. 진정인과 피진정인과 조사처리위원회의 3자 관계

조사처리위원회가 진정의 건을 노회로부터 위탁을 받았으면 오직 피진정인을 조사하고 범죄 사실이 드러나면 기소하여 재판하는 권한을 노회가 위탁한 것이지, 진정인을 조사하여 재판하라는 권한을 위탁한 것이 결코 아니다. 그 이유인즉 피진정인은 진정인이 조사 처리를 요청한 청원서에 근거하여 노회가 조사하도록 위탁하였으나 진정인에 대하여는 어느 누구도 조사 처리를 요청하지 아니했으므로 조사 처리 대상이 아니기 때문이다. 조사처리위원회는 "소송하는 원고가 없으면 피고도 없다."는 법리를 아는가 모르는가.

2. 행정건과 재판건의 오해

권징조례 제5조(재판건과 행정건)에 "교인이나 직원에 대하여 범죄 사건으로 소송하면 하회와 상회를 불문하고 이런 사건은 재판건이라 하고 기타는 행정건이라 한다."하였다.

그리고 권징조례 제41조에 직원(목사)에 대한 정죄의 명칭은 권계, 견책, 정직, 면직, 수찬 정지, 출교, (정직과 수찬 정지, 면직과 수찬 정지) 등 6가지의 책벌만 재판으로 판결할 수 있고 그 외에는 모두 행정건으로 결정 처리하도록 교회 헌법은 규정하였다.

그런데 해 노회 재판국의 판결문의 "피고 ○○○ 씨를 원로 목사 해지 및 수찬 정지와 제명에 처한다."가 도대체 무엇인가? 판결문에 "원로 목사 해지"는 어떤 의도로 끼어 붙였으며 "제명"은 무슨 목적으로 무엇을 제명했단 말인가!

목사의 "제명"은 권징조례 제54조에 "목사직을 포기하거나 … 다른 교파에 가입하면 노회 명부에서 삭제만"하는 행정 처리 조항이 있을 뿐이다. 어느 곳에도 제명할 수 있는 법적 근거가 없다. 다만 권징조례 제35조의 당회 재판에 평신도를 재판함에 있어서 "… 수찬 정지, 제명, 출교니"라고 "제명"이 끼어 있다. 이는 인쇄 과정에서 변천된 것(교회법률상식 p.376 참조)이다. 그러므로 출교가 되면 자동 제명이 된다는 의미에서 "제명 출교"로 보아야 한다.

3. 조사처리위원회의 월권 행위

상론한 바와 같이 질의자를 재판한 조사처리위원회는 질의자인 진정인을 조사하여 재판하는 행위는 위원회 심사의 원칙에 반하는 용서받을 수 없는 월권 행위이다. 또한 위원회가 월권으로 행한 재판을 인정한다고 가정할지라도 판결문 내용에 "원로 목사 해지 및 제명" 판결 역시도 용서받을 수 없는 월권이다. 오직 "수찬 정지에 처한다."로만 판결해야 함이 권징조례의 규정이다.

4. 결론

질의 내용에 P목사님이 질의자에게 법리적으로 말하면서 위로해준 내용과 같이 조사처리위원회가 결코 조사 대상이 아닌 진정인을 불법으로 조사하여 불법 재판까지 하였다고 하니 어안이 벙벙하다.

이에 대하여 필자도 P목사님께 N목사의 전화를 받았느냐고 하였더니 "그 재판국원들 합동 측 목사 맞느냐?"고 반문을 하셨다. 이와 같은 부끄러운 반문을 듣고 나니 언제인가 P목사님께서 필자에게 "합동 측 총회 재판국의 재판과 판결문을 보면 '가갸거겨'도 모르는 사람에게 소설을 쓰라고 맡기는 것과 같다."는 말씀이 생각난다.

26. 판결 주문으로 평가한 재판국원의 자질
판결문과 결정서와 결의서도 분별 못하는 재판국원
권징조례 한 번만 읽었어도 어설픈 판결 주문 작성 안 해

[질의] 2018년 5월 ○일자로 작성한 합동 총회 산하의 ○○○○노회 제186회 회의 결의서 p.6에 재판국의 판결문 주문을 보면 "① 피고 원로 목사 ○○○ 씨를 원로 목사 해지 및 수찬 정지와 제명에 처한다. ② 피고 목사 ○○○ 씨를 설교를 제외한 당회장권 3개월 정지 및 모든 공직 정지 1년에 처한다."라는 판결문의 주문이 기록되어 있습니다. 저의 상식으로는 판결문의 주문이라기보다는 행정 처리의 결의서 등으로 밖에 보이지 않습니다. 재판국이 재판을 잘못한 결과 이와 같이 효력도 없고 시행도 할 수 없는 어설픈 판결문을 작성한 것이 아닐까요? 목사님의 올바른 재판 절차와 올바른 판결문의 주문에 대한 법리를 부탁드립니다. (합동, S목사)

[답] 현실적으로 통합 총회와 고신 총회는 헌법을 개정하면서 세상 법원에서 재판하는 것과 거의 흡사한 재판으로 변질되었고, 겨우 합동 총회가 웨스트민스터 헌법을 번역한 1922년도 판 장로교회 헌법의 명맥을 유지하고 있다.

하지만 합동 총회의 교회 재판 역시 총회 재판국이나 노회 재판국이나 당회 재판회 등 모든 재판의 판결문을 보면 본 질의 내용의 판결 주문처럼 고소나 상소의 "판결문"인지, 소원장을 재판한 "결정서"인지, 행정 치리회가 가결한 "결의서"인지 분간할 수 없는 판결문의 주문이 부지기수이다.

본 건 질의자가 ○○○○노회 제186회 결의서의 판결 주문으로 명시한 두 분 목사의 재판에 대한 판결 주문만을 보고 "재판을 잘못한 결과 당치도 않은 판결문을 작성한 것"을 지적함에 대하여 해박한 교회 법률 상식에 찬사를 보내며 질의에 감사를 드린다.

필자는 질의자의 질의 내용의 범주 안에서 올바른 판결문과 올바른 재판 절차에 대한 법리를 정리하고자 한다.

1. 판결문과 결정서와 결의서

치리회의 회원인 목사와 장로로서 "판결문"과 "결정서"와 "결의서"를 분별하지 못한다는 것은 지극히 수치스러운 일이다. 이상의 모든 용어들은 치리회의 회의 및 재판의 결과에 따른 문서 제목들인데 그것도 이해하지 못하는 분들이 치리회 회원이 되어서 치리회를 진행하게 되면 올바른 회의를 기대하기란 그리 쉽지 않다.

그런데 중차대한 재판국원이 되어서 명명백백하게 흑백을 가려야 할 재판 과정 중 불법 재판을 한 결과 질의자로부터 판결문의 주문 하나로써 "재판이 잘못된 결과 잘못된 판결문이 나왔다."는 지적을 받은 것은 당연지사로 지극히 수치스러운 일이 아닐 수 없다.

1) 판결문 : 원심 재판의 판결문은 ① 권계 ② 견책 ③ 정직 ④ 면직 ⑤ 수찬 정지 ⑥ 출교 (⑦ 정직과 수찬 정지 ⑧ 면직과 수찬 정지) 등 ①~⑧의 8가지 중 한 가지만으로 판결문의 주문을 작성해야 하고 그 외에 어떤 용어 하나라도 추가해서는 안 된다(권징조례 제41조).

그런데 일반 성도들을 재판하는 "당회 재판에 관한 특별 규례(권징조례 제35조)"에는 "권계, 견책, 정직, 면직, 수찬 정지, 제명, 출교,"로 "제명"이라는 시벌이 끼어 있다. 이는 인쇄 과정에서 변천된 것(교회법률상식 p.376 참조)으로 출교가 되면 자동 제명이 된다는 의미에서 "제명 출교"인 한 단어로 보아야 한다. 그러므로 교회 직원인 목사에게는 "제명"의 벌이 아예 없으니(권징조례 제41조) 문제될 것이 없지만 일반 신도들을 재판하는 당회 재판회가 권징조례 제35조를 고집하면서 "제명"이라는 판결을 해서는 결코 안 된다. 재판으로 교인이나 목사를 제명할 방도가 없다. 만일 교인을 제명으로만 판결을 했다면 그 교인의 신분은 어떻게 된단 말인가(기독신문 1207호).

그리고 상소건을 위탁받은 상회 재판국의 판결 주문은 하회 재판이 잘 되었으면 ① 기각(하회 재판이 잘못 되었으면) ② 취소 ③ 변경 ④ 하회로 갱심(更審) 등 ①~④의 4가지 중 한 가지만을 판결 주문에 기록해야 한다(권징조례 제99조 2의 (4)항).

부언컨대 총회가 총회 재판국의 보고를 받아 처리하는 범위 역시 ① 채용 ② 환부(총회 재판국으로) ③ 특별 재판국 설치(권징조례 제141조) 등 ①~③의 3가지 중 한 가지만으로 검사 처리해야 한다.

2) 결정서 : 하회의 행정 처리 건에 대하여 법의 절차에 따라 상회에 소원하면 상회 재판국에서 재판한 주문을 "결정서"라고 한다.

결정서의 주문 역시 재판국 마음대로 작성하는 것이 아니요, 서류를 심리하여 소원할 이유가 없으면 ① 기각(소원 이유가 적법하면) ② 전부 변경 ③ 일부 변경 등 ①~③의 3가지 중 한 가지만으로 결정하되 ②와 ③은 하회에 처리 방법을 지시한다(권징조례 제89조).

3) 결의서 : 행정 치리회의 회의에서 가결하고 회의록을 채택하여 회록에 기록된 문서를 "결의서"라 한다.

2. 치리회의 재판 절차

장로회 정치는 당회, 노회, 대회, 총회의 4단계의 치리회가 있으나 4심제라 하지 아니하고 3심제라고 한다.

1) 원심 재판 절차

평신도가 원심이 되는 당회와 목사가 원심이 되는 노회는 누가 범죄하였다는 말만 있고 소송하는 자가 없으면 재판을 할 수 없다.

그래서 소송한 자는 없지만 권징이 필요한 사건인 경우 치리회가 원고가 되어 기소 위원을 선정하여 기소케 하고(권징조례 제7조) 기소장을 접수한 후에 다음과 같은 절차에 따라 재판을 진행한다.

① 고소장(혹은 기소장)이 접수되면 당회는 재판회로 변경하여 재판하고 노회는 본회가 직할하거나 재판국을 설치하여 위탁한다.

② 재판회는 10일 선기하여 원고, 피고, 증인 등을 소환 통지하고 정한 시일에 심리한다.

③ 심리를 마친 후 원고, 피고, 증인, 방청인 등을 모두 퇴석하게 하고 재판 회원들만의 비밀회의로 합의 판결한다.

④ 토의 없이 죄증 설명서 각 항에 대하여 가부 투표 결과 전 항(全項)이 무죄로 표결되면 "혐의 없음"으로 판결하고 1개항이라도 유죄로 표결되면 다음과 같이 투표로써 판결 주문을 결정한다.

⑤ 규정된 책벌 명칭의 권계, 견책, 정직, 면직, 수찬 정지, 출교, 정직과 수찬 정지, 면직과 수찬 정지 등의 8가지 중에 어떤 벌을 선고할 것인지에 관하여 충분히 토의한다.

⑥ 토의를 종결하고 재판 회원 전원이 위의 8개항 중 한 가지씩만 표결하여 종다수의 시벌 명칭 한 가지가 판결 주문이 된다(권징조례 제24조, 제41조, 교회재판 이렇게 한다 pp. 28~31 참조).

2) 상소심 재판 절차

상소심의 재판은 제2심인 공소심(控訴審)에 한하여 부득이한 경우에 증거조(證據調)를 취급할 수 있고, 최종심인 상고심에서는 아예 증거조를 취급할 수 없다(권징조례 제94조 2항).

그러므로 최종심인 총회 재판국은 어느 누구도 소환하여 심문 조서를 해서는 안 된다. 오직 하회 서기가 총회 서기에게 교부한 상소 통지서, 상소장, 상소 이유 설명서, 재판 사건 진행 전말서 등의 서류만을 토대로 사실심이 아닌 법률심으로 판결한다.

그런데 현재 총회 재판국의 재판 광경은 원심 재판과 다름없이 상소인, 피상소인, 증인 등은 물론 노회장, 노회 서기, 노회 재판국장, 노회 재판국 서기까지 소환하여 심문 조서하고 서명까지 받는 것이 필자가 직접 체험하고 목격한 현실이다. 이를 세상의 사회법으로 비유하면 대법원에서 고등법원의 담당 판사(노회 재판국장)와 고등법원장(노회장)까지 소환하는 것과 같은 격이니 이것은 법도 아니요 재판도 아니요 아무 것도 아니다. 뿐만 아니라 하회 서기가 상소 통지서 접수를 거부하고, 총회 서기에게 재판 관계 서류를 교부하지 아니하여 총회 재판국은 재판할 서류가 없음(총회 재판국은 상소인이 제출하는 상소장으로는 재판할 수 없고 반드시 하회 서기가 보내온 서류로만 재판한다)에도 불구하고 상소인이 상소건 성립을 위하여 제출한 상소장으로 재판을 하고 있으니 더욱 가관이다. 결국 하회 서기가 상소 통지서를 거부하면 그 판결은 권징조례 제96조, 제101조에 의하여 무효로 돌아간다.

상소심의 재판 절차는 ① 개정 선언 ② 이유 공포 ③ 서기의 하회 서기가 교부한 상소장과 관계된 모든 재판 기록 낭독 ④ 하회 재판의 서류 심사(시벌의 적부, 재판 절차 적부, 적절한 법조문 적용 여부) ⑤ 권징조례 제99조 (4)항의 절차대로 합의하여 1) 기각 2) 취소 3) 변경 4) 하회로 갱심케 함 등 1)-4)의 4개항 중 한 가지씩만 표결하여 종다수로 주문이 결정된다. ⑥ 판결문 작성 후 폐정한다(교회재판 이렇게 한다 pp. 568~574 참조).

3. 결론

본 건 판결 주문은 법리적으로 효력도 없고 시행할 수도 없는 "주문"으로 0점을 줄 수밖에 없고, 재판국원의 자질은 수준 미달로 노회가 도저히 재판을 맡길 수 없는 자들에게 재판을 위탁한 것으로 보인다. 그 이유인즉 재판국의 판결 주문에 "① 피고 원로 목사 ○○○ 씨를 원로 목사 해지 및 수찬 정지와 제명에 처한다. ② 피고 목사 ○○○ 씨를 설교를 제외한 당회장권 3개월 정지 및 모든 공직 정지 1년에 처한다." 이것을 어느 누가 판결 주문으로 인정하겠는가! 만일 "피고 목사 ○○○ 씨를 '수찬 정지'에 처한다."라고만 했더라도 100점을 줄 수 있는 훌륭한 판결문이 되었을 것이다.

그런데 "원로 목사 해지, 제명, 당회장권 정지, 공직 정지" 등으로 화단에 잡초와 같은 시벌 명칭이 지저분하게 널려 있어서 정당한 "수찬 정지" 역시 잡초에 가리어 보이지 않기 때문에 0점이라는 말이다. 질의자가 지명한 ○○○○노회 제186회 재판국원들은 권징조례 제41조에서 "원로 목사 해지, 제명, 당회장권 정지, 공직 정지" 등의 새로운 시벌 명칭을 밝혀내야 한다.

27. 총회 재판국장 동시에 노회 재판국장 됨은 당연

국가의 사법 기구와 교회의 사법 기구는 같지 않아
목사와 장로의 직무 사역은 1인 3역이 가능

[질의] 존경하는 목사님 주의 은혜와 평강을 기원합니다.

본 교단 안에 총회 재판국장 되는 목사가 노회 재판국에서 재판국장으로 선출된 노회가 있는데 항간에 모 언론에서는 사회법에 비추어볼 때 대법원장이 고등법원장을 할 수 없는 것처럼 총회 재판국장은 노회 재판국장을 할 수 없다고 주장합니다. 총회 재판국장은 노회 재판국장을 할 수 없는지요? 할 수 없다면 그 법적인 근거를 알려 주시고 할 수 있다면 그 법적인 근거는 무엇인지 고견을 듣고 싶습니다. (합동, 광주 P목사 올림)

[답] 교회 재판은 세상 재판과 조직 요건이 다르다. 하지만 교회도 국가와 다름없이 3권 분립과 3심제(교회 정치 총론 5)가 분명하게 존재하고 있다.

그런데 국가의 3권 분립은 행정 입법 사법부가 각각 독립적이라서 동일인이 대통령도 되고 국회의장도 되고 대법원장도 되는 것이 절대로 있을 수 없듯이 사법부의 조직에서도 대법원장이 고등법원장을 겸할 수 없는 것이 관례이고 법리이다.

그러나 교회는 3권 분립의 구성원 신분이 목사와 장로로서 동일인이 행정 입법 사법부의 업무를 동시에 수행(교회 정치 제8장 제2조)하고 있으며, 교회 재판에 있어서도 역시 그 구성원은 목사와 장로이며 당회 노회 대회 총회의 4개 단계가 있으나 실질적으로는 4심제가 아닌 3심제로서 평신도의 사건은 당회 노회 대회로 3심제이고, 목사의 사건은 노회 대회 총회로 3심제

(권징조례 제19조)이다.

그래서 행정 치리회에서는 선택만 받으면 동일인이 총회장도 되고 노회장도 되고 당회장도 되어 1인 3역의 직무를 수행함은 흔히 볼 수 있는 당연한 현실이다. 뿐만 아니라 재판을 하는 권징 치리회에서도 동일인이 제1심 재판관도 되고 제2심 재판관도 되고 제3심 재판관도 될 수 있는 것이 교회 헌법 권징조례의 특성이다.

따라서 교회 재판은 세상 사법부의 기구와는 달리 노회에서 재판국을 구성하면서 재판국장이 된 목사가 총회 총대가 되어 총회 재판국원으로 공천되고, 총회 재판국에서 재판국장으로 피선되면 동일인이 노회 재판국장도 되고 총회 재판국장도 되는 것은 자연스럽고 당연한 법리이다. 또한 총회 재판국장이 해 노회에 사건이 발생하여 재판국원으로 선정되고 재판국에서 노회 재판국장으로 선임되면 동일인이 총회 재판국장도 되고 노회 재판국장도 될 수 있는 것이 교회 재판의 특성이다.

그런데 항간에 논란이 되고 있는 총회 재판국장이 노회 재판국장 될 수 없다는 말은 어불성설이다.

결론으로 분명한 법리는 각 치리회의 재판국장은 동일인이 동시에 될 수 없다는 법조문이 헌법 어디에도 없다. 오히려 어느 노회의 노회장이 총회 총대가 되어 총회장이 되었을 경우 총회 재판건을 직할 심리할 때에 다른 어느 누구도 직무 권한이 없고, 오직 그 총회장만 총회 재판회장이 되고 그 총회장이 속한 노회 사건을 직할 심리할 때에도 오직 그 총회 재판회장만 그 노회 재판회장이 되어야 하는 당연직인 것을 아는가 모르는가.

28. 피고 4인 판결의 상소건, 4인 연명의 1건으로

피상소인은 당회이며 대표자인 당회장 이름으로
상소인에게 공탁금 요구는 위헌적 범죄 행위

[질의] 서울 K노회 C당회가 해 교회의 K집사 외 3인 등 4인의 교인을 당회가 기소 위원을 선정하여 재판하고 유죄 판결을 내렸습니다. 이런 경우 피고 4인이 상소 시에 각각 상소장을 내어야 하는지 아니면 1건으로 내어도 되는지요? 요즘에는 노회들이 상소장을 접수하면서 수백만원의 공탁금을 받고 있는데 4인이 상소장을 각각 제출하면 수천만원의 공탁금을 납부해야하므로 교인들에게는 상당한 부담이 됩니다. 목사님의 법리적 고견을 부탁드립니다. (합동, 서울 D장로)

[답] 질의자가 합동 측 장로이므로 합동 헌법으로 답한다.

1. 상소인과 피상소인

당회가 기소 위원을 선정하여 교인 4인을 재판하였으면 당회는 원고가 되고(권징조례 제7조) 재판을 받은 4인의 교인은 피고가 된다. 이때 피고 4인이 모두 유죄 판결을 받은 후 피고들이 상소를 제기하려면 본 상소 사건은 원심에서 1건으로 재판하였으므로 4인의 연명으로 1건의 상소장을 교부하면 되고, 피상소인은 당회가 원고로 기소하여 재판하였으므로 당회가 피상소인이 되어 당회의 대표자인 당회장이 피상소인으로 상회의 재판을 받게 된다.

2. 치리회가 재판 비용을 원고와 상소인에게 부담케 함에 대하여

노회나 총회가 재판 비용을 원고 혹은 상소인에게 부담하도록 하는 치리회는 재판할 자격도 없는 치리회 혹은 재판국원들에 다름 아니다. 재판관들이 불법 자금을 받고서 어찌 재판관이라 할 수 있겠는가!

필자가 재판 비용을 왜 받느냐고 문의한바 고소 사건이 너무 많아서 고소 사건을 줄이기 위함이라는 문외한 답변을 수차례 들었고 한 술 더 떠서 그렇게 해보니 고소 사건이 적어졌다는 어처구니없는 망발도 있었다.

돈이 없는 사람은 억울해도 앉아서 당하고 있으라는 말인가, 아니면 범죄 행위도 그냥 방치하자는 말인가? 재판 비용을 이중 삼중으로 받고 있으니 이것이 범죄가 아니고 무엇이 범죄란 말인가!

권징조례 제142조에 총회 "재판국 비용은 총회가 지불한다."라 하였고, 권징조례 제132조에 대회 "재판국 비용은 대회가 지불한다."고 하였는데 왜 상소인에게 재판 비용을 받는가? 총회와 대회의 재판국원은 전국에서 모이므로 재판 비용의 예산을 세웠지만 노회의 재판국원은 인근 지역에서 모이기 때문에 재판 비용이 필요치 아니하여 그 규정이 없다. 따라서 노회도 재판 비용이 요구될 경우에는 권징조례 제142조와 제132조에 준거하여 상소인에게 부담시켜서는 결코 안 되고 노회가 부담해야 한다.

결론으로 상소인에게 재판 비용을 받는다는 이유로 총회가 재판 비용을 지출하지 아니해도 위헌이요, 총회에서도 받고 이중으로 상소인에게도 받으면 재판관으로서의 자격을 상실한 불법적 범죄 행위에 다름 아니다.

第3章
관련 헌법(關聯憲法)

29. 미조직 교회에 담임 목사 위임예식 불가
미조직 교회는 시무 목사(임시 목사)를 청빙해야

[질의] 서울 선천교회(곽효근 목사 시무) 사건입니다. 선천교회는 오랫동안 어떤 교단 어떤 노회도 가입하지 아니하고 독립 교회로 있다가 얼마 전에 합동 측 삼산노회에 가입을 하였습니다. 그런데 문제가 생겼습니다.

선천교회는 시무 장로가 한 사람도 없고 선천교회가 위임 목사를 노회에 청원한 일노 없었는데도 불구하고 삼산 노회 윤남철 목사가 다른 목사 4명을 대동하고 선천교회에 와서 곽효근 목사를 위임 목사로 위임예식을 하였습니다.

선천교회는 미조직 교회인데도 목사 위임예식을 하는 것이 합법인지 불법인지 목사님의 법리적인 답변을 부탁드립니다. (서울 평신도 올림)

[답] 삼산노회와 선천교회의 자세한 상황을 알 수가 없어 질의자가 질의
한 내용 문장에 따라 위임 목사의 청빙 청원과 위임예식의 요건에 관하여 법
리적으로 답한다.

1. 반드시 조직 교회이어야 한다.

　　정치 제4장 제4조 1항(위임 목사)에 "한 지교회나 1구역(4지교까지 좋으
나 그 중 조직 교회가 하나 이상 됨을 요함)의 청빙으로 노회의 위임을 받은
목사니 특별한 이유가 없으면 그 담임한 교회를 만 70세까지 시무한다.

　　목사가 본 교회를 떠나 1년 이상 결근하게 되면 자동적으로 그 위임이 해
제된다."라고 규정하였다.

　　지교회의 위임 목사 청빙 청원과 위임예식의 절대적 요건은 반드시 조직
교회이어야 함이 필수 요건이다. 이는 장로교회 정치 총론 5. (장로회 정치)
에 "이 정치는 지교회 교인들이 장로를 선택하여 당회를 조직하고 그 당회
로 치리권을 행사하게 하는 주권이 교인들에게 있는 민주적 정치이다."라고
규정한 대의 민주 정치이기 때문이다.

2. 목사 청빙을 위한 공동 의회에 대하여

　　정치 제21장 제1조(공동 의회) 5항에 "일반 의결은 과반수로 하되 목사
청빙 투표에는 투표수 3분의 2 이상의 가와 입교인 과반수 이상의 승낙을
요하며"라고 규정하였다.

　　목사 청빙을 위한 공동 의회는 일반 공동 의회와는 달리 투표수 3분의 2
이상의 가표를 받고 입교인 과반수 이상의 서명을 받아 노회에 청빙 허락 청
원서를 제출하여 노회의 허락과 노회가 일임한 위임국에 의하여 위임예식을
행하여야 한다. 즉 조직 교회의 공동 의회에서 투표하여 청빙하고 위임예식
에서 치리에 복종하겠다고 서약한 위임 목사에게 치리권이 발생한다는 말

이다.

3. 세례 교인이 25인 이상에 대하여

정치 제9장 제1조(당회의 조직)에 "당회는 지교회 목사와 치리 장로로 조직하되 세례 교인 25인 이상을 요하고(행 14:23, 딛 1:5) 장로의 증원도 이에 준한다."라고 규정하였다.

근본적으로 위임 목사를 청빙 청원할 수 있는 절대적 요건은 조직 교회이어야 한다. 그런데 장로 1인을 임직하여 조직 교회가 되기 위해서는 세례 교인 25인이 절대 필수 요건이다. 따라서 위임 목사의 청빙 요건에도 세례 교인 25인이 절대적인 것처럼 오해하는 경우가 비일비재하다.

이는 미조직 교회가 최초로 당회를 조직하는 경우를 의미하고 이미 당회가 조직되어 있는 교회의 경우에는 세례 교인이 사망 또는 이명간 결과로 세례 교인이 25인 미만일지라도 조직 교회 즉 시무 장로가 있기 때문에 위임 목사를 청빙할 수 있다.

4. 결론

본 건 선천교회는 시무 장로가 없는 미조직 교회로서 삼산 노회에 가입한 후 위임 목사 청빙 허락 청원을 위한 공동 의회도 하지 아니하였고 노회에 목사 청빙 청원서를 제출하지도 아니했는데 윤남철 목사가 목사 4인을 대동하고 선천교회에 와서 목사 위임예식을 거행한 것이 사실이라면 이는 범죄 행위요, 목사 위임예식은 당연 무효이다.

이에 대한 후속 조치로 노회는 정기 노회 시에 당회록 검사부가 선천교회 당회록을 검사하여 미조직 교회 여부와 공동 의회 여부와 위임예식 여부를 확인하여 관계자를 문책해야 하고, 총회는 총회의 노회록 검사부로 하여금 본 건 사실에 관계되는 삼산 노회 노회록에 선천교회 위임 목사 청빙 허락 여부를 검사하여 불법 사실이 확인되면 총회는 권징조례 제76조에 규정한 대로 총회가 직접 변경 처리하든지 하회에 환송하여 처단할 것을 지시해야 한다.

30. 최종 헌법 개정안의 문제점

◎ 교리편에서 신도게요 제24장(결혼과 이혼에 관하여)과 성경 대요리문답 제139문의 답에 대하여 국문법적으로나 수학적으로 문제가 제기된다.

〈문제점〉

"… 어떤 남자라도 동시에 한 명 이상의 아내를 두는 것이나 어느 여자라도 동시에 한 명 이상의 남편을 두는 것은 합법적이 아니다."에서

"한 명 이상의"에서 "이상"은 그 수인 한 명도 포함되기 때문에 "동시에 한 명의 아내나 남편을 가지는 것도 합법이 아니다."라는 말이 된다. 다시 말하면 "남자는 한 명의 아내를 두어도 안 되고 여자는 한 명의 남편을 두어서는 안 된다."는 말이다.

그러므로 "한 명을 초과하여" 혹은 "두 명 이상의"로 교정해야 한다(그대로 두면 독신으로 살아야 한다는 의미이기 때문이다).

고신 총회는 "두 사람 이상의 아내나 남편을 동시에 두는 것"이라고 개정하였음을 참고 바란다.

◎ 이어서 필자는 예배모범과 권징조례는 언급하지 않고 교회 정치의 최종 개정안에 대한 문제점을 몇 곳만 언급한다.

1. 정치 제3장 제2조 3항과 동 제3조와 동 3-3)의 ②임기와 제13장 제4조의 (시무 정년)에

"시무 연한은 만 70세까지(만 71세 생일 전 날)이다."에서

괄호 안의 "(만 71세 생일 전 날)"은 삭제하고 "만 70세까지이다."라고만 해야 한다.

그 이유인즉 "만 70세까지"를 괄호 안에 "만 71세 생일 전 날"이라고 설명을 붙인 것으로 보이는데 이는 설명이 아니라 각각 다른 내용으로 혼란만 야기 시킨다.

왜냐하면 "만 70세까지"는 시무 정년이 만 70세라는 말이고, "만 71세 생일 전 날"이라는 말은 시무 정년이 만 71세라는 말로 내용이 서로 다르기 때문이다.

만 1세는 두 번째 생일인 첫 돌 전 날이므로 "만 70세까지이다."로만 해도 71번째 생일 전 날이 만 70세라고 이해하는 것은 상식이다.

2. 정치 제4장 제4조 제10항(무임 목사)에

"무임 목사는 노회의 시무 허락을 받기 이전의 목사와 시무를 사면한 목사이다."에서

"시무를 사면한 목사이다."는 이해가 되지만
"노회의 시무 허락을 받기 이전 목사"는 있을 수 없다. 목사는 노회가 시무를 허락하지 아니하고는 임직할 수 없다. 그러므로 임직 후에는 모두 시

무 사면한 목사와 무임 목사로 이명온 목사뿐이다.

그러므로 본 항은 "시무지가 없는 목사이다."로 해야 한다.

3. 제9장 제1조(당회 조직)에

"당회는 지교회를 시무하는 목사와 치리 장로로 조직하되"에서

"당회는 당회장과 치리 장로로 조직하되"라고 해야 한다.

그 이유는 미조직 교회는 위임 목사가 없고 당회가 전임 목사에게 당회장 권을 허락한 목사나 노회가 파송한 당회장이 있을 뿐이다. 그런데 지교회를 시무하는 목사는 위임 목사, 전임 목사, 부목사 등으로 당회장이 아닌 지교회를 시무하는 전임 목사나 부목사는 당회를 조직할 수 있는 요건이 될 수 없기 때문에 "지교회를 시무하는 목사와 치리 장로"로서는 당회를 조직할 수 없는 것이 법리이다.

4. 제12장 제4조(총회의 직무) 3항에

"총회 현장에서 범죄 행위를 하였을 경우 즉결 처결할 수 있으나 즉결 처결 사건이 아닌 경우에는 총회는 기소 위원을 선정하여 총대 목사와 총대 장로의 원심에 고소할 수 있다."에서

총회, 노회, 당회 같은 행정 치리회 석상에서 범죄한 것은 즉결 처단의 대상이 아니다.

권징조례 제48조의 즉결 처단의 규례는 행정 치리회 석상에서의 범죄 행위가 아니라 권징 치리회인 재판 석상에서 범죄한 것을 의미한다.

그 이유는 사람은 같은 사람이지만 행정 치리회 석상에서 범죄했을 때는 사무 행정관이 행정 사무 중에 목격한 것이요, 재판 석상에서 범죄했을 때는 재판관이 재판 석상에서 직접 목격했기 때문에 고소나 기소, 소환, 심리 등의 재판 절차가 필요치 않고 목격한 재판관이 즉시 판결하기 때문에 즉결 처단이라고 한다.

그러므로 총회, 노회, 당회 같은 행정 치리회 석상에서 범죄한 사건이나 예배석상에서 범죄한 사건도 재판관이 재판 석상에서 목격한 사건이 아니므로 반드시 고소나 기소하여 재판관으로 하여금 재판 절차에 따라 판결해야 한다.

따라서 본 조항은 삭제해야 한다.

31. 헌법개정위원회 연구 흔적 전혀 보이지 않아
헌법 책을 한 번만 읽었어도 이런 개정안 제시하지 않아

참 고마운 분이 앞으로 합동 교단의 헌법개정위원회가 7월 24일(사랑의 교회), 25일(광주중앙교회), 27일(대구동신교회)등 3일간에 지역별로 공청회가 예정된 헌법 개정안을 보내 주어서 고맙게 읽어 보았다.

헌법 개정안의 내용은 한마디로 결론부터 말한다면 일고의 가치도 없어 보인다. 개정안의 내용 중 대부분을 동의할 수 없다는 말이다. 다시 말하면 손도 대지 말아야 할 조문만 골라서 못 쓰는 헌법이 되게 할 우려가 다분하고, 반드시 개정이 절대적으로 요구되는 부분은 한곳도 언급하지 아니했으니 헌법 개정에 대한 연구 흔적이 전혀 보이지 아니한다.

1. 개정안의 소고

서론에서 언급한 바와 같이 개정안 대부분을 동의할 수 없다고 했거니와 모두를 언급하면 시간만 낭비할 뿐이니 몇 곳만을 언급한다.

1) 권징조례 제141조의 착각에 대하여

총회는 재판국의 판결을 검사하여 "하회 재판국에 환부하거나"를 추가하였다. 이는 법리에 대한 기초적 상식도 없는 착각이다. "하회로 갱심하게 하는 것"은 상회 재판국에서 하회의 상소건을 판결할 때 하회 판결을 ① 취소하든지 ② 변경하든지 ③ 하회로 갱심케 하는 것 등의 3가지 중에 한 가지로 판결하게 하는 것이요(권징조례 제99조 (4)참조), 재판국의 보고를 받는 치리회(본회)가 "하회로 갱심케 함"은 언어도단이다. 오직 본회는 재판국의 판결을 ① 채용하거나 ② 환부하거나 ③ 특별 재판국을 설치하여 판결 보고케 하는 것뿐이다(권징조례 제141조 참조). 그런데 어찌 "하회 재

판국에 환부하게 한다."는 것을 추가할 수 있는가! 하회 재판국은 치리회에 보고함과 동시에 자동 해산되는 것을 아는가 모르는가. 하회의 재판국은 존재하지도 않는데 "하회 재판국에 환부한다."는 것을 추가함이 말이나 되는가?

2) 권징조례 용어 개정에 대하여

권징조례의 용어를 개정하는 데 있어서 반드시 개정해야 할 곳은 한곳도 언급하지 아니하고 그대로 두는 것이 더 좋은 것을 손찌검하여 긁어 부스럼을 일으키고 있는 것 같아 보인다.

① 권징조례 제15장의 "발현"에 대하여

"발현"을 "발견"으로 개정 초안했는데 이는 어불성설이다. 헌법 개정 위원들은 국어사전을 한 번도 찾아보지 아니했는가? "발현"과 "발견"은 하늘과 땅 차이이다. "발현"은 여러 사람이 알 수 있도록 나타난 것을 의미하고, "발견"은 다른 사람은 아무도 모르는 것을 자기 혼자서만 찾아내는 것을 의미한다.

② 그 외의 "차서"와 "순서", "방조 위원"과 "변호인", "패려함"과 "불순종", "자벽"과 "지명" 등은 엄밀하게 모두 다 같은 의미가 아니다. 이것 역시도 하늘과 땅 차이다.

3) 교회 정치 제3장 제2조 1항에 대한 착각

"강도와 치리를 겸한 자를 목사라 일컫고"에 "이는 교회의 대표자이다."를 추가하였다. 헌법 개정 위원들이 어디든지 손만 대면 몹쓸 법조문이 되고 만다. 그 이유는 헌법 책을 한 번도 읽어 보지 아니하고, 개정한다고 하면서 법리적 이해도 없이 개정안을 제시하기 때문이다.

본 조항은 항존직인 장로에 대하여 목사와 장로를 구별해 주는 조항으로서 목사는 강론과 치리를 겸하는 장로이고, 장로는 치리만 하는 장로로 구분한 것이다.

그러므로 여기의 목사는 모든 목사를 의미한다. 그런데 모든 목사가 "교회의 대표자"라는 게 말이나 되는가? 무임 목사는 어느 교회의 대표자이며 부목사, 기관 목사, 은퇴 목사, 교육 목사 등은 어느 교회의 대표자란 말인가? 교회의 대표자는 당회장인 목사뿐이라는 것을 아는가 모르는가.

2. 반드시 개정해야할 법조문

개정 초안을 읽어 본 후 심히 안타까운 마음으로 지면상 모두 다 지적할 수는 없고 개정해야 할 중요한 부분 몇 곳만을 참고로 소개한다.

1) 대요리문답 139문에 "동시에 하나 이상의 아내나 남편을 두는 것"이 제7계명에 금지된 죄라는 내용과 신도게요 제24장에 "어느 남자가 동시에 하나 이상의 아내를 가지는 것도 어느 여자가 동시에 하나 이상의 남편을 가지는 것도 합법적이 아니다."에서 "하나 이상"은 하나도 이상 안의 수에 포함되기 때문에 "둘 이상" 또는 "하나를 초과하여"로 반드시 개정해야 한다. 만일 개정하지 아니하고 그대로 둔다면 기독교인들은 모두 독신으로 살아야 한다는 문장이 되기 때문이다.

2) 권징조례 제136조에 "총회 재판국의 성수는 11인으로 정하되 그 중 6인이 목사 됨을 요한다."는 규정에 대하여 총회 재판국은 권징조례 제134조에 "목사 8인, 장로 7인"의 15인으로 조직되는 상비부임으로 15인 전원이 재판에 동참해야 하는데 11인만으로 제한하여 못을 박아버렸다. 그러므로 현행 헌법의 문장대로 시행한다면 목사 6인, 장로 5인만 재판에 참여하고 목사 2인, 장로 2인은 재판에 참여할 수 없으니 집으로 돌아가라는 모순이 발생하는 법조문이 된다. 따라서 "11인으로"는 "국원수 3분의 2 이상으로" 개정해야 하고 "그 중 6인이 목사 됨을 요한다."는 "그 중 과반수 이상은

<u>목사 됨을 요한다.</u>"로 개정해야 한다.

3) 권징조례 제13조 하반부에 "그 치리는 그 위원회의 회보를 접수하여"에서 "<u>치리는</u>"을 "<u>치리회는</u>"으로 "회"자가 빠진 것을 보완해야 한다.

4) 헌법적 규칙 제7조 3에서 "연기명 투표에 있어 계표함에 대하여 투표 정원 수 이상을 기록한 표는 무효로 인정하고 정원 수 이내를 기입한 표는 유효표로 정한다."에서 "이상"이나 "이하"나 "이내"는 그 정원 수가 포함된다. 따라서 "정원 수 이상을 기표한 표는 무효"를 "<u>정원 수를 초과하여</u> 기표한 표는 무효"라고 개정해야 한다. 만일 현행법을 그대로 둔다면 "정원 수 이상"은 무효표가 옳고 "정원 수 이내"는 유효표가 옳기 때문에 서로 상반되는 용어로서 그 시비를 영원히 해결할 수 없는 법조문이 된다.

5) 정치 제4장 제4조 2에 "임시 목사"는 "<u>전임 목사</u>"로

시무 목사로 개정된 근거는 없다. 유일하게 공포권이 있는 제96회 총회장이 공포하지 아니했으므로 시무 목사 개정안은 폐기되어 2년이나 시행되지 아니하고 지났다. 그런데 폐기된 그 안건을 공포할 권한이 없는 제98회 총회장이 추완 공포라는 어느 법학 박사의 괴변을 듣고 공포하였다. 만일 그 공포를 인정하고 시행한다면 임시 목사(시무 목사)는 정회원이 되고 위임 목사 부목사는 언권 회원이 되는 엄청난 부작용이 발생하는 것을 아는가 모르는가. 따라서 "임시 목사"의 명칭을 "<u>전임 목사</u>"로 개정하면 아무런 문제가 없다.

6) 정치 제9장 당회 제1조와 제2조의 개정

제1조 당회 조직에 "당회는 지교회 목사와 치리 장로로 조직"을 "당회는 지교회 <u>당회장</u>과 치리 장로로 조직"으로 개정하고

제2조 당회 성수에 ① "당회에 장로 2인이 있으면 장로 1인의 출석으로 성수"에서 "장로 1인의 출석"을 "장로 1인과 당회장의 출석"으로 개정해야

하고 ② "장로 3인 이상이 있으면 장로 과반수와 목사 1인이 출석"을 "장로 3인 이상이 있으면 장로 과반수와 <u>당회장의 출석</u>"으로 개정해야 한다.

7) 정치 제13장 제4조(임기)에서

"치리 장로, 집사직의 임기는 만 70세까지이다."를 "치리 장로, 집사직의 <u>임기는 종신직</u>이다."로 개정해야 한다.

8) 정치 제21장 제1조 5(회의)에서

"목사 청빙 투표에는 투표수 3분의 2의 가와"를 "목사 청빙 투표에는 투표수 <u>3분의 2 이상의</u> 가와"로 개정해야 한다.

9) 정치 제7장 10. 권징의 성경 인용에 "딤전 5:12"을 "딤전 5:20"로 교정해야 한다.

사실은 4. 성경 해석과 강도(행 10:4) 6. 성찬(고전 11:23,28) 8. 성경 문답(히 5:21, 딤후 3:14,17) 9. 헌금(행 11:27,30, 고전 16:1~14 등이 변질된 것을 필자가 언론에 수차례 지적하였고, "목회현장에서 꼭 필요한 교회법률상식 (p. 218 참조)"이란 책을 출판한 후 누군가가 헌법 책을 인쇄할 때에 슬그머니 교정하면서 본 항은 교정하지 아니하고 그대로 둔 것이다.

3. 결론

역대 헌법 개정 시마다 개정된 법조문은 시행할 수 없는 법조문이 수두룩하다. ① 임시직을 그대로 두고 "<u>종신직</u>"으로 개정했는가하면 ② 장로, 집사직의 임기는 만 70세까지로 개정해 놓고 종신토록 원로 장로, 은퇴 장로, 은퇴 집사가 있는가하면 ③ 70세 시무 정년제를 신실함으로 교단 정치의 뿌리가 흔들리는가하면 ④ 총회는 헌법 개정도 하지 아니하고 제비뽑기 선거 제도로 결의함으로 장로회 정치의 근간이 흔들리는 회원의 선거권과 피선거권이 박탈당하는 등등 이런 헌법과 이런 총회가 또 어디에 있단 말인가!

　그래서 총회는 3회기나 헌법전면개정위원회를 설치하여 위탁하였으나 갈수록 오리무중이다. 어떤 고명하신 목사님께서 "합동 총회 헌법 개정 위원과 재판국은 '가갸거겨'도 모르는 사람에게 소설을 쓰라고 맡기는 것과 같다."는 말이 생각난다.

32. 헌법 개정안 공청회 자료에 대한 소고

헌법개정위원회의 개정안은 헌법으로서의 품위가 없어
헌법 개정안 공청회 자료 내용은 장로교 헌법일 수 없어

누군가인지 헌법 개정안 공청회 자료를 보내왔기에 위원회의 개정안을 읽고 소감을 피력하고자 한다.

합동 총회가 헌법개정위원회를 조직하여 계속 3년이나 위탁하였으나 개정 초안이 미흡하여 총회가 2회 연속 채택하지 못하였는데 제100회 총회에 제출할 개정 초안 역시도 헌법으로서의 권위와 품위가 없어 보이고 탈 장로교 헌법 초안이 되어 유감스럽기 그지없다.

◎ 교리편에 대하여 국문법상 문제가 되는 것은

1. 신도계요 제24장 (결혼과 이혼에 관하여) 1에

"… 어떤 남자라도 동시에 한 명 이상의 아내를 두는 것이나 어느 여자라도 동시에 한 명 이상의 남편을 두는 것은 합법적이 아니다."에서

"한 명 이상의"를 "한 명을 초과하여" 혹은 "두 명 이상의"로 교정해야 하고(그대로 두면 독신으로 살아야 한다는 의미이기 때문이다),

2. 성경 대요리문답 제139문의 답에

"한 아내나 한 남편 이상을 두는 것"에서도 역시 독신으로 살아야 한다는 의미이므로 용어를 교정해야 한다.

고신 총회는 필자가 공개적으로 신문에 지적한 후 "두 사람 이상의 아내나 남편을 동시에 두는 것"이라고 개정하였다.

교리편은 이상의 두 곳만 교정하면 무난해 보인다.

◎ 그 외의 교회 정치 개정안을 살펴보면 차라리 현행 헌법을 그대로 두는 것이 오히려 더 나아 보인다. 헌법 개정안은 단 한곳만 흠결이 있어도 그 개정안은 채택할 수 없는 중요한 일이다. 그런데 일일이 지적하려면 지면이 부족할 정도이지만 몇 군데 정도 소감을 피력함으로 재고를 촉구한다.

1. 제3장 제1조와 제3조와 제4장 제4조에

"그 시무 연한은 만 70세 마지막 날까지로 한다."는 개정안은 제93회 총회가 "만 1세"는 "365일간", 즉 "1년 동안"이라고 도표까지 그리면서 설명한 "엉터리 해석"을 그대로 옮겨 놓았으니 가히 초등학생들이 보아도 깔깔대며 웃을 일이다.

만 1세는 두 번째 생일인 첫돌 전 날 하루뿐인 것을 헌법 개정 위원들 중에 한 사람도 아는 이가 없었단 말인가.

따라서 만 70세는 71번째 생일 전 날 하루뿐인 것이 법리이다.

이에 대하여 세인들은 "하버드대학교 박사 출신 최현서 씨가 26세 4개월의 최연소 나이로서 카이스트교수로 임용되었다."라고 하여 만 26세는 27번째 생일 전 날 하루뿐임을 입증하였다(교회법률상식 pp. 220~226 참조).

2. 제3장 제3조에

"교인의 안수 없는 종신직"은 절대로 있을 수 없는 법리이다.

헌법 개정 위원들은 교회 직원론에 있어서 항존(恒存)직과 종신(終身)직 그리고 임시(臨時)직을 구별하지 못하고 있는 것같이 보여 심히 유감이다.

3. 제4장(목사) 제4조(목사의 칭호)에

11. 무임 목사를 "정년 은퇴한 목사이다."라 해 놓고, 13. 은퇴 목사를

"연로하여 시무를 사면한 목사이다."라고 하였으니 무임 목사와 은퇴 목사를 어떻게 이해해야 할지 어리둥절하다. 필자는 백번 읽고 또 생각해도 이해할 수 없는 문장이다.

4. 제9장(당회) 제1조(당회 조직)와 제2조(당회 성수)와 제3조(당회장 및 대리 당회장)의 각 항은 모순투성이여서 손을 댈 수조차도 없다.

① 어찌 "노회가 파송한 임시 목사와 치리 장로"로 당회를 조직할 수 있단 말인가(노회가 파송한 "임시 목사"의 칭호는 개정 초안 어디에도 없다. 위원들은 그 조문을 밝혀 보라).

② 제1조 1항에는 전임 목사가 노회 허락 없이도 당연직 당회장인 것처럼 규정해 놓고, 제3조 1항에서는 "노회 결의로 전임 목사도 시무 중에 당회장이 된다."고 했으니 어느 장단에 춤을 추라는 말인가.

5. 제9장 제4조 4항에

"장로, 집사, 권사 임직"이라고 했는데 어떻게 권사를 임직한단 말인가? 오직 권사는 임시직으로서 취임할 수 있을 뿐이다. 안수하지 않는 직분은 임직이라고 해서는 안 된다.

6. 제10장(노회) 제3조(노회 회원의 자격과 권한)

본 항의 내용은 위임 목사의 노회와 총회로 만들어 장로회 정치 원리에 반하는 독소 조항이다.

① 현행 헌법은 위임 목사, 임시 목사, 부목사, 70세 전 원로 목사, 교단 기관 목사, 종군 목사, 교육 목사, 선교사는 모두 정회원으로 규정하고 있는 데 반하여 위원회의 개정안은 위임 목사만 정회원으로 하여 총회 총대 피선거권을 위임 목사에게만 부여하였다.

따라서 위임 목사가 아니면 아무도 총회 총대가 될 수 없게 하여 위임 목사의 집단적 독재 정치가 되게 하였다.

② 아이러니한 것은 "정년 이전의 원로 목사는 결의권, 투표권, 총회 총대권은 있으나 피선거권이 없는 회원이다."라고 했으니 피선거권 없는 원로 목사가 어떻게 총회 총대로 피선되어 총대권을 가질 수 있단 말인가? 법리에 맞지 않는 모순이다.

③ "전임 목사는 노회 서기까지만 피선거권이 있다."는 것 역시 말도 안 된다.

④ "부목사의 회원권은 시무하는 교회의 장로 총대수를 초과할 수 없고 피선거권이 없다."는 것 역시 법리적으로 있을 수 없다.

부목사 10명에 총대 장로 4명인 지교회의 입장에서 볼 때, 정치 제10장 제2조(노회 조직)에 "노회 조직은 일정한 지방 안에 목사와 각 당회에서 파송하는 장로로 조직한다."고 규정하고 있어 부목사는 모두 당당한 노회원인데 부목사 10명 중 누가 어떤 방법으로 4명은 회원권이 있게 하고 6명은 박탈한다는 말인가.

⑤ 선교사, 기관 목사, 전도 목사, 군종 목사, 교육 목사, 정년 이후의 원로 목사, 은퇴 목사는 발언권은 있으나 투표권과 피선거권 및 총대권이 없는 회원이다. 이는 민주적 정치(정치 제도 5)인 장로교 정치의 원리와 법리를 망각한 처사이다.

⑥ 노회 상회비를 납부하지 아니하는 교회의 목사와 총대 장로는 발언권이 있으나 투표권이 없다. 이는 헌법으로서의 품위가 없다.

⑦ 제8조 1항에 "총회 결의로 노회를 분립하게 될 경우, 지교회 공동 의회(교인 총회) 참석 인원 3분의 2 이상의 찬성으로 소속 노회를 결정한다."고 한 것은 노회 분립의 원칙을 망각한 탁상공론으로서 지역 노회를 폐지하겠다 함에 다름 아니다. 노회 분립에 어찌 지교회가 소속을 결정한단 말인가!

이상 각 항은 위임 목사의 집단적 독재 정치 제도로서 지교회를 시무하는 전임 목사와 부목사의 숫자가 위임 목사의 3배 이상이 되는 상황에서 정회원이 되지 못하게 하는 것은 장로회 정치가 아니다.

7. 제12장(총회) 제8조(총회의 직무) 3항에

"총회 현장에서 범죄 행위를 하였을 경우 즉결할 수 있으나, 즉결 처결 사건이 아닌 경우에는 총회는 기소 위원을 선정하여 총대 목사와 총대 장로의 원심 치리회로 고소할 수 있다."고 한 초안은 즉결 처단이 무엇인지 기본 상식도 없는 자의 발상이다(헌법 개정 위원들은 총회 현장에서 범죄한 행위 중에 "즉결 처결할 수 있는 경우"와 "즉결 처결 사건이 아닌 경우"를 구별해 보라).

즉결 처단(권징조례 제48조)은 당회, 노회, 총회와 같은 행정 치리회 석상에서 범죄한 사건이 아니라 권징 치리회인 재판 석상에서 범죄한 사건을 재판관이 직접 목격한 범죄 사건에 한하여 기소, 증인, 증거, 심문 등의 재판 절차 없이 목격한 재판관이 재판 석상에서 즉시 판결함을 의미한다.

따라서 당회, 노회, 총회와 같은 행정 치리회 석상에서 범죄한 사건은 사람은 같은 사람이지만 행정 사무관의 신분으로 목격했기 때문에 반드시 재판 절차에 의하여 재판관 신분으로 처결해야 한다.

<결론>

헌법개정위원회가 제시한 헌법 개정안은 한마디로 말해서 뒤죽박죽이다. 단 한 가지만 법리에 맞지 아니해도 개정안을 그대로 채택할 수는 없는데 이상과 같이 수많은 조항이 모순투성이인 헌법 개정안 공청회 자료대로 헌법이 개정된다면 이는 결코 장로교 헌법일 수는 없다.

감히 필자는 지난 2015. 3. 16. 11:00~15:00에 헌법 전문가 초청 간담회

시에 발제자로 초청을 받으면서 간담회를 주관하는 헌법개정위원회 측에서 요구한 바에 따라 제출했던 헌법 개정 초안 정치편 제1장에서 제23장까지의 전반적인 개정안을 다시 제시하면서 참고하기를 간절히 바랄 뿐이다.

33. 헌법개정위원회에 바란다
예배모범의 시벌과 해벌을 권징조례로 옮김은 언어도단
시벌과 해벌은 권징 재판이 아닌 예배모범의 의식(儀式)

2015년 3월 16일 합동 총회 회관에서 헌법개정위원회의 주관으로 헌법 개정을 위한 전문가 초청 간담회를 개최하였다. 그런데 간담회의 결과는 별 소득이 없어 보여 아쉬움만 남게 되었다.

1. 예배모범 제16장, 제17장을 삭제한 개정안

그 아쉬움 중에 한 가지를 언급하면 모 발제자의 설명 중에 "예배모범에 있는 시벌과 해벌은 권징조례로 옮겨야 한다."라 하였고, 예배모범 개정 초 안에도 역시 예배모범에 "제16장 시벌과 제17장 해벌은 권징조례 편으로 보 내는 것이 옳을 듯함"이라고 이유를 밝히면서 예배모범에는 삭제되었으나 권징조례 개정 초안에는 추가되지도 않았다.

즉 예배모범 제16장 시벌과 제17장 해벌은 1922년에 웨스트민스터 헌 법을 번역 출판한 한국 장로교 최초의 헌법인 조선예수교장로회 헌법(필 자 주: 예배모범 제17장 시벌 제18장 해벌)의 pp. 232~243에 110행으로 되 어 있고, 현행 헌법에는 1922년도 판 헌법과 같은 내용으로 pp. 261~266에 107행으로 존재하고 있는데, 개정위원회가 초안한 개정안에는 예배모범 제 16장과 제17장 전체를 아예 삭제해 버렸다는 말이다.

교회의 시벌과 해벌 의식 절차가 없어졌으니 만일 개정안대로 헌법이 개 정 시행된다면 시벌과 해벌 의식을 어떻게 시행하려는지 자못 궁금하다.

정치 제7장 "교회 예배 의식 10항"에 "권징"을 두고 있어 법리적으로 정치 와 권징과 예배 의식이 조화를 잘 이루고 있다. 그런데 헌법개정위원회는 예배 의식 안에 기도, 찬송, 성경 낭독, 강도, 성찬, 헌금, 축복 등을 두는 것과 같이 "권징" 중에 "시벌과 해벌"은 재판에 속하는 부분이 아니고 의식에 속하는 부분이므로 예배모범 안에 두고 있는데 왜 예배모범에서 삭제하려는지 이해할 수가 없다.

2. 일관성 없는 헌법 개정의 원칙

이에 대하여 초청을 받아 그 자리에 참석했던 필자는 이의를 제기하려 하였으나 발언할 기회를 얻지 못하였기에 이제 지면을 통하여 이의를 제기하고자 한다.

예배모범에 있는 시벌과 해벌은 권징 치리회의 재판에 속한 것이 아니고 행정 치리회장이 교인들 앞에서 공포하는 의식에 속하는 것이다. 그래서 웨스트민스터 헌법에도 권징조례에 두지 아니하고 예배모범 안에 둔 것이다 (웨스트민스터 헌법 번역판인 1922년 조선예수교장로회 헌법 pp. 232~243 참고).

여기에서 한 가지 안타까운 것은 모 교수의 신도게요, 소요리문답, 대요리문답에 관한 발제 중 "조문의 내용과는 전혀 해당되지 아니한 성경을 인용한 그 성경을 바꾸거나 삭제할 수 있느냐?"는 의제가 나왔을 때, "원문에 인용한 성경은 절대로 바꿀 수 없고 그대로 두어야 한다."는 위원회의 결론이었다.

그런데 필자가 정치에 관하여 발제를 하면서 "웨스트민스터 헌법에 어긋난 개정이 되어서는 안 된다."고 하자 위원회는 "웨스트민스터 헌법이 절대적인 것은 아니다."라고 하면서 "현 시대의 요구에 따라서 과감하게 바꾸어야 한다."라고 주장을 하였다. 이것은 법리적으로나 논리적으로도 전혀 앞뒤가 맞지 않는다.

물론 교회 헌법 개정에 관련하여 교리편은 개정이라기보다는 새로 번역하는 것이기는 하지만, 교리편과 함께 관리편인 정치, 권징조례, 예배모범도 다같이 1643년 7월 1일부터 1649년 1월 22일까지 5년 6개월 22일 동안 영국 웨스트민스터 교회당에서 1,064회나 회집하여 제정한 똑같은 웨스트민스터 헌법이다. 이 헌법을 한국 장로교회는 1915년부터 1921년까지(제4회 총회록 p.32, 제6회 총회록 pp.18~19 참고) 9인 위원(마삼열, 양전백, 원두우, 김필수, 김선두, 곽안련, 함태영, 배유지, 남궁혁)에게 위탁하여 장장 6년간 교리편과 관리편을 함께 번역하여 출판한 것이 조선예수교장로회 1922년도 판 초유의 헌법이다. 그런데 똑같은 웨스트민스터 헌법 조문 중에 "어떤 조문은 이치에 맞지 않아도 그대로 두어야 한다."고 하면서 "어떤 조문은 과감하게 고쳐야 한다."고 주장하는 것은 모순이요, 이율배반이다.

즉 어떤 것은 보수를 주장하면서 예배모범의 시벌과 해벌은 총 13페이지의 107행을 전부 삭제해 버렸다. 그런데 아이러니한 것은 개정안 예배모범에 제16장 시벌과 제17장 해벌을 삭제해 놓고는 개정안 권징조례 제33조(시벌 및 해벌)에는 "시벌과 해벌은 헌법 예배모범 제16장 제17장의 규정대로 … 행하여야 한다."라고 하였으니 개정위원회의 개정안은 뒤죽박죽이 되고 말았다.

3. 시벌과 해벌은 권징 재판이 아닌 교회 예배 의식

만일 예배모범의 시벌과 해벌을 권징조례에 옮겨서 시행한다고 가정할지라도 그 양상은 마치 상의는 양복 정장을 하고 하의는 한복 바지를 입고 신발은 운동화를 신은 사람과 같이 꼴불견 중에 꼴불견인 헌법이 될 것 같아 심히 안타깝고 우려스럽다.

그 이유로 해벌은 재판회나 재판국에서 해벌하는 것이 아니고 행정 치리회에서 목사는 노회가, 일반 신도는 당회가 결의하여 예배모범에 규정한 의식으로 행정 치리회 회장이 회원에게 해벌 공포하는 것이요, 시벌은 재판회(국)에서 판결하여 원피고에게 선고한 후 회원들에게는 행정 치리회장이 정치 제7장 교회 예배 의식 10항에 의하여 예배모범 의식으로 공포하는 것이기 때문이다.

이상과 같은 사실을 헌법 조문에서 검토해 보자. 현행 권징조례 제31조에 "치리회가 시벌하거나 해벌하는 때는 장로회 예배모범 제16, 17장의 규정한 바에 의하여 처리함이 옳다"라는 규정에서 여기의 치리회는 권징 치리회가 아니고, 행정 치리회인 노회와 당회를 의미한다. 그런데 개정위원회는 개정안 제33조(시벌 및 해벌)에서 엉뚱하게 행정 치리회인 이 "치리회"를 "재판회(국)"로 개정 초안했으니 또한 기가 막힐 일이다. 해벌할 때에 과거에 재판한 그 재판국은 이미 해산되고 없어졌는데 무슨 방법으로 재소집해서 해벌하란 말인가, 아니면 새로운 재판국을 설치하여 해벌하란 말인가 도무지 말이 안 된다. 오직 행정 치리회가 결의하고 행정 치리회장이 예배모범의 의식으로 공포하는 것이다.

당회 재판으로 생각해 보자. 재판회는 심리 판결하여 원고와 피고에게 재판회장이 선고하는 것이므로 권징조례에 속하고, 그 판결을 교회에 알리는 공포는 당회장이 예배 시간에 교회에 공포하는 것이므로 시벌과 해벌은 권징조례에 속하는 것이 아니라 의식에 속하는 것이므로 예배모범에 있는 것이다. 이것이 교회법과 세상 법이 다르고 교회 재판과 세상 재판이 다른 점이라는 말이다.

4. 헌법 전면 개정의 의미와 범위

원래 헌법 개정의 절차는 어떤 개인의 청원이나 제의에 의해서 개정안이 총회에 제안되는 것이 아니다. 반드시 치리회의 헌의(정치 제8장 제1조, 동 제10장 제6조 2항, 6항, 동 제12장 제4조)에 의하여 총회의 결의(정치 제12장 제4조)와 노회의 수의 과정을 통하여(정치 제23장 제1조, 제2조) 총회가 공포 시행하는 것이다.

즉 총회 현장에서 헌법 개정이 긴급하게 요구되는 조문이 발견되었다고 할지라도 총대 개인의 제의나 어떤 집단적 개체(장로회, 교역자회 등) 또는 총회 상비부나 위원회, 임원회 등의 제안으로는 헌법 개정안을 총회에 상정할 수 없다.

오직 "당회가 헌법 개정안을 노회에 헌의(혹 노회 회원들의 긴급 동의안으로 제의)하고 노회가 그 개정안을 받아 결의하여 총회에 헌의(혹 총회 총대들의 긴급 동의안으로 제의)하면 총회가 받아 결의하여 노회 수의 후 공포 시행하는 절차에 의해서만 헌법을 개정할 수 있다는 말이다.

그런데 특이하게 2012년 제97회 총회에서 "헌법전면개정위원회"를 설치하고 계속 활동해 오다가 제99회 총회에서 명칭을 "헌법개정위원회"로 변경은 하였지만 그 기능과 역할은 존속시키면서 그 위원회에 헌법 전면 개정안을 제안하도록 위탁하였다.

그러므로 헌법 전면 개정의 의미(범위)는 모모 교단이 장로교회 헌법의 원조인 웨스트민스터 헌법의 틀과 판을 허물고 세상 법과 같이 삼권 분립의 형식으로 개정하여 교회 헌법의 고유한 특성을 훼손한 헌법 개정과 같은 전면 개정이 아니고 현행 헌법의 장과 조를 그대로 유지하면서 법이 정한 헌법 개정 절차 중에 총회에 헌의하기 이전의 하회 치리회가 헌의해야 하는 절차를 생략하고 총회가 그 절차를 헌법전면개정위원회에 위탁한 특별한 비상조치로 보아야지 그 이상이 되어서는 안 된다.

5. 결론

바라기는 헌법개정위원회는 "성경으로부터 이탈한 중세 교회가 성경으로 돌아가자는 종교 개혁의 기치(旗幟)"를 잊어서는 안 된다. 웨스트민스터 헌법 제정이야말로 종교 개혁의 가장 중요한 부분이요, 성경으로 돌아가는 것이 개혁의 목표인 것처럼 웨스트민스터 헌법에서 빗나간 현행 헌법을 웨스트민스터 헌법으로 되돌려놓는 것이 헌법 개정의 목표이기 때문이다.

따라서 헌법개정위원회는 기 초안한 개정안은 접어두고 이제껏 헌법을 개정할 때마다 웨스트민스터 헌법을 번역하여 출판한 1922년도 판 헌법에서 빗나가게 개정함에 반하여 시행할 수 없는 부분(정치 제13장 제4조 등)과 시대적 문화적 변천으로 인하여 그 의미가 바뀌어 시행할 수 없는 용어(권징조례 제136조 등) 등의 부문만 찾아내서 개정안을 초안해야 한다.

그렇게 하여 웨스트민스터 헌법으로 되돌려 놓는 헌법 개정으로 세계 만국 장로교회들이 공히 시행하고 있는 웨스트민스터 헌법과 버금가는 헌법 개정이 되기를 간절히 바란다.

34. 헌법을 짓밟고 장로회 정치를 포기한 합동 총회

노회 탈퇴는 곧 교단 탈퇴라는 것이 장로회 총회의 헌법 규정
동일 교단 노회 탈퇴한 교회, 동일 교단 노회로 이적 가입 불가

제99회 총회 결의 및 요람(2014) p.86에 "전남제일노회장 나종갑 씨가 헌의한 광주중앙교회 일부 교인과 채규현, 진수금, 이병욱, 김혁 씨의 타 노회 불법 가입 철회 조치의 건은 광주중앙교회가 이적 절차 없이 남광주노회로 간 것도 불법이고, 전남제일노회가 원인 무효된 채규현 목사를 재판한 것도 불법이므로 행정 사항은 잠재하고 광주중앙교회를 남광주노회로 이적하는 것만 허락하고 양측이 원만히 화해하도록 가결하다."로 되어 있다.

이것이 과연 대한예수교장로회 합동 총회가 의결한 총회 결의란 말인가? 초등학교 어린이 회의에서 어린 초등학생들조차도 이렇게 회의하고 이런 식으로 결정하지는 않을 것이다.

1. 교단 관할을 배척하고 탈퇴한 자를 두둔하는 총회

거두절미하고 필자가 알고 있는바 채규현 씨는 전남제일노회를 탈퇴한다고 하면서 자기를 따르는 자들과 함께 "공동 의회에서 탈퇴 결의"를 한후 기독교호남신문에 공고까지 하였으니 총회 헌법 정치 제8장 제2조 2항의 규정에 의하면 노회 탈퇴는 곧 교단 탈퇴이므로 노회와 총회의 관할을 배척하고 이미 합동 교단을 떠난 자이다.

그런데 총회는 왜 교단을 배척하고 떠난 죄를 물어 노회가 제명 출교로 책벌하여 신자도 아닌 채규현 씨를 "남광주노회로 이적하는 것을 허락"하는 결의까지 하고 두호하며 끼고도는지 묻고 싶다.

채규현 씨는 교단 관할을 배척하고 전남제일노회를 탈퇴했으니 결코 남

광주노회에는 가입할 수가 없고 오직 합동 교단 외에 타 교단 노회에만 가입할 수 있다는 것을 총회는 정녕 모르고 있다는 말인가.

정치 제8장 제2조(치리회의 관할과 성질) 2항에 "각 치리회는 각립한 개체가 아니요 서로 연합한 것이니 어떤 회에서 어떤 일을 처결하든지 그 결정은 법대로 대표된 치리회로 행사하게 하는 것인즉 전국 교회의 결정이 된다."고 규정하였다.

이 조문의 의미는 전국 지교회의 당회, 노회, 총회는 각립한 개체가 아니라 서로가 연계된 하나의 연합체이기 때문에 어떤 노회가 A씨를 목사로 임직하면 전국의 교회와 노회와 총회도 A씨를 자기가 임직한 것처럼 여기어 A씨를 목사로 인정하고, 또 어떤 노회가 B목사를 면직 시벌하면 그 노회에서만 면직된 자로 여기는 것이 아니라 전국의 교회와 노회와 총회 역시도 자기가 시벌한 것처럼 여기어 B씨를 목사로 인정하지 아니한다는 의미이다.

이는 국문학적인 의미로도 법조문의 문맥을 그렇게 의미하고 있으며 한국 교회 100년 역사의 정치 현장에서도 한결같이 그렇게 시행해온 전통이다.

따라서 C교회가 자기의 소속 노회를 탈퇴하면 전국 노회들도 자기 노회를 탈퇴한 것으로 여기고, 총회 역시도 C교회가 총회를 탈퇴한 것으로 여기어 C교회는 그 교단 소속 교회가 아니라고 인정해야 된다는 말이다.

그러므로 노회와 교단의 관할을 배척하고 본 교단을 탈퇴한 채규현 씨는 전남제일노회가 제명 출교로 책벌한 자로서, 이미 본 교단을 떠난 자이고, 출교된 자로 교인도 아닌 그를 총회는 왜 여전히 합동 교단의 목사인 것처럼 붙잡고 두둔하면서 총회와 노회와 교회를 어지럽게 하는지 알 수가 없다.

총회여, 교단을 탈퇴한 채규현 씨는 따르는 교인들이 3분의 2 이상이 되지 못하므로 대법원 판례에 의하여 재산은 한 푼도 요구하지 못하고 교회당에서 퇴거해야 함을 정녕 아는가 모르는가.

2. 헌법을 짓밟고 불법을 양성하는 총회

"행정 사항은 잠재하고"라는 문구는 본 사건에 있어서 헌법 정치 제8장 제2조 2항을 잠재하자는 말이니 곧 "헌법을 잠재하자"는 말이요, 헌법을 잠재하고 회의하며 결의까지 하였으니 "헌법을 짓밟고 장로회 정치를 포기하면서 위헌적 불법 결의"를 한 것이다.

즉 총회가 "광주중앙교회가 남광주노회로 간 것은 불법이다."라고 한 그 불법자인 채규현 씨의 불법 행위는 ① 교단의 관할을 배척하고 교단을 탈퇴한 것도 불법이요 ② 교단을 탈퇴한 후 탈퇴한 교단 소속인 남광주노회에 가입한 것도 불법이요 ③ 제명 출교의 책벌을 받았으니 교인도 아닌 자가 목사 행세를 하는 것도 불법이라고 이해하는 것이 법리이다.

그런데 총회가 "불법이다"라고 선언한 것과는 달리 ① 채규현 씨가 교단의 관할을 배척하고 교단을 탈퇴한 불법 행위도 묵인하고 ② 전남제일노회가 채규현 씨를 제명 출교로 책벌한 것도 인정하려 하지 아니하고 ③ 본 교단을 탈퇴하고 떠난 후 본 교단인 남광주노회에 가입한 것조차도 불법인 것을 인정하지 아니하면서 이율배반적 중대한 불법 행위로 "행정 사항은 잠재한다."는 궤변과 함께 제명 출교되어 교인도 아닌 채규현 씨를 여전히 목사로 여기면서 "남광주노회로 이적하는 것은 허락한다."고 결의를 하였다.

이와 같은 불법 회의와 불법 결의야말로 헌법을 유린하고 불법을 양성하는 총회가 아니고 무엇이겠는가!

3. 회의 안건의 주제도 파악하지 못하는 총회

본 건 총회 결의의 문장을 순서대로 나열하면 ① "광주중앙교회가 남광주노회로 간 것은 불법이다." ② "전남제일노회가 원인 무효된 채규현 목사를 재판한 것도 불법이다." ③ "그러므로" ④ "행정 사항은 잠재하고 광주중앙교회를 남광주노회로 이적한 것은 허락한다." ⑤ "양측이 원만히 화해하도록 가결하다."이다.

누가 누구와 무엇을 어떻게 왜 화해하라는 말인가?

또한 "남광주노회로 간 것은 불법이다."라고 선언했으면 불법에 대한 후속 처리를 해야 하는 것 아닌가?

그런데 후속 처리는커녕 "전남제일노회가 원인 무효된 채규현 목사를 재판한 것도 불법이다."라는 궤변적인 이유를 만들어 "그러므로"라는 접속사를 붙인 후 "행정 사항은 잠재하고 남광주노회로 이적한 것은 허락한다."고 가결을 했으니 기가 막힐 일이다.

이는 유치원 아이들의 병정놀이 같은 유치한 짓을 하여 도리어 큰 싸움만 붙여 놓았다. 그런 후에 또 느닷없이 "원만히 화해하라"는 결의야말로 회의도 아니고 법도 아니고 아무것도 아니다.

②항에 관하여는 전남제일노회가 목사 면직 판결한 채규현 씨에 대하여 법원이 원인 무효로 판결한 그 사건을 다시 재판한 것이 아니고 새로운 범죄 행위인 "교단을 배척하고 탈퇴하여 노회를 떠나간 죄"를 물어 "제명 출교"로 판결한 것인데 총회는 웬 잠꼬대 같은 궤변인지 백번 생각을 해봐도 이해를 할 수가 없다.

4. 결론

본 사건의 총회 결의는 성경(마 7:22~23)과 헌법(정치 제8장 제2조 2항)

을 짓밟고 전국 140여개 노회와 12,000여 교회와 300만 성도들의 귀를 막고 눈을 가리고 입을 봉한 후에 결의한 것이나 다름없으니 전국 교회가 과연 총회를 신뢰하겠는가?

근자에 합동 총회를 가리켜 "허허벌판 무용지물"이라는 인터넷 신문의 댓글을 총회 관계자들은 정녕 읽지 못했단 말인가!

본 사건은 김제중앙교회의 전주지방법원 2005가합4870 사건과 조금도 다르지 아니한 사건이다. 당시 김춘식 씨가 2005. 1. 16. 공동 의회를 개최하여 김제노회를 탈퇴하고 전북기독신문에 탈퇴 사실을 공고하고 김제중앙교회의 건물에서 예배를 계속 드리면서 2006년 10월 16일 김제중앙교회와 같은 교단인 동평양노회에 가입한 것 등은 본 건 채규현 씨의 사건과 아주 흡사한 사건이다.

다만 한 가지 다른 점이 있다면, 탈퇴한 김춘식 씨가 김제중앙교회의 부동산의 소유권 등기 이전을 마친 것이다.

그럼에도 불구하고 탈퇴하지 아니한 전통 교회의 당회장 김지철 씨가 김춘식 씨를 피고로 하여 "소유권이전등기의 말소등기" 신청을 청구한바 법원은 대법원 판례에 따라(대법원 2006. 4. 20. 선고 2004다37775 전원 합의체 판결 참조) 교단을 탈퇴한 김춘식 씨를 지지하는 교인이 3분의 2에 이르지 못하여 종전 교회 재산에 대한 권리가 상실되었음을 이유로 제1심에서 원고 승소 판결을 하였다. 이에 피고 김춘식 씨는 불복하고 항소하였으나 제2심인 고등법원에서 기각되었고, 피고는 또다시 상고하였으나 제3심인 대법원에서도 기각 판결함으로 종결되었다.

총회는 김제중앙교회 사건을 거울삼아 본 건 제99회 총회의 불법 결의에 대하여 권징조례 제76조의 규정에 의하여 조속히 헌법대로 시정 결의하기를 촉구한다.

35. 헌법재판소 구성은 반드시 9인이어야
결원된 8인의 심리 판결은 기각이든 인용이든 효력 없어

[질의] 목사님은 교회법 전문 상담자이신데 헌법재판소의 결정이 어떻게 될지 이야기를 듣고 싶습니다. (부산, 원로 L목사)

[답] 필자는 교회 법률 상담자로서 특이하게 최근 국가의 헌법재판소의 심리와 결정에 관한 예외의 질문을 받고 망설일 수밖에 없었다. 하지만 법조문은 법조인들이 잘 아는 것이니 그 법적 근거 제시는 생략하고 필자의 입장에서 교회 재판의 법리에 의한 법리를 따라 정리하여 이해를 돕고자 한다.

1. 헌법재판소의 구성 요건에 대하여

교회 재판에서 최종심인 총회 재판은 15인이 구성 정원으로 법이 규정한 바 만약 1명이라도 결원이 발생하여 14인으로 구성된 재판국으로는 어떠한 심리도 판결도 할 수 없는 것이 교회법의 법리이다. 그래서 총회가 파한 후에 결원이 발생하면 예외적으로 공천부가 아닌 총회장이 임명하여 차기 총회 시까지 시무하게 한다.

결석과 결원은 근본적으로 다르다. 결석의 경우는 구성원 15인 중 11인 이상이 출석하면 심판을 할 수 있으나 결원의 경우는 단 1인만 발생하여도 판결은 물론 심리조차도 할 수 없는 것이 법리이다. 그 이유는 재판의 엄격한 공정성을 유지하기 위함이다.

하물며 한 국가의 헌법상 위헌에 관하여 최종 심판을 하는 헌법재판소의 구성원 정수가 9인으로 법에 정해져 있는바 2017년 1월 17일자로 박한철

소장의 임기가 만료되어 재판관 1인이 결원된 상태 그대로 8인이 심리하여 선고한다면 기각이 되어도 인용이 되어도 효력이 없을 수밖에 없다.

따라서 헌법재판소는 법률적 구성원 1인의 재판관이라도 임기가 만료되어 결원이 발생하면 임기 만료 즉시 심리를 중지하고 만료된 재판관의 후임자를 임명받아 반드시 법정 정수인 9인으로 구성하여 심리해야 한다.

그 이유는 교회 재판에서 보듯이 결원과 결석은 근본적으로 달라서 만일 2인의 재판관이 결석일 경우에는 7인 이상의 재판관이 출석하면 심리와 판결이 가능하지만 법이 정한 구성원의 정수는 9인으로 정하여 있음에도 불구하고 만일 8인으로 구성된 헌법재판소가 지금 이대로 심리와 판결을 한다면 그야말로 헌법재판소의 중대한 흠결 구성으로 위헌적인 재판이 되기 때문이다.

더구나 헌법재판소 재판관 9인의 정원 구성은 3권 분립의 원칙에 의하여 행정 입법 사법의 상징인 대통령 국회 대법원에서 각 3인씩 지명하고 임명함으로 3권 분립의 취지에 맞게 균형과 견제를 통한 공정한 재판을 도모함이 마땅할진대 국회와 법원에서 임명한 재판관은 3인씩이고 대통령이 임명한 재판관은 2명만으로 심판을 한다면 헌법재판소 구성의 대원칙이 무너졌을 뿐 아니라 재판의 공정성이 무너지는 또 하나의 심각한 위헌적인 재판이라는 말이다.

2. 탄핵 소추 절차상의 문제점에 대하여

교회 재판에서도 고소 절차는 반드시 죄증 설명서에 증인, 물증, 서증 등이 갖추어진 고소장을 접수하여 심리한다. 뿐만 아니라 세상 법원에서도 증거제일주의로 재판을 하는 것이 법치주의 근본이요, 대법원은 증인은 물론 원피고도 소환하지 아니하고 철저히 법률심으로 최종 판결을 한다.

하물며 대통령의 탄핵 소추권을 행사한다고 하는 국회가 대통령의 헌법상 법률 위반 증거 조사나 절차도 없이 탄핵 소추안을 규모의 숫자와 정치적 목적을 가지고 결의하였으니 팔순의 촌뜨기가 생각해도 과연 저들이 법치 국가인 대한민국의 국회가 맞는지 심히 의심스럽다. 박 대통령이 헌법을 위반한 죄가 무엇인지 국회는 이제라도 증거를 중심으로 제시해야 한다. 일반적 법률 위반을 헌법 위반 운운하면서 몰아붙이는 억지는 성숙하지도 적절하지도 아니하다.

3. 국회와 헌법재판소의 심리상 문제점에 대하여

교회 재판에서도 죄중 설명서의 각 항에 대하여 하나하나를 심리하고 일의제의 원칙에 따라 각 항마다 합의 투표로 결정한다. 그런데 금번 국회에서 탄핵 소추안을 의결할 때와 헌법재판소의 심리는 법적 성격이 각각 다른 13개항의 탄핵 사유에 대하여 각 항마다 심의 표결을 하지 아니하고 일괄로 묶어서 표결하고 심리를 했다고 하니 일의제의 원칙상 절대로 용납할 수 없는 위헌적이다. 뿐만 아니라 헌법 재판소는 180일의 재판 기간이 법에 정해져 있는바 아직도 120일의 재판 기간 여유가 있음에도 불구하고 누구에게 쫓기는 것처럼 정당한 사유를 들어 제출한 재판관 기피 신청도 거부하고 피청구인에게는 중요한 열쇠가 되는 다수의 증인 채택 신청도 거부하였으며, 특히 이정미 재판관의 임기 만료일인 2017년 3월 13일 이전에 기어코 선고하려는 의지를 표명하고 기정사실화한 것은 이해할 수 없다. 이것 역시도 재판의 공정성 훼손에 다름 아니다.

4. 결론

헌법재판소는 헌법에 관계된 판결을 위한 재판임은 상식에 속한 법의 정한 바이다. 박 대통령은 대한민국 헌법의 원리나 원칙을 부정하거나 반대한 사실이 없고 현재까지도 뇌물을 얼마 받았다는 수사의 결과도 나타나지 아니하였다. 옹색하게 "뇌물 공범"이니 "경제적 공동체"라는 굴레를 씌운 것은 어불성설이다. 그런데 국회는 혹 단편적인 법률 위반이나 부적절한 업무 집행에 대하여 확증도 없이 언론의 의혹 보도 심증만으로 특검의 수사도 시작하기 전에 헌법 위반이라고 주장하면서 탄핵 소추권을 행사하였다. 본 건은 세상 법에 문외한인 필자가 생각해 보아도 마땅히 기각도 아닌 각하를 해야 할 사건으로 밖에 보이지 아니한다. 그 이후의 문제는 언론과 국회가 국가의 위기와 국정의 혼란과 경제적 손실 등에 대한 책임을 통감해야 할 것이다.

36. 헌법개정위원회의 개정안 검토할 가치도 없어

헌법 개정에 대한 연구 흔적 전혀 보이지 않아

개정 초안대로 개정된다면 더 잘못 된 몹쓸 헌법으로 전락

제100회 총회에서 위탁한 헌법개정위원회가 개정안을 초안하여 서울 지역 공청회를 하면서 배부한 헌법 개정 초안에 대하여 심히 걱정과 염려가 된다며 필자에게 보내주신 분이 있어 고맙게 받아 읽어 보았다. 그런데 개정 초안 내용을 보니 아연실색할 만한 흠결 부분이 부지기수여서 아예 검토할 가치조차도 없어 보인다.

한마디로 말하면 뒤죽박죽된 개정 초안으로 오히려 미흡하기는 하지만 현행 헌법을 그대로 두는 편이 훨씬 더 나을 것 같다.

1. 뒤죽박죽 된 개정안

많은 부분이 뒤죽박죽되었지만 지면의 제한으로 한 곳만 검토하여 이해를 돕고자 한다. 현행 헌법의 정치 제15장 제8조는 A노회에 속한 S교회가 다른 노회인 B노회에 속한 T교회 사역자를 본 노회인 A노회에 청빙 청원하는 절차이고, 정치 제16장 제3조는 B노회가 다른 노회인 A노회로부터 B노회에 속한 T교회의 사역자를 청빙한 청빙 청원서를 송달받고, T교회 사역자인 목사와 T교회 당회의 뜻을 물어 목사와 당회가 전임에 합의하면 T교회 목사의 시무 사임서를 받아 처리하고, A노회로 이명 증서를 주어 전임을 허락하는 절차이다.

그런데 제100회 총회 헌법개정위원회는 이와 같은 "다른 노회 목사 청빙" 절차(정치 제15장 제8조)와 "다른 노회로 전임" 절차(정치 제16장 제3조)의 조화와 연관성을 망각하고 정치 제15장 제8조는 현행 헌법 조문을 그대로

두고, 정치 제16장 제3조를 개정하면서 정치 제15장 제8조의 법조문 내용을 제16장 제3조로 옮겨 청빙과 전임을 혼합하여 개정 초안을 만든 결과, 뒤죽박죽이 되어서 사실상 정치 제15장 제8조와 정치 제16장 제3조의 연관성이 무너지고 서로 충돌되어 다른 노회의 사역자를 청빙을 할 수도 없고, 다른 노회로 목사 전임을 할 수도 없는 개정안이 되었다는 말이다.

다시 말하면 정치 제15장 제8조는 지교회가 다른 노회 사역자를 청빙하는 청빙 절차로서 "지교회가 목사 청빙 청원서를 노회 서기에게 송달"하면 "노회 서기는 본 노회인 A노회의 허락 전에 즉시 해 노회에 통보"하도록 되어 있는 법리에 비하여(교회법률상식 pp. 255~256 참조) 정치 제16장 제3조의 개정안 내용은 해 노회인 B노회는 반드시 A노회가 S교회의 목사 청빙 청원을 허락한 것을 확인한 후에 T교회 사역자를 A노회로 보내도록 하였으니, A노회의 청빙과 B노회의 전임에 관련한 법조문이 정면으로 상충되기 때문에 다른 노회의 사역자는 청빙도 전임도 할 수 없는 개정안이 되었다는 것이다.

독자들의 이해를 돕기 위하여 현행 헌법을 그대로 둔 정치 제15장 제8조와 개정 초안인 제16장 제3조를 나열하면서 서로 상충된 부분을 비교해 보자.

① 개정하지 않고 그대로 둔 정치 제15장 제8조(다른 노회 사역자 청빙)

"지교회가 청빙서를 노회 서기에게 송달한다. <u>노회 서기는 즉시 해 노회에 통보하며</u> 노회는 해당 사역자의 이명서를 접수하고 청빙을 허락한다."

② 개정 초안인 제16장 제3조(다른 노회로 이임) (필자 주: "전임"을 필요 없이 "이임"으로 자구 수정을 했는데 제목만 이임이라 하고 내용은 역시 전임이라 했다)

"어느 교회든지 다른 노회 지교회의 시무 중인 목사를 청빙하고자 하면 정치 제15장 제2조에 의한 목사 청빙 절차를 거쳐 청빙서와 청원서를 본 노회 서기에게 송달하고 <u>본 노회가 허락하면 그 청빙서와 청원서를</u> 청빙 받은 목사의 소속 노회에 송달한다. 청빙 받은 목사가 해 교회와 합의되면 소속한 노회가 목사의 교회 시무 사면을 허락하고 이명 증서와 함께 청빙 노회로 전임을 회송하면 이명을 접수한다."로 되어 있다.

정치 제15장 제8조는 <u>본 노회 허락 없이 통보한 후 해 노회에서 이명서가 오면 이명서를 접수한 후에 의무적으로 청빙을 허락하도록</u> 했는데, 개정안인 정치 제16장 제3조는 <u>노회가 허락하고 통보한 것을 확인하고 전임을 허락하도록</u> 했으니 만일 이대로 개정이 된다면 청빙을 한 A노회와 전임을 해야 하는 B노회 간에 법조문 내용이 상충되어 청빙과 전임이 불가능한 법이 된다.

2. 잘못된 개정 초안

전면적인 검토보다는 지면상 잘못된 초안 내용 중에 몇 곳만 간략하게 지적해 본다.

(1) 정치 제3장 제2조 3항과 동 제3조 (2)항 ③ 등의 "시무 연한은 만 70세(만 71세 생일 전 날)"이라는 개정안에 대하여

헌법개정위원회는 괄호 밖의 "만 70세"와 괄호 안의 "만 71세 생일 전 날"을 같은 수인 만 70세인 것으로 착각하고 있다.

즉 "만 70세"에 대하여 괄호 안에 "만 71세 생일 전 날"이라고 설명을 붙인 것으로 보이는데 "만 70세"와 "만 71세 생일 전 날"은 똑같이 만 70세를 의미하는 것이 아니다. "만 70세"는 글자 그대로 만 70세이고, 괄호 안에 설명해 놓은 "만 71세 생일 전 날"은 만 70세가 아닌 만 71세로서 괄호 밖의 숫자와 설명을 붙인 괄호 안의 숫자는 1년의 시차가 있다.

"만 70세"는 71번째 생일 전 날 하루뿐임을 의미하고, "만 71세 생일 전 날"은 72번째 생일 전 날로서 만 71세가 된다는 말이다. 그런데 헌법개정위

원회의 개정안은 "시무 연한은 만 70세(만 71세 생일 전 날)"이라고 했으니 언어도단이 아닌가! 그 이유인즉 시무 연한이 만 70세까지라고 해놓고 또 괄호 안에서는 만 71세까지라는 설명을 붙여 놓았기 때문이다.

사람이 출생하면 첫 번째 생일은 출생한 날을 의미하고 만 1세는 두 번째 생일인 첫돌 전 날을 의미한다. 그 이유는 출생일부터 365일째 되는 날 하루만을 만 1세라고 말하기 때문이다(교회법률상식 pp. 220~226 참조). 그러므로 만 70세는 71번째 생일 전 날을 의미하고 헌법개정위원회가 괄호 안에 설명을 붙인 "만 71세 생일 전 날"이란 72번째 생일 전 날인 만 71세를 의미한다.

따라서 헌법개정위원회의 개정안은 시무 정년이 만 70세인지 만 71세인지 명확성이 없어 실용성이 없고 혼란만 주는 개정안이라는 말이다.

(2) 정치 제4장 제3조 7항의 "본 교단 교리에 위반된 동성애자의 세례와 주례와 또 다른 직무를 거절할 수 있고 목사의 권위로 교회에서 추방할 수 있다."(이단에 속한 자도 이에 준한다)에 대하여

이와 같은 특정 단체와 관련한 내용은 헌법 조문으로는 부적절하고 오히려 상대방에 자극을 주거나 시비 거리의 빌미를 주는 잘못된 개정안으로 각 당회 재량에 맡길 사안일 뿐이다.

(3) 정치 제4장 제4조의 "목사의 칭호"를 "목사의 구분"으로 개정 초안하면서 그 이유를 "목사의 칭호는 1조에 있음. 4조는 목사의 구분을 의미함"이라고 함에 대하여

헌법개정위원회가 어떻게 교회 정치 "제1조 목사의 의의"를 "목사의 칭호"로 이해하고 "제4조 목사의 칭호"를 목사의 구분, 즉 목사의 신분적 차이로 이해할 수 있단 말인가?

목사는 칭호가 있을 뿐 목사의 신분상 구별은 없다. 정치 제4장 제1조의

규정과 같이 모든 목사는 구별 없이 목자요, 그리스도의 종이요, 사역자요, 사신이요, 복음의 사신이요, 교회의 사자요, 전도인으로서 하나님의 오묘한 도를 맡은 청지기들이다.

그런데 헌법개정위원회는 목사의 의의를 목사의 칭호라고 치부하고 목사의 칭호를 목사의 신분으로 구분하는 헌법 개정안을 내놓았으니 더 이상 할 말이 없고 헌법개정위원회의 적정성에 대하여는 한마디로 수준 미달이라고 단정할 수밖에 없다.

3. 결론

현재 우리가 사용하고 있는 헌법은 헌법을 개정할 때마다 더 잘못된 헌법으로 전락되어 왔다. 그런데도 치리회(당회, 노회, 총회)의 행정과 재판이 진행되어온 것을 생각하면 신기하기가 그지없다.

최근의 헌법 개정 결과로 장로와 집사는 만 70세가 지나면 그 직은 만료되고 세례 교인으로 돌아간다(정치 제13장 제4조). 그러면서 또 원로 장로, 은퇴 장로가 존재하는 모순이나 임시 목사를 시무 목사로 개정한 결과로 시무(임시)목사는 "회원권을 구비하고" 위임 목사는 "그 밖의 목사에 속하여 언권 회원이 되며 총대권은 없다(정치 제10장 제3조)."는 사실을 총회는 아는가 모르는가.

제101회 총회가 얼마 남지 않았다는 촉박한 현실에 제101회 총회가 제100회 총회 헌법개정위원회의 개정안을 받아 개정한다면 사상 최악의 헌법 개정이 될 것 같아 보인다.

어떤 고명하신 목사님이 필자와 전화 대화를 통하여 "합동 총회 헌법개정위원회의 헌법 개정에 대하여 '가갸거겨'도 모르는 사람에게 소설을 쓰라고 맡기는 것과 같다."고 하신 말씀이 생각난다.

37. 교회 헌법과 총회 결의의 상위권

헌법에 상충되는 총회 결의는 무효이므로 시행하는 것이 불법

파회 후 상정된 안건, 임원회가 다루는 것 중대한 월권적 불법

모 인터넷 신문(2020. 1. 14. 입력)에 합동 총회의 법리를 반신불수로 만드는 보도를 읽고 강 건너 불 보듯 모른 체 할 수가 없어 반론의 글을 쓰게 됨을 일러둔다.

본 반론은 필자가 크리스천포커스에 기고한 법리에 대해 정면으로 도전한 엉터리 법리이기에 먼저 해당 기사의 글을 옮겨 쓰고 그에 대하여 답하는 문답의 형식으로 바르게 교정하고자 한다.

1. "그 밖의 목사"에 대한 오해

「지교회 시무 목사와 정년 이전의 원로 목사와 총회나 노회가 파송한 기관 사무를 위임한 목사는 회원권을 구비하고, 그 밖의 목사는 언권 회원이 되며 총대권은 없다(정치 제10장 제3조).

여기 "그 밖의 목사"란 "전도 목사, 무임 목사, 은퇴 목사"인데 이러한 목사는 노회의 "언권 회원"이며, "총대권은 없다."고 했다.」

[반론] 여기에 "그 밖의 목사"에 대하여 "전도 목사, 무임 목사, 은퇴 목사"라고 했는데 이는 엉터리 해석이다.

"전도 목사"는 정치 제4장 제4조 6항에 언권 회원으로 명시되었으니 "그 밖의 목사"에 기록할 필요가 없고, 정치 제10장 제3조에 명시된 대로 회원권이 구비한 시무 목사, 정년 이전의 원로 목사, 기관 목사를 제외한 정치 제4장 제4조에 명시된 목사의 명칭은 모두 "그 밖의 목사"에 명시해야 한다.

따라서 정회원은 "시무 목사, 정년 이전의 원로 목사, 기관 목사"이고 그 밖의 목사는 "위임 목사, 부목사, 정년 이후의 원로 목사 무임 목사, 은퇴 목사"등은 언권 회원이다.

그 이유는 개정 전의 헌법은 "지교회 시무 목사"가 위임 목사, 임시 목사, 부목사를 의미했으나 개정 후의 헌법은 임시 목사가 시무 목사의 자리를 차지하면서 위임 목사, 부목사를 밀어내고 시무 목사란 명칭으로 혼자서 버티고 있기 때문에 위임 목사와 부목사는 부득불 "그 밖의 목사" 안에 자연스럽게 들어갈 수밖에 없게 되었다. 목회자들이여, 개정된 교회 헌법을 펴 놓고 위임 목사와 부목사가 노회의 정회원이라는 규정을 찾아보라! 단 한 군데도 없다. 부득불 "그 밖의 목사"에 속하게 하여 주객이 전도된 헌법이 되었다.

2. 미조직 교회 목사와 임시 목사에 대한 오해

「"미조직 교회 목사(임시 목사)가 노회장과 총회 총대가 될 수 있는 지를 질의하는 건은 법(노회장과 총회 총대가 될 수 없다)대로 하기로 가결하다"(2002년 제87회 총회).

이 같은 총회 유권 해석은 본 교단의 행정 질서로 자리 잡고 있다. 교단 헌법 정치 제10장 제3조에는 미조직 교회 시무 목사는 상회 총대권이 있다고 해석할 수 있음에도 불구하고 미조직 교회 시무 목사가 노회장과 총회 총대가 될 수 없다는 것을 줄기차게 불법이라고 주장한 인사들이 있다.」

[반론] "미조직 교회 목사(임시 목사)"나 "법(노회장과 총회 총대가 될 수 없다)대로 가결하다."라 함은 문외한의 문장이다.

"미조직 교회 목사(임시 목사)"에서 미조직 교회 목사의 괄호 안에 (임시 목사)로 표기한 것은 "미조직 교회 목사"란 바로 "임시 목사"라는 의미를 설명한 표기이다. 과연 "미조직 교회 목사"는 곧 "임시 목사"인가? 전혀 그렇지가 않다! 임시 목사는 미조직 교회 목사만 되는 것이 아니라 조직 교회 목사일 수도 있으며 동시에 노회의 회원권이 구비된 정회원이다.

다음에 "법(노회장과 총회 총대가 될 수 없다)대로 하기로 가결하다."에서 "법"의 괄호 안에 (노회장과 총회 총대가 될 수 없다)라고 표기한 "법"은 교회 헌법에 "임시 목사는 노회장과 총회 총대가 될 수 없다"는 법조문이 있으니 그 법조문대로 한다는 의미를 설명한 표기이다.

그런데 개정 전 교회 헌법의 임시 목사는 정치 제10장 제3조에 "각 지교회 시무 목사" 안에 속하여 선거권, 피선거권, 결의권이 있는 "회원권이 구비하고"라고 하여 정회원이라는 규정은 있어도 "노회장과 총회 총대가 될 수 없다."는 규정은 돋보기를 쓰고 찾아도 없다. 법조문도 없이 법대로 하자는 총회의 결의는 어불성설이다.

3. 총회 결의를 총회 헌법보다 우선이라 함에 대하여

「하지만 해석의 전권을 갖고 있는 총회는 총회 총대와 노회장은 조직 교회 위임 목사가 아니면 불가하다고 유권 해석을 했다. 그렇다면 본 교단 모든 행정 집행에서는 미조직 교회 시무 목사는 총회 총대와 노회장이 될 수 없다고 해야 한다.

왜 이런 해석을 하게 되느냐하면 총회가 결의를 해석하여 결의했기 때문이다. 총회를 인정하지 않는 의미에서 이는 불법이라고 주장하는 자들은 총회 결의를 인정하지 않는 발언이라 할 수 있다.」

[반론] 정치 제12장 제5조 1항에 "총회는 교회 헌법을 해석할 전권이 있고"라는 규정은 헌법의 해석에 대하여 무질서와 중구난방식의 해석을 피하기 위하여 최고의 치리회인 총회에 해석의 우선권을 주어 전국 교회의 일치

를 꾀하자는 것이지 엉터리 해석이나 헌법에 상충되는 결의까지 허용한 것은 결코 아니다. 색깔이 까만 까마귀를 아무리 희다고 우겨댄들 하얀 까마귀가 될 수는 없다.

"총회는 총회 총대와 노회장은 조직 교회 위임 목사가 아니면 불가하다고 유권 해석을 했다."는 잠꼬대 같은 주장으로 현재 당면하고 있는 ㄱ노회 노회장과 해 교회와 해 노회는 물론 전국 교회와 노회에 혼란을 야기 시키는 언론사가 되어서는 안 된다.

4. 세상 법정을 최종심으로 착각함에 대하여

「만약에 총회 결의가 불법이라고 계속 주장하려면 법원에 총회를 상대로 유권 해석 결의 무효 소송을 제기하여 확정 판결을 받아오든지, 총회에 재론 청원하여 총대들을 설득하여 유권 해석을 변경하든지 하여야 한다. 그렇지 아니하면 총회 유권 해석이 불법이라고 할 수 없다.」

[반론] 고전 6:1~8에 교회가 세상 법정에 송사하는 것을 금하고 있는데 "법원에 총회를 상대로 유권 해석 결의 무효 소송을 제기하여 확정 판결을 받아야 한다."는 주장이 과연 목사로서 할 말인가!

5. 임원회의 월권에 대하여

「함동노회장 김용철 씨가 헌의한 총회 파회 이후 올바른 총회 역할에 대한 헌의의 건은 파회 후 총회 수임 사항과 총회 이후 올라오는 질의, 긴급한 제반 현안과 각종 상정 건까지 총회 임원회가 다루도록 가결하다(제102회 총회 결의). 결의의 핵심 내용은 "총회 파회 이후 올바른 총회 역할에 대한 헌의의 건은 파회 후 총회 수임 사항과 총회 이후 올라오는 질의, 긴급한 제반 현안과 각종 상정 건까지 총회 임원회가 다루도록 가결하다."이다. 위와 같은 총회 결의를 부정하는 자들은 임원회가 질의를 답한 답변을 불법이라고 주장한다. 특히 분쟁 교회에서 총회가 무슨 필요가 있으며, 총회 공문을 인정하지 못한다고 찢어버린다. 그러나 이러한 행위 자체는 총회를 거부한 행위로 치리의 대상이다.」

[반론] 거두절미하고 "총회 이후 올라오는 질의, 긴급한 제반 현안과 각종 상정 건까지 총회 임원회가 다루도록 가결하다(제102회 총회 결의)."를 내세우면서 총회를 파회하면 총회도 없어졌고 임원회도 없어졌는데도 제102회의 불법 결의를 빙자하여 제105회 총회가 다루어야 할 안건을 권한도 없는 제104회 임원회가 처리하는 것이 합법이라고 주장하며 불법을 불법이라고 하는 자를 치리의 대상이라고 하니 이를 두고 똥 묻은 개가 겨 묻은 개 나무란다고 했던가?

6. 결론

총회 결의는 언제나 신중해야 한다. 상위법 우선의 원칙에 의하여 헌법 조문과 상충되고 시행할 수도 없는 결의를 해서는 안 된다. 그리고 "현행대로 하기로", "법대로 하기로", "헌법대로 하기로"라는 결의를 할 경우에는 반드시 그 법조문을 밝히 기록하여 그 결의 내용을 전국의 노회와 교회들이 잘 이해하고 시행하도록 해야 한다. 어떤 총회 시 정치부 보고에서 "헌법대로 하는 것이 가한 줄 아오며"라고 할 때 회원 중에서 "그 법이 어디 있느냐?"고 질의하니 "그것은 나도 모릅니다."고 하여 박장대소한 일이 생각난다.

第2篇

교회 직원(教會職員)

第1章
목사(牧師)

38. 교단을 탈퇴한 목사의 후속 조치
교단을 탈퇴한 목사에 대한 재판 의미 없어
교단의 관할을 배척한 목사는 제명만 해야

[질의] 날이 갈수록 교단을 탈퇴하는 교회와 목사가 늘어나고 있습니다. 전국 대부분의 노회마다 노회를 탈퇴하는 목사의 후속 조치로는 면직 처리하고 신문에 광고를 합니다. 면직된 목사의 신분과 면직에 대한 효력의 범위에 대하여 법리적인 답변을 부탁드립니다. (부산 S목사)

[답] 질의자가 교단을 밝히지 아니했으나 필자가 합동 교단 소속이므로 합동 교단의 헌법으로 답한다.

본 건 질의에 관한 법리적 답변은 권징조례 제54조에 다음과 같이 명확하게 규정하고 있다. 더 이상의 논란이나 법리 해석이 필요하지 아니할 만큼 분명하고 확실한 해답이다.

"뚜렷한 범과 없는 목사가 본 장로회의 관할을 배척하고 그 직을 포기하거나 자유로 교회를 설립하거나 이명서 없이 다른 교파에 가입하면 노회는 그 성명을 노회 명부에서 삭제만 하고 그 사유를 회록에 기재하되 그 사람에 대하여 착수한 송사 안건이 있으면 계속 재판할 수 있고 만일 이단으로 인정하는 교파에 가입하면 정직이나 면직 혹 출교도 할 수 있다."

1. 면직에 대한 시비에 대하여

전국 노회의 대부분이 노회를 탈퇴한 목사에 대하여 면직 처리하는 것이 상식처럼 정착되어 가고 있다.

그러나 헌법 어디에도 노회를 탈퇴하여 교단을 배척하는 목사에게 재판을 하라는 규정도 없고 면직 처리하라는 규정도 없다. 다만 탈퇴하기 전에 착수하고 있는 송사건은 계속하여 재판을 할 수 있고 만일의 경우 이단 교파에 가입하였을 경우에 한하여 정직, 면직, 출교도 할 수 있다고 규정하였다.

2. 탈퇴 후 면직된 목사의 신분에 대하여

교단을 탈퇴한 목사가 본 교단의 노회가 면직 판결을 했을지라도 그 목사의 신분은 여전히 목사이다. 다만 탈퇴한 그 교단에서만 목사로서 면직된 자로 인정할 뿐 전국의 모든 교파에서는 탈퇴 후 면직 처리된 목사에 관한 면직을 인정하지 아니한다.

뿐만 아니라 구례중앙교회 사건에 대한 대법원 제3부 84다타1262(1985. 9. 11. 선고)의 사건 판결문에 다음과 같이 적시하고 있다.

"교회 권징 재판은 사법 심사의 대상 밖에 있고 그 효력과 집행은 교회 내부의 자율에 맡겨지는 것이나 이는 어디까지나 그 교회의 소속된 목사나 교인들에 대한 관계에서 그런 것이고 그 소속을 달리하는 목사나 교인에 대하여서까지 그 효력이 미친다고 할 수 없으므로 이 사건에 있어서 대한예수교장로회 합동파 순천 노회의 전권위원회나 그 산하 신청인 교회 당회가 그 소속이 아닌 대한예수교장로회 합동 보수파 순천 노회 산하에 피신청인들 측 교회 및 목사와 교인들에게 대한 권징 판결이나 권징 결의를 하였다 하더라도 그들에게 대하여 효력이 있다고 할 수 없을 것이다."

위 대법원 판례에 의하여 국가에서도 탈퇴한 후에 그 노회에 의하여 면직된 목사의 신분을 보호해 주고 있다.

따라서 교단 탈퇴 후 그 교단으로부터 면직된 목사의 신분은 역시 목사이다.

3. 면직에 대한 효력의 범위에 대하여

거두절미하고 상론한 바와 같이 전국의 각 교파와 국가에서도 교단을 탈퇴한 후 면직 판결의 효력을 인정하지 아니하고 면직 처리한 노회가 속한 교단에서만 면직되었다고 하면서 효력을 인정하고 있다.

여기에서 한 가지 자가당착의 모순이 숨어 있음을 보게 되는데 그 교단도 역시 타 교단에서 탈퇴된 연유로 면직을 당한 목사와 그 목사가 섬기는 교회가 가입을 청원하면 아무 일도 없었던 것처럼 가입을 받아 목사의 신분을 인정하면서 탈퇴한 그 목사의 면직 효력을 인정하지 아니한다. 이렇게 앞뒤가 맞지 않는 현실을 어떻게 변명을 할 것인가? 이런 경우를 두고 "내가 하면 합법(로맨스) 남이 하면 불법(불륜)이라 했던가?

4. 결론

교단을 탈퇴한 목사에 대하여 즉결 처단으로 재판을 할 수 있다고 하면서 노회를 혼란케 하는 경우가 종종 있는 것 같아 보인다. 권징조례 제54조의 규정은 제7장(즉결 처단의 규례) 안에 있는 조항이라고 해서 즉결 처단 재판을 할 수는 없다. 다만 행정권 안에서 제명 처리하는 것만을 의미한다.

즉결 처단의 재판은 재판 석상에서 범죄한 사건에 대하여 재판관이 직접 목격했기 때문에 고소(기소)장, 소환장, 심문 조서, 증인, 등을 요구할 필요 없이 판사가 즉석 판결하는 것을 의미한다.

교단을 탈퇴하기 전에 재판을 진행하고 있는 사건이 없고 이단 교파에 가입한 일이 없으면 오직 노회원 명부에서 삭제만 하라는 것이 합동 교단 헌법 규정의 명령이다.

39. 리폼드뉴스의 권징조례 제110조에 관한 왜곡된 해석

헌법에 "목사가 노회에 이명 청원서를 제출해야 한다."는
직접 규정은 없어
노회가 이명서를 교부해 주는 직무 규정이 곧 이명 청원서 제출
근거 규정

리폼드뉴스가 "신현만 목사의 교회 분쟁 상담의 딱한 사정"이라는 당치도 않는 머리기사(2014. 11. 22. 입력)를 보도하면서 권징조례 제110조의 왜곡된 해석으로 독자들에게 혼란을 주고 있다.

그 기사 내용에 혼란을 주는 대목은 다음과 같다.

"총회가 권징조례 제110조를 근거해서 '헌법대로'라고 답변으로 해석하는 것이 지극히 순리적으로 이해할 수 없는 이유는 권징조례 제110조는 목사의 이명 청원을 할 수 있는 근거에 대한 규정이 아니기 때문이다. 제110조는 A노회 목사가 B노회로 가겠다고 이명 증서를 받은 후에 B노회로 가지 아니하고 C노회나 D노회로 가면 안 된다는 규정이다."

여기에서 리폼드뉴스는 권징조례 제110조에 관하여 포괄적인 해석을 피하고 부분적인 해석으로만 일관했다는 점이다.

물론 리폼드뉴스가 해석한 것처럼 권징조례 제110조의 규정은 "A노회에서 B노회로 가겠다고 이명 증서를 발급 받은 후에 B노회로 가지 아니하고 C노회나 D노회로 가면 안 된다."는 부분적인 해석으로는 맞는 말이다.

하지만 리폼드뉴스가 "A노회에서 B노회로 가겠다고 이명서를 받은 후에"라고 언급한 내용 자체에서도 목사가 A노회에서 B노회로 가겠다는 이명 청원서를 제출했다는 것을 인정하였을 뿐 아니라 헌법에 근거하여 이명 청원서를 제출했다고 동의하는 것은 자연스러운 문맥이다.

그렇기 때문에 "권징조례 제110조는 목사의 이명 청원을 할 수 있는 근거에 대한 규정이 아니다."라고 일관하는 것은 왜곡된 헌법 해석에 다름 아니다. 그 이유인즉 장로교회 정치의 대 원리에서 하회의 고유한 특권은 상회에 청원권이요, 상회의 고유한 특권은 하회의 청원에 대한 허락권이다(정치제10장 제6조 2항).

이와 같은 고유한 특권에 의하여 하회의 청원 없는 상회의 허락은 있을 수 없고, 상회의 허락 없는 하회의 시행도 있을 수 없다.

그런데 상회는 하회의 치리회에서만 헌의를 받을 수 있도록 헌법은 규정하고 있으나, 고소장(권징조례 제7조), 소원장(권징조례 제84조), 상소장(권징조례 제94조), 이명 청원서(권징조례 제110조), 진정서(제2회 총회록 p.32) 등은 치리회가 아닌 개인도 상회에 청원할 수 있는 특례 규정을 두고 있다.

그 중에 목사의 이명 청원서를 노회에 제출할 수 있는 법적인 근거는 권징조례 제110조에 노회가 "목사, 강도사, 목사 후보생에게 이명서를 교부할 때에 그 지정한 노회의 명칭을 분명히 기입할 것이요"에서 노회가 이명서를 교부하는 근거는 목사가 이명 청원서를 제출하였고 목사가 가는 노회도 분명히 기입하였기 때문에 "지정한 노회의 명칭을 분명히 기입할 것"이라고 명문화한 것이다.

따라서 "노회가 이명서를 교부"하는 직무를 수행하는 권징조례 제110조 안에는 이명서를 교부받는 자가 본 조에 근거하여 이명 청원서를 제출하였고, 노회가 본 조에 근거하여 이명서를 교부해 주는 법적 근거가 되는 것은 자연스러운 법리라는 말이다.

그 이유는 "목사, 강도사, 목사 후보생은 다른 노회로 옮기려 할 때 노회에 이명 청원서를 제출해야 한다."라는 직접적인 명문 규정이 헌법 어디에도 없기 때문이다. 다만 권징조례 제110조에 목사, 강도사, 목사 후보생의 이명서 교부에 대한 노회의 직무 수행 규정과 정치 제10장 제6조 3항에 노회의 목사 이명을 관리하는 직무 규정과 권징조례 제114조에 이명자의 이주 기간에 관한 규정이 있을 뿐이다.

헌법이 정한 목사의 이명 청원서를 제출하는 법적 근거는 이명을 원하는 목사가 노회로부터 이명서를 교부받는 노회의 직무 규정인 권징조례 제110조와 정치 제10장 제6조와 권징조례 제114조의 이주 기간의 규정이 곧 이명 청원서를 제출하는 법적 근거가 분명하다는 말이다.

그러므로 리폼드뉴스가 권징조례 제110조는 목사가 이명 청원서를 제출하는 법적 근거 규정이 아니라고 고집을 한다면 권징조례 제110조와 동 제114조, 정치 제10장 제6조 외의 헌법 규정으로서 "목사가 이명 청원서를 노회에 제출해야 한다."는 직접적으로 명문화 된 법적 근거를 반드시 제시해야 한다.

결론으로 한국 장로교 100년의 역사는 목사와 강도사와 목사 후보생이 노회 소속을 변경하기 위해서는 권징조례 제110조와 동 제114조, 정치 제10장 제6조 등에 근거하여 노회에 이명 청원서를 제출하였고, 노회 역시 권징조례 제110조와 동 제114조와 정치 제10장 제6조 등을 근거하여 청원자에게만 이명 증서를 교부해 왔다. 이와 같은 한국 장로교회 100년의 역사가 "목사의 이명 청원서는 권징조례 제110조를 근거로 노회에 제출한다는 것"을 증거하고 있다.

40. 미조직 교회 목사 임시 목사인가 시무 목사인가

총회가 임시 목사를 시무 목사로 헌법 개정한 사실 없어
공포할 권한 없는 총회장이 공포한 개정안 효력 없어

합동 총회 산하의 노회들이 각 지교회의 시무 목사(정치 제10장 제3조)인 위임 목사, 임시 목사, 부목사 중 임시 목사의 칭호에 대하여 시무 목사로 그 칭호를 개정 공포한 것으로 착각하여 임시 목사를 시무 목사라고 호칭하는 노회가 있는가 하면, 사실 관계의 법리를 바로 이해하는 일부 노회는 여전히 임시 목사라고 호칭하는 관계로 혼란을 야기하고 있는바 부득불 글을 쓰게 됨을 먼저 밝힌다.

1. 사건 발단의 법리적 사실 관계

제94회 총회 헌법개정위원회(위원장 서광호 목사)가 목사의 칭호 중에 임시 목사를 시무 목사로 개정안을 초안하여 제95회 총회에 보고한 결과, 총회는 개정 초안을 상세히 검토하지도 아니하고 초안대로 보고를 받아 노회 수의에 들어갔다.

그런데 문제의 발단은 노회 수의 과정에서 헌법 개정안 내용 중에 심각한 문제점이 발견되어 언론에 수차례 보도되었고(한국기독신문 제630호, 제632호, 교회법률상식 pp. 207~209 참조), 당시 홍천에서 개최된 전국 장로회 연합회 수련회 현장에서도 참석자들이 문제를 제기하기에 이르렀다.

본 사건이 전국적으로 확산되자 제96회 총회에서 헌법 개정안에 관한 노회 수의 결과를 총회에 보고하였음에도 불구하고 총회장이 헌법 개정에 대하여 공포를 하지 아니하고 총회를 파회함으로 임시 목사를 시무 목사로 개정하기로 한 개정안은 자동적으로 폐기되었다.

그래서 제96회 총회와 제97회 총회 기간에는 임시 목사로 칭호를 계속 호칭하였으나 제98회 총회 시에 이미 폐기된 헌법 개정안에 대하여 공포하여 시행하자는 헌의안이 접수되어 제98회 총회가 접수해서도 안 되고 취급할 수도 없는 서류를 총회 현장에서 토의하다가 결국은 모 회원이 "추완 공포" 운운하면서 공포를 강요하자 폐기된 지 2년이나 지나서 공포할 수도 없고 공포할 권한도 없는 제98회 총회장이 무리하게 공포한 결과, 일부 노회가 불법적으로 임시 목사의 칭호를 시무 목사의 칭호로 사용하게 된 것이다.

2. 폐기된 헌법 초안의 문제점

본 건의 문제점은 부지기수이나 2가지만 열거한다.

(1) 시무 목사에게 독재 정치의 특권을 허용하는 개정안

장로회 정치의 근본 원리는 교인들이 치리 장로를 투표하여 교인의 대표자로 장립 위임할 때에 치리에 복종하겠다는 서약을 하고, 또 위임 목사를 투표하여 청빙하고 위임예식을 거행하면서 치리에 복종하겠다는 서약을 함으로 당회에 치리권이 발생하여 목사와 장로가 회의하여 결의된 대로 치리하는 것이 곧 대의 민주 정치인 장로회 정치이다. 그런데 개정안 내용의 시무 목사는 교인의 대표자인 치리 장로도 없으면서 교인들의 투표도 없이 당회장의 청원으로 노회의 허락을 계속 시무하게 함으로 마치 감독 정치나 교황 정치 체제의 기틀을 마련하는 헌법이 되어 시무 목사에 한해서 독재 정치를 합법화하여 스스로 장로회 정치를 포기하는 교단으로 전락하는 개정안이다.

(2) 임시 목사는 정회원, 위임 목사는 언권 회원이 되는 개정안

제96회 총회를 파회하면서 폐기된 시무 목사로 명칭을 개정 초안 되었던 개정안은 정치 제10장(노회) 제3조(회원 자격)에 "각 지교회 시무 목사와 정년 이전의 원로 목사와 총회나 노회가 파송한 기관 사무를 위임한 목사는 회원권을 구비하고 그 밖의 목사는 언권 회원이 되며 총대권은 없다."고 하였으니 본 규정의 문장과 문맥상으로 볼 때 "위임 목사는 그 밖의 목사"가 될 수밖에 없어 언권 회원이 되고 총회 총대권도 없는 목사가 되어 버린다.

헌법을 개정할 때 헌법 전체를 보지 아니하고 어느 한 부분만 개정하게 되면 이와 같은 부작용이 발생하게 된다. 그러므로 헌법 개정 초안은 아무나 해서 되는 것이 아니고 헌법 전체를 파악하고 있는 교회 헌법 전문가들로 구성된 특별 위원회에 위탁하여 초안토록 함으로 헌법 개정 후에 모순이나 부작용이 발생하지 않게 해야 한다.

3. 제98회 총회 임원회 행정의 흠결과 부작용의 대안

제98회 총회장이 이미 폐기된 헌법 개정안을 불법으로 시행 공포하자마자 누구인지 비호같이 임시 목사의 칭호가 시무 목사로 개정된 것처럼 새 헌법 책을 발간하였고 총회 임원회는 개정된 시무 목사로 시행하라는 공문을 각 노회에 하달하였다.

이와 같은 헌법 책의 신속한 발간과 총회 임원회 행정의 흠결로 인하여 전국 노회는 임시 목사의 칭호와 불법적인 시무 목사의 칭호를 혼용하는 대혼란에 직면하고 있다.

각 치리회는 교회 회의법과 교회법의 법리를 깊이 숙달하여 본 건과 같은 치리회의 흠결이 재발되지 않기를 바라며, 본 건에 대한 치유의 대안으로 총회가 속히 임시 목사의 칭호를 전임 목사로 개 정하면 그 어떤 모순과 부작용도 발생치 아니할 것이므로 이를 제의한다.

41. 미조직 교회가 교육 목사 청빙할 수 있는가
교육 목사는 부목사가 아니니 미조직 교회도 청빙 가능
부목사는 당회 결의로, 교육 목사는 공동 의회 결의로 청빙

합동 교단 산하의 노회 중 어떤 노회는 지교회의 교육 목사 청빙을 허락하는가 하면 어떤 노회는 "미조직 교회가 교육 목사 청빙은 불가하다."고 함으로 혼란이 있는 것 같아 보인다. 이에 관하여 교회 정치의 변천과 법리를 정리함으로 이해를 돕고자 한다.

1. 교회 헌법 정치의 변천

장로교 최초의 헌법인 1922년도 판 조선예수교장로회 헌법 정치 제4장(목사)에는 목사의 칭호가 없고 三. (목사의 직무)에 ① 지교회 목사 ② 신학교나 대학교 교사 ③ 선교사 ④ 종교 신문, 서적에 관한 직무를 위한 기관 목사 등으로만 구분하여 목사의 직무와 목사의 칭호를 겸하여 규정하였다.

그 후 1930년도 판 대한예수교장로회 헌법 정치 제4장에 三을 三조(목사의 직무)로 하고 ⑤ 종교 지도자 ⑥ 신학 졸업 후 임직 조건 등 2항을 추가하였고 四조(목사 칭호)를 신설하여 ① 위임 목사 ② 임시 목사 ③ 동사 목사 ④ 원로 목사 ⑤ 공로 목사 ⑥ 무임 목사 ⑦ 전도 목사 ⑧ 지방 목사 ⑨ 선교사 등을 두고 교육 목사는 없었는데 1966년도 판 헌법에 목사의 칭호를 변경하면서 교육 목사를 추가하여 ① 위임 목사 ② 임시 목사 ③ 부목사 ④ 원로 목사 ⑤ 무임 목사 ⑥ 전도 목사 ⑦ 교단 기관 목사 ⑧ 종군 목사 ⑨ 교육 목사 ⑩ 선교사 ⑪ 은퇴 목사 등으로 현재 헌법에 이르고 있다.

2. 부목사와 교육 목사의 구분

부목사는 정치 제4장 제3조 3항에 "부목사는 위임 목사를 보좌하는 임시 목사니 당회의 결의로 청빙하되 계속 시무하게 하려면 매년 당회장이 노회에 청원하여 승낙을 받는다."라고 규정하였다.

여기에서 "계속 시무"를 언급하는 것은 임시 목사의 시무 기간이 1년간(동 2항 참조)이므로 계속 시무 허락을 받아야 하고, 교육 목사는 시무 기간 규정이 없으므로 전도 목사, 기관 목사 등과 같이 계속 시무 청원을 하지 아니한다. 그리고 부목사는 위임 목사를 보좌하는 임시 목사인데 미조직 교회에서는 보좌할 위임 목사가 없으므로 청빙할 수가 없으나 교육 목사는 미조직 교회에도 교육해야 할 교인들이 있으므로 마땅히 청빙할 수 있음이 법리이다.

그런데 교육 목사는 동 제9항(교육 목사)에 "노회의 허락을 받아 교육 기관에서 성경과 기독교 교리를 교수하는 목사이다."라고 규정하여 노회의 허락을 받아 성경과 교리를 가르치는 목사라고만 하였고, 어디에서 청빙하며 어디에서 가르친다는 언급이 없다.

이에 대하여 동 제3조 5항에서 선명하게 설명을 하고 있으니 "목사가 노회나 지교회나 교회에 관계 되는 교육 기관에서 청빙을 받으면 교육하는 일로 시무할 수 있다."라는 규정이다.

즉 교육 목사는 ① 노회의 교육 기관이나 ② 지교회에서나 ③ 교회에 관계되는 교육 기관 등에서 청빙 청원을 하고 청빙하는 교회와 청빙하는 교육 기관에서 교육하는 일을 시무하는 목사라는 말인데 지교회에서 청빙한다고 함은 지교회의 공동 의회의 결의로 당회장이 청빙한다(교회정치해설 p. 146 참조)는 의미이고, 교육 기관은 해 기관의 이사회의 결의로 기관장이 청빙하는 것이 법리이다.

여기에서 "교육 기관에서 성경과 교리를 교수하는 목사이다."를 대학교 교수로 착각하는 경우가 있어 보이는데 여기 "교수하는 목사"에서 "교수하는"은 명사로서의 대학교 교수를 의미하는 것이 아니고 목사를 수식하는 형용사이므로 "성경과 교리를 가르치는(교수하는) 목사"로 이해해야 한다.

3. 결론

교육 목사는 위임 목사를 보좌하는 목사가 아니요 교회 또는 교회에 관계되는 교육 기관에서 성경과 교리를 가르치는 목사인데 교회에서 성경과 교리를 가르치는 일은 조직 교회나 미조직 교회나 중단할 수 없는 중요하고 필수적인 교육 사항이므로 교육 목사는 조직 교회뿐만 아니라 미조직 교회에서도 청빙하는 것이 당연한 법리이다. 즉 부목사는 미조직 교회에 보좌할 위임 목사가 없으므로 청빙할 수 없으나 교육 목사는 조직 교회에만 교육해야 할 교인이 있는 것이 아니라 미조직 교회도 교육해야 할 교인이 있으므로 청빙할 수 있다는 말이다. 그래서 교육 목사를 청빙할 수 없는 지교회는 교육 전도사로 대행하고 있는 것이 현실이다.

42. 원로 목사 20년 시무 계산법

동일한 교회에서 목사로 시무 기간 20년 이상 필수
부목사, 시무(임시) 목사, 위임 목사로 시무 기간 전후 합산

[질의] 어떤 교회의 K목사가 A교회의 부목사로 6년을 시무하고 있는데 다른 노회의 지교회로부터 위임 목사로 청빙을 받아 A교회의 부목사는 사임하고 위임 목사로 청빙 받은 교회에서 수년간을 시무하다가 또 다시 A교회 위임 목사로 청빙을 받아 18년을 시무한 K목사는 A교회의 원로 목사로 추대를 받았습니다.

K목사가 A교회의 원로 목사로 추대 받은 것이 합법인지 목사님의 법적인 답변을 바랍니다. (서울, 합동 목사)

[답] 질의자의 질의와 같은 교회 법률 상담을 헤아릴 수 없이 받아왔다. 필자의 졸저 교회법률상식 pp. 260~261에 본 건 질의에 대한 해답이 기록되어 있을 뿐만 아니라 다음의 교회 정치 제4장 제4조 4. (원로 목사) 규정에 그 해답이 고스란히 담겨 있다.

"동일한 교회에서 20년 이상 시무한 목사가 연로하여 노회에 시무 사면을 제출하려 할 때에 본 교회에서 명예적 관계를 보존하고자 하면 공동 의회를 소집하고 생활비를 작정하여 원로 목사로 투표하여 과반수를 결정한 후 노회에 청원하면 노회의 결정으로 원로 목사의 명예를 준다. 단, 정년이 지나면 노회의 언권만 있다."

이상의 규정에서 주목해 보아야 할 문장들은 ① "동일한 교회에서 20년 이상 시무한 목사"와 ② "노회에 시무 사면을 제출하려 할 때"와 ③ "공동 의회를 소집하고 생활비를 작정하여"와 ④ "투표하여 과반수로 결정"과 ⑤

"노회의 결의로 원로 목사의 명예직을 준다." 등으로서 이 조건들을 모두 충족케 하면 원로 목사가 될 수 있다는 것이 본 규정에 대한 법리이다.

1. 원로 목사 추대 청원의 시기와 절차에 대하여

본 규정에 "노회에 시무 사면을 제출하려 할 때"라고 하였으니 반드시 노회에 시무 사면을 제출할 것을 전제하고 공동 의회를 소집하여 원로 목사의 생활비를 작정하고 투표수 과반수 이상의 결의로 ① 당회 결의서 사본과 ② 공동 의회 결의서 사본과 ③ 대리 당회장(공동 의회 의장) 의견서를 첨부하여 노회에 원로 목사 추대 허락 청원서를 제출하면 노회가 허락함과 동시에 원로 목사가 된다.

그 후에는 원로 목사 추대식을 반드시 해야 되는 것은 아니며 만일 추대식을 거행한다고 해도 원로 목사가 되는 공포를 해서는 안 된다. 그 이유는 노회가 원로 목사 추대 청원을 허락한 절차에서 가결되었음을 공포한 그것이 바로 원로 목사 공포이며, 그 때부터 원로 목사가 되는 것이니 공포를 두 번 하는 흠결이 되기 때문이다. 그렇게 되면 원로 목사의 시점이 언제부터인지 혼란을 겪게 된다.

2. 20년 이상 시무에 대하여

원로 목사로 추대 허락 청원을 위한 20년 이상 시무에 대한 법리는 좌로나 우로나 치우칠 수 없는 오직 한길, 즉 "동일한 교회에서 20년 이상 시무한 목사"이면 그만이다.

여기에서 "동일한 교회"는 하나의 지교회를 의미하고 "시무한 목사"는 지교회를 시무한 목사로서 지교회 시무 목사인 위임 목사, 시무(임시) 목사, 부목사(정치 제4장 제4조 1,2,3항, 동 제10장 제8조)를 의미한다. 그러므로 하나의 지교회에서 위임 목사, 시무(임시) 목사, 부목사로 시무한 연수를 합하여 20년 이상이면 충분하다.

그리고 질의자의 질의 내용과 같이 동일한 A교회에 부목사로 시무하다가 다른 교회로 옮겨 시무한 후에 다시 A교회 위임 목사로 위임을 받아 시무한 후 은퇴하려 할 때에는 A교회의 부목사로 시무한 연수와 A교회의 위임 목사로 시무한 연수를 모두 합하여 20년 이상이 되면 족하다. 그 이유는 헌법에 위임 목사만 20년이라고 하지 아니했고, 동일한 교회에서 계속 시무 20년 이상이라고도 하지 아니했으며 오직 "동일한 교회에서 20년 이상 시무한 목사"라는 문장으로만 규정하였기 때문이다.

따라서 이에 대한 반론을 제기한 자는 "동일한 교회에서 20년 이상 계속 시무"라는 헌법 규정 조문과 "위임 목사로만 20년 이상 시무한 목사"라는 헌법 규정 조문을 제시해야 한다.

3. 결론

질의자가 질의한 현실적 내용은 K목사가 A교회에서 6년을 부목사로 시무한 후 다른 지교회로부터 위임 목사로 청빙을 받아 해 교회에서 수년간 시무하다가 다시 A교회의 위임 목사로 청빙을 받아 18년을 시무하였다고 하니 동일한 A교회에서 시무한 K목사는 부목사로 시무한 기간 6년과 위임 목사로 시무한 기간 18년의 전후 시무 기간을 합산하면 24년이 된다.

따라서 K목사는 동일한 교회에서 20년 이상 시무한 목사로서 헌법 규정을 충족시키는 기간은 법리적으로 전혀 문제가 없다.

첨언컨대 원로 장로의 20년 시무 계산의 법리도 이와 마찬가지이다.

43. 위임 목사로서의 당회장 직무와 권한
당회의 결의 정족수는 장로와 당회장을 합한 수의 과반수
부목사는 위임 목사를 보좌하는 임시 목사

[질의] 목회 현장에서 꼭 필요한 부분을 아래와 같이 질의하오니 목사님의 법리적인 해답을 주시면 감사하겠습니다.

1. 당회장에게 매주 개인 헌금 내역과 헌금하는 성도의 명단을 보고하는 것이 개인 정보나 사생활 보호법에 위반이 된다고 보고를 거부하는 것이 교회법과 사회법적으로 정당한 것입니까?

2. 당회의 의사 및 의결 정족수에 대한 항목으로 본 교회 정관에 정한 아래 내용이 예장 합동 총회 헌법과 한국 장로교회 정치 원리 측면에서 어떻게 보아야 하는 것입니까?

1) 본 교회 당회장과 장로 과반수 출석으로 개회한다. 2) 당회의 결의는 당회원(장로) 투표수의 과반수 찬성에 당회장(목사) 결의 공포가 있어야 한다. 3) 장로의 투표수의 과반수 찬성과 당회장의 결의 공포가 없는 경우에는 결의되지 않는다.

3. 교회 정관을 개정하는 것과 관련하여 본 교회 정관에 "당회의 심의를 거쳐 공동 의회 과반수의 찬성으로 가결한다."는 항목 중에서 재적의 과반수인지 출석의 과반수인지와 당회의 심의를 거친다는 내용은 교회법적으로 어떤 의미로 해석해야 하는 것입니까?

4. 2018년 1월 14일 공동 의회에서 2017년 교회 재정 전반에 대하여 감사를 하였고 공동 의회에서 2017년도 예·결산에 대해 보고받아 심의하고 결의하여 통과된 내용을 포함하여 지나간 몇 년 전 것도 다시 다 감사하겠다고 자료를 달라는 것이 1년마다 임기가 바뀌는 현 제도에 있어서 법적으

로 정당한 일입니까?

5. 당회원들이 사역을 잘 감당하고 있는 부교역자들의 인사에 간섭하면서 전원 교체를 요구하는 일에 대해 당회장이 거부하는 것은 정당한 일입니까? (합동, 서울 N목사)

[답] 질의자가 합동 측 목사이므로 합동 교단 헌법으로 답한다.

1. 당회장에게 헌금자 성도의 명단 보고에 대하여

목회자가 하나님의 양떼를 위임받아 목양함에 있어서 교회의 재정 부장이 헌금하는 성도들의 명단과 금액까지 목회자에게 보고해온 것은 기독교 100여년 역사의 관행이다.

자연스럽게 알게 되는 재정부 회계와 재정부장만 알고 있고 목회자는 모르고 있어야 된다는 게 말이나 되는가? 사생활 보호라는 측면에서 자연스럽게 알게 되는 재정부 회계와 재정 부장과 목회자인 목사 외의 평신도에게 유출 등에 대하여는 보호해야 된다고 본다.

교회 헌법 예배모범 제18장(헌금) 4항에 "목사마다 자기 교회가 단 마음으로 헌금하는 습성을 배양하는 것이 마땅하니 신도마다 다소를 물론하고 자기 사력(私力)대로 바치게 된다."라고 하였다.

2. 당회의 개회 성수와 의결 정족수에 대하여
1) 당회의 개회 성수

교회 헌법 정치 제9장(당회) 제2조(당회의 성수)에 "당회에 장로2인이 있으면 장로 1인과 당회장의 출석으로 성수가 되고, 장로 3인 이상이 있으면 장로 과반수와 당회장이 출석하여야 성수가 된다. 장로 1인만 있는 경우에도 모든 당회 일을 행하되 그 장로 치리 문제나 다른 사건에 있어 장로가 반대할 때에는 노회에 보고하여 처리한다."라고 규정하였다.

즉 "장로 3인 이상이면 장로 과반수와 당회장이 출석하여야 성수가 된다."라고 헌법이 규정하고 있으니 정관에 둘 필요가 없다.

2) 당회의 의결 정족수

교회 헌법 정치 제19장 제2조(회장의 직권)에 "…가부를 물을 의제는 회중에 밝히 설명한 후에 가부를 표결할 것이요 가부 동수인 때는 회장이 결정하고 회장이 이를 원하지 않으면 그 안건은 자연히 부결된다.…"라 하였고, 장로회 각 치리회 보통회의 규칙 8에 "치리회가 무기명 투표로 표결할 때에 회장도 다른 회원과 같이 투표할 수 있다. 그러나 이같이 투표하였으면 가부 동수가 되어도 회장이 다시 투표할 수 없고 그 안건은 부결된다."고 규정하였다.

참고로 제7회 총회 회의록 p.78 제8조에 "투표할 시에는 회장도 투표홀 수 잇고 구두로 가부를 표홀 시에 회장이 표할 수 없으되 가부가 동수되난 경우에난 회장의 결의에 의하야 결정할 것이오 회장이 가결을 부긍하면 해 안건은 자연 부결될 사"라고 한 장로회 각 치리회 보통회의 규칙을 총회 규칙으로 결의하였다. 즉 "당회의 의결 정족수는 당회장과 장로를 합한 수의 과반수이다."라는 의미이다. 그런데 왜 당회 정관은 헌법과 상충되게 "장로 과반수 찬성"을 고집하는 규정을 두어 혼란케 하는가?

3) 절대적인 회장의 공포권

위의 2)항에서 설명한 바와 같이 "당회 의결 정족수에 장로 투표수의 과반수 찬성과 당회장의 찬성으로 결의"는 헌법과 상충되므로 삭제해야 하고 "회장이 공포하지 아니하면 파기되는 것은 상식이다." 제96회 총회장이 임시 목사를 시무 목사로 개정을 공포하지 아니하여 법안이 폐기 사장되었던 사실이 최근의 관례이다.

3. 교회 정관 개정에 대하여

교회의 모든 위원회나 각 치리회의 규칙이나 정관이나 헌법 등을 개정하는 경우에 "회집 수 과반수의 찬성으로 개정한다."는 개정 규칙은 귀 교회의 정관에서 처음으로 접하는 것 같아 보인다. 더욱이 "당회의 심의를 거쳐 공동 의회 과반수의 찬성으로 가결한다."고 한 것은 당회의 직무가 아니다. 정관 개정 위원회가 초안해서 제의하면 당회는 공동 의회를 언제 광고하고 언제 회의하자는 결의만 해주면 그만이다.

만일 당회가 개정위원회로 위임을 받았다고 가정할지라도 "당회의 심의를 거쳐"가 아니라 "당회가 개정안을 제안"하면 그만이다. 그런데 위원회가 초안하여 공동 의회에 제안하는 개정안을 당회가 심의하여 공동 의회를 허락하는 것은 재고해야 할 문제이다.

그리고 "재적의 과반수인지 출석의 과반수인지"는 아무 의미가 없다. 오직 목사 청빙 청원서에 재적 과반수의 서명(교회 헌법 정치 제15장 제3조)이 규정되어 있고, 교인 3분의 1 이상의 서명으로 공동 의회를 요청할 경우에 재적 교인 3분의 1을 요구(헌법 정치 제21장 제1조 2항)하였을 뿐이다.

오직 정관 개정의 의결 정족수는 "개회 정족수가 회집하여 3분의 2 이상의 결의로 개정"하도록 규정해온 것이 기독교 100년 역사의 관행이다.

교회 헌법 정치 제23장(헌법 개정) 제1조의 개정에서 "모든 노회의 3분의 2 이상의 가표를 받은 후 변경할 것이요"라고 하였고, 제2조의 개정에서도 "각 노회에 수의하여 노회 중 3분의 2와 모든 투표수 3분의 2의 가표를 받고 그 다음 총회가 채용하여야 한다."고 규정하였다.

4. 몇 년이 지나간 재정의 재 감사 제기에 대하여

몇 년이나 지나간 교회 재정을 모두 다시 감사하겠다고 자료를 달라고 하는 사람이 누구인지는 모르겠으나 자가 당착에 취하여 얼빠진 사람 같아 보인다.

매 회계 연도 말에 공동 의회를 소집하여 1년 전에 공동 의회에서 새해 예산을 초안하여 결의한 대로 집행한 결과에 대하여 감사 보고를 받아 결의하였고, 회계의 결산 보고를 받아 결의하여 완결된 사안들에 관하여 과거사를 다시 감사하겠다고 함은 언어도단이다.

해마다 공동 의회 할 때에 그 사람은 때마다 어디에 출장을 갔다 왔단 말인가? 매년 공동 의회 할 때마다 그 사람도 참석했을 것이 분명할 터이니 그 사람도 새해 예산 초안을 받기로 결의한 사람이요, 그 예산에 대한 결산의 재정 감사도 받기로 결의한 사람이요, 재정 결산 보고도 받기로 결의한 당사자이다.

이미 전 교인들이 매년 공동 의회에서 재정 감사와 결산 보고를 받아 결의한 당사자들이므로 과거 수년 전부터 현재까지 모두 다 종결된 사안이다.

자기가 세운 예산대로 결산 감사와 결산 보고를 자기도 교인들과 함께 받은 후 수고했다고 박수까지 하고 종결한 당사자로서 몇 년이나 지나간 교회 재정을 모두 다시 감사하겠다고 자료를 달라고 하는 일은 어불성설이요, 밭갈이하는 소가 들어도 웃을 일이다.

5. 부목사(강도사, 전도사)의 인사건과 직무에 대하여

헌법 정치 제4장 제4조(목사의 칭호) 제3항 (부목사)에 "부목사는 위임 목사를 보좌하는 임시 목사니 당회의 결의로 청빙하되 계속 시무하게 하려면 매년 당회장이 노회에 청원하여 승낙을 받는다."고 하였다.

부목사는 당회의 지도를 받는 것이 아니다. 오직 위임 목사를 보좌하는 목사로서 위임 목사의 지시를 받고 사역하는 목사이다. 뿐만 아니라 부목사는 교회를 위하여 사역하는 목사도 아니다. 오직 위임 목사만 보좌하는 사역자이다. 따라서 위임 목사를 성실하게 보좌하면 그것이 곧 교회를 위하는 사역이 된다.

따라서 인사건도 당회의 결의로 청하기는 하지만 장로들이 지명하는 것이 아니요, 오직 위임 목사가 지명하여 결정하는 절대적 인사권임을 당회원들은 수용해야 한다(정치 제9장 제3조 대리 회장 지명 참조). 그래서 수천 명이 모이는 교회일지라도 임시 목사가 시무하면 부목사 청빙을 노회가 허락하지 않으나 수백 명이 모이는 교회일지라도 위임 목사가 시무하면 노회가 부목사 청빙을 허락하는 것이다.

6. 결론

교회는 그리스도의 몸이요(엡 1:23) 그리스도는 교회의 머리이시다(엡 1:22). 그래서 교회의 구성원인 성도를 그리스도인(행 11:26, 26:28, 벧전 4:16)이라 한다. 따라서 하나님의 양 무리(시 100:3)인 지교회를 위임받은 위임 목사에 대하여 함께 하나님의 양 무리인 그리스도인들은 위임 목사를 모실 때에 하나님 앞과 여러 증인들 앞에서 치리에 복종하고 직무에 협력하겠노라고 서약한 대로 당회와 제직회와 교회의 모든 속회(청치 제20장)까지 혼연일체로 하나님의 교회를 섬길 때에 시편 133편과 같은 교회가 되리라 믿는다.

44. 교회는 과연 목사의 교회인가
교회는 하나님의 교회, 교인은 하나님의 기르시는 양 무리
목사가 내 교회, 내 양이라 함은 이단 사상이라 아니할 수 없어

[질의] 저희 교회는 1962년에 설립된 교회로 담임 목사와 시무 장로 1명의 조직 교회로서 70명의 성도들이 출석하는 교회입니다. 2017년 초에 부임한 목사님이 열심히 목회를 하여 교회가 부흥해 왔습니다.

그런데 목사님이 장년부와 청년부에 정보원을 심어 성도들의 정보를 수집하여 교회와 담임 목사에 대해 비판하는 교인들을 불러 사모 입회하에 주의를 주고, 그런 식으로 교회 생활을 하면 안 된다고 책망하므로 청년과 장년 20여명이 교회를 떠났습니다.

교회를 떠난 청년들이 시무 장로와 면담하는 과정에서 위와 같은 상황을 말하기에 원로 장로님과 시무 장로가 목사님에게 이렇게 목회하시면 어떡하느냐고 말씀드렸더니 "하나님이 보내셨으니 내 교회이고, 목회는 내가 하는 겁니다."라고 하였습니다.

그리고 2019년 4월 21일 부활 주일에 당회를 열어 1명뿐인 시무 장로에게 같이 동역할 수 없으니 "장로직을 사임하든지, 휴직하라"고 하시기에 장로는 "그렇게 할 수 없다."고 반대하였습니다.

그러자 목사님이 교인 47명의 서명을 받아 노회에 장로 시무 투표를 하겠다고 "임시 당회장과 대리 당회원"을 파송해 달라고 당회 경유도 없이 청원서를 제출하였으나 노회는 위법이라고 반려하였습니다. 노회 증경 노회장님 및 시찰장이 목사님과 장로님을 화해시키려고 하였으나 역시 목사님이 거부하였고, 원로 장로님을 모시고 대화를 요청하였으나 목사님이 또다시 거부하였습니다.

위와 같은 상황으로 다음과 같이 질의하오니 목사님의 바른 법리 해석을 부탁드립니다.

1. 장로와 그 가족과 목사님을 반대하는 성도들이 예배를 드리려고 본당에 들어가는데 성도들을 동원하여 못 들어가게 하는 상황에 대해 당회(2019. 12. 8.)때 목사님에게 항의하며 성도들이 예배당에 들어가지 못하게 막는 것을 중지해 달라고 요청하였으나 목사님은 싫다고 단호하게 거절하였습니다.

2. 당회 결의도 없이 전도사를 사임(2019. 11. 24.)시키고, 전도사를 새로 부임(2019. 12. 8.)시켰습니다.

3. 당회(2019. 12. 8.) 시 목사님은 "장로님이 성도들의 신임을 잃었기 때문에 재정부원을 그만 두어야 합니다. 다음 주일부터 재정은 성도들이 할 겁니다."라고 하였습니다.

4. 당회(2019. 12. 8.) 시 목사님은 "장로직을 내려놓으시든지 아니면 교인들에게 장로님의 신임을 물으세요."라며 다시 장로 사임을 요구하였습니다.

위 1~4번의 목사님 말씀과 행동이 과연 장로회 헌법에 맞는 일인지 목사님의 바른 지도를 부탁드립니다. (합동, S노회 H장로 드림)

[답] 수년 전에 어떤 목사가 "교인들은 내 양"이라고 필자에게 말하기에 이단 사상이라고 타이른 적이 있었다. 그런데 오늘은 목사가 "교회는 내 교회"라고 하였다 하니 숨이 막힐 지경이다. 교회는 목사의 교회가 아니고 하나님의 교회(교회 정치 제2장 제1조, 엡 2:20~22, 행 20:28, 고전 1:2)이며, 교회의 머리되신 예수님의 몸(엡 1:20~23)이다. 따라서 교인은 목사의 양이 아니요, 하나님의 기르시는 양(시 100:3, 요 21:15~17)이니 하나님께서 목

사를 그리스도의 종이요 하나님의 양 무리를 먹이고 치게 하는 목자(교회 정치 제4장 제1조)로 세워서 목양을 하게 위임하였으니 목사는 하나님의 양을 함부로 처리해서는 안 된다.

목사가 교회를 내 교회라 하거나, 교인들을 내 양이라고 함은 이단 사상에 다름 아니다.

1. 교인이 목사를 비방하면 법의 원칙과 교회의 질서를 따라 권징 절차에 따라 처리해야지 교인을 동원하여 힘의 원리로 주일 예배에 참석하지 못하도록 제지함은 결코 옳지 않다.

2. 조직 교회에서는 부교역자들의 인사건을 반드시 당회의 결의로 처리해야 한다(교회 정치 제4장 제4조 3항, 동 제3장 제3조 1항).

3. 목사가 재정부의 재정 업무를 중지시키고 막연하게 성도들에게 맡긴다는 것은 전혀 옳지 않다(교회 정치 21장 제2조 3항).

4. 교회 직원의 직무를 중지케 하려면 법이 정한 규례에 따라서 처리해야지 목사가 대면하여 사퇴를 종용하는 것은 무례한 일이라 아니할 수 없다(권징조례 제47조, 교회 정치 제13장 제4조, 동 제5조, 제6조).

45. 목사 사면서 목사 본인이 직접 노회에 제출해야
목사 사면서, 당회 서기가 제출함은 합법적인 절차일 수 없어

[질의] 예장 합동 측 교회입니다. 당회원들이 담임 목사의 사면 촉구를 위해 서명한 서류를 보여주며 목사의 사면을 요구하기에 사면서를 적어 원로 목사의 지시에 따라 사면서를 당회 서기에게 주었고 당회 서기는 사면서를 가져다가 시찰회에 접수했습니다.

1. 이 과정이 적법한가요? 2. 당회 서기가 담임 목사 사면서를 가져다가 시찰회에 접수하는 것이 옳은가요? 목사님의 고견을 기다리겠습니다. 감사합니다. (바닥돌 올림)

[답] 질의 교회가 합동 측 교회이므로 합동 헌법으로 답한다.

질의 내용을 보니 목사와 교회 장로들 간에 모종의 갈등이 있어 보인다. 그 갈등의 내용은 알 수 없으나 목사와 장로들 그리고 원로 목사까지 교회법에 문외한이기에 이런 문제가 발생한 것같이 보여 안타깝기만 하다.

1. 당회 서기가 목사 사면서를 접수함에 대하여

목사의 사면서는 목사가 직접 작성하여 노회에 직접 제출하는 것이 합법적인 절차이다(교회 정치 제17장 제1조). 그런데 당회 서기가 접수하여 시찰회에 제출한 행위는 천부당만부당한 일이다. 더욱이 원로 목사까지 담임 목사의 사면서를 당회 서기에게 갖다 주라고 엉터리 훈수를 하였다 하니 가관이 아닐 수 없다(교회법률상식 pp. 359~360 참조).

목사의 사면서를 원로 목사가 훈수를 하지 아니하고 목사가 직접 노회에 제출했다면 혹 절차상의 문제는 없었을지도 모를 일이다. 그런데 원로 목사의 어설픈 훈수로 문서 접수 절차상 불법이 발생되어 본 목사의 사면 건은 노회가 다룰 수 없고 반려해야 할 서류이다.

따라서 본 사건의 사면서를 제출하게 된 본래 사유는 차치하고 서류 접수의 절차상 불법 서류가 된 상황에 대한 책임은 전적으로 원로 목사에게 있고, 당회 서기에게는 공동 책임을 물어야 하며 시찰회 서기에게는 불법 서류에 대한 행정 지도도 없이 경유한 책임을 물어야 할 사건이다.

2. 해 노회의 후속 처리에 대하여

노회는 시찰회 서기가 노회 서기에게 접수한 후 서류가 제출된 과정에 대해 누구도 이의를 제기하는 자가 없고 사면서를 제출하게 된 사유가 합당하면 교회 정치 제17장 제1조의 규정대로 처리하면 그만이다. 그 이유는 사면서 작성 경위와 당회 서기가 원로 목사의 지시로 사면서를 받아 시찰회에 접수한 과정에 대하여 서류상으로는 노회가 전혀 알지 못하고 있기 때문이다.

그러나 노회 현장에서 아무 노회원이나 사면서와 관련한 당사자가 질의 내용과 같이 이의를 제기하면 교회 정치 제17장 제1조의 규정대로 당사자들을 대질한 후 질의 내용에서 불법성이 드러나는 즉시 반려하는 것이 법리이다.

3. 결론

교회의 위임 목사 사면에 관하여는 목사의 범죄 사실이 발현되어 재판하는 방법과 교회 대다수의 교인들이 목사를 환영하지 아니하고 해약을 원할 경우에 노회가 목사와 교인 대표자의 설명을 들은 후 처리하는 방법(교회 정치 제17장 제2조)밖에 없고 오히려 당회와 교회는 목사의 목양에 협력하는 것이 헌법이 정한 법리이다(교회 헌법 정치 제15장 제11조 2항).

따라서 당회원들이 서명한 서류를 보여주면서 목사의 사면을 촉구하는 압력을 행사한 것은 교인의 대표로서 교회의 대표자인 목회자에게 대하는 예의가 아니요, 위임 목사 신분인 담임 목사를 권고 사면하는 합법적 절차일 수도 없다.

第2章
장로(長老)

46. 원로장로는 당회장에게 당회 소집 청원권 없다

시무 장로 없고 원로 장로만 있는 교회 행정은 당회장 단독 처결
폐당회 당회장은 원로 장로 동의 없이 모든 당회권 행사 가능

[질의] 대구동노회 H교회의 사건입니다. H교회는 시무 장로 1인만 있는 조직 교회였는데 시무 장로가 원로 장로로 추대됨으로 폐 당회가 되었습니다. 그런데 H교회 당회장이 노회에 장로 선택 허락을 받고 법이 정한 대로 1주일 전에 장로 선택을 위한 공동 의회 광고를 하고 광고한 일시에 공동 의회를 하여 피택 장로 1인을 선택하였습니다.

이에 대하여 원로 장로가 당회도 하지 않고 공동 의회를 한 것이 불법이라고 하면서 노회에 소원장을 제출했고, 노회 임원회 역시 원로 장로의 동의 없이 공동 의회를 한 것이 잘못이라고 하여 교회가 혼란스럽습니다.

원로 장로의 주장과 임원회의 판단이 옳은 일인지 목사님의 법적인 판단을 부탁드립니다. (합동, 대구 K목사)

[답] 질의자가 합동 측 목사이므로 합동 헌법으로 답한다.

1. 당회 조직과 원로 장로의 당회 회원권

정치 제9장 제1조(당회 조직)에 "당회는 지교회 목사(필자 주: 당회장)와 치리 장로로 조직하되 세례 교인 25인 이상을 요하고 장로의 증원도 이에 준한다."라 하였고, 정치 제5장 제5조(원로 장로)에 " … 당회의 언권 회원이 된다."고 하였으며, 정치 제9장 제2조(당회의 성수)에 "당회에 장로 2인이 있으면 장로 1인과 목사(필자 주: 당회장)의 출석으로 성수가 되고, 장로 3인 이상이 있으면 장로 과반수(필자 주: 과반수 이상)와 목사 1인이 출석하여야 성수가 된다. 장로 1인만 있는 경우에도 모든 당회 일을 행하되 그 장로 치리 문제나 다른 사건에 있어 장로가 반대할 때는 노회에 보고하여 처리한다."고 규정하였다.

이상과 같은 헌법 규정을 종합하면 당회의 조직에서 당회장과 시무 장로와 세례 교인 25인 이상은 절대적인 당회 조직의 필수 요건이다. 그러나 당회의 언권 회원인 원로 장로는 당회 조직이나 당회 성수에 절대적 요건이 될 수는 없고 당회에서 언권 회원이다.

2. 폐 당회 시 위임 목사와 원로 장로

제60회 속회 총회(1976년 2월)에서 "2년 내에 당회 조직을 회복하면 위임식을 거행할 것 없이 여전히 위임 목사로 시무함이 가하니라"는 총회 결의에 근거하여 위임 목사는 폐 당회 후 2년까지는 계속하여 위임 목사의 신분이 유지되므로 당연직 당회장으로서 시무 장로가 없을지라도 미조직 교회의 임시 목사가 노회로부터 당회장권을 위임받아 재판건을 제외한 모든 행정건을 당회장 단독으로 행사하는 것과 같이 H교회의 당회장도 모든 행정건을 당회장이 단독으로 처리한다. 그러므로 H교회의 당회장이 장로 선택을 위한 공동 의회는 지극히 합법적인 행정 처리이다.

즉 원로 장로는 시무 장로가 있을 때에만 당회에서 언권 회원이 되고, 시무 장로가 사임을 하여 폐 당회가 되었을 때에는 당회장이 원로 장로와 둘이서 당회를 할 수가 없다. 그 이유는, 모든 회의는 의결 도출을 목적으로 하는 데 반하여 의결권이 없는 언권 회원과는 그 어떤 안건도 결의를 할 수가 없기 때문이다. 따라서 폐 당회는 당회장이 원로 장로와는 당회를 해야 할 필요성이 요구되지 않는다. 다만, 2년 내로 당회가 회복되면 원로 장로도 역시 당회에 참석하여 언권 회원이 된다.

3. 원로 장로의 소원장과 임원회의 판단에 대하여

원로 장로는 당회에서 언권 회원일 뿐이요 의결권이 없으므로 사실상 폐 당회가 된 위임 목사가 원로 장로와 독대하여 당회를 할 필요성을 느끼지 않는다. 그렇기에 언권 회원인 원로 장로가 당회도 하지 아니하고 공동 의회를 한 것이 불법이라고 하거나 원로 장로의 동의 없이 공동 의회를 했다는 등의 이유로는 소원장을 제출할 수 없다.

혹 공동 의회 시 절차상 잘못된 일이 있다면 원로 장로나 세례 교인이나 누구든지 공동 의회 회원으로서 소원을 할 수는 있다. 그러나 원로 장로가 당회를 하지 아니했다거나 원로 장로의 동의가 없었다는 등의 사유로서는 소원건이 성립되지 아니한다.

그리고 노회에 소원건이 접수되면 노회 서기는 서류 형식의 적부를 심사하여 반려하거나 접수하여 노회에 상정하는 것이 그 직무이고, 서기가 접수한 서류를 노회 임원회가 검토하면서 이러쿵저러쿵 판단하는 것은 서기의 고유한 직무를 월권하는 것으로 밖에 보이지 아니한다.

47. 은퇴 장로는 원로 장로 될 수 없다
원로 장로의 추대 시기는 시무를 사임할 때 뿐

[질의] 대구중노회 산하 S교회에서 발생한 일입니다. 당회가 은퇴한 지 5년이 지난 P장로님을 원로 장로로 세우기 위하여 공동 의회를 소집하여 원로 장로로 피택 하였습니다.

노회에서 이 사실을 알고 "법적으로 안 된다."고 하다가 결국 총회에 질의를 하였는데 총회에서는 노회가 알아서 하라는 답변이 왔다고 합니다. 이 일을 어떻게 하는 것이 법에 적합한지 답변을 바랍니다. (합동, 대구 평신도)

[답] 상세한 내용을 알 수가 없어 질의 내용의 문장에 따라 합동 측 헌법으로 답한다.

1. 원로 장로의 추대 절차에 대하여

정치 제5장 제5조(원로 장로)에 "동일한 교회에서 20년 이상 시무하던 장로가 연로하여 시무를 사임할 때 그 교회가 그의 명예를 보존하기 위하여 공동 의회의 결의로 원로 장로로 추대할 수 있다. 단, 당회의 언권 회원이 된다."라고 규정하였다. 여기 원로 장로에 대한 규정 안에 질의자가 요구하는 해답이 다 들어 있다고 본다.

(1) 원로장로의 추대 구비 조건

① 시무 장로로서 시무 사임이 전제되어야 하고 ② 원로 장로로 추대 시기는 시무 사임을 제출할 때이어야 하고 ③ 시무 기간은 동일한 교회에서 20년 이상 시무한 자이어야 하고 ④ 교회가 그의 명예를 보존하고자 하는

의지가 분명해야 한다.

(2) 원로 장로 추대 절차

① 장로로 시무 기간이 20년 이상이 된 자로서 사임서를 제출할 때 교회가 그의 명예를 유지하고자 하면 ② 당회의 결의로 공동 의회를 소집하여 ③ 투표수 과반수의 찬성으로 원로 장로로 추대한다.

2. S교회 당회와 P장로에 대하여

S교회 당회가 은퇴한 지 5년이 지난 P장로를 원로 장로로 추대하기 위하여 공동 의회를 소집하여 원로 장로로 피택 하였다고 하니 기가 막힐 일이다. 과연 S교회 당회는 은퇴한 지 5년이나 지난 은퇴 장로를 원로 장로로 추대하는 것이 불법이라는 것을 몰랐단 말인가?

대한예수교장로회 총회 산하의 목사와 장로들이라면 이와 같은 법리 정도는 모를 리가 없다. 따라서 이는 P장로의 과욕에 의하여 S교회의 당회가 고의적인 불법을 행함으로 교회와 노회를 어지럽게 함에 다름 아니다.

3. 대구중노회와 총회에 대하여

대구중노회가 S교회의 불법 행위로 은퇴 장로를 원로 장로로 추대하기 위한 공동 의회까지 한 것을 인지하고 "법적으로 안 된다."라고 S교회 당회에 지도했으면 일관성 있게 하회를 지도해야지 총회에 질의를 했다고 하니 법리를 몰라서인 것은 아닐 터인데 총회에 떠넘기려는 것 같아 보이고, 총회 역시도(혹 임원회?) 불법인 사실을 알면서도 법리적인 답변을 하지 않고 "노회가 알아서 하라"고 하면서 노회에 떠넘기는 무책임한 행위 등은 노회 행정이나 총회 행정의 흠결이라 아니할 수 없다.

4. 결론

원로 장로의 추대는 노회의 허락이나 총회의 지도가 필요한 것이 아니요 당회의 직무에 속한 것이므로 당회 자체에서 처리해야 할 사안이다. 다만 원로 장로의 추대 사항이 당회의 직무에 규정되지 않은 것은 1993년도 헌법 개정에 의하여 원로 장로 제도를 처음으로 도입하면서 당회 직무에 원로 장로 추대 업무를 추가하여 규정하지 않은 연유이다.

본 건 S교회 당회는 은퇴 장로가 된 지 5년이나 경과한 P장로를 원로 장로로 추대하기 위하여 당회의 결의로 공동 의회를 회집하여 원로 장로로 피택 한 것을 무효로 하고, 대구중노회는 하회인 S교회 당회에 법리적으로 한 결같은 지도를 해야 한다.

만일 이를 방치하여 S교회 당회가 은퇴 장로를 원로 장로로 추대하는 전례를 남긴다면 전국 교회에 확산되는 것은 물론이요 전국 교회에 혼란이 야기될 것이다. 혹 S교회 당회가 교회 헌법을 어기고 무리하게 P장로를 원로 장로로 추대한다면 상회인 대구중노회는 S교회 당회와 당회장에 대하여 그 책임을 추궁하여 교회의 법적인 질서를 철저히 바로 잡아야 한다.

48. 장로 임직식 담임 목사 홀로 거행해도 합법
장로 임직식 7인이 하나 1인이 하나 법적 효력 같아
헌법에 1인이 장로 집사 임직식 거행할 수 없다는 규정 없어

[질의] 시무 장로가 사임하여 폐 당회가 되었습니다. 폐 당회가 된 지 2년 안에 노회에 장로 선택 허락 청원서를 제출하고 허락을 받아 선거 투표로 선택하여 반년 이상 당회의 교양과 노회 고시에 합격한 후 해 교회에 시무하는 담임 목사 혼자서 장로 임직 예식을 거행하여 당회가 회복되었습니다.

그런데 노회 회원 중에서 총회에 질의하기를 "폐 당회 된 위임 목사가 본교회 장로 임직을 하는 데 있어 시찰회나 노회에 알리지 않고 당회장 혼자서 장로를 세워도 가능한지 답변해 주시기 바랍니다."라는 질의에 총회(혹 임원?)로부터 "당회장 혼자서는 장로를 세울 수는 없습니다."라는 답을 받았다고 합니다. 이에 대한 법률적인 목사님의 답변을 바랍니다. (합동, K목사)

[답] 질의자가 합동 측 목사이므로 합동 총회 헌법으로 답한다.

1. 노회의 질의와 총회의 답변에 대하여

대한예수교장로회 총회 헌법 정치 제12장 제4조(총회의 직무)에 "총회는 … 하회에서 합법적으로 제출하는 헌의와 상고와 소원과 고소와 문의와 위탁 판결을 접수하여 처리하고"라 규정하였다.

즉 노회가 총회에 질의(문의)하는 것은 개인이 질의하는 것이 아니라 노회가 결의하여 그 내용을 회의록에 기록하고 회의록에 기록된 대로 노회장의 명의로 질의해야 하고, 총회의 답변도 임원회나 총무 등의 개인이 답변하는 것이 아니라 총회가 질의 접수한 것만을 총회가 결의하여 회의록에 기록된 대로 총회장의 명의로 답변해야 한다는 의미이다.

그래서 1913년 제2회 총회(회의록 p.32)에서 결의하기를 "총회가 헌의는 개인에게 받지 아니하고 노회에게 받을 것이로되 개인이 사사로이 청원하려면 호소(진정서)할 수 있음"이라고 하였다. 즉 개인이 치리회에 제출할 수 있는 서류는 "진정서(호소)"뿐이요 그 외의 모든 서류는 치리회인 하회가 노회장 명의로 제출하는 서류이어야 한다는 의미이다. 따라서 본 질의와 총회의 답변은 모두 노회의 결의로 질의하고 총회의 결의로 답한 것이 아니라 개인적인 질의와 개인적인 답변이므로 일고의 가치도 없는 질의와 답변이다.

2. 폐 당회 된 교회 위임 목사의 신분

위임 목사가 시무하는 교회에 폐 당회가 되었을 때 폐 당회 된 교회의 위임 목사 신분에 대하여 헌법 규정이 없다. 이에 대한 해답으로 1976년 2월 제60회 속회 총회에서 "2년 내에 당회 조직을 회복하면 위임예식을 거행할 것 없이 여전히 위임 목사로 시무함이 가하니라"고 결의하였다. 따라서 질의 내용에 폐 당회가 된 교회의 목사는 여전히 폐 당회 후에도 2년까지는 위임 목사의 신분을 유지하게 된다. 즉 당회가 회복될 때까지는 시무(임시) 목사였다가 당회가 회복되면 다시 위임 목사로 회복되는 것이 아니라 폐 당회 때부터 2년 내로 당회가 회복될 때까지 여전히 위임 목사임을 의미한다.

3. 교회 직원의 임직에 대하여

교회 직원의 임직은 직무에 따라 약간의 차이가 있다.

(1) 목사 임직: 목사 임직은 노회가 하는 예식으로 총회와 노회의 고시에 합격하여 목사의 자격을 갖추면(정치 제15장 제1조, 동 제4장 제2조) 노회가 위원을 선정하여 동 제15장 제10조의 식순에 따라 임직한다.

(2) 장로, 집사: 장로와 집사의 임직은 당회가 시행하는 예식으로 장로는 노회의 선택 허락과 고시에 합격해야 하고, 집사는 노회의 선택 허락이나 고시 없이 당회 결의와 당회의 고시로 정치 제13장 제3조에 규정한 임직 순서에 따라 당회가 임직한다.

여기에서 주목해 보아야 할 규정은 "교회원들이 거수로써 승낙의 뜻을 표한 후에 '목사가 개인으로나 전 당회로 안수와 기도하고' 피선자를 치리 장로(혹 집사)의 직을 맡긴 다음 악수례를 하고, 공포한 후"라는 대목이다. 즉 임직식을 시찰회나 노회에 반드시 알리고 하는 것이 아니라 당회가 담임목사 홀로 해도 되고 안수할 때 전 당회원과 안수한 후 임직자 권면이나 교인 권면 등 모든 순서를 당회장 홀로 거행해도 아무 문제가 없다는 의미이다.

4. 결론

본 질의의 내용에 노회 회원이 질의한 것이나 총회의 답변은 치리회가 질의하고 치리회가 답한 것이 아니요, 개인이 질의하고 개인이 답한 것이므로 일고의 가치도 없고, 정치 제13장 제3조(장로 임직 순서)에 "목사가 개인으로나 전 당회로 안수와 기도하고 피선자를 치리 장로(혹 집사)의 직을 맡긴 다음 악수례를 하고 공포한다."라는 규정이야말로 "목사 홀로도 장로 임직을 할 수 있다."는 것을 뒷받침해 주는 법조문이다.

49. 협동 장로가 신학교 법인 이사장 될 수 있는가

시무 장로가 아닌 협동 장로는 법인 이사장 될 수 없어

[질의] K교단의 신학대학교 이사회가 협동 장로를 법인 이사장으로 선택하였습니다. 이에 대하여 교단의 일부 인사들 중에 협동 장로는 총회 선거 조례 제3장 제6조 1항 단서 조항에 "모든 후보자의 임직일은 본 교단에서 시무일 기준으로 한다."는 규정에 의하여 협동 장로는 법인 이사장이 될 수 없다고 이의를 제기하였습니다. 법리적인 답변을 바랍니다. (부산 G장로)

[답] 질의자가 교단을 밝히지 아니했으므로 장로교회의 통상적 법리에 따라 답한다.

1. 협동 장로의 위치

최초의 헌법인 1922년도 판 조선예수교장로회 헌법 정치 제5장(치리 장로) 3(장로의 자격)에 "장로는 행위가 선량하고 신앙의 진실하고 지혜와 분별력이 있으며 언행이 성결함으로 온 교회의 모범이 될 자라야 가합하니라 (전벧 5:3)"라고 규정하였고,

1930년도 판 대한예수교장로회 헌법 정치 제5장(치리 장로) 제3조(장로의 자격)에는 "27세 이상 남자 중 입교인으로 무흠히 5년을 경과하고 상당한 식견과 통솔의 기능이 있으며 딤전 3:1~7에 해당한 자로 할 것이니라"고 규정하여 장로로 임직하면 사망 시까지 모두 시무 장로 이외의 다른 칭호가 없었고 장로교도 하나뿐이었다.

그런데 1930년 이후 수십 년을 지나면서 대한예수교장로회 총회라는 교단의 개수가 이미 100개를 넘은 것이 옛날이 되었고, 대부분의 교단들이 만

70세 시무 정년제로 헌법을 개정하여 시행한 이후 교회 직원의 칭호가 34가지나 되고(교회법률상식 pp.377~381 참조) 그 중에 장로의 칭호 역시 시무 장로, 무임 장로, 휴무 장로, 은퇴 장로, 협동 장로, 원로 장로 등 6가지나 된다.

그 중에 협동 장로는 K교단과 H교단에서 신설하여 시행하고 있는데 이는 정치 원리상 시행할 수 없는 칭호이다. 그 이유인즉 교인을 치리할 수 있는 치리권은 ① 교인의 투표로 위임을 받아야 하고 ② 교인들이 치리에 복종하겠다는 서약을 함으로 비로소 치리권이 발생하게 되는데 협동 장로는 교인이 투표도 하지 아니하고 치리에 복종하겠다는 서약도 하지 아니한 상태에 있는 무임 장로를 당회의 결의로만 협동 장로가 되게 하여 당회의 언권 회원으로 간접적 치리권을 행사하게 하는 것은 장로회 정치의 대 원리상 합당치 않다.

따라서 협동 장로 제도를 시행하고 있는 교단들은 조속히 헌법을 환원 개정하여 협동 장로를 폐지해야 한다.

2. 협동 장로의 피선거권에 대하여

대표적인 3개 장로교단의 헌법 규정을 보면 T교단은 협동 장로 제도를 시행하지 아니하고 있으며, K교단과 H교단에서 시행하고 있는바 K교단 헌법 정치 제6장(장로) 제71조(협동 장로)에 "교회를 잘 봉사할 수 있는 무임 장로가 있는 경우, 당회의 결의로 협동 장로를 세울 수 있다. 협동 장로는 당회와 제직회에서 발언권을 가진다."라고 규정하였고,

H교단 헌법 정치 제5장(치리 장로) 제7조(협동 장로)에 "무임 장로 중에서 당회 결의로 협동 장로로 선임하고 당회의 언권 회원이 된다."라고 규정하였다.

그런데 K교단의 총회 선거 조례에 "모든 후보자는 … 시무일을 기준으로 한다."라고 규정하여 시무 장로이어야 후보자가 될 수 있음을 법이 정하고 있는데 협동 장로는 무임 장로에게 당회 결의로 언권만 부여한 장로로서, 마치 목사로서 시무지가 없는 무임 목사가 노회에서 언권 회원으로 선거권과 피선거권이 없는 것처럼 협동 장로 역시 시무 장로가 아니기에 선거 투표로 선정하는 신학교의 법인 이사장의 피선거권이 없으므로 법인 이사장이 될 수 없다.

3. 결론

장로교회의 모든 선거 제도에 있어서 현행 헌법은 시무하는 정회원에게만 선거권과 피선거권을 부여하고 있으며 무임, 은퇴, 협동 장로들에게는 선거권과 피선거권을 제한하도록 규정하고 있다. 따라서 K교단의 신학대학교 이사회의 법인 이사장을 선정하는 선거에서 협동 장로를 선정한 것에 관하여 사학법에서는 인정할지 모르지만 교회법에서는 법리적으로 피선거권이 없는 자를 선택하였으므로 당연 무효일 수밖에 없어 보인다.

50. 장로 재판국장은 판결문 선고 못 한다

제98회 합동 총회를 앞두고 장로가 재판국장에 출마를 하였고, 당시 선거관리위원회는 충분한 법률적 검토도 없이 재판국장 장로 후보를 공고해 버렸다. 이에 대하여 필자는 인터넷 신문 시포커스와 한국기독신문 제705호에 "장로도 재판국장이 될 수 있는가"라는 머리기사로 "직무상 간접 규정에 의하여 장로는 재판국장 될 수 없어"라는 소제목을 붙여 보도하였었다 (목회현장에서 꼭 필요한 교회법률상식 pp.309~311 참조).

그런데 아이러니한 것은 총회가 재판국장을 선출하면서 목사 후보자는 탈락시키고 장로 재판국장을 선출하는 기독교 100년 역사상 초유의 이변이 일어났다. 언젠가는 장로 총회장과 장로 노회장도 선출되지나 아니할까 심히 우려되는 대목이다. 장로 부총회장과 장로 부노회장 제도를 도입한 것은 역설적으로 장로는 노회장과 총회장이 될 수 없다는 것을 반증하는 것 아니겠는가.

혹자는 반문하기를 목사나 장로나 다 같은 회원권을 구비한 총회 총대들인데 어떻게 장로는 재판국장이나 총회장을 못하느냐고 하겠지만 총회 헌법의 간접 규정에 의해서 노회장이나 총회장, 재판국장의 직무를 수행할 수 없는 부분이 있기 때문이다.

만일 장로가 노회장으로 피선되었다면 노회 개회 예배 인도(사회)를 할 수도 없고, 설교는 물론 목사 임직식의 안수와 악수례나 공포도 할 수 없다는 말이다.

구약 시대에 기름 부음을 받은 제사장, 선지자, 왕의 3대 직분은 예수님께서 십자가에 못 박혀 돌아가시면서 "다 이루었다"는 말씀과 함께 소멸되었다. 즉 제사장, 선지자, 왕으로서의 직분은 존재하지 않지만 그 직무는 계속되는데 그 직무는 오직 목사에게만 수행하도록 주어졌다.

조금 더 구체적으로 설명한다면 제사장의 직무인 예배 인도와 선지자의 직무인 말씀 선포(설교)와 왕의 직무인 제직회장, 공동의회장, 당회장, 노회장, 총회장은 목사만 수행할 수 있다는 말이다. 따라서 장로는 예배 인도, 설교, 치리회장, 축복 기도(축도)를 할 수 없을 뿐 아니라 목사 임직 예식에서 "주 예수 그리스도의 이름과 노회의 권위"로 하는 임직 공포(정치 제15장 제11조 2항 ⑤)를 할 수 없음과 같이 장로 재판국장은 "주 예수 그리스도의 이름과 그 직권으로 주문과 같이 판결한다."는 판결문의 선고를 할 수 없다.

그 이유인즉, 목사는 교회의 대표자이자 하나님을 대표하는 자(예배모범 제6장 5항)로 엄격히 구별하였으니 장로는 교회의 대표자와 하나님의 대표자가 될 수는 없고 오직 교인의 대표자일 뿐이기 때문이다.

그러므로 합동 제98회 총회 재판국이 심리 판결 후 판결문 선고는 목사가 대행해야지 장로 재판국장이 해서는 안 된다. 장로 재판국장이 선고하는 것은 상기한 바와 같이 법적 효력이 없기 때문이다. 만일 장로가 목사 임직 예식에서 설교를 하고 안수와 악수례, 임직 공포와 축도를 했다면 하나님께서 그것을 합법이라고 인정하시겠는가? 재판국의 판결문 선고도 마찬가지라는 말이다.

여기에서 목사 임직 예식의 "악수례" 한 가지만 살펴보자.

"노회 대표자의 안수와 함께 회장이 기도하고 목사로 임직한 후 악수례를 행하며 말하기를「성역(聖役)에 동사자가 되었으니 악수로 치하하노라」한다(갈 2:9, 행 1:25)."라고 규정한 헌법 정치 제15장 제10조 2항은 목사 임직 예식 중 악수례 시 치하 문장으로서 성역에 종사하는 목사가 성역에 종사할 임직을 받는 목사에게 동사자(同事者)로서 치하하는 악수례 문장이다. 따라서 성역에 종사자가 아닌 장로는 목사 임직 예식에 악수례를 할 수 있는 목사가 아니기 때문에 노회장이 될 수 없다.

결론으로 장로는 축도와 목사 임직 예식 시에 "주 예수 그리스도의 이름과 노회의 권위로" 하는 목사 임직 공포를 못함과 같이 장로 재판국장은 "주 예수 그리스도의 이름과 그 직권으로" 하는 재판국에서의 어떤 판결문도 선고할 수 없는 것이 장로회 정치 체제하에서의 법리이다.

第3篇
치리회(治理會)

第1章
당회(堂會)

51. 당회 의결 정족수와 개회 성수가 같다 함 어불성설

당회장 찬성과 장로 과반수이상 찬성해야 의결 정족수 언어도단
당회장 포함한 당회회원 출석수 과반수이상이면 의결 정족수 충족

[질의] 모 인터넷 신문에 "… 목사 1인과 장로 4인의 총 인원인 5인 중에 과반수인 3인(목사 1인, 장로 2인)의 찬성으로 결의되면 당회는 장로들의 뜻대로 결의되고 만다. 여기에서 성직자인 목사 1인의 결의권은 일반 신도들의 대표인 장로들의 결의권에 함몰되고 만다. 그렇게 되면 장로들의 주장 내로 결의되며 상보는 일반 신도들의 대표이므로 신도들 뜻대로 치리권이 행사되므로 이는 회중 정치가 되어 버린다. … 장로회 정치 원리에 따라 당회 개회 정족수 규정이 그러하다면 개회된 당회의 의결 정족수도 목사 1인 찬성과 출석 장로 과반수 찬성이 있어야 결의된다는 것을 의미한다. (소재열 저 정치 해설편 교회법 해석론 참조)
… 따라서 목사 1인과 장로 4인으로 구성된 당회 결의는 목사의 찬성과

장로 3인의 찬성으로 결의된다. 장로 3인의 찬성이 없으면 목사는 결의에 대한 공포를 할 수 없으며 목사가 결의하고 싶어도 장로 3인 이상의 찬성이 없으면 결의 공포할 수 없다. 이렇게 하여 목사직과 장로직이 서로 견제와 균형을 갖게 하는 것이 바로 장로회 정치 원리이다. 장로의 결의 정족수가 교단 헌법에 규정이 없으므로 위와 같은 원리를 교회 정관으로 규정해 두어야 나중에 당회가 분쟁을 예방할 수 있다. ○○○ 목사(한국교회법 연구소장, 법학 박사)"라는 글이 올려 있습니다. 이 글이 장로회 정치 법리에 합당한지요? 목사님의 법리적인 답변을 바랍니다. (서울, 합동 K장로)

[답] 제98회 총회에서는 제96회 총회에서 폐기 종결 처리된 임시 목사 관련 헌법 개정안을 "추완 공포하면 됩니다. 나 법학 박사입니다."라는 불법적 억지 발언에 따라 당시 총회장이 추완 공포하고 시무 목사로 개정되었다고 하면서 현재까지도 시행하는 바람에 교단을 혼란의 도가니로 몰아넣더니(시포커스 2017. 1. 13. "합동 총회 임시 목사인가 시무 목사인가" 참조), 이제 또 다른 법학 박사가 장로회 정치의 근본 원리를 뒤집어 버리는 논리로 합동 교단이 "장로회 정치가 아닌 회중 정치가 되어 버린" 것처럼 해 총회적(害總會的)인 글을 발표하였으니 말문이 막히고 억장이 무너진다.

1. 대의 민주 정치의 의결 정족수에 대한 오해

장로회 정치란 "장로들이 회의하여 다스리는 정치"라는 법리의 준말로 "장로회 정치"라고 한다. 여기에서 장로들이란 "강도와 치리를 겸하는 목사인 장로"와 "강도권은 없고 치리권만 있는 치리 장로인 장로"들을 의미한다. 통상 용어로 표기하면 "목사와 장로로 조직된 당회의 결의로 교회를 다스리는 정치"라는 말이다.

즉 교인들이 투표로 청빙한 목사에게 치리에 복종하겠다는 서약을 하여 치리권을 위임한 "교회의 대표자 위임 목사"와 교인들이 투표하고 임직예식에서 치리에 복종하겠다는 서약을 하여 치리권을 위임한 "교인의 대표자 치리 장로"들로 조직된 당회가 결의한 대로 교회를 다스리기 때문에 대의 민주 정치라고 한다.

그런데 질의자가 지적한 모 신문 기고 내용에 "당회장이 반드시 찬성하고 출석한 장로 과반수 이상의 찬성으로 의결된다."는 논리는 장로회 정치가 아니요 장로회 정치를 파괴하는 괴변이다.

오직 "당회의 개회 성수는 당회장과 장로 과반수 이상으로 개회되지만, 당회의 의결 정족수는 목사와 장로수를 합한 당회 회원 출석수 과반수 이상의 찬성으로 족하다." 이것이 장로회 정치 원리이다.

2. 목사직과 장로직 견제와 균형에 대한 오해

본 기고문에 "목사직과 장로직이 서로 견제와 균형을 갖게 하는 것이 바로 장로회 정치 원리이다."라는 지극히 정당한 법리를 설명하면서 "목사 1인과 장로 4인으로 구성된 당회 결의는 목사의 찬성과 장로 3인의 찬성으로 결의된다. 장로 3인의 찬성이 없으면 목사는 결의에 대한 공포를 할 수 없다."는 논리로써 "마른하늘에 날벼락"과 같은 장로회 정치 원리를 파괴하는 법리를 내세우고 있다. 목사의 성직권과 장로의 평신도 기본권의 견제와 균형에 대하여 "당회장과 장로 과반수 이상의 찬성으로 결의한다는 것" 즉 당회장이 반드시 찬성해야 한다는 주장은 어불성설이다.

이는 ① "장로들만으로는 교회를 다스릴 수 없고 목사 혼자만으로도 교회를 다스릴 수 없다는 의미이다. 그리고 ② 장로 전원이 출석 했을지라도 당회장이 출석하지 아니하고는 당회를 개회할 수 없다는 말이다. 또한 목사의 성직권과 평신도 기본권의 견제와 균형에 대한 또 다른 하나의 법리는 ③ 당회 중에 장로 전원이 찬성하는 안건일지라도 불법성이 분명하거나 교회에 유익하지 못하고 해가 될 사안에 한하여 회장의 공포 거부권을 행사함으로 목사 1인이 장로수십 인을 상대로 견제와 균형을 유지되게 하는 법리이다.

3. 당회의 개회 성수와 의결 정족수의 오해

본 기고문에 "장로회 정치 원리에 따라 당회 개회 정족수 규정이 그러하다면 개회된 당회의 의결 정족수도 목사 1인 찬성과 출석 장로 과반수 찬성이 있어야 결의된다는 것을 의미한다."(소재열 저 정치 해설편 교회법 해석론 참조)라고 하였다.

이 논리는 헌법이 규정한 "장로회 정치 원리"와 제7회 총회에서 곽안련 저 정치문답조례 618문을 본 총회 규칙으로 채용하기로 결의하고 부록한(제7회 총회록 pp. 14, 77~86 참조) "장로회 각 치리회 보통회의 규칙"에 반하는 대 착각이다.

여기에서 "당회 개회 정족수 규정이 그러하다면"이라는 말은 정치 제9장 제2조(당회의 성수)에 "장로 3인 이상인 당회는 '장로 과반수 이상과 목사 1인이 출석'하여야 개회 성수가 된다."는 규정을 의미한다.

따라서 "그러하다면 개회된 당회의 의결 정족수도 목사 1인 찬성과 출석 장로 과반수 찬성이 있어야 결의된다는 것을 의미한다."(소재열 저 정치 해설편 교회법 해석론 참조)라고 한 기고인의 주장을 알기 쉽게 다시 정리해본다.

"장로 3인 이상인 당회의 개회 정족수는 '목사 1인 출석과 장로 과반수 이상이 출석하여야 성수가 되는 것'과 같이 당회의 의결 정족수도 '목사 1인 찬성과 출석 장로 과반수 이상이 찬성'하여야 결의된다."고 하는 논리이다.

여기에 장로회 정치 원리에 어긋난 "소재열 저 정치 해설편 교회법 해석론"까지 인용하면서 아주 강력하게 주장하였다.

이는 곧 "당회 개회 정족수도 당회장과 장로 과반수 이상의 출석이요, 당회 의결 정족수도 당회장과 장로 과반수 이상의 찬성"으로 "똑 같다는 논리"인데 이는 밭갈이하는 소가 들어도 웃을 일이다.

이상의 잘못된 논리를 장로회 정치 원리에 따라 변박 정리한다.

① 정치 제21장(의회) 제1조 4항(회의)에 "법대로 제출하는 사건을 의결하나니 일반 의결은 과반수 이상으로 한다."고 하였다.

이는 곧 회장과 회원을 합하여 출석수 과반수 이상이면 의결 정족수에 족하다는 의미이다.

② 정치 제9장(당회) 제7조(당회 회집)에 "당회는 본 교회 목사가 필요한 줄로 인정할 때와 '장로 반수 이상'이 청구할 때와 상회가 회집을 명할 때에도 소집하되, 만일 목사가 없는 경우에는 필요에 응하여 '장로 과반수가 소집'할 수 있다."고 하였다.

이는 "당회의 임시 당회 회집 의결 정족수"에 관한 법리로서 목사는 소집자로서 동의하는 것으로 인정하고 장로 반수를 소집 의결 정족수가 요구된다. 그러나 목사가 없는 경우는 장로 반수가 아닌 과반수 이상으로 회집을 요구하여 임시 당회를 청하여(동 제4조)회의를 요청하도록 함으로 장로회 정치의 "의결 정족수는 회장을 포함한 회원 과반수 이상"이라는 법리를 암시하고 있다.

③ 장로회 각 치리회 보통회의 규칙 제8조(회장의 투표권)에 "치리회가 무기명 투표로 표결할 때에 회장도 다른 회원과 같이 투표할 수 있다. 그러나 이같이 투표하였으면 가부 동수가 되어도 회장이 다시 투표할 수 없고, 그 안건은 부결된다."고 하여 "회장이 투표하지 아니하여도 회원 과반수 이

상만 찬성하면 결의된다." 그러나 회장이 투표하지 않은 상태에서 회원의 가부 동수이면 회장의 의지로 가결되는 것이니(정치문답조례 613문 12항) 이는 "회장을 포함한 출석 회원 과반수만으로도 가결된다."는 의미이다.

따라서 기고자의 회장 찬성과 회원 과반수 이상이 찬성해야 가결된다는 법리 주장은 언어도단이다.

4. 정치 원리에 반하는 것을 정관에 규정하라 함 어불성설

본 건 기고자는 "장로의 결의 정족수가 교단 헌법에 규정이 없으므로 위와 같은 원리를 교회 정관으로 규정해 두어야 나중에 당회가 분쟁을 예방할 수 있다."고 하면서 합동 교단의 당회 현장을 혼란의 도가니로 빠뜨리려 들고 있다.

"장로의 결의 정족수가 교단 헌법 규정에 왜 없다는 말"인가?

교회 헌법 정치 제9장(당회) 제7조(당회 회집)에 "목사가 있어서 찬성 의사를 얻을 경우는 장로 반수로서 임시 당회 소집 의결 정족수가 되고, 목사가 없을 경우는 목사의 찬성 의사를 얻을 수 없기 때문에 장로 과반수로서 임시 당회 소집 의결 정족수가 되는 것을 규정하고 있다." 그런데 왜 "장로의 결의 정족수가 교단 헌법 규정에 없다."고 하면서 교회 정관까지 규정하라고 하며 법리의 정면 충돌을 야기 시켜 교회를 혼란케 하려 드는가!

5. 결론

거두절미하고 질의 내용에 기고의 글은 일고의 가치도 없다. 그리고 그 글을 쓴 법학 박사의 글 내용만으로 보면 장로회 정치의 ABC도 모르는 사람으로 평가할 수밖에 없다. 필자는 본 질의 내용의 기고문을 읽으면서 특히 현재 본 교단에서 당회장과 장로를 합하여 과반수 결의가 의결 정족이라면 회중 정치가 되어 버린다는 대목에서는 피가 솟구치는 것을 억눌렀다.

52. 당회 의결 정족수에 대한 소 박사의 반란

당회장을 포함한 당회원 과반수 이상 찬성 결의는 회중 정치이고
당회장 찬성과 장로 과반수 이상 찬성 결의만이 장로회 정치라 해

모 인터넷 신문의 대표자인 법학 박사께서 필자의 "당회 의결 정족수와 개회 성수가 같다 함 어불성설"이라는 크리스천포커스에 기고한 법리에 대하여 황당하다고 평가절하(評價切下)하면서 필자는 박사가 아니라서 폄훼(貶毁)하는지는 몰라도 "학문적인 과정을 거치지 않았기 때문이라고 생각해 보지만 신현만 목사의 주장대로 교회에 적용할 경우 교회는 엄청난 혼란이 임하게 될 것이다."라고 거침없이 필자의 명예 훼손에 해당되는 발언과 함께 적반하장 식으로 "당회 의결 정족수에 대한 반란"을 감행하고 있다.

필자의 "당회 의결 정족수와 개회 성수가 같다 함 어불성설"이라는 법리에 대한 소 박사의 평가 기고문이 A4 용지 7페이지나 되는 많은 분량이기에 지면상 거두절미하고 "당회 의결 정족수에 대한 반란성 오해 부분"만으로 요약한다.

그런데 소 박사는 "장로회 정치 원리와 성문 규정을 통해 입증하려고 한다. 그리고 동일한 주장을 펴고 있는 이종일 목사, 박병진 목사의 주장을 참고할 것이다."라 하면서 "총회 헌법과 장로회 각 치리회 보통회의 규칙에 반한 자기의 주장"에 대하여 동의하지도 아니하시는 "박병진 목사의 주장을 참고" 운운하는 등 자기의 그릇된 법리를 호도(糊塗)하여 독자들을 가일층 혼란의 도가니 속으로 빠뜨리려 하고 있음을 밝혀 둔다.

소 박사가 필자의 법리를 폄훼절하(貶毁切下)한 기고문의 내용은 다음과 같다.

「신현만 목사의 주장을 계속 들어보자. "장로회 각 치리회 보통회의 규칙 제8조(회장의 투표권)에 치리회가 무기명 투표로 표결할 때에 회장도 다른 회원과 같이 투표할 수 있다. 그러나 이같이 투표하였으면 가부 동수가 되어도 회장이 다시 투표할 수 없고, 그 안건은 부결된다."라 하여 "회장이 투표하지 아니하여도 회원 과반수 이상만 찬성하면 결의된다."고 주장한다.

당회는 목사와 장로 동수 개념이 아니기 때문에 목사를 포함한 당회원인 장로와 합하여 다수결인 과반수로 결의된다면 다수인 장로들 뜻대로 결의되고 만다.

정치 제5장 제2조 장로의 권한에서 장로는 "각 치리회에서 목사와 같은 권한으로 각 항 사무를 처리한다."는 규정에서 목사와 장로의 '같은 권한'이란 목사직과 장로직으로 하여 같은 권한임을 이미 이종일 목사, 박병진 목사가 동의한 부분이다.

계속된 신현만 목사의 짠한 주장을 보자. "그러나 회장이 투표하지 아니한 상태에서 회원의 가부 동수이면 회장의 의지로 가결되는 것이니(정치 문답조례 613문 12항) 이는 "회장을 포함한 출석 회원 과반수만으로도 가결된다."는 의미이다. "따라서 기고자(필자 주: 소재열 목사)의 회장 찬성과 회원 과반수 이상이 찬성해야 가결된다는 법리 주장은 언어도단이다." 라고 주장한다.

당회는 목사를 포함한 당회원(장로)이 합하여 과반수만으로도 결의된다는 주장은 장로회 정치가 아니라 장로 중심으로 결의되는 회중 정치가 돼 버린다. 신현만 목사는 필자의 주장(이종일, 박병진 목사 포함)을 언어도단이라 하는데 신현만 목사가 언어도단이라는 말에 아연실색하지 아니할 수 없다.」라고 현하 당회 정치를 회중 정치라고 정죄하며 반란을

일으키고 있다.

　더 이상 변론의 가치가 없어 보이므로 결론을 맺으려 한다.

　장로 3인 이상 되는 당회의 "개회 정족수"와 "의결 정족수"는 결코 같지 않다. "개회 정족수"는 반드시 당회장이 출석하고 반드시 장로 과반수 이상이 출석해야 하지만(정치 제9장 제2조), "의결 정족수"는 당회장과 출석 장로수를 합하여 과반수 이상이 찬성하면 의결 정족수에 충족된다(장로회 각 치리회 보통회의 규칙 제8조, 정치문답조례 459문, 동 613문 12항, 16항).

　즉, 당회장은 투표하지 아니하고 출석한 장로들만 투표하여 과반수 이상이 찬성해도 당회 의결 정족수가 충족되고, 당회장이 찬성하면 장로 반수만 찬성해도 의결 정족수에 충족된다는 의미이다.

　이것이 현재 총회 산하의 모든 당회가 시행하고 있음이 현실이고 법리인데 소 박사는 반드시 당회장이 찬성하고 장로 과반수가 찬성해야 의결 정족수가 된다고 억지 주장을 하고 있으니 전국의 모든 당회를 혼란케 하는 반란이 아니고 무엇이겠는가!

53. 당회의 구성 요소와 회원권

은퇴 장로가 참석 결의한 당회 결의는 당연 무효

원로, 협동 장로는 헌법 대 원리상 당회 언권 회원 불가

[문] 합동 측 장로교 산하의 어떤 교회에서 은퇴 장로가 당회 회원으로 참석하여 안건을 결의하였습니다. 은퇴 장로는 당회의 언권도 없는 것으로 알고 있습니다. 그 당회의 결의가 합법적 결의인지요? 그리고 당회의 구성 요소와 회원권에 대하여 법적인 해설을 바랍니다. (합동, Y목사)

[답] 질의자와 본 사건의 교회가 합동 교단이므로 합동 총회의 헌법으로 답한다.

1. 당회의 구성 요소

교회 정치 제9장 제1조(당회의 조직)에 "당회는 지교회 목사와 치리 장로로 조직하되 세례 교인 25인 이상을 요하고(행 14:23, 딛 1:5) 장로의 증원도 이에 준한다."고 규정하였다. 따라서 당회 구성의 요소는 ① 세례 교인 25인 이상이 절대 조건이요 ② 시무 장로가 있어야 하고 ③ 지교회 목사(당연직 당회장인 위임 목사) 즉 당회장이 있어야 한다.

여기에서 지교회 목사란 위임 목사를 의미하는데 이는 당연직 당회장인 담임 목사(정치 제9장 제3조)를 칭하므로 당회장이 필수 요건이라는 말이다.

그러므로 ① 위임 목사인 당회장 또는 ② 노회 결의로 당회장권을 허락받은 시무 목사(개정 전 임시 목사)인 당회장(정치 제15장 제12조 1항) 또는 ③ 위임 목사와 시무 목사도 없는 교회에 노회가 파송한 당회장(정치 제

9장 제4조)과 25인 이상 되는 교회에 시무 장로를 임직한 후에야 당회를 조직할 수 있다는 말이다.

즉, 당회 구성 요소는 세례 교인 25인 이상과 당회장과 시무 장로가 절대 필요 불가결의 요소이다.

2. 당회의 회원권

정치 제9장 제2조의 당회 성수 내용을 보면 장로 2인인 당회는 장로 1인과 당회장, 장로 3인 이상이면 장로 과반수와 당회장, 장로 1인만 있으면 장로 1인과 당회장의 출석으로 성수가 된다는 규정 안에 당회 회원권은 당회장과 시무 장로로만 규정하고 있다.

그런데 1993년에 원로 장로를 신설 개정하여 당회의 언권 회원이 되게 하였고(정치 제5장 제5조) 제직회에서는 정회원이 되게 하였으며(정치 제21장 제2조 1항), 2000년도에는 은퇴 장로와 협동 장로를 신설 개정하면서 협동 장로에게도 당회의 언권 회원이 되게 하였다(정치 제5장 제6,7조). 이는 장로교 헌법의 대 원리상 모순된 법조문이므로 시행해서는 안 되는 조항이다.

그 이유는 지교회 교인이 당회 회원에게 치리를 받는 것은 교인들이 당회 회원으로 투표하여 세운 목사와 장로이어야 하고 치리에 복종하겠다고 서약을 한 목사와 장로들만 치리권이 발생하기 때문이다.

이와 같은 이유로 시무 목사(개정 전 임시 목사)는 교인들이 청빙을 위한 투표는 하였으나 치리에 복종하겠다는 서약을 하지 아니하였기 때문에 노회가 당회장권을 허락하지 아니하면 당회장이 되지 못하는 것이다. 다만 교인이 노회가 파송한 당회장의 치리에 복종해야 하는 이유는 예배모범 제10장 5-3 ③에 규정한바 교인이 입교 예식을 할 때에 교회(상회인 노회, 총회 포함)의 관할과 치리에 복종하겠다는 서약을 하였기 때문이다.

따라서 당회가 무임 장로 중에서 협동 장로를 선임하여 당회의 언권 회원이 되게 하는 규정(정치 제5장 제7조)은 교인이 투표도 하지 아니하고 서약도 하지 아니했으니 결국 치리권이 없으므로 2000년도 이전으로 환원 개정해야 하고, 원로 장로는 만 70세 시무 정년제를 시행하므로 명예만 보존하고 치리 장로로서의 시무 기간이 만료되어 치리권이 상실된 장로임에도 불구하고 당회의 언권 회원이 되게 하고(정치 제5장 제5조), 제직회의 정회원(정치 제21장 제2조 1항)이 되게 하는 규정은 장로회 정치의 대 원리상 모순이기에 1993년도 이전으로 환원 개정해야 한다.

오직 당회의 회원권은 당회장과 시무 장로로 제한하는 웨스트민스터 헌법의 대 원리를 준수해야 할 뿐이다.

3. 은퇴 장로가 참석한 당회의 결의건에 대하여

어느 치리회이든 회원권이 없는 자가 출석하여 어떤 안건을 결의 했다면 그 결의는 당연 무효일 수밖에 없다는 이치는 상식에 속하는 사안이다.

54. 당회장과 임시 당회장 혼동해서는 안 된다

노회가 파송한 목사는 당회장, 당회가 청한 목사는 임시 당회장
노회가 파송한 당회장은 임시 당회장일 수 없고 모두 당회장

[질의] 한 노회 안에서도 어떤 사람은 노회가 파송한 당회장을 임시 당회장이라 주장하고 어떤 사람은 당회장이라고 주장하는가 하면, 또 어떤 노회는 당회장이라 하고 또 어떤 노회는 임시 당회장이라고 부르면서 합동 총회 산하의 각 노회들마다 명칭을 다르게 사용하고 있으니 혼란스럽습니다. 목사님의 당회장과 임시 당회장에 대한 법리와 그 의미가 무엇인지 자세한 설명을 부탁드립니다. (광주 L목사)

[답] 당회장에 관련한 법규는 합동 측 교회 헌법 정치 제9장 제3조와 제4조에 규정하고 있다.

1. 당연직 당회장과 대리 당회장

정치 제9장 제3조(당회장)에 "당회장은 그 지교회 담임 목사가 될 것이나 특별한 경우에는 당회의 결의로 본 교회 목사가 그 노회에 속한 목사 1인을 청하여 대리 회장이 되게 할 수 있으며 본 교회 목사가 신병이 있거나 출타한 때에도 그러하다."고 규정하였다.

본 규정에는 당회장과 대리 당회장을 구별하였다. 여기에 대리 당회장을 굳이 문자 그대로 "대리 회장" 또는 "당회 대리 회장" 등으로 고집할 것 없이 "대리 당회장"이라고 함이 무난해 보인다.

여기에 구별된 "당회장"은 해 교회의 "위임 목사(그 지교회 담임 목사)"가 당연직 당회장이 되는 것을 의미하고, "대리 당회장"은 해 교회 당회장이 ①

신병이 있을 때 ② 출타할 때 ③ 특별한 경우에 한해서, 당회가 대리 당회장을 청하기로 결의하고 대리 당회장이 될 목사를 지명하는 것은 본 교회 당회장이 그 노회에 속한 목사 1인을 청하여 대리 회장이 되게 할 수 있다고 헌법은 규정하였다.

2. 노회 파송 당회장과 임시 당회장

또 정치 제9장 제4조(당회 임시 회장)에 "당회장은 목사가 되는 것이므로 어떤 교회에서든지 목사가 없으면 그 교회에서 목사를 청빙할 때까지 노회가 당회장 될 사람을 파송할 것이요, 노회의 파송이 없는 경우에는 그 당회가 회집할 때마다 임시 당회장 될 목사를 청할 수 있으나 부득이한 경우에는 회장 될 목사가 없을지라도 재판 사건과 중대 사건 외에는 당회가 사무를 처리할 수 있다."라고 규정하였다.

본 규정에는 노회가 파송한 당회장과 당회가 청한 임시 당회장을 구별하였다.

여기에서 구별한 "노회가 파송한 당회장"은 어떤 교회에서든지 ① 목사가 없으면 ② 그 교회에서 목사를 청빙할 때까지 ③ 노회가 "당회장" 될 사람을 파송하여 그 교회의 임시 당회장이 아니라 "당회장"이 된 목사를 의미하고, "임시 당회장"은 어떤 교회에 ① 목사가 없음에도 ② 노회가 당회장을 파송하지 아니하는 경우 ③ 그 당회가 회집할 때마다 그 노회에 속한 목사 1인을 청하여 ④ 당회를 시작하여 마칠 때까지만 당회장이 되게 한 목사를 "임시 당회장"이라고 헌법은 규정하였다.

3. 당회장과 임시 당회장과 대리 당회장의 구별

1) 당회장은 ① 당연직 당회장인 위임 목사 ② 지교회에 목사가 없을 때에 노회가 파송한 목사 ③ 미조직 교회나 조직 교회를 막론하고 임시 목사

가 시무할 경우 노회가 당회장권을 허락한 목사 등으로 노회가 위임하고 파송하고 허락한 목사는 모두 당회장이라 칭한다.

2) 임시 당회장은 목사가 없는 지교회에 노회의 부주의로 당회장을 파송하지 아니하여 당회장이 없는 동안 당회가 회집할 때마다 그 당회가 그 노회에 속한 목사를 청하여 당회를 시작할 때부터 마칠 때까지만 임시로 당회장이 되게 하는 목사로서 노회가 파송하는 것이 아니라 당회가 임시로 청하는 것이 특색이다.

3) 대리 당회장은 당회장(위임 목사)이 있는 당회가 위의 사정에 따라 노회가 파송하는 것이 아니라 당회가 일정 기간 당회장을 대리하는 목사라는 점에서 임시 당회장과 구별된다.

4. 결론

질의자가 질의한 "당회장"과 "임시 당회장"의 법리는 교회 정치 제9장 제3조와 제4조를 두세 번 읽기만 해도 당회장, 대리 당회장, 임시 당회장이 한눈에 들어오는 법조문이다. 특히 "노회는 '당회장' 될 사람을 파송할 것이요, … 당회는 회집할 때마다 '임시 당회장' 될 목사를 청할 수 있다"는 문장이 분명하게 보이지 않는가.

노회는 당회장만 위임하고 허락하고 파송하며, 당회는 당회장이 있을 때는 대리 당회장을 청할 수 있고, 당회장이 없고 장로들만 있을 때에는 임시 당회장을 청할 수 있다는 것이 대한예수교장로회 헌법이다. 대리 당회장과 임시 당회장은 당회가 노회에 청할 수도 없고 노회는 파송할 수도 없고 오직 당회만 청할 수 있는 당회장들인 것이다.

55. 임시 당회장의 의미

조직 교회가 당회장 없을 때 초청한 당회장은 오직 임시 당회장
노회가 지교회에 파송한 당회장은 임시 당회장 아닌 오직 당회장
임시 당회장은 당회 시작부터 마칠 때까지만 당회장

[질의] 교회 정치 제9장 제3조(당회장)와 제4조(당회 임시 회장)을 여러 번 읽어 보았으나 노회가 파송한 당회장을 임시 당회장이라고 할 만한 문장을 찾아 볼 수가 없습니다. 그런데 노회에서 각 지교회에 파송한 당회장을 전국의 노회가 거의 임시 당회장이라고 하는 것이 현실입니다. 목사님의 법적인 답변을 바랍니다. (합동, 시골 교회 목사)

[답] 시골 교회나 도시 교회를 막론하고 목회 현장에서 꼭 필요로 하는 질의를 한 것으로 보인다. 질의자가 합동 교단 목사이므로 합동 교단의 헌법으로 답한다.

1. 당회장

정치 제9장 제3조(당회장)에 "당회장은 그 지교회 담임 목사가 될 것이나 특별한 경우에는 당회의 결의로 본 교회 목사가 그 노회에 속한 목사 1인을 청하여 대리 회장이 되게 할 수 있으며 본 교회 목사가 신병이 있거나 출타한 때에도 그러하다."라고 하였다.

당연직 당회장으로는 위임 목사(담임 목사)뿐이요 그 외의 임시 목사에게 노회가 당회장권을 허락하면 역시 당회장이요(정치 제15장 제12조 2항), 조직 교회나 미조직 교회에 시무하는 목사가 없는 경우와 강도사나 전도사가 전임 시무하는 지교회에 노회가 파송하는 목사는 모두 당회장이다

(정치 제9장 제4조 상).

따라서 노회가 위임하는 위임 목사와 당회장 없는 지교회에 파송하는 모든 목사는 당회장이요 임시 당회장이라는 칭호를 사용해서는 절대로 안 된다.

또한 본 조에 언급한 "대리 회장"은 당회장이 있는데도 불구하고 ① 당회장이 신병이 있을 때 ② 당회장이 출타할 때 ③ 특별한 경우(당회장에 관계된 사안을 처리해야 할 경우 등)에는 당회장의 사회로 모인 당회에서 대리회장을 청하기로 결의하고 대리 회장 될 목사를 지명하는 일은 본 교회의 당회장이 결정한다.

2. 임시 당회장

정치 제9장 제4조(당회 임시 회장)에 "당회장은 목사가 되는 것이므로 어떤 교회에서든지 목사가 없으면 그 교회에서 목사를 청빙할 때까지 노회가 당회장 될 사람을 파송할 것이요, 노회의 파송이 없는 경우에는 그 당회가 회집할 때마다 임시 당회장 될 목사를 청할 수 있으나 부득이한 경우에는 회장 될 목사가 없을지라도 재판 사건과 중대 사건 외에는 당회가 사무를 처리할 수 있다."라고 하였다.

"당회장은 목사만 될 수 있다."함을 전제로 하고 조직 교회에 위임 목사가 없을 때에는 그 교회에서 목사를 청빙할 때까지 노회는 반드시 당회장 될 목사를 파송해야 한다. 그런데 노회가 부주의하여 당회장을 파송하지 아니했을 때는 그 당회가 당회를 회집할 때마다 "임시 당회장" 될 목사를 청할 수 있도록 헌법이 규정하고 있다.

그러므로 임시 당회장은 조직 교회에서만 장로들이 노회의 회원인 목사 중에서 만 70세 미만 되는 자는 누구든지 당회를 시작하여 마칠 때까지만 임시 당회장이 되어 당회를 인도(사회)할 수 있도록 청빙을 받은 목사이다.

여기에서 주목해 보아야 할 문장은 "노회가 '당회장 될 사람'을 파송할 것이요, '노회의 파송이 없는 경우에는 그 당회가 회집할 때마다 임시 당회장 될 목사'를 청할 수 있다."는 규정이다.

"당회장"은 노회에서만 파송할 수 있고 "임시 당회장"은 당회장이 없는 조직 교회 당회에서만 청할 수 있도록 규정하였다. 질의자가 임시 당회장의 의미를 바로 이해하고 전국의 노회 태반이 노회가 파송한 당회장을 임시 당회장이라고 하는 것은 대단히 잘못된 일임을 지적한 것으로 보인다.

3. 결론

노회는 임시 당회장을 파송할 수 없고 오직 당회장만을 파송할 수 있다. 당회는 당회장이 없음에도 불구하고 노회가 부주의로 당회장을 파송하지 아니했으나 당회 회집이 필요할 때 당회장을 청하는 것이 아니고 오직 임시 당회장만을 청할 수 있다.

따라서 노회가 파송한 당회장은 임시 당회장이라고 해서는 절대로 안 되고 오직 "당회장"이요, 조직 교회의 당회가 청한 당회장은 오직 "임시 당회장"으로서 당회를 시작하여 마칠 때까지만 당회장이다. 그런 이유에서 "임시 당회장"이라고 한다. 노회가 파송한 당회장은 위임 목사를 청빙할 때까지 계속하여 당회장이기 때문에 "임시 당회장"이라 할 수 없고 반드시 "당회장"이라고 해야 한다.

56. 당회 의결 정족수에 대한 당회의 분쟁

당회 개회 정족수는 당회장 출석과 재적 장로 과반수 출석

당회 의결 정족수는 당회장과 출석 장로수를 합한 과반수 찬성

[질의] 존경하는 목사님, 주의 은혜와 평강을 기원합니다.

본 교단 안에 광주 지역 A교회의 당회에서 당회 치리권은 목사직과 장로직의 1:1 견제와 균형의 원리를 적용해야 한다며 "개회 성수는 당회장과 재적 장로 과반수가 출석하여야 하고, 의결 정족수도 당회장과 장로 과반수가 찬성해야 한다는 주장"으로 혼란을 야기 시키고 있습니다. 그 동안은 당회가 결의할 때 당회장을 포함한 출석 장로수를 합한 과반수이면 결의되고, 표결하여 가부 동수일 때에 회장이 투표하지 아니했을 경우에는 회장의 찬성으로 의결 정족수가 되고, 회장이 투표했을 경우에는 부결된다는 법리와 상반되어 혼란스럽습니다. 목사님의 정확한 법리적인 답변을 부탁드립니다. (합동, 광주 J목사 올림)

[답] 질의자가 합동 측 목사이므로 합동 헌법으로 답한다.

1. 당회 개회 성수의 정족수에 대하여

당회 개회 성수의 정족수는 반드시 당회장이 출석해야 하고, 재적 장로수의 과반수가 출석해야 개회된다(정치 제9장 제2조).

만약 재적 장로 100명 전원이 출석해 있을지라도 당회장이 출석하지 아니하면 당회를 개회할 방법이 없다(정치 제3장 제2조).

2. 당회 의결 정족수에 대하여

당회 의결 정족수는 당회장과 출석 장로수를 합한 과반수가 찬성하면

안건 의결의 정족수에 충족된다(정치 제19장 제2조, 장로회 각 치리회 보통회의 규칙 8항). 본 조문에 보면 "가부를 표결할 것이요 가부 동수인 때는 회장이 결정하고 회장이 이를 원하지 아니하면 그 안건은 자연히 부결된다."고 규정하였다.

이는 곧 회장이 찬성하고 참석 장로의 반수만 찬성해도 의결 정족수에 충족된다(정치 제9장 7조 당회 소집 청구 결의에 장로 반수 참조)는 말이다. 결코 질의 내용과 같이 "개회 성수와 같이 당회장이 찬성하여도 반드시 장로 과반수가 찬성해야 한다는 주장"은 어불성설이다.

3. 목사직과 장로직 1:1 견제와 균형의 원리 오해

소위 "견제와 균형의 원리"는 "당회 개회 정족수도 당회장과 장로 과반수가 출석하여야 하고, 의결 정족수도 당회장과 장로 과반수가 찬성해야 한다."는 의미가 결코 아니다.

단언컨대 당회 개회 정족수와 의결 정족수가 동일하다는 주장은 천부당만부당한 망발이다. 다만 목사의 성직권과 교인의 대표자인 장로의 기본권의 견제일 뿐이다.

4. 결론

예를 들어 재적 장로 7명인 당회에서 당회장 출석과 장로 과반수인 4명의 출석으로 당회 개회 정족수가 되어 당회를 개회하였을 경우에 안건 의결 정족수는 당회장과 출석 장로수를 합한 5명의 과반수인 3명의 찬성으로 가결된다. 즉 당회장이 찬성하면 출석 장로 4명의 반수인 2명만 찬성해도 가결된다는 의미이고, 당회장은 투표하지 아니하고 장로만 3명이 찬성해도 의결 정족수에 충족된다는 말이다.

다만 회장의 판단으로 안건 내용이 불법일 경우나 가결 결과에 의해서 교회에 피해가 될 우려가 있을 경우에 가부를 묻지 아니하거나 공포를 거부하는 고유한 특권으로서 목사직과 장로직의 1:1 견제와 균형을 유지하게 한 것이 교회 헌법의 규정이다. 그래서 표결 결과가 가부 동수일 때 회장이 투표하지 아니했으면 회장의 의사에 따라 가부가 결정되는 것이다.

더욱 분명한 것은 당회장이 출석하지 아니하면 장로 100명이 출석하여도 당회 개회 성수가 될 수 없으니 이보다 더 확실한 견제가 또 무엇이겠는가!

57. 찬성 결의는 출석수 3분의 2, 날인은 재적 과반수

부목사 청빙 결의는 당회 출석수 3분의 2 이상의 찬성
장로 서명 날인 첨부 서류는 재적 장로수의 과반수

[질의] 고신 헌법에 따르면 장로 7인이 있는 교회에 당회 개회 성수는 목사 1인, 장로 2인 이상이면 되는데 부목사 청빙은 당회원 3분의 2 이상의 찬성으로 결의되고 청빙서에는 당회원 과반수의 서명 날인서를 첨부해야 한다고 되어 있습니다.

여기에 당회원 3분의 2 이상의 찬성과 청빙서에 당회원 과반수의 날인에 대하여 당회 참석자수인지 당회원 재적수인지 가르침을 청합니다.

[답] 질의 내용이 고신 교단의 교회로 나타나 있어서 고신 헌법으로 답한다.

1. 당회의 개회 성수

당회 개회 성수는 교회 정치 제117조(당회의 개회 성수)에 "당회에 장로 2인이 있으면 목사 1인, 장로 1인 출석으로 개회 성수가 되고, 3인 이상이면 목사 1인, 장로 2인 이상 출석으로 개회 성수가 된다."고 하였다.

당회원 3인 이상인 당회의 개회 성수에 대하여 합동 헌법은 목사 1인과 장로 재적수의 과반수가 출석해야 성수가 됨에 반하여 고신 헌법은 장로 재적수가 10인이든 50인이든 관계없이 2인만 출석해도 당회장 출석과 함께 개회 성수가 된다.

2. 부목사 청빙의 당회원 찬성수와 서명 날인수

그런데 부목사의 청빙 청원 규정은 교회 정치 제52조(부목사의 청빙 처리)

에 "부목사의 청빙은 개체 교회 당회에서 당회원 3분의 2 이상의 찬성을 얻어야 하며 청빙서에는 당회원 과반수의 날인과 당회장의 의견서를 첨부하여 시찰회를 경유하여 노회에 청원한다."라고 되어 있다. 이는 타 교단과 달리 장로가 50인이 있는 교회일지라도 목사 1인, 장로 2인만 출석해도 개회 성수가 되어 이를 합한 3인의 3분의 2가 되는 2인이 찬성하면 청빙 결의가 되고, 당회원은 50인의 과반수인 26인 이상의 서명 날인을 받은 서류를 첨부하면 된다는 뜻이다.

3. 결론

고신 교단의 장로 3인 이상인 당회의 개회 성수는 장로수와 관계없이 장로 2인만 출석해도 당회장과 함께 3인으로 개회 성수가 된다. 개회 후 목사 청빙에서 위임 목사와 전임 목사는 당회의 결의로 공동 의회에서 출석 교인 3분의 2 이상의 찬성과 재적 세례 교인 과반수 이상의 찬성을 받아야 하지만 부목사는 당회의 출석수 3분의 2 이상으로 결의한 당회 회의록 사본과 재적 장로수 과반수 이상의 서명 날인서와 당회장 의견서를 첨부한 부목사 청빙 청원서를 구비하여 시찰회를 경유해서 노회 서기에게 제출하면 된다.

58. 임시 당회장 과연 노회가 파송한 당회장인가

대리 당회장을 1회성 당회장이라 함 언어도단

임시 당회장 노회가 파송한다 함, 소가 들어도 웃을 일

노회의 당회장 파송, 지교회의 청빙 있어야 한다 함 어불성설

[질의] 2020. 5. 17.에 입력된 R 인터넷 신문 "당회장과 임시 당회장의 법적 구분"이란 제하의 기사 내용 중에

1) "특별한 경우에는 당회의 결의로 본 교회 목사가 그 노회에 속한 목사 1인을 청하여 1회성 당회장의 직무 수행자를 대리 당회장이라 한다(정치 제9장 제3조)."고 하였는데 대리 당회장을 1회성 당회장이라고 하는 것이 바른 법리인지요?

2) "또한 당회장인 담임 목사가 없는 경우에 당회장 될 담임 목사를 청할 때까지 … 노회가 당회장 될 사람을 파송한다. 이 때 '당회장 될 사람'이란 '당회 임시 회장' 즉 '당회 임시 당회장'이라 한다."라고 하였는데 '임시 당회장을 노회가 파송한다.'는 말이 바른 법리인지요?

3) "정리하면 대리 당회장은 당회 직권으로, 임시 당회장은 노회 직권으로 파송한다. 그러나 노회가 당회장을 파송할 때에는 반드시 지교회의 청빙 청원이 있어야 한다."고 하였는데 "노회가 당회장을 파송할 때에는 반드시 지교회의 청빙 청원이 있어야 한다."는 말이 바른 법리인지요?

본인의 생각은 위의 1) 2) 3) 모두 위헌적인 법리인 것으로 생각됩니다. 목사님의 헌법적이고 올바른 법리를 듣고 싶습니다. (합동, 서울 K장로)

[답] 질의자의 질의 내용을 보니 질의자는 교회 법률에 해박한 지식인으로 보여 머리 숙여 찬사를 보낸다. 질의자가 합동 교단의 장로이므로 합동

헌법으로 답한다.

1. 대리 당회장을 1회성 당회장이라 함에 대하여

여기에 "1회성 당회장"이라고 표기한 것은 본 기사를 작성한 신문 기자가 정치 제9장 제4조에서 규정한 임시 당회장에 대하여 "노회의 파송이 없는 경우에는 그 당회가 회집할 때마다 임시 당회장 될 목사를 청할 수 있다."는 규정에서 "당회가 회집할 때마다 임시 당회장 될 목사를 청할 수 있다."는 문장의 임시 당회장을 아마 대리 당회장으로 착각한 것으로 보인다. 결단코 대리 당회장은 "1회성 당회장"이 아니다.

전국의 노회와 교회가 교회 행정에 참고하는 교계 신문에 이와 같은 엉터리 법리를 게재하여 전국 교회와 노회에 대혼란을 주어서는 안 된다.

대리 당회장은 임시 당회장과 같이 1회성 당회장이 아니라 1개월이 되었든 6개월이 되었든 당회장이 정하여 준 기간 동안에 당회장을 대리하여 업무를 수행하는 당회장이다.

2. 노회가 임시 당회장을 파송함에 대하여

노회는 결단코 임시 당회장을 파송할 수 없는 것이 대한예수교장로회 헌법이다. 정치 제9장 제4조(당회 임시 회장)에 "어떤 교회에서든지 목사가 없으면 그 교회에서 목사를 청빙할 때까지 '노회가 당회장 될 사람을 파송할 것이요' 노회의 파송이 없는 경우에는 '그 당회가 회집할 때마다 임시 당회장 될 목사'를 청할 수 있다."고 규정하였다.

분명하게 헌법은 "노회는 당회장을 파송할 것이요 당회는 임시 당회장을 청한다."라고 규정하였다. 즉 노회는 당회장만 파송할 수 있고 절대로 대리 당회장이나 임시 당회장을 파송할 수가 없다. 오직 당회에 당회장이 없을 경우에 당회가 노회원 목사 개인에게 1회성 임시 당회장을 청할 수 있고, 당회장이 있을 경우에는 당회가 노회원 목사 개인에게 대리 당회장을 청할 수 있다.

3. 노회의 당회장 파송과 지교회 청빙에 대하여

R 인터넷 언론사의 기사 내용에 "노회는 반드시 지교회의 청빙 청원이 있어야 당회장을 파송한다."는 규정은 교회 헌법 어디에도 없다.

첨언컨대 청빙과 파송에 관하여 "당회 직권으로" 혹은 "노회 직권"으로 청빙 및 파송한다는 용어보다는 "헌법이 규정한 법리에 의하여"라고 표기함이 자연스러워 보인다.

4. 결론

본 건은 질의자의 생각과 같이 위의 1), 2), 3)의 질의 내용 모두가 위헌적 법리로서 정치 제9장 제3조와 제4조 당회장의 법리를 난도질하여 쑥대밭을 만들어 놓았다.

헌법이 규정한 당회장의 구분은 다음과 같다.

(1) 당회장 ① 위임 목사인 당연직 당회장(정치 제4장 제4조 1항) ② 미조직 교회에 파송하거나 해 교회에 시무 중인 시무 목사에게 당회장권을 허락한 당회장(정치 제15장 제12조 1항) ③ 목사가 없는 교회에 노회가 파송한 당회장(정치 제9장 제4조) 등은 당회장이란 명칭 외에 다른 어떤 명칭도 사용할 수 없다. 교회 헌법에 문외한들이 임시 당회장과 대리 당회장의 개념을 구분하지 못하고 아무 데나 갖다 붙여 전국의 노회와 당회를 혼란스럽게 한다.

(2) 대리 당회장 ① 당회장이 신병이 있거나 ② 출타하거나 ③ 특별한 경

우의 어느 것 중 한 가지만 해당되어도 당회의 청함을 받은 당회장이다.

(3) 임시 당회장 ① 조직 교회(허위 교회)에 ② 노회가 당회장을 파송하지 아니했을 때 ③ 당회 회집이 필요할 경우 등 세 가지 여건이 동시에 성립될 때 당회가 노회원 목사 중 개인에게 당회를 시작하여 마칠 때까지만 당회장으로 청함을 받은 1회성 당회장이다.

부언컨대 대리 당회장과 임시 당회장은 당회와 공동 의회에서 투표권이 없다.

R 언론사는 총회 헌법에서 "대리 당회장은 1회성 당회장", "임시 당회장은 노회가 파송한다.", "노회가 당회장을 파송할 때에는 반드시 지교회 청빙 청원이 있어야 한다."는 명문 규정들을 찾아서 반드시 전국 교회에 제시해야 하고, 만일 찾아 제시하지 못하면 전국 교회 앞에 사과해야 한다.

第2章
노회(老會)

59. 교회의 노회 소속 변경 가능한 경우와 변경 절차
교회당을 이전했을 경우 이전한 주소지 노회로 변경 가능
교회가 노회 탈퇴 후 그 노회와 같은 교단 소속 노회로 변경 불가

[질의] A노회 산하의 어떤 교회와 그 교회의 목사가 A노회를 탈퇴한 후 A노회와 같은 교단에 소속한 B노회에 가입했습니다. ① 탈퇴한 교회와 목사가 탈퇴한 노회와 소속이 같은 교단의 노회에 가입할 수 있는지요? ② 지교회가 노회 소속을 변경할 수 있는 경우와 변경 절차는 어떤지요? ③ "교회정치문답조례"가 헌법과 같은 구속력을 가진다고 볼 수 있는 법적인 근거는 무엇인지요? 목사님의 법적인 답변을 바랍니다. (합동, 광주 J목사)

[답] 질의자가 합동 교단의 목사이므로 합동 교단의 총회 헌법으로 답한다.

1. 교회의 노회 탈퇴는 곧 교단 탈퇴

정치 제8장 제2 조2항에 "각 치리회는 각립(各立)한 개체가 아니요 서로 연합한 것이니 어떤 회에서 어떤 일을 처결하든지 그 결정은 법대로 대표된 치리회로 행사하게 하는 것인즉 전국 교회의 결정이 된다."라고 규정하였다.

본 규정은 교회의 각 치리회 즉 당회와 노회와 총회는 각립한 공동체가 아니요, 연합한 공동체인즉 어떤 교회가 A노회를 배척하고 탈퇴한 것은 A노회만 배척하고 탈퇴한 것이 아니라 A노회와 교단의 소속이 같은 B, C, D 등등 노회를 탈퇴한 것과 같음은 물론이요, 해 노회의 교단인 총회도 배척하고 탈퇴한 것이다.

따라서 타 교단의 노회는 가입할 수 있어도 탈퇴한 노회와 소속이 같은 교단(총회) 산하의 노회는 어느 노회도 가입할 수 없다는 말이다.

그리고 어떤 당회나 노회가 결정한 행정건이나 재판건이나 탈퇴 등을 막론하고 모든 결정은 그 당회나 노회의 결정으로 한정되는 것이 아니라 전국 교회 즉 전국의 각 당회와 전국의 각 노회와 총회가 결정하는 것과 같은 효력이 있다는 것이 헌법이 규정한 법리이다.

한 예를 들면 A노회가 면직한 목사는 A노회에서만 면직 판결된 자가 아니라 B, C, D 등등 노회는 물론이요, 해 교단의 총회가 면직 판결한 것과 같이 인정된다는 의미이다. 그러므로 A노회가 목사를 면직했으면 그는 A노회와 같은 교단에 소속한 B, C, D 등등 노회에서도 목사로 행사할 수 없고 오직 세례 교인일 뿐이다.

2. 교회가 소속 노회를 변경할 수 있는 경우

정치 제10장 제2조(노회 조직)에 "노회는 일정한 지방 안에 모든 목사와 각 당회에서 총대로 … 파송하는 장로로 조직한다. 단, 21당회 이상을 요한다."라고 규정하였다.

본 조에서 규정한 노회 조직은 ① 일정한 지방 안의 ② 모든 목사와 ③ 모든 교회의 당회가 파송한 모든 장로로 조직하기 때문에 반드시 노회의 지역 경계가 정해져야 하고 목사와 21당회 이상의 장로가 필수 요건인데 여기에서 노회 노속 변경의 조건은 교인이 교회 소속을 변경할 수 있는 절대적 조건과 동일하다.

즉 교인이 교회 소속을 변경할 수 있는 조건은 교인이 주소지를 변경했을 경우 본 교회의 당회가 변경할 교회를 지정하여 "주소 변경한 교인에게 이명 증서를 교부"(정치 제9장 제5조 2항)해 주면, "이전한 주소지 내에 지명된 교회"(권징조례 제113조 2항)로만 교회 소속을 변경할 수 있는 것과 같다는 말이다.,

따라서 교회가 노회 소속을 변경하는 조건 역시 ① 노회를 탈퇴하지 아니한 교회로서 ② 교회가 교회당의 주소지를 변경한 후 ③ 본 노회에 교회 이적 허락 청원서와 목사의 이명 청원서를 제출하여 ④ 본 노회가 교회와 목사의 이명을 허락하고, 주소지 변경 지역의 노회 명칭을 기록하여 발급해 주는 교회와 목사의 이명서를 받아 ④ 노회 명칭을 지명한 노회에 제출하여 노회가 접수하여 허락하면 교회의 소속 노회가 합법적으로 변경된다.

따라서 절대적인 노회 소속 변경 조건은 노회를 탈퇴하지 아니한 교회가 교회당 주소지를 다른 지역 노회의 관할로 이전했을 경우에 한해서 그 지역으로 변경하는 것이 교회 헌법의 법리이다.

단, 무지역 노회에 속한 교회에 한해서는 제86회 총회 결의에 의하여 교회당 주소지를 이전하지 아니했을지라도 지역 노회로의 소속 변경이 가능하다.

3. 교회의 노회 소속 변경 절차

교회의 노회 소속을 변경하는 필수적 요건은 ① 노회를 탈퇴하지 아니한 교회로서 ② 지역 노회는 교회당 주소지를 이전했을 경우이어야 하고 ③ 무지역 노회는 공동 의회의 결의로 가능하다.

(1) 지역 노회 소속 교회의 변경 절차

2항에서 상론한 바와 같이 교회당을 다른 지역 노회의 관할로 이전했을 경우에 한해서 당회의 결의로 당회장이 본 노회에 교회 이적 청원서와 목사의 이명 청원서를 제출하여 노회의 허락으로 교회와 목사의 이명서를 본 노회 서기에게 교부받아 주소지를 변경한 지역 노회에 접수하면 노회에서 교회와 목사의 이명을 접수하기로 결의하면 교회와 목사의 노회 소속이 변경된다.

즉 교회의 노회 소속의 변경은 반드시 하회인 본 교회 당회의 결의로 당회장이 노회에 교회의 이적과 목사의 이명 허락 청원에 의하여(하회의 고유한 특권인, 청원권) 상회인 본 노회로부터 교회의 이적과 목사의 이명을 허락하고(상회의 고유한 특권인, 허락권) 본 노회 서기로부터 교부받은 교회의 이명과 목사의 이명서를 교회당을 이전한 지역의 주소지 지역 노회에 접수하여 해 노회가 허락하는 결의 절차에 의하여 교회의 노회 소속 변경이 결정된다.

교회의 노회 소속을 변경하는 절대적인 절차는 하회의 고유한 특권인 청원권과 상회의 고유한 특권인 허락권(정치 제10장 제6조 2항, 동 제12장 제4조)의 합의에 의해서만 변경이 가능하다는 말이다.

(2) 무지역 노회 교회의 지역 노회로 변경 절차

교회 헌법은 무지역 노회를 인정하지 아니한다. 그러나 1953년 제38회 총회가 6·25동란 후 이북에서 피란(避亂)해온 피란 노회에 한하여 수복을 전제로 무지역 노회를 허락한 것이 오늘에 이르렀다.

그 후 2001년 제86회 총회에서 "무지역 노회에 소속한 교회와 목사가 지역 노회로 이적의 건은 공동 의회 결의로 청원하면 교회와 목사를 이명하여 주기로 가결한다. 단, 고의로 이명하여 주지 않을 시는 지역 노회의 결의로 이명한다."는 결의를 하였다.

이상의 결의 사항을 정리하면 아래와 같다.

① 교회는 무지역 노회에서 지역 노회로 가입을 위한 공동 의회의 결의를 한다.

② 교회는 공동 의회 결의서를 첨부하여 무지역 노회인 본 노회에 교회의 이적 청원과 목사의 지역 노회로 이명 허락을 청원한다.

③ 본 노회는 그 교회가 위치한 지역 노회로 교회와 목사의 이명을 허락한다.

④ 만일 무지역 노회인 본 노회가 고의로 이명을 허락하지 아니하면 교회는 공동 의회 결의서와 본 노회가 고의로 이명을 허락하지 아니했다는 경유서를 첨부하여 지역 노회에 교회 가입 허락 청원서를 제출하고 지역 노회는 교회 가입을 결의하고 목사와 교회를 받는다.

4. "교회정치문답조례"의 헌법과 같은 구속력에 대하여

정치 제12장 제5조(총회의 권한)에 "총회는 교회 헌법(신조, 요리문답, 정치, 권징조례, 예배모범)을 해석할 전권이 있고"라고 규정하였다.

즉 교회 헌법을 해석하는 전적인 권한은 오직 총회에만 있고 어느 기관이나 어느 특정 개인에게는 없다는 말이다.

그런데 대한예수교장로회 총회 헌법의 바탕이라 할 수 있는 웨스트민스터 교회 정치를 축조 해석하여 문답식으로 해설 편성한 "교회정치문답조례"

를 만국 장로교회가 지침서로 사용하고 있고(교회정치문답조례 책머리에) 대한예수교장로회 총회는 1917년 제6회 총회에서 웨스트민스터 헌법을 번역하여 총회 헌법으로 공포 사용해 왔으며(교회 헌법 서문) 1919년 제8회 총회에서 헌법 해석의 전권을 가진 총회가 "교회정치문답조례"를 교회 헌법인 정치를 해석하는 데 참고서로 채용하기로 결의하여 오늘에 이르기까지 시행하고 있다.

따라서 "교회정치문답조례"는 세계 만국 교회와 한국의 장로교회가 교회 정치를 해석하는 참고서로 사용하고 있으므로 교회 헌법에 준하는 구속력이 있다고 하겠다.

60. 굴화리와 천상리는 남울산노회 지역

양 노회의 논리적인 주장으로는 판단 기준이 될 수 없어
오직 노회 분립 청원서와 총회의 분립 결의 및 촬요로 판단해야

[질의] 2007년에 총회의 울산노회분립위원회(위원장 최재우 목사)가 울산노회를 분립할 때 태화강을 경계로 하여 북쪽은 울산노회로, 남쪽은 남울산노회로 하되 양산 시찰은 남울산노회 소속으로 하는 내용의 분립을 합의 결의하고 총회에 보고하여 총회가 보고를 받음으로 울산노회 분립이 확정되었습니다.

그런데 2014년부터 노회 분립에 관련한 지역 경계에 대하여 울산노회는 태화강 중심이 아니고 시찰별 중심으로 분립되었다고 주장하고, 남울산노회는 시찰별 중심이 아니고 태화강을 경계로 분립되었다고 주장하여 갈등 중에 있습니다.

이에 관련한 참고 서류로 ① 울산노회 분립에 관계된 총회 제91회, 92회 보고서 ② 분립 전 울산노회가 총회에 청원한 노회 분립 청원서 ③ 분립 전의 울산노회 제52, 53, 54회 촬요 ④ 울산노회의 주장 내용 ⑤ 남울산노회의 주장 내용 ⑥ 김호환 목사의 사실 증명서 등을 첨부하여 노회 분립과 관련하여 태화강 남쪽에 위치한 굴화리와 천상리가 법적으로 어느 노회의 소속 지역인지 법리적인 답변을 바랍니다. (합동, 울산 H목사)

[답] 질의자가 합동 측 목사이므로 합동 헌법으로 답한다.

1. 양 노회의 주장에 대하여

울산노회는 태화강을 경계로 분립한 것이 아니라 시찰 단위로 경계를 정

하여 동부 시찰, 북부 시찰, 중부 시찰은 울산노회로, 남부 시찰, 서부 시찰, 동해 시찰, 양산 시찰은 남울산노회로 분립되었다는 주장이고, 남울산노회는 시찰 단위로 분립한 것이 아니라 태화강을 경계로 하여 북쪽은 울산노회, 남쪽은 남울산노회로 분립되었다는 주장을 하는 것 같아 보인다.

이상과 같은 양 노회의 주장은 서로 상반된 주장으로서 법리적인 측면이라기보다는 논리적인 측면이므로 노회 분립의 판단에 대한 참고 자료일 수는 있으나 법리적인 판단 기준이 될 수는 없다.

2. 노회 촬요와 김호환 목사 사실 증명에 대하여

분립 전 울산노회의 제52회의 촬요는 "노회를 분립하기로 결의한다."는 내용과 분립위원회를 조직한 내용뿐이어서 경계에 대한 언급은 없고, 제53회의 촬요는 "노회 분립 기준"을 "태화강 중심으로 남북으로 나누기로 하다."는 결의와 "노회명"은 "울산노회(북쪽), 울산남노회(남쪽)으로" 결의한 내용(촬요 p. 50)으로 노회 분립의 경계 기준에 대하여 태화강을 경계로 한다는 법리적 기준을 결의한 것이 확실하다.

그리고 제54회 촬요는 노회분립위원회의 구성으로서 "위원장: 서유성 목사, 서기: 장활욱 목사, 강북 측 위원: 목사 - 권주식, 김형백, 정연철, 양성태, 장로 - 강희열, 조경택, 김용길, 강남 측: 목사 - 안종택, 이성택, 배광식, 김신현, 장로 - 이정섭, 이상용, 전성은"으로 결의하여(촬요 p. 51) 역시 강북 측과 강남 측의 위원을 언급하여 태화강이 노회 분립의 경계임을 확증하고 있다.

또한 김호환 목사의 "사실 증명서"의 내용은 "저희(주사랑교회 : 현재 독립 교단 소속) 교회는 2006년 당시 남울산노회 소속으로 되어 있으나 노회 분립 당시 북쪽 울산노회가 당회가 모자라 부득이하게 울산노회로 소속이 되었습니다. 저희 교회는 남울산노회 소속 영내에 속했던 교회가 맞습니다. 사실을 증명합니다. 2015. 4. 30. 주사랑교회 김호환 목사 (010-3588-0817) ⑪" 으로 역시 "북쪽은 울산노회"라는 용어를 사용함으로 강을 경계로 하여 노회를 남과 북으로 분립된 것임을 암시하고 있다.

이상과 같은 노회 촬요와 사실 확인서를 종합해 보면 태화강을 경계로 하여 북쪽은 울산노회, 남쪽은 울산남노회로 분립하기로 결의한 것이 분명해 보이고 특히 태화강 남쪽에 위치한 주사랑교회는 남울산노회 지역임이 분명하나 태화강 북쪽의 울산노회가 21당회가 되지 못하므로 21당회가 되도록 조정하기 위하여 노회 경계와는 관계없이 특단의 비상조치로 결의한 것으로 보인다.

그러나 노회 촬요와 사실 확인서는 지역 경계를 결의한 증거는 확실하나 노회를 분립하기 위한 준비 과정에 관한 증빙 서류이므로 참고하기에 중요한 서류임은 사실이지만 직접적인 판단의 법리적 표준을 삼는 것보다는 분립 전의 울산노회가 총회에 청원한 노회 분립 청원서와 총회가 보낸 분립위원회의 분립 보고서와 총회가 보고서를 받아 결의한 총회 회의 결의서를 검토하여 판단함이 법리적으로 옳아 보인다.

3. 노회 분립 청원서에 대하여

노회 분립의 원칙은 하회의 고유한 특권자인 노회가 분립 청원서를 총회에 제출하면 상회의 고유한 특권자인 총회는 그 청원서를 접수하여 분립 허락을 결의하고 분립 위원을 보내어 노회가 총회에 청원한 노회 분립 청원서에 기록된 "① 분립할 노회의 명칭 ② 분립할 노회의 경계 ③ 분립할 노회의 조직 교회와 미조직 교회의 명부 ④ 분립할 노회 경내의 목사수 ⑤ 분립할 노회 경내의 장로수 ⑥ 분립할 노회 경내의 전도사수 ⑦ 분립할 노회 경내의 교인수"대로 분립 노회를 조직하고 총회의 임원 선거 직전에 보고하는 것이 법리이다(교회법률상식 pp. 410~416, 제25회 총회 회의록 p. 71 정치 제22장 제1조 2항 참조).

그런데 울산노회의 노회 분립 청원서의 첨부 서류는 엉뚱하게도 "제52회 울산노회 정기 회의록(2)"뿐이다. 그 회의록에 노회 분립에 관한 내용은 "노회 분립 위원은 각 시찰회 목사 1인, 장로 1인, 노회장 15인으로 하다."라는 결의 내용과 각 시찰의 목사와 장로의 명부 14인을 기록한 것뿐이다.

이와 같은 노회 분립 청원서는 총회가 접수해도 안 되고 노회 분립을 허락해서도 안 된다. 그런데 총회는 울산노회의 이런 서류를 접수하여 노회를 분립 처리하였으니 기가 막힐 일이다.

4. 울산노회 분립위원회의 분립 보고서에 대하여

제91회 총회 보고서 p. 1114에 울산노회 상황 보고 주요 결의 사항에 "노회 분립하기로 결의하다. ◎ 분립 기준: 태화강 중심으로 남북으로 나누기로 하다. ◎ 노회명: 울산노회 (북쪽) 울산남노회 (남쪽)"이라는 보고서는 태화강을 경계선으로 한다는 상황을 보고한 것인데 총회가 받음으로 노회 분립 경계는 태화강인 것이 사실임을 입증하고 있다.

그리고 제92회 총회 보고서 p. 819에 "울산노회분립위원회 보고" 제3차 회의의 결의 사항 ①에 "총회 분립위원회에 일임하여 문제가 된 태화강 남쪽의 양산 시찰은 (가칭)울산남노회 소속으로 함이 지역 노회의 특성상 합일되므로 선포하고 이를 수용하기로 하고 합의 각서하니 (잔류 측) 울산노회에서 5명 분립 측 (가칭)울산남노회에서 5명이 합의 각서 서명을 하다."라는 보고에 대하여 제92회 총회 회의 결의 및 요람(2007) p. 59에 "울산노회 분립위원회 위원장 최재우 씨의 울산노회와 울산남노회의 분립보고(보고서

pp.818~820)는 받기로 하다."라고 총회가 받음으로 종결되었다.

5. 결론

노회 분립에 있어서 가장 중요한 법리적 기준은 노회가 청원한 노회 분립 청원서이다. 그런데 울산노회의 분립 건은 노회 분립 청원서의 표지만 갖추었지 청원서의 내용은 "분립하자"는 결의와 "분립 위원 15인의 명단만 기록된 노회 회의록"뿐이므로 사실상 하회의 고유한 특권인 노회 분립 청원서도 없이 상회인 총회의 허락으로만 노회를 분립한 꼴이 되었으니 불법 분립에 다름 아니다.

그러나 합법이든 불법이든 노회를 분립한 지 8년이나 지난 현실에서 8년 전의 노회 불법 분립에 대하여 왈가왈부할 필요성은 그 시효가 이미 지나버렸다(권징조례 제116조). 그러므로 현실적으로 당면한 노회를 분립할 당시에 분립 경계에 대하여 질의자가 보내온 서류에 근거하여 법적으로 "시찰별 중심인가 태화강 중심인가"의 법리만 정리하면 될 것으로 보인다.

노회 분립에 관련하여 가장 중요한 하회의 노회 분립 청원서가 표지만 갖추어져 있고 분립 청원 내용이 없으므로 부득불 분립 전의 울산노회의 촬요와 분립위원회의 총회 보고서로 판단할 수박에 없는 상황이다.

이미 언급한 바와 같이 분립 전의 제53회의 울산노회 촬요에 "노회 분립 기준"은 "태화강 중심으로 하여 노회 명칭은 "울산노회(북쪽), 울산남노회(남쪽)으로" 결의한 내용(촬요 p.50)과 같은 내용으로 제91회 총회 보고서 p.1114에 울산노회 상황 보고를 촬요대로 보고하여 총회가 수용하였으며, 제92회 총회 시에 울산노회분립위원회가 보고하기를 "문제가 된 태화강 남쪽의 양산 시찰은 (가칭)울산남노회 소속으로 함" 등을 보고하니 총회가 유인물대로 받기로 가결하였다.

이상과 같이 울산노회의 결의와 김호환 목사의 "사실 증명서" 내용과 분립위원회의 총회 보고 내용이 일치하게 태화강을 경계로 북쪽은 울산노회로 남쪽은 울산남노회로 하는 노회 경계를 결의함이 분명하다. 그러나 울산노회가 주장한 시찰별 중심으로 노회 경계를 결의한 증빙할 만한 근거 서류가 하나도 없다. 따라서 굴화리와 천상리는 법리적으로 남울산노회의 지역이다.

61. 노회 임원 정치부의 담임 목사 해임 범죄 행위

소위 임원 정치부가 지교회에 노회장 파송은 언어도단
은퇴 장로가 당회 언권 회원으로 참석함은 천부당만부당

[질의] 저는 합동 총회 KD노회 KJ교회 집사입니다. 현재 교회에서 발생한 사태에 대하여 질의하오니 법적인 답변을 바랍니다.

1. 은퇴 장로들이 당회에서 상시 언권 회원이 될 수 있는지요?

2. 장로 5명, 집사 7명을 선택하기 위한 공동 의회 광고를 한 후 선거관리위원회가 장로 후보 5명과 집사 후보 7명을 추천하여 공동 의회를 하는 것이 합법인지요?

3. 당회장과 서기를 배제하고 6명의 시무 장로와 상시 언권 회원으로 참석한 은퇴 장로들이 임시 당회장과 임시 서기를 선정하고 위임 목사 해임 청원을 결의하여 노회에 접수하는 것이 합법인지요?

4. 위임 목사 해임을 노회 임원 정치부가 결의하여 교회에 통지하고 당회장을 파송하는 것이 합법인지요?

[답] 질의자가 합동 교단의 집사이므로 합동 헌법으로 답한다.

1. 은퇴 장로의 당회에 상시 언권 회원 행사에 대하여

정치 제5장 제5조(원로 장로)에 "… 당회의 언권 회원이 된다."라고 규정하였고, 동 제7조(협동 장로)에 "… 당회의 언권 회원이 된다."고 규정하였으나, 동 제6조(은퇴 장로)에는 "… 연로하여 퇴임한 장로이다."라고 규정하였을 뿐 언권 회원을 언급하지 않았다.

따라서 시무 장로는 당회의 정회원이고 원로 장로와 협동 장로는 당회의 언권 회원이 된다. 그러나 은퇴 장로는 어떤 명분으로도 당회에서 언권 회원이 될 수 없다. 그러므로 은퇴 장로가 당회에서 언권 회원 행사를 하는 것은 천부당만부당한 불법이요 교회를 어지럽히는 범죄 행위이다.

2. 선거관리위원회가 장로, 집사 후보 추천에 대하여

정치 제13장 제1조(선거 방법)에 "… 단, 당회가 후보를 추천할 수 있다."고 임의 규정으로 정하였다. 그러므로 장로, 집사 선거는 초대형 교회 외에 교인들이 서로 이름과 얼굴을 다 알고 있는 교회에서는 추천하지 아니하고 무기명 비밀 투표로 하는 것이 법의 원리이다. 그 이유는 추천을 받지 못한 회원들은 헌법적 규칙 제3조 2항에 "교인은 지교회에서 법규대로 선거권과 피선거권이 있다."고 한 규정의 피선거권을 박탈당하기 때문이다. 만부득이하여 후보자를 추천해야 할 경우 선거관리위원회는 절대로 추천할 수 없고, 법대로 반드시 당회가 추천하되 피택자 정원 수의 수만큼 추천해서는 안 되고 배수 등으로 추천하는 것이 법리이다.

그런데 KJ교회는 당회가 아닌 선거관리위원회가 후보자를 정원 수와 같은 수로 추천하여 선거를 주관하였다고 하니 이는 당회를 짓밟는 월권 행위요, 집단적 독재 정치의 발상으로 천부당만부당한 불법이다. 따라서 그 공동 의회는 진행할 수 없고, 혹 진행하여 선택했을지라도 법이 정한 권원 없는 자들의 추천이므로 무효이다.

3. 당회장을 배제하고 장로들만 당회를 함에 대하여

당회장을 배제하고 장로들끼리 장로 중에서 임시 당회장과 임시 서기를 선정하여 안건을 결의했다고 하니 이는 정치 제9장 제2조에 규정한 당회의 성수 요건을 어겼고, 장로가 당회장이 되어(정치 제9장 제3,4조 위반) 당회를 주관한 것은 총회 헌법을 짓밟고 치리회의 질서를 어지럽히는 범죄 행위이다.

그러므로 은퇴 장로들까지 언권 회원으로 참석하여 장로가 당회장이 되어 해 교회의 위임 목사 해임을 결의하고 노회에 접수하는 것은 무효일 수밖에 없고 그 장로들은 책벌의 대상자가 된다.

4. 노회 임원 정치부의 위임 목사 해임 처리에 대하여

정치 제17장 제2조(권고 사면)에 "지교회가 목사를 환영하지 아니하여 해약하고자 할 때는 노회가 목사와 교회 대표자의 설명을 들은 후 처리한다."고 규정하였다.

그런데 헌법 어디에서도 찾아볼 수 없는 소위 임원 정치부가 노회의 고유한 특권인 위임 목사 해임의 직무를 월권으로 결의하고 해 교회에 통지한 후 당회장까지 파송하였다고 하니 집단적 불법 범죄 행위로서 지나가는 소가 들어도 웃을 일이다.

이에 관하여는 혹 노회 규칙에 "임원 정치부가 노회 폐회 후에는 목사 해임 … 등을 처리할 수 있다."고 규정했을지라도 "상위법 우선의 원칙"에 의하여 규칙이 헌법과 상충되므로 행사할 수 없는 규칙이요 시행해도 효력이 없으므로 무효이다. 뿐만 아니라 노회가 임원 정치부의 잘못을 알고 노회를 소집하여 임원 정치부가 처리한 그 서류를 받아 처리하는 것은 이미 임원 정치부를 통하여 불법으로 결의하여 시행한 후의 결의이기 때문에 무효이다.

5. 결론

KJ교회의 시무 장로들이 은퇴 장로들을 언권 회원으로 참석케 하여 장로가 당회장이 되어 위임 목사 해임을 결의하고 노회에 위임목사 해임을 청원한 일련의 사건을 살펴보면 합법인 것은 한 가지도 찾아볼 수 없고, 불법만 골라서 교회를 어지럽히는 범죄 행위요, 노회의 소위 임원 정치부 역시 불법 서류를 접수하여 노회의 고유한 권한인 위임 목사 해임의 직무를 월권으로 결의하고 통지한 후 당회장까지 파송한 것은 KJ교회에 큰 싸움을 부추기어 그리스도의 몸을 쪼개는 특수 범죄 행위임에 다름 아니다.

62. 노회가 당회에 임시 당회장 대리 당회원 파송 절대 불가

임시 당회장은 허위 교회에 당회장이 없을 시 당회가 청한 목사
보조 당회원(대리 당회원)은 파송할 수도 없고 청빙할 수도 없어

[질의] 합동 교단 서울 S노회에 소속된 교회로 청·장년 성도 70여명이 모이는 아담한 교회로 시무 장로는 1명입니다. 2017년 초에 부임한 목사님이 그간 열심히 목회하여 교회가 부흥하여 왔습니다.

그런데 근래 목사님이 정보원을 장년부와 청년부에 두고 정보를 수집하여 교회와 담임 목사님에 대해 비판을 하는 교인들을 개인적으로 불러 사모 입회하에 주의를 주고 그런 식으로 교회 생활을 하면 안 된다고 책망을 하므로 청년과 장년 10여명 이상이 교회를 떠났습니다.

교회를 떠난 교인들이 시무 장로에게 이러한 실정을 알려주어 원로 장로님을 모시고 목사님을 면담하여 목사님께 이렇게 목회를 하면 어떡하느냐고 하였던바, 지난 4월 21일 부활 주일에 당회를 열어 1명뿐인 시무 장로에게 같이 동역할 수 없으므로 "장로직을 사임을 하든지 휴직하라"고 하기에 장로는 그렇게 할 수 없다고 반대하였습니다.

그러자 목사님은 공동 의회를 통해 시무 장로의 신임 투표를 하겠다는 교인 47명이 서명한 청원서를 당회 경유 없이 바로 시찰회를 통해 노회에 제출하였습니다.

1. 당회 경유(부전) 없는 서류가 시찰회를 통해 노회에 접수될 수 있는지요?

2. 노회가 임시 당회장과 대리 당회원을 파송할 수 있는지요?

3. 임시 당회장과 대리 당회원이 시무 장로 시무 투표를 결의 할 수 있는지요? 목사님의 바른 법리 해석을 부탁드립니다. (서울 H장로)

[답] 본 사건의 실상을 알 수 없으므로 질의자의 질의 문장 범위 내에서 법리를 정리하고자 한다.

1. 노회의 임시 당회장과 대리 당회원 파송 여부에 대하여

결론부터 언급하면 청천벽력 같은 불법 부당한 하나의 사건이다.

① 임시 당회장은 허위 교회에 노회가 당회장을 파송하지 아니한 실수로 당회장이 결원된 상태에서 당회 회집이 필요할 경우에 한하여 당회가 해 노회 소속 목사 중에 1인을 청하여 당회를 시작하여 마칠 때까지만 당회장이 되게 하는 목사를 "임시 당회장"이라 하고, 노회에서 파송한 목사는 오직 당회장이요, 절대로 임시 당회장일 수는 없다(정치 제9장 제4조, 교회법률 상식 pp. 331~337 참조).

② 대리 당회원(보조 당회원)은 한국의 장로교회 100년 역사상 1980년 도를 전후하여 선배들이 시행해 왔던 위헌적 대 흠결의 사례이다. 다행인 것은 "보조 당회원 제도"가 위헌적 불법임을 깨닫고 그 시행을 중단한 일이다 (교회법률상식 pp. 351~352 참조).

2. 임시 당회장과 대리 당회원의 장로 시무 투표 결의에 대하여

당회장이 없는 당회에서 청빙을 받은 임시 당회장이 사회하여 장로 시무 투표를 결의했다면 임시 당회장에서 공동 의회 의장까지 연장하여 장로 시무 투표를 할 수 있다.

그러나 본 건은 당회장과 당회원이 동시에 존재하는 지교회에 노회가 임시 당회장을 파송하고 대리 당회원(보조 당회원)을 파송하여 그들로 하여금 시무 장로의 시무 투표를 결의하게 했다면 그 노회와 그 당회는 대한예수교장로회의 노회일 수 없고 당회일 수도 없다.

3. 결론

본 사건의 진실이 질의자의 질의 문장 그대로 사실이라면 서울 S노회의 노회 회원들은 목사 고시, 장로 고시를 다시 해야 할 것 같아 보인다. 어느 옛날 대 선배 목사님께서 필자에게 "합동 교단의 회의나 재판하는 것을 보면 '가갸거겨'도 모르는 사람에게 소설을 쓰라고 맡기는 것 같아 보인다." 는 말씀이 생각난다.

63. 봄 정기 노회에 유감

2, 3십년 전 선배들 교회 헌법과 교회 회의법 준수에 철저
노회 회의록 임원회에 맡기지 말고 반드시 본회가 채택해야

"2016년 봄 정기 노회를 은혜 중에 마쳤다."는 언론 보도가 자자하다. 그런데 일부 노회들이 월요일에 개회하여 당일 저녁 시간에 노회 회무를 마치고 폐회한 것으로 알려졌다.

1980년대만 해도 정기 노회는 모든 노회가 월요일 오후 2시에 개회하여 수요일 오후 5시까지 회의를 진행하였다. 그럼에도 불구하고 어떤 때에는 "회기 연장을 결의"하고 마지막 날인 수요일 오후 6시가 지나도록 회의를 하던 경우가 노회 회원으로서 직접 여러 차례 경험한 일이 기억된다.

그러나 요즈음은 노회가 처리해야 할 안건수도 1980년대보다는 훨씬 더 많음에도 불구하고 형식적으로 월요일 하루에 서둘러 마치는 것이 일반화되어 가고 있어 심히 안타깝다.

문제는 노회 기간에 관하여는 노회 규칙에 의하여 노회 절차를 옛날과 다름없이 월요일부터 수요일까지로 정해져 있는데 노회를 진행하면서 월요일 하루에 기필코 마친다는 사실이다.

더욱 기가 막힌 사실은 옛날의 노회 기간은 월요일 오후 2시부터 수요일 오후 5시까지였음에 비하여 현재는 월요일 오전 10시부터 수요일 오후 5시까지로 4시간이나 노회 회기를 연장해 놓고 정작 노회는 월요일 하루에 끝내 버리는 노회가 대부분이라고 하니 그 속셈을 알 수가 없다.

심지어 금년 봄 노회에서 어떤 노회는 월요일에 개회하여 화요일 새벽 1시까지 마라톤 회의를 했다고 언론에 보도가 되었는데 월요일 하루에 노회를 마치는 것이 무슨 자랑이나 되는 듯 착각 속에 노회를 하는 것 같아 보인다.

이상과 같이 1980년대와 그 이전에는 3일 동안 소요되는 노회를 작금의 봄 노회는 월요일 하루에 개회 예배, 성찬 예식, 임원 선거, 총회 총대 선거, 총신 이사 선거, 지방 신학교 이사 선거, 성경 학교 이사 선거, 회의록 채택, 폐회 예배 등 그 외에 수백여 건의 안건들을 오전 10시에 시작하여 오후 5시까지로 그것도 점심시간 2시간을 제하고 나면 겨우 5시간 동안에 모두 처리하는 것이 현실일진대 이러고도 봄 정기 노회가 정상적으로 하나님의 은혜 중에 폐회되었다고 생각하는 것이야말로 착각을 넘어서 망발에 다름 아니다.

그 이유는 옛날 선배들이 월요일 오후 2시부터 수요일 오후 5시까지 19시간에 회의했던 노회를 지금은 월요일 오전 10시부터 오후 5시까지 5시간 동안에 단축해서 정기 노회를 모두 끝내 버리기 때문이다.

그러다 보니 어떤 안건은 유인물을 배부하고 있는 중에 안건의 설명을 들어보지도 아니할 뿐만 아니라 유인물을 아직 받지도 못한 회원들이 있는 상황에서 "유인물대로 받자"는 동의와 재청에 의하여 처리되는 경우가 비일비재하다. 이런 경우 대부분의 회원들이 박장대소한다.

그 박장대소는 어떤 의미일까? 모르기는 하지만 "해도 너무한다."는 뜻으로 웃고 넘기자는 의미가 아니겠는가. 뿐만 아니라 임원 선거 중에 노회장, 서기, 회의록 서기, 회계 등은 단독 후보라고 하면서 은혜(?)롭게 박수로 받는 것이 일반화 되어가고 있는 것이 현실이다. 그것도 그럴 것이 총회가 그렇게 하고 있으니 더 이상 무슨 말을 하겠는가!

그런데 아이러니한 사실은 언제인가 총회에서 하달된 공문에 노회 임원과 총회 총대를 선정할 때에 헌법대로 선정하지 아니하는 노회는 그 사실을 실사하여 무효 처리한다고 한 지시 공한이 있었던바 이와 같은 경우가 곧 "똥 묻은 개가 겨 묻은 개 나무란다."는 속담이 제격 아니겠는가!

그리고 당일에 노회를 마치기 위하여 시간에 쫓기다 보니 노회 회의 중에 가장 중요한 회의록 채택을 본회에서 채택하는 경우는 거의 없고 임원회에 맡기는 것이 일반화된 것 같아 보인다.

회의록 채택을 임원회에 맡기면 정확한 회의록이 될 수 없고, 반드시 노회 현장에서 채택해야 정확한 회의록이 된다. 그 이유는 회의록이 잘못 기록된 경우에 그 의제를 제안한 자와 동의한 자와 재청한 자들이 낭독하는 회의록 중에 잘못된 부분을 정확하게 지적하고 교정해 줄 수 있기 때문이다.

결론으로 거두절미하고 요즈음 정기 노회의 회의 광경은 옛날 선배들이 노회의 안건 처리에 진지함과 비교해 볼 때에 마치 아이들의 병정놀이와 같아 보여 씁쓸함을 달랠 길이 없다.

64. 예정한 일시와 장소에서 모인 노회가 정통 노회

노회 장소 이탈하여 다른 곳에서 별도 노회 개최한 노회장과
서기 일행은 불법 분리 범죄 집단

[질의] 동대전노회 제128회 정기 노회가 두 개의 임원회의 조직과 총회 총대를 선정하였습니다. 사건의 발단은 노회장과 서기가 "동노제 127-43 호(2016. 2. 16.), 수신: 노회원 및 장로 총대, 제목: 동대전노회 제128회 정기 노회의 건, 일시: 2016년 4월 11일(월) 오후 2시~13일(수)까지, 장소: 동원교회당(김현국 목사 시무) (대전시 동구 백룡로 11번길 164(자양동, 연락처: 042-625-5671), 대한예수교장로회 동대전노회(관인), 노회장 김종성 목사(인), 서기 한규덕 목사(인)"으로 봄 정기 노회 소집 통지서를 하달하였습니다.

그리고 예정한 일시와 장소에서 노회장의 인도로 개회 예배 및 성찬 예식을 거행하고 서기가 회원을 호명한 후, 절차상 노회장이 "대한예수교장로회 동대전노회 제128회 정기 노회가 개회됨을 선언"해야 할 순서임에도 불구하고 개회 선언은 하지 않고 노회장과 서기가 노회 직인과 노회 서류를 갖고(사전에 노회 현장에 가져오지 않고 서기의 차량에 보관해 두었음) 노회 장소를 떠나 제3의 장소로 약 30명이 함께 가서 노회를 개최하고 있었으므로, 법적인 정기 노회 장소에 남아 있던 약 100명의 회원은 "노회 중에 노회장이 부재중이므로 부노회장이 사회할 것"을 권하여 부노회장이 "대한예수교장로회 동대전노회 제128회 정기 노회가 개회됨"을 선언한 후 노회장 불신임안을 결의하고 임원 개선 등 회무를 처리하면서 정기 노회 장소를 이탈한 직전 노회장과 서기를 제명 처리하였습니다.

이와 같은 상황에서 노회장이 사회한 노회와 부노회장이 사회한 노회 중

에 어떤 노회가 정통 노회인지 목사님의 법리적 답변을 바랍니다. (동대전 노회 K목사)

[답] 정치 제10장 제9조(노회 회집)에 "노회는 예정한 날짜와 장소에 회집하고"라는 헌법 조문을 참고하기 바란다.

1. 노회장이 노회 장소를 이탈하여 조직한 노회에 대하여

노회장과 서기가 정기 노회 소집 통지서를 하달한 후 법적인 정기 노회의 일시와 장소에서 그 노회장의 사회로 개회 예배와 성찬 예식을 마치고 그 서기가 회원 호명까지 하였으니 회장은 정회원 목사 3인과 총대 장로 3인 이상이 출석하였으면(정치 제10장 제5조, 동 제19장 제2조) 응당 개회 선언을 함이 회장의 직무요 직권임에도 불구하고 개회 선언도 하지 아니하고 노회장이 서기와 함께 자기들을 따르는 자 30여명을 대동하고 노회 장소를 이탈하여 별도의 장소에서 노회 임원 선거와 총회 총대까지 선출하는 노회를 했다고 하니 노회장과 서기를 따라 노회 장소를 이탈한 30여명이야말로 거두절미하고, 교회를 불법 분리한 범죄 행위(권징조례 제42조)를 넘어 노회를 이탈하였으니 교회 정치 제8장 제2조 2항에 준거하여 교단까지 이탈한 범죄 집단에 다름 아니다

2. 부노회장이 사회하여 진행한 정기 노회에 대하여

반면에 노회장이 직무를 유기하며 노회 개회 선언도 하지 아니하고 노회 관인과 노회 관련 서류를 사전에 서기 차량에 숨겨두었다가 탈취하여 갔고 정기 노회의 법정(法定) 장소를 이탈하여 다른 장소에서 노회를 하는 것을 알고 법적인 노회 장소에 남아있던 노회원들이 "노회 중에 노회장이 부재중이므로 부노회장이 사회할 것"을 권하여 부노회장이 "대한예수교장로회 동

대전노회 제128회 정기 노회가 개회됨"을 선언한 후 임원 선거와 신구 임원 교체 등 정기 노회를 진행하여 안건을 처리한 것은 지극히 당연하고 정상적인 정통 노회이다.

이는 본 교단의 장로회 각 치리회 보통회의 규칙 제2조(교회법률상식 부록 참조)에 "예정한 시간에 성수가 회집하였으되 회장 유고 시 사회할 서열은 아래와 같다. ① 회장 유고 시 대리할 부회장 ② 출석 총대 중 최후 증경 회장 ③ 총대 중 최선 장립자"로 규정한바 제1순위인 부노회장의 사회로 정기 노회를 진행한 것은 교회 정치 제10장 제9조와 장로회 각 치리회 보통회의 규칙에 근거하고 있기 때문이다.

3. 결론

본 건에 관한 후속 조치는 노회가 임시 노회를 소집하여 이탈자들 중에서 본인들의 범죄 사실을 회개치 아니하는 자들에 대하여 노회가 기소 위원을 선정하여 기소케 하고 본회를 재판회로 변경하여 재판하든지, 재판국을 설치하여 위탁 판결케 함이 노회의 당연한 책무라 아니할 수 없다.

그런데 언론 보도에 의하면 권원 없는 총회 임원회가 동대전노회의 사건에 대하여 실사 위원 3인을 선정하고 "실사 파악이 종료될 때까지 2016년 3월 21일 이후 행정 처리 및 재판 진행, 조사 처리, 임시 노회를 중지하시기 바랍니다."라는 공문을 동대전노회에 하달하였다고 하니 기가 막힐 일이다.

이는 총회 임원회가 헌법이 정한바 하회의 고유한 특권에 관한 월권(정치 제12장 제4조)을 행한 범죄 행위에 다름 아니다. 총회 임원회는 치리회가 아니며 또한 하회의 청원 없는 본 건에 관하여 실사 위원을 보낼 의무나 권리도 없고 실사에 관한 공문을 노회에 하달할 권한도 없다. 총회 임원회는 총회가 결의한 사실만 하회에 공문을 하달할 수 있고 총회가 위탁한 사안만 시행할 수 있다. 총회가 언제 동대전노회 사건에 대하여 실사하라고 위임했단 말인가!

65. 전주서문교회의 소속 노회는 중전주노회
전주서문교회가 서북노회 소속이라 함은 어불성설
법이 정한 법리와 절차에 따라 치리회 결의 근거가 확증

[질의] 저는 합동 장로교회의 목사입니다. 목사님의 교회법에 대한 저서들을 읽고 많은 도움을 받고 있습니다. 전주서문교회의 소속 노회가 서북노회(현재는 삼산노회로 명칭이 변경됨)인지 중전주노회인지에 관한 법리 논쟁이 그치지 않습니다. 전주서문교회의 서북노회에 교회 이적 및 목사 이명 청원의 결과와 중전주노회에 교회 가입 및 목사 가입 허락 청원의 결과에 관한 관계 서류를 첨부하오니 목사님의 법리적인 답변을 바랍니다. (합동, G목사)

[답] 질의자가 합동 측 목사이므로 합동 헌법으로 답한다.

전주서문교회가 서북노회에 소속한 교회라고 주장하는 것은 어불성설이다. 그 이유인즉 전주서문교회는 법이 정한 규정대로 절차에 따라 치리회의 결의에 의하여 지역 노회의 교회 가입을 허락 받고 총회에 보고하여 총회가 전산 처리 후 전주서문교회는 중전주노회 소속이라는 노회 소속 확인서까지 발급하였기 때문이다.

뿐만 아니라 제98회 총회에서 "전북노회장 최병석 씨가 헌의한 서북노회 소속인 전주서문교회가 … 중전주노회로 교회 이적과 목사 이명을 공동 의회 결의로 청원한 것이 합당한지 질의의 건은 정치 제10장 제2조와 제79회 총회 결의와 제86회 총회 결의대로 하기로 결의하다."라고 가결하고 총회 회의록을 채택함으로 전주서문교회는 무지역 노회 소속이 아니고 지역 노회 소속임이 확정되었기 때문이다.

이에 관한 상세한 내용은 아래와 같다.

1. 무지역 노회인 지교회가 지역 노회로의 가입에 관련한 법조문

(1) 무지역 노회를 인정하지 아니하는 정치 제10장 제2조

"노회는 일정한 지방 안에 모든 목사와 각 당회에서 총대로 … 파송하는 장로로 조직한다." (필자 주: 현재 무지역 노회가 존재하게 된 연유는 1953년 제38회 총회가 이북에서 피란 나온 노회에 한하여 수복을 전제로 무지역 노회를 인정한 것임)

(2) 제68회 총회의 결의

"무지역 노회는 가급적 속한 시일 내에 지역 노회로 귀속하기로 가결하다."

(3) 제86회 총회의 결의

"무지역 노회에 속한 교회와 목사가 지역 노회로 이적의 건은 공동 의회의 결의로 청원하면 교회와 목사를 이명하여 주기로 가결하다. 단, 고의로 이명하여 주지 아니할 시는 지역 노회의 결의로 이명한다."

(4) 헌법 정치 제21장 제1조 2항

"공동 의회는 당회가 필요로 인정할 때 … 당회의 결의로 소집한다."

(5) 중전주노회 규칙 제25조 ②항

임원 정치부의 임무는 "노회 폐회 후 노회 중대 결의 사항(노회 설립, 노회 분립, 노회 합병, 교회 이적, 회원 및 교회 가입 등) 시급한 안건은 임시 노회 소집 없이 의결, 집행하고 차기 본 노회에 보고한다."

(6) 중전주노회 규칙에 "의결 및 집행"에 관하여 준거할 만한 교회 헌법 조문

① 권징조례 제121조 2항

"본 치리회가 폐회한 후 본회를 대리한 재판국에서 재판한 안건은 공포 때로부터 노회의 판결로 인정한다."

② 권징조례 제100조

"상소를 제기한다 할 때에는 하회에서 결정한 … 시벌은 상회 판결나기 까지 결정대로 시행한다"(필자 주: 법원의 판결과는 달리 교회법은 상소를 할지라도 원심 판결을 공포한 즉시 시행함).

2. 전주서문교회의 교회 이적을 위한 법이 정한 결의

(1) 2013. 4. 14. 전주서문교회 당회가 "무지역 노회인 서북노회에서 지역 노회인 중전주노회로 교회 이적과 목사 이명을 위한 공동 의회를 하기로" 결의하였다(헌법 정치 제21장 제1조 2에 근거).

(2) 2013. 4. 28. 전주서문교회는 무지역 노회인 서북노회 소속에서 지역 노회인 중전주노회로 교회 이적과 목사 이명을 위한 공동 의회를 시행하여 97.5%의 가표로 결의하였다(제86회 총회 결의 근거).

3. 전주서문교회의 교회 이적과 목사의 이명 청원

(1) 2013. 4. 29. 전주서문교회가 무지역 노회인 본 노회(서북노회)에 공동 의회 결의서를 첨부하여 지역 노회인 중전주노회로의 교회 이적과 7명의 목사 이명 허락 청원서를 제출하였다(제86회 총회 결의 근거).

(2) 서북노회는 전주서문교회의 교회 이적과 목사 이명 청원을 법적인 근거도 제시하지 아니하고 고의로 부결 처리하였다(제86회 총회 결의 위반).

4. 중전주노회의 전주서문교회의 가입과 해 교회 목사의 가입 결의에 대하여

(1) 무지역 노회인 서북노회가 전주서문교회의 지역 노회인 중전주노회

로의 교회 이적과 목사 이명 청원을 법적인 근거도 제시하지 아니하고 고의로 거부함에 따라 그 경위서와 공동 의회 결의서를 첨부하여 2013. 5. 30. 지역 노회인 중전주노회에 교회 가입과 목사 가입 청원서를 제출하였다(제86회 총회 결의 근거).

(2) 2013. 6. 11. 중전주노회의 임원 정치부는 해 노회의 규칙 제25조 ② 항의 규정을 근거하여 전주서문교회의 가입과 담임 목사인 김승연 목사와 부목사 6명의 가입을 허락하기로 가결하였다(2014. 7. 21. 발행, "교회법률상식" pp. 417~418 참조).

(3) 2013. 7. 31. 전주서문교회가 총회에 중전주노회로의 교회 가입과 목사 가입에 관하여 보고하니 총회는 2013. 8. 1. 전주서문교회가 중전주노회의 소속 교회인 것을 전산 처리하고 전주서문교회는 중전주노회 소속이라는 노회 소속 확인서를 발급하였다.

5. 전주서문교회가 중전주노회 소속임을 부인하는 관계자들의 법적 지위

(1) 만일 전주서문교회 당회원 중에 전주서문교회는 중전주노회 소속이 아니고 서북노회 소속임을 주장하는 자가 있다면 그 장로는 자기가 당회에 참석하여 교회 이적을 결의한 후 자기가 공동 의회에 제안하고 공동 의회에서 "전주서문교회는 서북노회에서 중전주노회로의 교회 이적과 목사 이명을 결의하여 노회에 허락을 청원"한 제안자로서 "제안자 반대 불가의 원칙"을 위배한 범죄 행위이며, 특히 교회 직원으로 성경이 금한 일구이언(딤전 3:8)을 한 중차대한 범죄 행위이므로 책벌의 대상이 된다.

(2) 중전주노회의 노회장이 전주서문교회는 중전주노회의 소속이 아니고 서북노회의 소속이라고 주장하였다고 하는데 이것이 사실이라면 그 노

회장은 중전주노회 규칙(노회장과 서기는 임원 정치부의 부장과 서기가 된다)에 의하여 임원 정치부의 부장(수장)으로서 임원 정치부 회의를 사회하여 개회를 선언하고 전주서문교회의 가입과 김승연 목사와 부목사 6인의 이명을 받기로 결의한 자(회의 진행 중 사회권을 서기에게 위임하였음)로서 역시 교회의 직원으로 성경이 금한 일구이언(딤전 3:8)을 한 중대 범죄 행위이므로 책벌의 대상이 된다.

6. 결론

이상과 같이 전주서문교회는 무지역 노회인 서북노회에 소속한 교회로서 법이 정한 법적인 절차에 따라 법대로 결의하여 무지역 노회인 본 노회(서북노회)에 교회 이적과 목사 이명을 청원하였으나 법적으로 허락할 수 없다는 근거도 제시하지 아니하고 고의로 허락하지 아니했으므로 총회가 결의한 법 절차(제86회 총회 결의)에 의하여 지역 노회인 중전주노회에 교회와 목사 가입을 청원하여 가입하고, 총회에 교회 이적과 목사 이명에 대하여 보고한 후 총회장 명의로 "전주서문교회는 중전주노회의 소속임을 확인"하는 소속 확인서까지 교부받았다. 그러므로 전주서문교회는 중전주노회에 소속된 교회임이 법리적으로 확실하다고 하겠다.

따라서 2013. 6. 11. 전주서문교회의 소속 노회는 서북노회에서 중전주노회로 변경되었으므로 그 이후인 2013. 7. 26. 서북노회가 중전주노회 소속인 김승연 목사를 "목사 면직" 판결한 것은 권원 없는 자의 불법 월권 행사로서 당연 무효이다.

66. 지역 노회가 사라져 가고 있다

지역 노회가 무지역 노회화 되는 것 전적인 총회의 책임

지역 노회 경내의 타 노회 교회, 해 지역 노회로 이적해야

[질의] 우리 노회는 얼마 동안 노회 내부의 정치적인 분란으로 다툼을 하다가 지역도 나누지 않고 노회 분립 청원을 하여 총회가 노회를 분립해 주었습니다. 총회가 지역도 없이 끼리끼리 노회를 분립해 주는 것도 합법인지요? 목사님의 헌법적인 답변을 바랍니다. (합동, K목사)

[답] 질의자가 합동 교단의 목사이므로 합동 측 헌법으로 답한다.

1. 노회 조직의 요건

정치 제10장 제2조(노회 조직)에 "노회는 일정한 지방 안에 모든 목사와 각 당회에서 총대로 세례 교인 200명 미만이면 1인, 200명 이상 500명 미만이면 2인, 500명 이상 1,000명 미만이면 3인, 1,000명 이상은 4인씩 파송하는 장로로 조직한다. 단, 21당회 이상을 요한다."라고 규정하였다.

본 규정에서 하나의 노회를 조직하기 위한 절대적 요건은 ① 일정한 지역 ② 법이 정한 목사 ③ 지역 내의 각 지교회가 파송한 총대 장로 ④ 21당회 됨을 필수 요건으로 하고 있다.

2. 노회 분립 절차

노회 분립 절차 역시 기존 노회가 분립 노회와 전통 노회의 ① 일정한 지역 경계를 나누어 정하고 ② 각 지역 안에 있는 목사와 ③ 각 지역 안에 있는 총대 장로로 조직하되 ④ 양 노회 각각 21당회 이상이 되어야 하고 ⑤ 양 노회 간 재산 분할과 양 노회 중 전통 노회를 정하고 분립 노회의 명칭

(가칭)이 결정 합의되면 총회에 분립 청원한다.

총회는 분립 청원 서류를 검토하여 전통 노회와 분립 노회가 다 같이 정치 제10장 제2조(노회 조직)의 규정대로 위의 ①~⑤항의 요건이 갖추어진 것을 확인한 후 총회가 노회 분립 허락을 결의하고 노회 분립 위원을 선정 파송하면 노회분립위원회는 분립 청원서 내용대로 전통 노회는 그대로 두고 분립 노회만 제1회 노회로 조직해 준다. 그리고 전통 노회는 스스로 임시 노회를 소집하여 노회 분립으로 인하여 결원된 임원을 보선하고 노회 분립으로 인하여 개정이 필요한 노회 규칙을 개정하고 시찰회와 상비부를 조정한다.

3. 지역 노회가 무지역 노회화 되는 것 총회의 책임.

근간에 총회 산하의 노회 중 일부 지역 노회가 얼마 동안 정치적인 갈등으로 분쟁을 하다가 최후의 수단으로 지역은 종전 그대로 두고 서로 마음에 맞는 교회들끼리 헤쳐모여 식으로 총회에 노회 분립 청원을 하면 총회가 받아 분립을 허락한 결과로 한 지역 안에 지역 경계도 없이 2개의 노회가 되는 경우가 허다하다. 그 실례로 수원에 있는 S노회와 대구에 있는 S노회와 부산에 있는 N노회 등으로 기억된다.

이상과 같은 결과는 전적으로 총회의 책임이다. 그 이유는 노회가 노회 분립 요건을 갖추지도 못한 노회 분립 청원서를 총회에 제출하거나 위헌적인 불법 긴급 동의안을 받아 지역 경계가 정해졌는지 양 지역의 조직 교회가 몇 개인지 확인해 보지도 아니하고 분쟁하는 노회를 나누어 노회 분란을 해결해 주자는 식으로 노회분립위원회를 조직하여 내보내면 노회분립위원회는 거액의 돈을 받으면서(한국기독신문 제748호 참조) 수단과 방법을 가리지 아니하고 심지어는 조직 교회의 수가 모자라면 꾸어주는 식으로 짜

맞추어서 불법으로 노회를 분립하여 주는 것이 현실이다(한국기독신문 제758호 참조).

이와 같이 총회가 분립해준 한 지역에 지역 경계도 없이 두 노회로 존재하는 노회도 과연 지역 노회인지 총회는 반드시 답해야 한다. 이북 피란 노회가 전국적으로 여러 교회가 섞여 있는 노회처럼 한 지역에 두 노회의 교회가 섞여 있는 노회도 위헌적인 무지역 노회가 아니겠는가.

뿐만 아니라 각 지역 노회 역시도 교회가 타 노회 지역으로 이전을 하면 이전 허락 결의만 하고 해 지역 노회로 이명을 해 주지 않는가 하면 해 노회 역시도 자기 노회 지역에 타 노회에서 교회당을 이전하고도 종전 노회에 그대로 있음에도 불구하고 이의를 제기하지 아니하므로 전국 노회가 무지역 노회화 되어가고 있음에 한몫을 하고 있다는 것이다.

모르기는 해도 전국 노회들이 타 지역 노회의 교회가 자기 지역 노회 경내에 하나도 없는 노회는 거의 없을 것 같아 보인다. 따라서 전국 노회가 무지역 노회화 되고 있다는 말이다.

4. 후속 조치

총회는 혹 노회의 분쟁이 지속된다고 할지라도 한 지역에 두 개의 노회로 분립하는 것은 위헌적인 처사이므로 자제해야 한다. 또한 전국 노회를 실사하여 지역 노회에 타 지역 노회의 교회들은 해 지역 노회로 이적 조치할 것을 지시하고 해 교회와 해 노회들은 총회의 지시를 따라 지역 노회 경내에 타 노회의 교회가 하나도 없도록 정리해야 할 것이다.

67. 폐 당회 된 교회 위임 목사도 피선거권 있다

폐 당회 된 후 2년 내에 당회 조직해야 여전히 위임 목사

폐 당회 후 2년 내에 당회 회복되지 않으면 자동 위임 해제

[질의] 조직 교회의 위임 목사로 시무하는 중에 시무 장로 1명은 휴직하였고 그 외의 모든 시무 장로는 책벌되어 시무 장로가 한 분도 없어서 폐 당회가 되었습니다. 그런데 그 교회의 위임 목사가 노회의 부노회장인데 다음 정기 노회 때에 "노회장으로 피선될 수 없다."는 분들도 있고, "노회장으로 피선될 수 있다."는 분들도 있습니다. 이에 대한 목사님의 법리적인 답변을 바랍니다. (수도권 합동, H목사)

[답] 질의자가 합동 측 목사이므로 합동 교단의 헌법으로 답한다.

1. 노회 조직의 요건

교회 헌법 정치 제10장 제2조(노회 조직)에 "노회는 일정한 지방 안에 모든 목사와 각 당회에서 총대로 … 파송하는 장로로 조직한다. 단, 21당회 이상을 요한다."라고 규정하였다.

여기에서 "모든 목사"는 노회 회원(목사)의 명부에 기록된 선거권, 피선거권의 여부와는 관계없이 모든 목사를 의미하고 총대 장로는 각 지교회의 당회가 노회 총대로 파송한 장로를 의미한다.

즉 노회 조직의 요건은 ① 일정한 지방 안에 ② 모든 목사와 ③ 각 지교회의 당회가 파송한 장로로 조직하되 ④ 21당회 이상을 요함을 절대적 요건으로 하고 있다.

2. 노회 회원의 자격

정치 제10장(노회) 제2조(회원 자격)에 명시된 회원은 정치 제10장의 명칭이 "노회"이고, 제2조에는 "회원 자격"이므로 자동적으로 노회의 회원권이 구비하는 "노회 회원" 즉 노회의 모든 목사를 의미한다(장로 총대는 서기가 장로 총대를 호명함과 동시에 노회 회원권이 구비함).

그런데 여기 "자격"에 대하여는 회원으로서 정회원과 언권 회원을 구별하는 조항으로 "각 지교회 시무 목사와 정년 이전의 원로 목사와 총회나 노회가 파송한 기관 사무를 위임한 목사는 회원권이 구비하고 그 밖의 목사는 언권 회원이 되며 총대권은 없다."라고 규정하였다.

여기에서 "각 지교회 시무 목사"란 노회가 허락하고 각 지교회에서 사역하는 위임 목사. 임시 목사, 부목사 등 3가지 목사 칭호인데 정치 제4장 제4조 1. (위임 목사), 2. (임시 목사), 3. (부목사)항의 목사로서 선거권, 피선거권, 결의권이 구비한 정회원을 의미한다(필자는 공포할 수 있는 권한이 없는 총회장이 공포한 시무 목사는 인정하지 아니하고 여전히 임시 목사라 하며 그 이유 중 하나는 시무 목사<임시 목사>는 정회원이 되지만 위임 목사, 부목사는 언권 회원이 되는 모순과 부작용이 있음).

따라서 위임 목사는 노회에서 선거권, 피선거권, 결의권이 구비하는 정회원이다.

3. 폐 당회가 된 위임 목사의 회원권

위임 목사는 정치 제10장 제2조의 규정에 의하여 선거권, 피선거권, 결의권이 구비한 정회원이다. 그런데 노회로부터 위임 목사로 위임을 받은 지교회가 폐 당회가 되었다는 것이 문제가 된 것이다.

이에 대하여 대한예수교장로회 총회 헌법 어디에도 위임 목사가 시무 중에 폐 당회가 되었을 때 해 교회의 위임 목사의 신분이 어떻게 된다는 규정이 없다.

이에 대하여 1976년 2월에 제60회 속회 총회 정치부 보고에 "경안 노회장 김중환 씨가 청원한 폐 당회가 될 때 목사 위임 해제 여부에 대한 현장 문의에 대하여는 조직 당회로 있을 때에 합법적으로 청원되어 노회가 위임하였으면 폐 당회가 되었다 하여도 그 목사의 위임은 해제되지 않으나 2년 내에 당회가 복구되지 아니하면 자동 위임 해제됨이 가한 줄 아오며"(제 60회 속회 총회 회의록 pp. 95~96)라고 결의하여 현재까지 본 결의대로 시행해 오는 것이 본 총회의 전통이요 관행이다.

4. 결론

본 질의의 건은 총회의 결의에 의하여 폐 당회가 된 지교회의 위임 목사도 폐 당회 후 2년까지는 여전히 위임 목사의 신분이 계속되고 2년 내로 당회가 회복되지 못하면 목사 위임이 자동 해제되는 것으로, 1976년 이후 현재까지 40여 년간 본 총회가 시행해온 관행이기에 해 교회가 폐 당회 된 후 2년이 경과하지 아니하였다면 해 노회의 부노회장은 피선거권이 구비한 정회원이므로 노회장의 피선거권이 있는 것은 물론이요 모든 선거의 선거권, 피선거권, 결의권이 부여되는 것은 지극히 당연한 법리이다.

68. 장로 은퇴한 미조직 교회 노회장 직무 계속 가능
장로 은퇴한 미조직 교회 노회장의 신분과 직무 변함없어
미조직 교회 시무 목사 노회에서 정회원, 총회장도 될 수 있어

기독신문 제2228호(2019. 12. 24.) p.2에 아래와 같은 해괴한 기사에 감히 변증을 하지 아니할 수 없어 필을 들게 되었음을 밝혀 둔다.

"장로 은퇴한 미조직 교회 노회장 직무 불가"

「현직 노회장이 직무 1개월을 남겨 놓은 상황에서 노회장이 소속한 교회의 유일한 시무 장로가 정년으로 은퇴할 경우 노회장직을 수행할 수 있을까? 이 질의에 대해 총회 임원회는 '불가'하다는 유권 해석을 내렸다.

ㄱ노회 노회장이 시무하는 교회에는 당회원이 단 1명뿐인데, 정년이 내년 3월 4일인 상황이다. 1개월 후인 4월 7일에 ㄱ노회의 정기 노회가 열릴 예정인데, 그 때까지 현 노회장이 노회장 자격을 유지하며 직무 수행 및 정기 노회 소집을 할 수 있는지에 대한 질의가 총회 임원회에 상정됐다.

이 문제는 12월 18일 모인 제10차 총회 임원회(총회장 : 김종준 목사)에서 다뤄졌다. 임원회는 "미조직 교회 목사는 노회장 및 총회 총대가 될 수 없다."는 제87·97·103회 총회 결의와 함께 "폐 당회가 되어 2년 위임 해제가 유보되고 있는 위임 목사의 노회장과 총대 제한 헌의의 건은 헌법대로 하기로 가결하다."는 제102회 총회 결의에 근거해 불가하다고 결정했다. 이 결정은 장로 정년과 동시에 미조직 교회가 되기 때문에 노회장 및 총회 총대 직무 수행은 불가하다는 뜻이며, 위임 목사 신분은 2년간 유지된다는 의미다.」라는 기사이다.

[필자의 변] 거두절미하고 임원회가 "질의에 답한다."고 하면서 제시한

총회의 모든 결의는 교회 헌법에 상충되는 결의이므로 상위법 우선의 원칙에 의하여 모두 효력도 없고 시행해서도 안 되는 독소 결의 사항이다.

1. 임원회가 파회 후 질의건 유권 해석은 중차대한 월권

총회가 파회되면 총회도 총회장도 총회 총대도 임원회도 상비부도 다 없어진다. 다만 헌법이 정한 업무와 전 회기 총회가 위탁한 업무만을 처리하기 위하여 해 부서의 모임이 있을 뿐이다.

총회 임원회는 과연 제104회 총회가 "파회 후에 질의건이 있을 경우 총회를 대신하여 임원회가 유권 해석을 해 주라"고 위탁을 받은 일이 있는가? 위탁한 일이 없을 것은 물론이거니와 본 건 해석에 대하여 엄중한 책임감을 가져야 함이 마땅하다. 그 이유는 권한도 없으면서 엉터리 해석을 하여 당사자들과 전국 교회와 노회에 혼란을 주고 있기 때문이다.

2. 위의 ㄱ노회 노회장의 직무 계속 가능

위의 ㄱ노회 노회장이 시무하는 교회 독당회의 시무 장로가 사임이나 은퇴를 해서 폐 당회가 될지라도 노회장은 노회나 시무 교회에서 총회 임원회가 인정함과 같이 그의 신분이 2년간 계속 위임 목사 위치에서 변함이 없다.

따라서 시무하는 교회의 위임 목사로서 당회장권이나 노회 회원권이나 노회장의 직무에 대하여 왈가왈부할 법적 근거가 없다.

그런데 임원회의 결정이 "위임 목사의 신분은 유지되지만 노회장의 직무 수행은 불가하다."함이 말이나 되는가? 이를 두고 자가당착이라 했던가. 2년 내에 장로만 세우면 위임예식을 할 것 없이 계속 위임 목사로 이어진다. 장로가 은퇴한다고 해서 변해질 것이 아무 것도 없다는 말이다.

3. 미조직 교회 시무 목사의 위치

미조직 교회의 시무 목사는 노회 회원권에 있어서 선거권, 피선거권, 결의권이 구비된 정회원(정치 제10장 제3조)으로서 피선만 되면 노회장은 물론이요 총회장도 될 수 있는 목사이다. 오히려 헌법 본 규정에 위임 목사와 부목사는 "그 밖의 목사"에 속하여 언권 회원으로 뒤바뀌어 버린 것이 헌법의 개오로 인한 현행 합동 총회 헌법의 법리이다.

전국의 목회자들이여, 위임 목사가 노회에서 정회원이라는 헌법의 규정을 찾아보라! 단 한 군데도 없다. 오히려 시무 목사는 정치 제10장(노회) 제3조(회원 자격)에 "회원권을 구비하고"라 규정하고 있는데 "미조직 교회 목사는 노회장 및 총회 총대가 될 수 없다."는 잠꼬대 같은 말을 해서야 되겠는가? 미조직 교회 목사는 모두 노회에서 회원권을 구비한 시무 목사인 것을 아는가 모르는가.

부언컨대 본 건은 "총회가 결의하고 노회 수의에 들어간 시무 목사를 전임 목사로의 헌법 개정 초안을 노회 수의에서 초안대로 결의되었으면 아무 문제가 없었을 것"을 과도한 정치 논리에 휘말려 노회 수의에서 전임 목사로의 개정 조항은 삭제하고 노회 수의를 한 결과 엄청난 문제가 발생한 것이다. 이는 "눈 감고 모르쇠로 위임 목사는 당연히 노회의 정회원이라는 억지"를 부리며 버티려 할 것이 아니라 헌법을 바르게 개정해야 할 총회의 긴급한 숙제이다.

4. 결론

총회 임원회가 월권을 행사하여 총회 산하 노회나 지교회에 혼란을 야기시켜서는 안 된다. 더구나 권원 없는 임원회가 잘못 해석한 내용의 기사가 교단 신문에까지 게재되었으니 ㄱ노회의 노회장이나 그가 시무하는 교회와 해 노회는 얼마나 황당하겠는가. 총회 임원회는 본 건에 관련하여 당사자들뿐만 아니라 전국 교회와 노회의 혼란을 감안할 때 강 건너 불 보듯 앉아만 있어서는 안 된다.

폐 일언하고 "장로교는 사건 처결 우선주의가 관례"(필자의 졸저 '교회법률상식' pp. 94~95 기독신문 1229호 참조)임에 의해서라도 ㄱ노회의 노회장은 2020년 4월 7일의 정기 노회를 소집하고 헌법이 정한 직전 노회장의 직무를 수행하는 것이 당연한 법리이다.

69. 총회 재판 계류 중인 위임 목사 권고 사임 결의 언어도단

S당회와 D노회의 행정 자질은 F학점으로 함량 미달
면직 판결 이유로 상소 통지서 반려, 소가 들어도 웃을 일

[질의] 본인은 합동 대구 D노회 S교회를 섬기는 H집사입니다. D노회는 본인이 섬기는 S교회의 위임 목사인 ○○○ 목사를 2019년 7월 17일 재판을 하여 "면직, 제명, 출교" 판결을 하였습니다. 피고소인 목사는 이에 불복하고 상소 통지서를 D노회에 제출한바 노회는 "피고소인 목사 ○○○ 씨는 목사직 면직, 제명, 출교에 처했으니 본 노회 소속 회원이 아니다."라며 2019년 7월 27일 상소 통지서를 반려하였습니다.

피고소인 목사는 부전하여 총회에 상소장을 제출하였고 총회는 상소장을 접수하여 재판국에 위탁하여 본 건은 현재 총회 재판국에 계류 중에 있습니다. 그런데 S교회 당회(노회 파송 당회장 김경천 목사)는 노회에 위임 목사 해약 청원건 결의를 위한 공동 의회를 2020년 2월 2일에 소집 결의하고 당회장 김경천 씨의 청원으로 D노회는 2020년 2월 14일에 "D노회 제96회 제3차 임시노회"를 개회하여 "① ○○○(상소인) 씨의 목사 회원 무효 결의 ② "○○○ 씨의 위임 목사 권고 사면 결의"를 하였습니다. 본 건 노회의 판결과 당회 및 노회의 행정에 관하여 종합적으로 볼 때 모순이 많아 보입니다. 목사님의 법리적인 정리를 부탁드립니다.

[답] 본 건 S교회 위임 목사에 관한 노회 재판은 터무니 없는 불법 판결이고 노회와 당회의 행정은 어처구니가 없어 말문이 막힌다. 이것이 과연 합동 교단의 노회이며 당회인지 얼굴이 화끈거린다.

1. 문외한 재판국 판결문에 대하여

질의 내용에 노회 재판국의 재판 절차나 심리 등은 언급이 없으므로 차치하고 판결문만 보아도 문외한 재판국에 다름 아니다. 목사를 재판하는 판결문에 "면직, 제명, 출교"라고 하였으니 무슨 잠꼬대인가? 재판국원 모두가 "권징조례"를 한 번도 읽어보지도 아니하고 재판을 하겠다며 겁도 없이 달려든 것 같아 보인다.

재판국원 중에 단 한 사람이라도 권징조례를 한 번만 읽어 보았어도 그 사람이 이런 판결을 해서는 안 된다고 만류했을 것이다.

권징조례 제41조에 목사의 원심 재판 판결문은 ① 권계 ② 견책 ③ 정직 ④ 면직 ⑤ 수찬 정지 ⑥ 출교 ⑦ 정직, 수찬 정지 ⑧ 면직, 수찬 정지 등의 ①~⑧ 중에 한 가지만으로 합의 판결해야 함을 규정했다.

D노회의 재판국원들은 교회 헌법 권징조례에서 "면직, 제명, 출교"의 판결을 동시에 할 수 있다는 법조문을 찾아내야 한다. 만일 그 근거를 제시하지 못할 경우 본 건 재판에 대하여 중차대한 책임을 통감해야 한다.

2. S교회 당회 행정의 흠결에 대하여

노회가 파송한 당회장이 공동 의회를 소집하여 위임 목사 해약 청원 결의까지 하여 노회로 하여금 위임 목사 권고 사임 결의를 얻어낸 것은 남의 집 불난 곳에 기름을 뿌린 것에 다름 아니다.

S교회의 시무 장로들과 노회 파송 당회장 김경천 씨에게 묻노니 S교회의 위임 목사였던 ○○○ 목사는 2019년 7월 17일에 "면직, 제명, 출교" 판결을 받았으니 말하자면 목사도 아니요 교인도 아닌데 언제 S교회의 위임 목사로 복직이 되어 2020년 2월 14일의 "D노회 제96회 제3차 임시 노회에 위임 목사 해약 허락 청원서를 제출하게 되었는가? 혹시 노회 재판국의 판결

을 무효로 인정하고 제출한 것은 아닌지 분명한 답을 내놔야 한다.

3. D노회 제96회 제3차 임시 노회 불법 결의에 대하여

D노회의 제96회 제3차 임시 노회에서 상소인 ○○○ 씨에 대한 위임 목사 권고 사면 결의는 D노회 자질에 대하여 치유 불능의 흠결이다. S교회의 당회와 D노회는 손발이 척척 맞아서 당회장이 청원한 불법 안건의 내용을 검토 흔적도 없이 2019년 7월 17일에 "면직, 제명, 출교" 판결을 받은 ○○○ 목사를 언제 S교회의 위임 목사로 복직시켜 S교회의 위임 목사 권고 해임 결의를 하였는가?

○○○ 목사의 상소 통지서를 "면직, 제명, 출교"라는 판결의 이유로 반려해 놓고 그 후 임시 노회에서는 ○○○ 목사의 S교회 위임 목사 권고 사임을 결의하였으니 밭갈이하는 소가 들어도 웃을 일이다.

4. 결론

본 건 노회 재판국의 판결이나 당회의 공동 의회를 위한 결의와 공동 의회의 결의 및 임시 노회의 결의 등이야말로 합법은 하나도 없고 불법만 골라서 도배를 한 것 같아 보인다.

본 건 재판국의 재판관들은 하나님 앞에 철저히 회개하고 교회와 노회와 총회 앞에 정중히 사과해야 하며 또한 해 당회와 노회는 혹 알면서도 고의로 그런 결의를 하였는지 무지해서 그런 결의를 하였는지 만일 무지해서 그랬다면 함량 미달이요, 알면서도 고의로 그런 결의를 하였다면 이는 중대한 범죄 행위이다. 당회나 노회가 본 건의 상황에서 이와 같은 결의를 절대로 할 수 없기 때문이다.

第3章
총회(總會)

第1節 총회 행정(總會行政)

70. 비상 정회는 치리회 회장의 고유한 특권
위원회의 위원장은 비상 정회 선언권 없어
위원회 위원장의 비상 정회 선언은 전례도 없는 불법 행위

[질의] 총회를 1주일도 남지 않은 상황에서 마지막 총회 선거관리위원회로 모여 임원 후보 결정에 대하여 투표로써 최종 결정하기로 하고 위원장이 선거관리위원회를 소집하였습니다.

그런데 위원장은 임원 후보자를 투표로써 결정하겠다고 소집한 최종 회의에서 투표는 하지 않고 시간을 소진하다가 "나는 다른 모임이 있어서 정회했다가 속회하여 투표할 것입니다."라고 하는 말에 위원들이 "그러면 부위원장에게 사회권을 위임하고 다녀오시라"고 하니 위원장이 비상 정회를 선언하고 퇴장해 버렸습니다.

그 후 위원들 중 위원장을 포함하여 5명은 퇴장하였으나 10명은 회의장을 떠나지 않고 위원장이 퇴장한 것을 불법으로 판단하고 위원들 중에 최고 연장자 목사님을 사회자로 추대하였으며, 재적 위원 3분의 2 이상인 10명 전원의 만장일치로 위원장 해임안을 결의하고 위원회 서기를 위원장 직무 대행으로 결의하였습니다.

이런 상황에서 ① 선거관리위원회 위원장이 비상 정회를 선언하고 퇴장하는 것이 합법인지요? ② 위원장이 퇴장한 후 재적 위원 중 3분의 2 이상의 위원들이 회의장을 떠나지 않고 회의를 계속 진행하여 위원장 해임을 결의하고 서기를 위원장 직무 대행으로 결의한 것이 잘못인지요? ③ 서기가 제101회 총회 총대로 천서가 되지 않았는데도 위원장 직무 대행을 할 수 있는지요? 목사님의 법리적 답변을 바랍니다. (합동, K목사)

[답] 질의자가 합동 총회 소속 목사이므로 합동 총회 헌법으로 답한다.

1. 선거관리위원회 위원장의 비상 정회 선언에 대하여

비상 정회는 누구나 아무 데서나 선언할 수 있는 것이 아니다. 오직 교회 각 치리회 회장만이 할 수 있는 고유한 특권으로 장로교 헌법은 규정하였다.

이에 대하여 교회 헌법 정치 제19장 제1조(회장)에 "교회 각 치리회는 모든 사무를 질서 있고 신속하게 처리하기 위하여 회장을 선택할 것이요 그 임기는 그 회의 규칙대로 한다."라고 규정하였다.

그리고 동 제19장 제2조의 "치리회 회장의 직권"에는 " … 회장은 매 사건에 결정을 공포할 것이요 특별한 일로 회의 질서를 유지할 수 없는 경우에는 회장이 비상 정회를 선언할 수 있다."고 명백히 규정하였다.

그러므로 본 건 특별 위원회의 위원장은 위원회 심사의 원칙에 의하여 본회가 위탁한 안건을 심의하여 본회가 신속히 처리할 수 있도록 심의하는 위원회의 위원장일 뿐이요, 비상 정회라는 권한을 부여한 법적 근거는 헌법, 규칙, 결의 등 어디에서도 찾아볼 수 없고 기독교 100여년 역사에도 상비부 부장이나 특별 위원회 위원장이 비상 정회를 선언한 전례도 없다.

따라서 선거관리위원회 위원장이 총회를 한 주간도 채 남지 아니한 다급하고 긴박한 상황에서 마지막 회의를 소집했으나 회의 소집 시에 약속으로 전제한 투표는 하지도 아니하고 시간만 소진하다가 자기가 다른 모임이 있으니 거기 참석하기 위하여 정회를 하겠다고 할 때에 위원들 다수가 부위원장에게 사회권을 위임하고 다녀오라고 함에 대하여 이를 거부하면서 권원 없는 비상 정회를 선언하고 퇴장하였다고 하니 이는 천부당만부당한 불법 행위이다.

2. 위원장 해임과 서기를 직무 대행으로 결의함에 대하여

"법의 정의는 상식이다."라는 말이 있다. 이 말에 비추어 보건대 위원장이 회의를 진행하다가 다른 모임 참석 운운하면서 정회를 하겠다는 유치하고 무책임한 말을 한 것으로 보인다.

그리고 절대 다수의 위원들이 사회권을 부위원장에게 위임하고 다녀오라는 요청을 거부하면서 권원 없는 비상 정회를 선언하고 급기야 퇴장까지 했다고 하니 이와 같은 상황에서 총회 준비에 중대한 직무를 유기한 위원장에 대하여 위원회 자체로 그 직무를 불신임하고 해임 결의함은 상식에 속한 사안이요, 위원장 직무 대행자를 선정한 후속 조치는 당연한 순리이다.

3. 비 총대를 위원장 직무 대행으로 선정함에 대하여

장로교회의 관례는 회원권 우선주의가 아니라 사건 처결 우선주의가 총회 100년 역사의 관례이다(교회법률상식 pp. 94~95 참조).

따라서 선거관리위원회의 결의로 선거관리위원회 서기를 위원장 직무 대행으로 결의한 이상 서기가 비록 제101회 총회의 총대가 아닐지라도 사건 처결 우선주의의 관례대로 제101회 총회 선거관리위원회의 위원장 직무 대행을 수행하는 것은 정당한 법리이다.

이는 마치 제92회 총회 시에 GMS 이사장이 총회 총대가 아니었음에도 불구하고 총회 앞에서 GMS 이사회의 정례 보고를 했던 관례와 같은 사안이다.

굳이 이와 같은 관례를 예로 들지 아니할지라도 현재까지 제101회 총회의 총대로 천서 되지 아니했는데도 불구하고 선거관리위원회 위원으로서 서기의 직무를 수행하고 있는 위원을 그 위원회의 연장선상의 위원장 직무 대행을 수행하는 것은 지극히 당연한 법리적 상식에 속한 사안이다. 위원회 서기가 그 위원회의 직무 대행자가 되는 것은 당연한 법리가 아닌가.

4. 위원장의 직무 유기에 대하여

거두절미하고 선거관리위원회의 위원장은 누가 무어라 해도 엄연히 선거 관리 규정에 선거 관리 직무를 명시하고 있음에도 불구하고 그 직무를 수행하지 아니한 것은 위원장으로서 직무를 유기한 것으로 밖에 보이지 않는다.

총회 선거관리위원회의 직무에 관한 선거 규정을 검토해 보면

① 제16조(등록기간)에 "1. 총회 임원: 매년 6월 1일부터 6월 10일까지 등록한다."고 하였고

② 제18조(입후보자 자격 심사)에 "1. 각 선거의 입후보자는 등록 기간 마감일로부터 30일 이내 자격 심사를 완료하여 후보자를 확정한다."고 하였다.

③ 이상 2개항의 규정을 종합하면 7월 10일까지는 임원 후보가 확정되어

야 한다.

④ 그리고 제19조(후보자 홍보)에는 "자격 심사 완료 후 최종 후보자가 확정되면 총회 개회 15일 전으로 후보자 신상 및 이력을 총회 기관지에 1회 공고하고 홍보 유인물을 제작하여 전 총대들에게 배부한다."고 규정하였다.

그런데 선거관리위원회 위원장은 제101회 총회를 1주일도 채 남지 않은 상황에서 아직도 선거 관리 규정 제16조, 제18조, 제19조에 의해 위원회의 임무로 부여한 임원 후보자 결정조차도 못하였다고 하니 이유여하를 막론하고 직무 유기를 넘어서 무책임한 위원장으로 볼 수밖에 없다.

5. 결론

이상과 같이 선거 관리 규정은 선거관리위원회 위원장이 수행해야 할 직무에 대하여 "매년 6월 1일부터 6월 10일까지 등록을 마감"하고, "등록 기간 마감일로부터 30일 이내 자격 심사를 완료하여 후보자를 확정해야 한다."고 법은 규정하였다.

즉 법은 선거관리위원회에 총회 개회 2개월 전인 7월 10일까지는 임원 후보자에 대하여 자격 심사를 완료하여 확정하라는 직무를 부여하였다. 그런데 선거관리위원회 위원장은 제101회 총회를 1주일도 채 남지 않은 상황에서 마지막 위원회의 중대한 회의를 소집한 위원장으로서 회의 진행 중에 권원 없는 비상 정회를 선언하고 퇴장을 하였다고 하니 제101회 총회의 암담함을 생각할 때 위원회가 위원장 해임을 결의하고 직무 대행자를 선정한 것은 지극히 상식적이요 당연한 법리적 순리라고 아니할 수 없다.

부언컨대 설령 특별 위원회의 위원장에게도 비상 정회 선언권이 있다고 가정할지라도 비상 정회를 선언해야 할 상황은 "회의 질서를 유지할 수 없는 경우"뿐이다. 그런데 본 건의 위원장은 이중으로 모임 일자를 정해 놓고 회의를 진행하는 중에 다른 회의에 참석하기 위하여 정회하겠다고 함에 대하여 위원들이 부위원장에게 사회권을 위임하고 다녀오라는 요구를 거부하고 무기한 비상 정회를 선언하는 것은 언어도단이다.

항간에 제101회 비 총대는 선거관리위원회 위원장 직무 대행을 수행할 수 없다고 하는 언론 보도가 있다고 하는데 현재 선거관리위원회 서기 직무를 수행하고 있는 자를 그 위원회의 연장선상에서 위원장 직무 대행을 할 수 없다는 논리는 어불성설이다.

71. 상비부인 감사부가 총회 결의 뒤집을 수 없어
특별 재판국 판결 보고 그대로 받아야 총회 권위 세울 수 있어

　제99회 총회를 일주일 앞두고 지난 9월 15일자 인터넷 신문인 '뉴스파워' 기사에 "24전 24승 광명 동산교회를 흔들지 말라"는 머리기사의 내용을 읽어내려 가다가 꿈인지 생시인지 분간 못할 충격적인 기사를 보게 되었다. 그 내용인즉 이번 총회에 제98회 특별 재판국에 대한 감사부의 감사 결과와 제99회 총회에 보고할 보고서의 내용이다.

　이는 필자가 들리는 풍문이 기우이길 바라면서 8월 26일자로 '시포커스'에 기고하여 "총회 감사부의 감사 한계"라는 제목으로 보도된 내용과 정면으로 반하는 초법적이고 위법적인 내용인지라 더욱 충격적이고 어안이 벙벙하다. 더더욱 우려스럽고 안타까운 것은 그 내용이 김○○ 목사가 발행인으로 있는 '기○○○'의 기사 내용(2013. 10. 4, 7면, 2014. 3. 3. 3면)과 거의 흡사하여 마치 그대로 옮겨 놓은 것 같아 실소를 금할 수가 없었다.

　김○○ 목사는 황해노회 재판국에서 피고 측 최성용 목사의 변호인 겸 대리인으로 활동하다가 "정년 은퇴한 목사 및 장로는 변호인이 될 수 없는 것으로 가결하다."는 제97회 총회 결의 때문에 표면적으로는 법적 자문 역할을 하지 못하고 있으나, 본인이 발행인으로 되어 있는 '기○○○'를 통하여 수차례 총회 결의로 설치된 특별 재판국을 폄하하고 비난하는 기사를 보도하는 등 실질적인 후견자로서 아직까지도 배후에서 불법을 도모하고 조종하는 역할을 하고 있는 것으로 전해지고 있다.

　또한 주지하다시피 '기○○○'는 편견적인 시각과 일방적인 논조(기독신문 2010. 8. 30. 사설 '기독신보 행패 어디까지 갈 것인가' 참조)로 총회에서 두 차례(제83회, 제95회)나 구독 금지 결의를 당한 적이 있다. 그런데도 불구하고 어찌된 일인지 총회 감사부의 보고서 내용은 '기○○○'의 기사 내용을 거의 베껴 놓은 같아 보이니 말문이 막힌다.

이미 필자는 총회 감사부의 위법성과 특별 재판국과 관련하여 '기○○○'에 게재된 기사에 대해 법리적으로 조목조목 반박하여 '시포커스'에 여러 번 게재한 적이 있다. 이 가운데 제99회 총회를 목전에 둔 총대 제위께 중요한 몇 가지 사항을 재론하여 상기시켜서 총대들의 현명한 판단을 구함으로 총회의 권위와 하나님의 공의가 바로 세워질 수 있기를 간절히 촉구한다.

1. 감사부의 초법적 월권 행사

총회 규칙 제8조(상비부) 3항(각 부원의 임무) 18)에 "감사부는 총회 회계 및 산하 상비부, 유지 재단, 총신대학교, 신학원, 기독신문사를 비롯하여 모든 기구의 회계 업무를 감사, 지적에 따른 시정 및 처리 경과를 보고한다(행정 감사를 할 수 있다). 단, 감사를 위하여 제 서류를 요청할 수 있으며 피 감사자는 즉시 응하여야 한다."고 규정하였다.

이상과 같이 총회 규칙이 정한 법은 "회계 업무 감사"의 대상 기구까지 지정하였고 그 지정된 기구들의 회계 감사를 하는 것이 감사부의 업무 한계로서 그 기구들의 회계 감사 결과, "회계 업무에 관한 지적에 따른 시정 및 처리 경과를 보고한다."고 못 박았다.

그렇기 때문에 괄호 안에 "(행정 감사를 할 수 있다)"는 단항은 괄호 밖의 단항과 연계하여 볼 때, 회계 감사에 관련하여 규칙에 명시된 그 기구들의 회계 감사 과정에서 부득불 행정 감사가 필요로 할 경우에 한하여 "그 지정된 기구의 회계 업무에 관한 제 서류를 요청하는 정도의 행정 감사"를 의미하는 것이다. 따라서 회계 감사와 전혀 상관도 없고 총회가 결의하여 설치한 특별 재판국은 감사부의 행정 감사 대상이 아니다. 즉 감사부의 감사 업무 한계는 회계 감사 이상도 이하도 되어서는 안 된다는 말이다.

그런데 감사부가 총회 규칙으로 규정하여 부여된 본연의 회계 감사보다는 절대로 감사할 수도 없고 아무 관련도 없는 특별 재판국에 대해 행정 감사를 했다고 하니 분수를 모르는 월권이요, 총회를 능멸하고, 특별 재판국을 모욕하는 천부당만부당한 불법 행위이다.

2. 동산교회 예심 판결건 노회 헌의의 당위성

총회 재판국이 총회가 위탁한 황해노회 동산교회 사건을 재판하여 판결문을 상소인과 피상소인 및 총회 원서기에게 교부하였다. 그런데 재판 과정과 판결문 작성에서 불법 탈법 투성이라는 소문과 여론이 다수의 언론에 보도되었고 각종 소송이 제기되는 등 적지 않은 파장을 일으키며 제98회 총회에까지 뜨거운 감자로 도마 위에 올랐다. 그 내용의 일부를 정리하여 설명을 부가하면,

(1) 인터넷 신문 뉴스파워(2013. 7. 30.)에 "예장 합동 총회 재판국원 수표 수수 파문"이라는 머리기사로 보도되었다(2013. 3. 28. 발행 농협 뚝섬지점 라가4222127 등 100만원 권 2매).

(2) 계속하여 뉴스파워의 보도 기사에 의하면 ① "광명 동산교회 건 예심 판결 해"(2013. 7. 6. 입력)라는 머리기사와 ② "광명 동산교회 예심 판결문 변조됐다"(2013. 7. 14. 입력)라는 머리기사와 ③ "광명 동산교회건 회의록 수정 파문"(2013. 7. 20. 입력)이라는 머리기사에 "예장 합동 총회 재판국 '1년 정지' 삽입 … 한기승 목사 등 '불법 결의다' 퇴장"이라는 소제목의 기사와 ④ 이와 관련하여 인터넷 신문 시포커스에도 4건의 신문 기사 등이 전국 교회와 총회 총대들에게 공개된 상황에서 총회 재판국의 불법 재판에 대하여 노회의 헌의를 받아들여 총회가 특별 재판국 설치를 결의하는 것은 너무

도 당연한 법 절차이다.

3. 죄인을 풀어주고 무죄한 원고를 벌주는 총회 재판국

동산교회 사건은 2011년 4월 11일 당사자인 최성용 목사가 본인의 원로 목사 추대 허락 청원서를 노회에 제출하면서 당회 결의는 물론, 공동 의회도 하지 아니하고(정치 제4장 제4조 4항, 제21장 제1조 2항 위반) 허위 문서를 작성하여 노회에 청원하여 원로 목사 추대 허락을 받은 초유의 불법 사건이다.

본 사건에서 드러난 허위 문서란 최성용 목사가 자기의 사위인 목사가 공동 의회의 의장으로 있지도 아니한 공동 의회를 마치 한 것처럼 거짓으로(재판 과정에서 드러난 제9계명 위반) 작성한 문서를 말한다. 최성용 목사는 노회를 기만하고 그 허위 문서로 노회에 청원하여 원로 목사 추대 허락을 받았다.

그 후 모든 불법 사실을 알게 된 시무 장로 전원 8인은 노회에 최성용 목사를 고소하였고, 황해노회 재판국은 합법적인 고소장을 접수하여 2012년 7월 25일 "최성용 목사의 동산교회 원로 목사 추대 허락 무효와 제명"의 판결을 선고하였다. 이에 최성용 목사는 불복하여 상소하였고 총회 재판국은 불법 재판의 우여곡절 끝에 "최성용은 원상회복하고" 오히려 무죄한 "피상소인(원심 원고) 8인의 장로들을 시벌"하라는 어처구니없는 판결을 내렸다.

이처럼 교회와 노회를 기만하고 자기 사위 목사와 공모하여 위조 문서를 작성하고 원로 목사가 된 최성용 목사는 "원상회복"이라 하고, 무죄한 원심 원고 8인의 장로들을 죄인처럼 "시벌"하라는 총회 재판국의 기상천외한 판결이 만천하에 드러난 상태에서 노회는 제97회 총회 재판국의 황해노회 동산교회 사건에 대한 판결 결과에 대하여 특별 재판국 설치를 헌의하였다.

총회는 이 헌의안을 정식 접수하여 정치부로 위탁하였으며, 본 건 정치부 보고에 대하여 총회가 "특별 재판국 설치의 건은 재판국 보고 후 본회에서 처리하기"로 결의한 대로 특별 재판국이 설치되었으므로 이에 대한 노회의 헌의와 총회 결의 절차는 지극히 당연하고 적법한 행정 절차이다.

4. 특별 재판국 설치는 재판건 아닌 행정건

재판국 보고에 대하여 총회가 채용하거나 환부하거나 특별 재판국을 설치하기로 결의하는 것 자체는 행정건이요 재판건이 아니다. 따라서 본 건과 같이 특별한 상황이 공개되고 인정되어 노회의 헌의를 받아 총회가 권징조례 제141조에 의하여 특별 재판국 설치를 결의한 것 자체도 행정건이요, 총회 재판국 보고 시 동 제141조에 의하여 총회가 특별 재판국 설치를 결의하는 것 자체도 역시 행정건이지 결코 재판건이 아니다.

그런데 노회의 헌의로 총회가 특별 재판국 설치를 결의하는 것은 행정건이고, 재판국 보고 시에 총회가 특별 재판국 설치를 결의하는 것은 행정건이 아니고 재판건이라는 논조로 트집을 잡는 것은 법리도 모르는 자가 교회와 노회와 총회를 혼란하게 하는 괴변일 뿐이다.

총회가 결의한 모든 결의 자체는 모두 행정건이요 결코 재판건이 아니라는 것은 지극히 상식에 속한 것인데, 감사부원들은 과연 몰라서인지, 알면서도 억지를 부리는 것인지 묻고 싶다.

5. 특별 재판국은 기소 위원, 고소자 없이 재판하는 것

특별 재판국은 총회 재판국이 재판을 잘못하였으니 하회인 노회 서기가 상소장, 상소 이유 설명서, 재판에 관한 일체 서류와 전말서를 총회 서기에게 교부(권징조례 제96조)하여 총회 재판국 서기가 넘겨받은 그 서류만을 가지고 증거조를 폐하고(권징조례 제94조 2항) 법률심으로 다시 판결하여 보고하라고 설치하는 것이요, 권징조례 제143조에 "총회가 필요로 인정할 때는 그 결의로 특별 재판국을 설치하고 상설 재판국의 규칙을 적용한다."고 하였다.

그런데 무슨 기소 위원, 고소자 등을 운운하는가? 이는 마치 법(法)의 삼수변도 모르는 자들의 망언이요 무식의 극치임에 다름 아니다. 과연 감사부원들은 이렇게 지극히 기본적이고 상식적인 법리조차 이해하지 못하면서 특별 재판국을 감사하여 보고서까지 작성하였단 말인가? 이는 지나가는 소가 들어도 웃을 일이다.

6. 결론

그럼에도 불구하고 동산교회는 세상 법정에서 완벽하게 승소를 하였고 연부년 안정과 부흥 일로에 있다. 총회가 이런 교회를 더 이상 흔들어서는 결코 안 된다. 마땅히 감사부의 보고 중 특별 재판국에 대한 감사 부분은 삭제하고 보고를 받아야 함은 물론, 차제에 감사부의 불법적인 월권 행위에 철퇴를 가해야 한다. 이것이 교회를 살리고 무너진 총회의 질서와 권위를 회복하는 길이다.

72. 위험천만한 합동 총회기구혁신위원회의 발상

상비부와 특별 위원회, 총회가 위탁하지 않은 사건 처리 못 해

정치부 상설화는 소수 집단이 꿈꾸는 위헌적 독재 정치의 꼼수

기독신문 제2015호(2015. 6. 24.) p. 2에 "총회 기구 혁신안 나왔다"라는 머리기사의 "정치부 상설화로 헌의안 심의 강화"라는 소제목으로

"정치부에 5,6개의 분야별 상설 소위원회를 설치해서 각 노회에서 상정되는 헌법적 정치적 사안들을 즉시 취급하도록 하자는 내용이다. 정치부는 이 안들에 대해 충분히 검토하고 총회 실행위원회에서 심의함으로 가을의 본 총회에서 이틀 내외에 수백 건의 헌의안을 급하게 처리하는 일을 방지하자는 취지다. 이렇게 되면 사실상 특별 위원회는 거의 폐지하게 된다. 즉 올해와 같은 경우 총회 정치부 관련 헌의에 대해 구성된 특위만 27개인데, 이 특위의 임무가 정치부 산하 분과들로 분산되는 것이다. 정치부 내에 설치가 가능한 분과 위원회는 다음과 같다. 제1분과위: 헌법, 규칙 적용 유권 해석, 제2분과위: 기구, 제도 설치 연구, 제3분과위: 기구, 제도 운영 개선, 제4분과위: 노회 행정 조정, 제5분과위: 불법, 분쟁 조사 처리"라는 기사 내용과

"한국교회 교류협력위원회, 세계교회 교류협력위원회, 통일준비위원회와 같은 상설 위원회는 상비부 산하가 아니라 상설 위원회로서 활동하게 한다는 것이다."라는 기사 내용은 경악을 금치 못 할 충격적인 대형 사건이라고 아니할 수 없다.

그 이유인즉 "정치부 및 특별 위원회의 상설화는 헌법을 무시하고, 민주적인 장로회 정치를 포기하고 일부 소수의 집단적 독재 정치를 구상하는 위험천만한 발상이기 때문이다.

여기에서 헌법을 무시하는 것은 곧 성경을 어기는 행위로서(교회법률상식

pp.608~612 참조) 하나님을 노엽게 하는 인본주의적 정치 체제에 다름 아 니다.

1. 치리회와 상비부

정치 제8장 제1조(정치의 필요)에 "교회를 치리함에는 명백한 정치와 조 직이 있어야 한다(고전 14:40). 정당한 사리와 성경 교훈과 사도 시대 교회 의 행사에 의한 즉 교회 치리권은 개인에게 있지 않고 당회, 노회, 대회, 총회 같은 치리회에 있다(행 15:6)."라고 하여 치리권은 치리회에만 있도록 한 것 이 성경과 교회 헌법이 정한 진리요 법리이다.

그런데 합동 총회기구혁신위원회는 성경과 교회 헌법의 근본인 장로회 정 치의 대 원리를 배격하고 치리회인 총회만 처리할 수 있는 노회가 상정한 모 든 안건들을 "정치부 상설화로 … 각 노회에서 상정되는 헌법적 정치적 사 안들을 즉시 취급하자는 내용이다."라고 하였고 "이렇게 되면 … 사실상 특별 위원회는 거의 폐지되게 된다(올해에 구성된 27개의 특별 위원회와 같 은 경우 등)."라고 하였으니,

총회가 처결하는 사안과 특별 위원회에 맡겨 처리할 사안들을 정치부가 도맡아 하게 하는 위험천만한 비성경적 위헌적 소수 집단을 구성하여 정치 부가 총회 위에 앉아서 독재 정치를 하겠다는 발상에 다름 아니다.

성경에 근거하여 제정한 교회 헌법은 "치리권은 당회, 노회, 대회, 총회 같 은 치리회"에 있도록 규정하고 있는데 어떻게 정치부가 위원회 심사의 원칙 을 무시하고 총회 헌법을 어기며 총회의 위탁도 받지 아니하고 "각 노회에 서 상정되는 헌법적 정치적 사안들을 즉시 취급하도록(정치 제12장 제4조 위반)" 할 수 있으며,

정치 제12장 제5조(총회 권한) 제1항에 "총회는 교회 헌법(신조, 요리문

답, 정치, 권징조례, 예배모범)을 해석할 전권이 있고"라 규정하고 있는데 어떻게 정치부가 총회의 위탁도 받지 아니하고 "헌법, 규칙 적용, 유권 해석"까지 하게 할 수 있으며,

동 제3항에 규정한 헌법 조항을 무시하고 "불법 분쟁 조사 처리권"을 총회의 위탁 없이 정치부가 시행할 수 있도록 한단 말인가.

아무리 생각해 보아도 혁신위원회의 구상은 장로교 정치의 근본인 웨스트민스터 헌법을 번역하여 시행하고 있는 대한예수교장로회 총회 헌법을 폐기하고 장로회 정치를 포기하면서 정치부가 총회의 옥상옥이 되어 독재 정치를 해보겠다는 발상으로 여겨진다. 이는 총회가 장로회 정치를 포기하고 혁신위의 구상대로 헌법을 개정하기 전에는 시행할 수 없는 잠꼬대에 불과하다.

2. 위원회 심사의 원칙

위원회는 본회가 위탁한 사안을 심의하여 본회에 보고하면 본회가 그 보고를 받아 채택 결의하거나 위원회의 심의 내용이 미흡하면 본회가 정정해서 채택하든지 직접 다시 심의하여 처결하는 제도로서 신속 정확하면서도 효과적이고 능률적인 사무 처리를 위하여 치리회의 본회가 전문 분야에 따라 여러 부서를 조직하여 위원회로 하여금 예비 심의하여 본회에 보고하게 하는 기구이다.

이와 같은 위원회의 권한은 최종 결의 기관이 아니라 본회의 처결 이전의 예비적이고 준비적인 심의 기구에 불과하다. 그러므로 위원회는 예비 심의한 모든 사안에 대하여 본회에 보고하여 본회의 처결을 기다릴 뿐이니 위원회가 다룰 수 있는 안건들은 하회로부터 직접 받아서 심의하는 기구가 아니요, 본회가 안건을 받아서 본회가 위원회에 위탁하는 것만 심의하는 정도

이다.

따라서 총회 정치부도 위원회 심사의 원칙에 의한 총회의 일개 하부 구성체에 불과하니 하회인 노회로부터 안건을 직접 받아 처리할 수는 없고 총회가 접수하여 정치부에 위탁한 안건에 대하여 예비적이며 준비적인 심의를 거쳐 총회에 보고함으로써 총회가 처결하는 데 도움이 되도록 하는 예비적인 심의 기구에 불과하기 때문이다.

그런데 총회기구혁신위원회의 구상은 노회가 총회에 올려 보낸 정치부에 관련된 서류들을 총회의 위탁도 받지 아니하고 정치부가 직접 받아서 직접 처결하게 하는 상설 처리 기구로 만들겠다고 하니 언어도단이다.

이는 총회의 상비부로서 위원회에 불과한 정치부를 총회 위에 옥상옥의 다른 총회와 같은 정치부가 되게 하겠다는 천부당만부당한 불법으로 비성경적이요, 위헌적인 발상으로 민주적인 장로회 정치를 포기하고(정치 총론 5항 위반) 소수 집단의 독재 정치를 하겠다는 망상에 불과하다.

3. 총회와 특별 위원회

특별 위원회는 총회가 어떤 사안을 처리함에 있어서 총회 기간에 처리하기에는 시간이 촉박할 뿐만 아니라 전문적인 연구와 일정한 시일이 요구되는 경우에만 한하여 특별 위원회를 구성하여 총회가 그 사안을 위임하고 연구 심의한 후 본회에 보고하게 하여 그 보고를 받아 본회가 처리하기 위하여 설치한 비상설 기구이다.

그런데 합동 총회기구혁신위원회는 비 상설 위원회인 특별 위원회를 상설 위원회로서 상설 활동을 하게 한다고 하니 이것 또한 정치부와 쌍벽을 이루는 총회 위에 군림하는 또 다른 총회를 두겠다는 발상에 다름 아니다.

이는 혁신위가 대한예수교장로회의 모든 지교회와 치리회의 최고회인 총회(정치 제12장 제1조)와 관련하여 과연 상비부나 특별 위원회, 또는 상설 위원회나 비 상설 위원회가 각각 무엇인지, 상비부 활동이나 위원회의 상설 활동이 어떤 것인지도 생각해 보지 아니하고 탁상공론을 늘어놓는 것 같아 보인다.

총회기구혁신위가 "한국교회 교류협력위원회, 세계교회 교류협력위원회, 통일준비위원회와 같은 상설 위원회는 상비부 산하가 아니라 상설 위원회로서 활동하게 한다는 것이다."라고 하면서 특별 위원회를 상설 위원회로 하여 상설 활동을 하게 하겠다고 하니 이는 현행 헌법을 그렇게 할 수 있도록 개정하기 전에는 절대로 시행할 수 없는 일이다. 만일 헌법을 개정하여 그와 같이 시행한다고 가정하면 이는 결코 장로회 정치는 아니다.

하기야 총회 상비부인 상설 재판국이 헌법을 개정하지 아니하고는 절대로 할 수 없는(권징조례 제134조 2항) 상설 재판을 재판 비용 4백만원을 받으면서까지 버젓이 하고 있으니 더 이상 거론해 본들 무슨 소용이 있겠는가.

4. 결론

제99회 총회가 총회기구혁신위원회를 설치하여 총회 기구 혁신안을 맡긴 것부터 첫 단추가 잘못 끼워졌고, 혁신위가 정치부를 상설 위원회로 하여 상설 활동을 하게 하는 구상이나 몇몇 특별 위원회를 설치하여 상설 위원회로 하여 상설 활동을 하도록 하겠다는 구상이야말로 탈 장로회 정치를 해 보자는 망상에 다름 아니다.

역사적인 제100회 총회는 총회 재판국이 권징조례 제142조에 총회 재판국의 "재판 비용은 총회가 지불한다."라고 규정하였음에도 불구하고 재판 비용 운운하면서 상설 재판을 하는 것과 총회기구혁신위원회가 구상한 정치부와 특별 위원회를 상설화하여 상설 활동을 하게 하려하는 망상을 백지화하고 장로회 정치를 사수하는 총회가 되기를 바란다.

73. 장로교 총회 명칭의 변천사

한국 장로교회가 원래는 하나의 장로교회였다. 그런데 1950년 6·25동란을 전후하여 장로교가 분열로 이어졌다. 하나였던 장로교가 둘로 분열된 후에는 연이어 분열하다가 핵분열 하듯 현재에는 "대한예수교장로회 총회"라는 명칭을 가진 교단이 일백 수십 개의 교단이 된다는 어떤 통계를 보고 놀라지 아니할 수 없다.

모르기는 해도 조선예수교장로회 총회일 때만 해도 장로교는 하나이었는데 대한예수교장로회 총회로 명칭이 변경된 이후부터 장로회 총회가 헤아릴 수 없이 급격히 나누어진 것으로 생각된다. 장로교 명칭의 변천사를 정리하면 아래와 같다.

1. 대한국예수교장로회 노회(1907년 제1회 독노회)

"하나님께서 은혜를 풍부히 주심으로 수년 전에 미국 남 쟝로교회와 북 쟝로교회와 영국 오스드렐냐 쟝로교회 가나다 쟝로교회 이 네 곳 총회에서 특별히 대한국 쟝로회 노회를 세우기로 허락한 고로 쟝로 공의회 회쟝 마포삼열 목사께서 네 곳 총회의 권을 엇어 한국 교회에 로회 되난 취지를 설명하시되 이 로회는 교회의 머리되시난 쥬 예수 그리스도를 힘립어 십자가를 튼튼히 의지하고 견고하여 흔들니지 말고 셰샹사람 압헤 영화로운 빗치 되며 하나님 압헤 거룩하고 정결한 로회를 일우어야하겠다 하시고 쥬 강생 일천 구백 칠년 구월 십칠일 오정에 한국로회를 설립한 후에 대한에 신학교 졸업 학사 닐곱 사람을 목사로 쟝립하고 "대한국 예수교 쟝로회 로회라 하셨스니 이는 실노 대한국 독닙 로회로다. 할넬누야 찬숑으로 셩부 셩자 셩

신님께 세세토록 영광을 돌리세 아멘"(독노회록 p.3).

2. 예수교장로회조선 총회(1912년 제1회 총회)

독노회 회의록은 원문대로 기록하였으나 총회록은 현대어로 기록하였다.

"주후 1912년 9월 1일 상오 10시 30분에 예수교장로회조선 총회 제일회로 평안남도 평양 경창문 안(內) 여성경학원에서 전 회장 리 눌서 씨가 히브리서 12장에 '장자회'라는 문제로 강도함으로 개회한 후에 마포삼열 씨는 떡을 가지고 원두우 씨는 포도즙을 가지고 축사함으로 성찬례를 거행하고 정회하였다가 하오 2시 30분에 계속하여 김석창 씨의 로마서 8장에 '나는 괴롭다'는 문제로 강도한 후에 김종섭 씨의 기도로 폐회하다. 서기 한석진"(제1회 총회록 p.1).

3. 조선예수교장로회 총회(1915년 제4회 총회)

"1915년 9월 4일 하오 8시에 조선예수교장로회 제4회 총회가 전주부 서문 밖 예배당에 회집하여 회장 배유지 씨가 기도하고 부회장 양전백 씨가 딤전 4:1~16을 낭독함으로 개회하다"(제4회 총회록 p.1). "예수교장로회 조선 총회"에서 "조선"만 앞으로 옮겼다.

4. 대한예수교장로회 총회(1949년 제35회 총회)

"조선예수교장로회는 금후로는 대한예수교장로회로 함이 가한 줄 아오며"(제35회 총회록 p.51) 여기에서는 "조선"을 "대한"으로 변경했다.

한국 장로교회는 선교 1세기를 지난 후 제2세기를 향한 시점에서 서구 교회의 사양화와는 반대로 놀라운 양적 성장에 대하여는 긍정적으로 평가할 만하다. 그러나 장로교의 분열은 주로 선교 정책과 신사 참배의 신학적 차

이점, WCC적 에큐메니컬 운동 등으로 처음에는 고려파, 기장, 통합, 합동 등의 4대 교단으로 나뉘었다가 현재는 개수도 헤아릴 수 없이 일백 수십 개 교단으로 분열되었다.

그 분열의 배경을 간단히 요약하면 ① 역사적 정치적 배경과 지역성 ② 정치적 갈등 ③ 유교의 배타성 등을 꼽고 있다. 좀 더 자세히 살펴보면 국외적 배경으로 미국의 교파 중심적 선교와 선교지 분할 정책과 신학적 상이성을 들 수 있다. 그리고 국내적으로는 신사 참배 문제, 보수주의와 자유 진보주의 및 사회 참여, 신학적 배타성, WCC적 에큐메니컬 운동의 찬반 등에서 찾아 볼 수 있다.

74. 직전 총회장은 총회 재판회장 될 수 없어

직전 회장은 신구 임원 교체까지 사회권뿐 안건 처리 못 해
제100회 총회장이 임원 선거 전 직할 재판한 것 당연 무효

필자는 제101회 총회를 파회한 후 고명하신 선배 목사님으로부터 전화를 받았다. "합동 측 제101회 총회가 제101회 총회장이 아니고 직전 총회장인 제100회 총회장이 해서는 안 되는 불법 재판을 한 사건에 대해 법을 아는 사람들이 글을 쓰지 아니하고 잠잠하면 죄가 되는 것이니 속히 글을 쓰라"는 충고였다. 이는 곧 합동 총회뿐만 아니라 한국 교회 전반에 위기가 만연하게 퍼져 있음을 경고하는 메시지로 알고 글을 쓰게 된 것을 먼저 밝혀 둔다.

때를 같이하여 제101회 총회의 임원 선거 직전에 행한 직할 재판의 동영상과 녹취록을 보내주신 고마운 분이 있어 그 내용을 살펴보니 직전 총회장의 횡포가 이만저만이 아니다.

실로 제101회 합동 총회는 총회 개회 선언 후 임원 선거를 하기 전에 쑥대밭에 진흙탕이 되어버렸다. 그 내용인즉 당연한 순서인 임원 선거는 하지 아니하고 느닷없이 소위 "해 총회행위자 조사처리위원회"라는 유령 위원회의 보고를 빙자하여 권원 없는 직전 총회장인 제100회 총회장이 신임 총회장만이 처리할 수 있는 제101회기의 총회 안건을 처리하는 진풍경이 벌어진 것이다.

그것도 일반 행정건도 아닌 총회가 직할하는 재판회의 회장이 되어 재판을 진행하는 허무맹랑한 일이다. 뿐만 아니라 증경 총회장이 언권을 언어 불법임을 지적하면서 자제할 것을 촉구함에도 불구하고 막무가내로 5명의 목사에게 재판 절차도 무시하면서 고퇴만 두드리면 되는 것처럼 여기고 판

결을 난발함으로 성 총회에 먹칠을 하였다.

1. 직전 총회장의 직무

직전 총회장인 제100회 총회장은 정치문답조례 456문에 "누가 총회를 개회하느냐?"는 답으로 "전 회장의 설교로 개회하고 신 회장이 선임되어 교체될 때까지 사회한다. 만일 전 회장이 결석하였으면 전 부회장이 개회하고, 그도 결석하였으면 총대 중 최후 증경 회장에서 시작하여 거슬러 올라가면서 사회하는 순위를 정할 것이요, 증경 회장들도 다 결석하였으면 총대 목사 중 최선 장립자로 사회하여 개회케 한다."고 한 법 해석에 따라 총회를 소집하여 예배와 성찬 예식을 행한 후 총대를 호명하고 "예정한 날짜에, 노회수 과반수와 목사수 과반수와 장로수 과반수로 성수"(정치 제12장 제3조)가 되면 제101회 총회가 개회됨을 선언한 후 혹 신설 노회가 있는 경우 노회 설립 보고를 받고 설립된 노회의 총대를 호명하여 회원수에 기입하고(정치 제22장 제1조 2항) 임원 선거를 하여 신구 임원 교체와 제101회 총회장의 취임 예식을 행하는 일(정치문답조례 617문)로서 직전 총회장의 모든 직무를 다하는 것이다. 그러므로 제101회 총회의 모든 안건 처리는 오직 제101회 신임 총회장의 몫이다.

다시 말하면 제101회 총회가 개회된 후에 직전 총회장은 신설 노회 보고 외에는 어떤 안건도 처리할 수 없다는 말이다.

2. 제100회 총회장의 불법 행위

상술한 바와 같이 직전 회장의 사회로 총회는 개회된다. 그러나 직전 총회장의 직무는 임원을 선거하여 신임 총회장의 취임 예식을 행할 때까지의 사회권뿐이다.

그런데 지난 제101회 총회에서는 권원 없는 직전 총회장이 일반 행정 사건도 아닌 재판 사건을 법적인 절차도 무시하고 불법으로 총회를 재판회로 변경하고 무자격자가 스스로 재판회장이 되어 목사 5명에게 목사 면직, 본 교단 목사 제명, 영구 출교, 당회로 하여금 원로 목사 취소, 소속 노회 명부에서 제명, 본 교단에서 출교 처결, 총대권 5년 정지 처결, 공직 정지 1년 처결 등의 판결을 행하는 엄청난 불법 재판을 행하였다.

　이것은 재판도 아니고 총회도 아니고 연극도 아니고 어떤 특정인들의 난장판에 불과하다. 우선 직전 총회장은 본 건의 사회권이 없다는 법리적 사실과 "총회결의 시행방해 조사처리위원회"라는 것은 제100회 총회가 결의하여 맡기지도 아니한 위원회이기 때문에 유령 위원회에 다름 아니다. 총회가 언제 "조사처리위원회"를 결의하였으며, 언제 그 위원회에 기소권을 주었으며, 언제 그 위원회에 재판권을 주었으며, 언제 100회 총회장에게 재판회장권을 주었는가! 직전 총회장은 제100회 총회 회의록에서 총회가 상기 위원회를 조직하여 조사 처리하도록 위탁한 회의록을 제시해야 한다.

　그러므로 제101총회가 임원 선거를 하기 전에 권원 없는 직전 총회장이 재판회장이 되어 땅에서 솟아났는지 하늘에서 떨어졌는지 알 수도 없는 "총회결의 시행방해 조사처리위원회 보고"라는 것을 빙자하여 총회가 직할 재판을 행한 모든 판결은 당연 무효이다.

75. 총회 감사부의 감사 업무 한계

행정 감사는 회계 감사와 관련된 내용만 할 수 있어
총회가 설치한 특별 재판국은 감사부의 행정 감사 대상 아니야

최근 모 인터넷 신문에 "이기택 목사 광명 동산교회 손 떼라"는 머리기사에 "재판국장 맡아 예심 판결문 변조에 특별 재판국 중간 감사까지 했다고?"라는 소제목으로 보도 되었다.

위 기사에 의하면 이기택 목사가 제97회 총회 재판국에서 불법 재판으로 확인된 결과 총회가 특별 재판국을 설치하여 다시 재판하여 보고하게 한 총회의 결의를 뒤집어엎기 위하여 감사부가 특별 재판국의 행정 감사를 했다는 내용이다(2014년 8월 21일자).

1. 사실 관계

신문 기사의 내용을 요약해 보면,

"총회 감사부에 이상한 기류가 흐르고 있는 것으로 알려져 주목된다. 이미 사회법으로도 모두 승소해 교회가 안정 가운데 있음에도 불구하고 총회에서 불법적이고 비정상적인 방법으로 교회를 흔들어 보려는 의도가 있다는 우려의 목소리가 나오고 있는 것이다."라는 보도와 함께

"총회 감사부가 제98회 총회 결의 사항인 특별 재판국 설치가 마치 불법인 것처럼 보고서를 작성해 특별 재판국 설치와 재판 결과를 뒤집으려 한다는 소문이 널리 퍼지고 있다."고 경계하는 내용과

"감사부는 재정 행정을 감사하는 것이 주 임무임에도 불구하고 최근에는 총회 내부에서 전반적인 월권 행위를 하고 있다는 지적까지 나오고 있다."고 하면서 감사부가 총회 위에 앉아 총회의 권위를 짓밟고 총회의 질서를

혼란케 함을 신랄하게 비판했다.

이와 관련한 광명 동산교회 사건은 최성용 전 원로 목사가 당회 결의는 물론, 공동 의회도 하지 아니하고(공동 의회 부존재) 자기 사위 목사가 와서 공동 의회를 한 것처럼 위조문서를 작성하여(사문서 위조) 노회와 교회를 기망하고(장로 총대와 부목사들은 노회에 참석하지 말라고 지시하고 주보에도 광고하였음) 노회로부터 원로 목사로 허락을 받은 사건에서 비롯된다.

이에 모든 것이 사실로 밝혀져 황해노회 재판국이 "원로 목사 추대 허락 취소와 제명" 판결을 선고하자 원로 목사 측은 노회 재판국의 판결에 불복하여 상소하였고, 총회 재판국의 상소건 재판 과정 중 수표 번호까지 공개되는 금품 수수설이 제기되었다.

또한 원심 피고 최성용 목사 측이 본 건과 관련된 사회 법정에 고소한 10여 건의 모든 소송을 100% 완벽하게 패소하였고, 심지어는 상소건 재판 진행 중에도 사회 법정에 고소하여 패소하였음에도 불구하고 제97회 총회 재판국이 원로 목사 원상회복이라는 기상천외한 불법 재판에, 판결문과 회의록까지 변조한 일로 인하여 제98회 총회 시 특별 재판국이 설치되었다.

이렇게 총회가 합법적으로 설치한 특별 재판국을 감사부가 총회의 옥상옥이 되어 월권과 불법으로 감사한다는 것은 어불성설이 아닌가. 지나가는 소가 들어도 웃을 일이다.

더군다나 이기택 목사는 제97회 총회 재판국장으로서 이 모든 불법 재판의 중심에서 총회를 혼란케 한 책임을 져야 할 자일뿐만 아니라 현재는 판결문과 회의록 변조의 주동자로 검찰에 고소되어 조사를 받고 있는 피의자 신분으로서 언론의 주목을 받고 있다.

2. 사건의 배경

본 사건의 배경에는 제97회 총회 재판국장을 지낸 이기택 목사가 제98회 총회에서는 감사부에 들어가 일부 감사부원을 선동하여 특별 재판국을 감사한다는 풍문이 자자하더니 그것이 사실로 드러났다는 것이다.

즉 이기택 목사가 특별 재판국을 감사하는 조사 활동을 하다가 이기택 목사는 제척 사유가 된다는 지적을 받자 본인은 배후로 숨고 다른 감사부원인 김웅선 목사가 대신하여 특별 재판국에 관련한 총회에 보고할 보고서 초안을 작성한 사실이 알려졌다.

이와 같은 사실은 이미 보도된 신문의 내용에서 밝혀진 바로는 "이와 관련하여 감사부 김웅선 목사는 뉴스파워와 전화 통화에서 '황해노회 재판국 보고서를 작성했다'고 밝히고 '그러나 절대로 보고서 내용은 외부에 공개하지 않기로 결의했기 때문에 알려줄 수 없다'고 말했다"는 내용이 감사부원 김웅선 목사를 통하여 확인되었다.

3. 감사부의 월권

총회 규칙 제8조(상비부) 3항(각 부원의 임무) 18)에 "감사부는 총회 회계 및 산하 상비부, 유지 재단, 총신대학교, 신학원, 기독신문사를 비롯하여 모든 기구의 회계 업무를 감사, 지적에 따른 시정 및 처리 경과를 보고한다. (행정 감사를 할 수 있다) 단, 감사를 위하여 제 서류를 요청할 수 있으며 피 감사자는 즉시 응하여야 한다."고 규정하였다.

이상과 같이 총회 규칙이 정한 법은 "회계 업무 감사"의 대상 기구까지 지정하였고 그 지정된 기구들의 회계 감사를 하는 것이 감사부의 업무 한계로서 그 기구들의 회계 감사 결과, "회계 업무에 관한 지적에 따른 시정 및 처리 경과를 보고한다."고 못 박았다. 그러기 때문에 괄호 안에 "(행정 감사를 할 수 있다)"는 단항은 괄호 밖의 단항과 연계하여 볼 때, 회계 감사에 관련하여 규칙에 명시된 그 기구들의 회계 감사 과정에서 부득불 행정 감사가 필요로 할 경우에 한하여 "그 지정된 기구의 회계 업무에 관한 제 서류를 요청하는 정도의 행정 감사"를 의미하는 것이다.

따라서 회계 감사와 전혀 상관도 없고 총회가 결의하여 설치한 특별 재판국은 감사부의 행정 감사 대상이 아니다. 즉 감사부의 감사 업무 한계는 회계 감사 이상도 이하도 되어서는 안 된다는 말이다.

그런데 감사부가 총회 규칙으로 규정하여 부여된 본연의 회계 감사보다는 절대로 감사할 수도 없고 아무 관련도 없는 특별 재판국에 대해 행정 감사를 했다고 하니 분수를 모르는 월권이요, 총회를 능멸하고, 특별 재판국을 모욕하는 천부당만부당한 불법 행위이다. 세인들이 말하는 "염불에는 뜻이 없고 잿밥에만 맘이 있다."는 속담이야말로 이런 경우를 두고 한 말이 아니겠는가.

동 사건을 재판한 제97회 총회 재판국장이었던 자가 제98회 총회에서는 감사부원이 되어 버젓이 이를 행정 감사라는 명목으로 특별 재판국에 관한 불법적인 보고서를 작성한 일에 가담했다는 정황이 드러난 이상 제99회 총회 때 엄히 다루어져야 할 사건 중에 대 사건이다.

전(前) 재판국장의 이와 같은 행위는 제97회 총회 재판국원이었던 자들이 모의 작당하여 광명 동산교회 상소건에 대한 불법 재판과 범법 행위를 은폐하고 호도하려는 이중성과 그 본색을 드러내고 있다는 여론이 지배적이다.

4. 결론

사실이 아니길 바라지만 만일의 경우 특별 재판국에 대한 행정 감사 보고서가 포함된 감사부의 보고서를 총회가 채택한 결과, 특별 재판국의 판결이 무효라도 된다면 이로 인해 일어날 황해노회와 광명 동산교회의 혼란과 파장은 불을 보듯 걷잡을 수가 없을 것 같아 보인다.

대내외적으로 합동 교단의 체면과 망신은 물론, 들리는 얘기로는 해 교회 측에서 가능한 모든 사법적인 소송과 특단의 조처까지 이미 내부적인 의견의 수렴과 법률적인 검토를 마쳤다고 한다.

제99회 총회는 감사부 보고서를 충분히 면밀하게 검토하여 만약 특별 재판국에 대한 행정 감사 보고서가 포함되어 있다면 이와 관련된 내용은 당연히 삭제하고 받아야 함은 물론, 일개의 상비부가 "대한예수교장로회의 모든 지교회 및 치리회의 최고회인 총회"(정치 제12장 제1조)를 짓밟고 머리까지 기어오르며 "위원회의 심사 원칙"까지 무시하는 감사부의 행태에 대해 의당 철퇴를 가함으로써 하나님의 공의를 바로 세우고 총회의 권위와 질서를 회복해야 할 것으로 보여 진다.

76. 총회 기소위원회 정치부 상설화 어불성설

기소 위원은 범죄 예상 아닌 범죄 발현 후 치리회가 선정해야

총회 기소위원회 정치부 상설화 결의 위헌적 결의로 시행 불가

[질의] 합동 제101회 총회가 총회 기소위원회와 정치부의 상설화를 결의하여 기소위원회는 해당 회기에 총회 결의를 이행하지 않는 자를 기소하게 하고, 정치부는 총회를 파회한 후에도 계속 존속하여 총회가 위탁하지도 않은 새로운 차기 총회의 업무를 심의할 수 있는 특권을 부여하였습니다, 이는 교회 헌법과 상충되는 것이므로 헌법을 개정하지 않고 총회 결의로는 시행할 수 없는 것으로 생각됩니다. 이에 대한 목사님의 법리적 답변을 바랍니다. (합동, P목사)

[답] 질의자의 질의 내용 안에 답이 정리되어 있다고 본다. 그러나 보다 더 상세히 정리하여 이해를 돕고자 한다.

1. 본 건에 대한 사실 관계

합동 제101회 총회가 총회 기소위원회와 총회 정치부를 상설화한다고 하면서 기소 위원은 총회를 파한 후 새로운 사건을 기소케 하고, 정치부는 총회를 파한 후에도 계속 존속하여 정치적인 안건이 접수되는 대로 심의케 한다는 잠꼬대 같은 기상천외한 불법 결의를 하여 합동 교단에 먹칠을 하고 있다.

그 실상의 내역은 2016년 10월 11일자 기독신문 제2076호 4면에 "제101회 총회 헌의안 처리 결과 기구 개편 및 신설"이라는 머리기사의 소제목으로 "총회 기소위원회(상시) 신설의 건"의 내용에서 "해당 회기 총회 결의를 이행

하지 아니하는 자에 한하여 권징조례 제2장 제7조에 의거 기소 위원을 두어 기소토록 하되 해 기소 위원이 기소한 건은 본 총회가 원고로 기소한 것으로 하며 기소 위원 선정은 매회 때마다 총회 파회 전 임원회가 3인을 선임하여 본회의 허락을 받는다.”라는 보도에 이어 2016년 12월 13일자 기독신문 제2084호 2면에 “제101회기 총회 특별 위원 명단, 총회 상설 기소위원회: 서○○, 이○○, 김○○”이라고 기소 위원의 명단을 보도하였으니 이미 시행 단계에 이르고 있다.

그리고 2016년 10월 4일자 기독신문 제2075호 2면에는 “정치부 상설화하고 실행위원회 역할 강화”라는 머리기사 내용으로 “제101회 총회의 … 가장 주목할 만한 결의는 정치부 상설화와 총회 실행 위원회 역할 강화다.”라고 보도하였다. 이는 총회 정치권의 일부가 불법을 자행하면서 마치 혁신 개혁이나 하는 것처럼 으스대면서 총회를 불법 탈법으로 난장판을 만들려 하고 있음에 다름 아니다.

2. 총회는 비상설체 조직

정치 제12장 제7조(개회 폐회 의식)에 “총회가 기도로 개회하고 폐회하되 폐회하기로 결정한 후에는 회장이 선언하기를 「교회가 나에게 위탁한 권세로 지금 총회는 파(罷)함이 가한 줄로 알며 이 총회 같이 조직한 총회가 다시 아무 날 아무 곳에서 회집함을 요하노라.」 한 후에 기도함과 감사함과 축도로 산회(散會)한다.”라고 규정하였다.

여기에서 “지금 총회는 파함이 가한 줄로 알며 이 총회 같이 조직한 총회가 다시 … 회집함을 요하노라”라는 파회 선언의 의미는 총회야말로 비상설체 조직으로서 파회를 선언함과 동시에 총회도 없어지고 총대권도 종결되었으니 차기 총회가 회집될 때까지 파회된 총회의 모든 조직이 절대로 상설 존재할 수 없으므로 총회 파회 후의 새로운 모든 사건과 안건에 대하여 차기 총회 외에는 어느 누구도 어떤 사건도 처리할 수 없다는 말이다.

그런데 제101회 총회가 어떤 미지의 범죄 사건을 미리 예상이라도 하듯 교회 헌법이 금하고 있는 기소 위원을 상설 조직화하기로 결의하여 범죄 사건이 발생하면 기소 위원이 즉시 기소하여 총회의 원고 노릇을 하게 했다. 거기에다 총회 파회 후에 접수된 일반 행정 서류는 정치부를 상설 조직화하기로 결의하여 정치부에 초헌법적 특권을 부여하여 심의할 수 있도록 한 것으로 보인다.

이는 상설 기소 위원이 기소한 사건이나 상설 정치부가 심의한 그 일반 행정 안건들은 "위원회 심사의 원칙"에 의하여 예비 심의에 불과하고 차기 총회의 본심에서 종결하는 것이 법리이거늘 비 상설체인 총회 조직을 상설화로 결의하여 시행하려는 것은 헌법을 짓밟고 헌법과 상충되는 내용을 치리회의 결의로 시행하는 것이기 때문에 천부당만부당한 불법 범죄 행위이다.

3. 파회된 총회의 상설 업무는 월권 범죄 행위

제101회 총회가 파한 후에 접수된 각종 재판건과 행정건을 심의하는 권한은 오직 제102회 총회의 권리요 의무인 업무이다. 그러므로 제101회 총회의 기소 위원이나 정치부는 제102회 총회의 모든 안건을 어떤 방법으로도 다룰 수가 없는 것이 현행 헌법이다.

따라서 제101회 총회가 정치부를 상설화하려 함은 다른 모든 부서의 업무는 제102회 총회의 회원들이 정상적으로 수행함에 반하여 정치부는 파회를 선언하여 해산되고 없어졌을 뿐만 아니라 역사의 뒤안길로 사라진 제101회 총회의 정치부였던 자들을 불러 모아 가당치도 아니하게 제102회 총회의 업무를 수행하게 하려 함은 월권이요 불법 범죄 행위이다. 오직 제

102회 총회의 안건은 제102회 총회 회원들만으로 처리해야지 제101회 총회의 총대였던 자들로는 절대로 심의를 할 수가 없다는 말이다.

그 이유는 ① 제102회 총회가 개회되지도 아니했고 제102회 총회의 본총회가 서류 심의를 위탁하지도 아니했으며 ② 제101회 총회 정치부원 중에 제102회 총대가 되지 못한 자가 있을 경우는 총회 회원도 아닌 자가 총회 안건을 심의한 것이 되고 ③ 제102회 총대가 되었다고 할지라도 제101회 총회에서 정치부였던 자가 전도부에 공천이 되었다면 전도부원이 정치부의 안건을 심의한 것이 되고 ④ 더욱 중요한 것은 총회의 결의가 위헌적 결의이기 때문이다.

본 건은 2015년에 활동한 "합동 총회기구혁신위원회"(기독신문 2015. 6. 24. 2면, 한국기독신문 제751호 8면)의 위험천만한 발상에 기인한 것으로 보이는데 만일 "2015년의 기구혁신위원회"의 작품이라면 그들이야말로 합동 교단의 지도자로서 법리적인 면에서는 수준 미달이라 아니할 수 없다.

하기야 이미 총회 상비부인 총회 재판국은 원래 상설 재판국임에도 불구하고 상설 재판을 하기로 결의한다고 하면서 상설 재판국 설치(권징조례 제134조에 총회 재판국은 상설 재판국임)라는 엉터리 용어를 붙여서 결의하고(총회 회의 결의 및 요람 제92회 p.71, 동 제93회 p.57, 동 제94회 p.81), 권징조례 제142조에 총회 "재판국의 비용은 총회가 지불한다."는 헌법 규정을 짓밟고 상소건이나 소원건을 총회의 위탁(권징조례 제134조 2항)도 받지 아니하고 급행료 4백만원만 지불하면 차기 총회가 해야 할 재판을 서슴없이 해주는 범죄를 일삼고 있는 것이 현실인데 무슨 말을 더하겠는가!

4. 권징조례 제7조에 규정한 "기소"의 의미

권징조례 제7조의 규정은 "누가 범죄하였다는 말만 있고 소송하는 원고가 없으면 재판할 필요가 없다. 단, 권징할 필요가 있는 경우에는 치리회가 원고로 기소할 수 있다."고 하였다.

여기에서 기소의 의미는 결코 기소인을 총회 재판국이나 노회와 당회처럼 상설체로 항상 존재케 한다는 말이 아니다. 오직 누가 범죄하였다는 확증이 분명함에도 불구하고 고소하는 자가 없어서 그 사건이 묻혀 질 우려가 있는 경우에 한해서 치리회가 기소 위원을 선정하여 원고가 되게 하고 재판을 하는 제도이다.

그러므로 재판이 절대적으로 필요한 범죄 사건이 확증된 후에 기소 위원이 요구되는 것이지 상설 재판국인 총회 재판국처럼 재판할 사건이 없는데도 기소 위원을 미리 준비해 두는 것이 결코 아니다. 노회 재판국은 고소장, 상소장, 소원장이 접수되기 전에는 절대로 설치할 수 없는 것과 같은 법리이다. 그런데 제101회 총회가 기소 위원을 상설화하기로 결의한 법적 근거로 "권징조례 제2장 제7조"를 제시하였는데 이는 법리의 이해가 부족한 무지의 소치이다.

5. 총회의 심각한 불법 결의의 사례들

그동안 합동 총회는 총회 헌법에 정면으로 상충되는 총회 결의 및 규칙을 정해 놓고 "총회의 결의는 반드시 시행해야 한다."고 큰 소리를 내면서 장로교회의 헌정 질서를 파괴하고 총회는 물론 산하의 각 치리회까지 쑥대밭을 만들어 왔다. 이에 대한 실례를 몇 가지만 들어본다. ① 위임 목사만 노회장과 총회 총대가 될 수 있다는 결의 ② 총회 임원 중 부임원은 박수로써 원 임원으로 받는 일 ③ 임원 후보 등록제 및 후보자를 불과 몇 인의 소수로 제한하는 일 ④ 상비부장을 상비부가 아닌 총회가 선정하는 일 ⑤ 선거를 제비뽑기로 하는 일 등은 민주 청치인 장로회 정치에서 가장 중요한 회원의 선거권과 피선거권을 근본적으로 박탈하는 범죄의 원흉이다. 또한 ⑥ 총회 재판국에게 헌법에 어긋난 급행료를 받게 하고 차기 총회가 재판해야 할 사건까지 탈취하여 대행 재판을 할 수 있도록 하는 총회의 상설 재판 결의 ⑦ 본 건의 기소 위원과 정치부의 상설화 결의 등 그 외에도 부지기수이다.

6. 결론

본 건 제101회 총회의 결의와 관련하여 "총회의 규칙은 총회 헌법을 우선하지 못하고 총회의 결의는 총회의 규칙과 헌법을 우선하지 못하고 하회의 규칙과 결의는 상회의 규칙과 결의와 헌법을 우선하지 못한다."는 "상위법 우선의 원칙"과 권징조례 제76조의 규정에 의하여 총회는 상회가 없으므로 차기 총회에서 헌법에 위반된 본 건 결의를 헌법대로 변경해야 하고 제101회 총회에서도 본 건 상설화 결의를 시행해서는 절대로 안 된다.

77. 총회 노회분립위원회의 반역

노회 역사성 인정 않고 전통 노회 해산하는 노회 분립 언어도단

노회 역사는 전통 노회가 이어가고 분립 노회는 1회로 시작해야

제99회 총회가 한서노회(위원장 이성택 목사), 평양노회(위원장 이종희 목사), 안주노회(위원장 최희용 목사), 황동노회(위원장 남태섭 목사), 서대구노회(위원장 전주남 목사), 서수원노회(위원장 박덕기 목사) 등 6개 노회의 노회 분립을 허락하였다.

그런데 그 중 평양노회분립위원회와 안주노회분립위원회의 분립 내용을 보면 노회분립위원회가 총회 헌법에 도전하는 반역을 하고 있다.

그 내용인즉 기독신문 제1994호(2015. 1. 14.) p. 2에 "평양노회분립위원회 명칭 결정"이라는 머리기사의 내용으로 "평양 A노회(김선규 목사 측)를 가칭 평양제일노회, 평양 B노회(고영기 목사 측)를 가칭 평양노회로 결정하고 특정 노회의 기득권을 인정하지 않고 양 노회의 역사성과 회기를 인정하지 않기로 했다. … 소속을 결정하지 못한 교회는 1월 31일까지 소속을 청원하도록 하고 그 후에는 위원회에서 실사하여 소속을 결정하기로 했다."고 보도하였다.

그리고 동 p. 5에는 "안주노회 15일 분립 예배 드려"라는 머리기사의 내용으로 "안주노회가 15일 분립 예배를 드리고 가칭 신안주노회와 동안주노회로 분립한다. … 신안주노회를 15일 오후 1시 성현교회(라계동 목사)에서, 동안주노회 분립 예배를 오후 3시 성인교회(이현국 목사)에서 드리기로 했다."고 보도하였다.

이에 관련하여 노회 분립의 원칙을 정리함으로 이해를 돕고자 한다(교회법률상식 pp. 410~416 참조).

1. 분립위원회의 직무 한계

총회가 보낸 노회분립위원회의 직무 한계는 헌법의 규정에 따라 노회가 합법적인 노회의 결의로 총회에 노회 분립 허락 청원서를 제출하면 총회가 허락하고 위임한 대로 전통 노회에 관하여는 그 어떤 일도 간섭해서는 안 되고 분립할 노회만 조직하는 사회자의 직무일 뿐이다.

조금 더 자세히 언급하면 노회의 분립 청원서 내용에 기록된 분립할 노회의 지역, 노회의 명칭, 교회수, 목사 및 교역자수, 장로수, 교인수 등을 명시한 대로 제1회 ○○노회를 조직해 주는 것 이상이 되어서는 안 된다는 말이다.

그러므로 분립위원회는 전통 노회에 관하여는 아무 것도 간섭해서는 안된다. 오직 전통 노회가 스스로 임시 노회를 회집하여 노회 분립으로 인하여 결원된 노회 임원을 보선하고 노회 분립 후의 후속 조치를 위하여 요구되는 노회 규칙 수정과 시찰회 및 상비부 등의 조직을 보완 조정하면 그만이다.

2. 분립위원회의 월권

그런데 안주노회분립위원회와 평양노회분립위원회는 분립할 노회뿐만 아니라 전통 노회까지 간섭하면서 "양 노회의 역사성과 회기를 인정하지 아니한다."라고 선언하고 양 노회에 분립 예배를 시차를 두고 드린다고 하면서 월권을 넘어서 전통 노회를 해산하는 반역을 행하고 말았다.

뿐만 아니라 노회분립위원회가 노회 명칭을 가칭으로 정해주고 각 지교회의 소속할 노회를 청원하면 위원회가 실사하여 소속 노회를 정해준다고 하니 노회 분립의 행정이 거꾸로 돌아가는 것 같아 보여 심히 염려스럽다.

실제의 상황을 살펴보자.

15일에 안주노회의 분립을 하면서 가칭 신안주노회는 오후 1시 성현교회 (라계동 목사)에서 분립 예배를 드리고, 가칭 동안주노회는 오후 3시 성인 교회(이현국 목사)에서 분립 예배를 드린다고 했는데 양 노회의 가칭은 언 제 누가 어떻게 떼어줄 것이며 안주노회의 역사는 어디서 보전할 것이며, 분 립위원회가 무슨 권한으로 지교회에 소속 노회를 청원하라고 지시를 하며 무슨 자격으로 소속 노회를 정해준다는 말인가?

노회분립위원회가 지교회에 소속 노회를 청원하라 하고 위원회가 소속 을 결정해 준다고 함은 어불성설이다. 혹 무지역 노회의 분립 청원서에 누 락된 지교회가 있을 경우에는 그 누락된 교회들은 모두 전통 노회에 소속 하는 것이 지역 노회와는 달리 무지역 노회에 관련한 법리적 특성이다.

3. 전통 노회와 분립 노회와의 관계

노회 분립의 원칙은 분립할 노회의 지역 경계가 정해지면 그 지역 안의 모 든 교회는 분립할 노회의 소속 교회이고 그 외의 지역 관할 내의 모든 교회 는 전통 노회에 소속한다.

따라서 혹 명부에 누락된 교회가 있다고 할지라도 분립할 노회 지역에 위 치한 교회는 자동적으로 분립 노회에 소속하고, 전통 노회 지역에 위치한 교회는 자동적으로 전통 노회에 소속하는 것이요 총회나 분립위원회가 간 섭할 사안이 아니다.

그런데 본 건은 무지역 노회로서 지역이 없으므로 전통 노회의 각 지교회 의 명부를 작성하고 분립할 노회의 가칭 명칭과 각 지교회의 명부를 작성하 여 총회에 노회 분립 허락 청원서를 제출한 후 총회의 허락과 동시에 분립 할 노회에 가칭이라는 용어도 붙일 필요 없이 노회 명칭이 확정되며 지교회 의 수도 확정되는 것이 헌법이 정한 법리이다.

그러므로 총회가 보낸 노회분립위원회는 청원서에 기록된 대로 전통 노회는 어떤 간섭을 할 수도 없고, 간섭해서도 안 되고, 오직 분립할 노회의 지교회들만 소집하여 제1회 ◯◯노회를 조직해 주면 임무를 다하는 것이다.

그런데 총회가 파송한 노회분립위원회는 전통 노회의 역사성과 회기도 인정하지 아니한다고 선언함으로 전통 노회를 해산하고 말았으니 이것이 반역이 아니고 또 무엇이겠는가! 전통 노회가 존재하지 아니하는 노회 분립은 있을 수 없다.

4. 황금알 자리의 금품 수수에 대하여

모 인터넷 신문(2015. 1. 16. 입력)에 "노회분립위는 여전히 황금알(?) 자리"라는 머리기사의 내용으로 "분립 노회를 마친 노회 관계자는 '이번 분립 예배로 양측에서 약 2천만원 이상이 들어가 노회 재정이 바닥이 난 상태'라고 말했다."고 보도되었고, 이어서 "또 다른 관계자는 '노회 분립 과정에서 그렇게 재정이 많이 들어갈 줄 상상도 못했다'고 실토하기도 했다."라고 보도하였다.

또 계속 이어지는 보도 내용은 "또 노회분립위가 황금알 자리라는 것은 몇 년 전 총회 석상에서 모 인사에 의해 공개적으로 회자될 정도로 공공연한 사실로 알려져 있다."고 했는데 이를 입증이라도 하듯 이어지는 기사에 "수 년 전 ◯◯노회 분립 활동을 도왔다는 ◯◯교회의 한 중직자는 '당시 노회 분립을 위해 적어도 1억 5천만원 이상은 들었다'고 실토한 바 있다."라고 보도하였다.

이상과 같이 노회분립위원회의 실상이 언론에까지 보도된 이상 그 내용은 성경과 헌법과 총회의 정체성에 반역하는 행동에 대하여 총회는 철저히 조사하여 적절한 조치를 취해야 할 것이다. 총회나 노회가 이와 같은 반역

행위를 방치한다면 과연 치리회의 존재가 필요하다 하겠는가?

5. 결론

원래 노회의 분립은 노회가 비대하여 효율적인 노회 행정을 위해서 서로가 분립을 원치는 아니하지만 부득불 노회가 연구위원회 등을 선정하여 충분히 검토한 후 필요에 따라 총회에 청원하여 총회가 허락함과 동시에 분립 노회의 명칭과 교회수도 확정되므로 총회의 노회분립위원회는 황금알(?)자리라는 비난 받을 것 없이 총회가 지급하는 비용만을 가지고 노회가 청원한 서류에 명시된 지교회들만을 소집하여 총회가 확정해준 분립 노회를 조직해 주는 사회자의 업무일 뿐이다.

그런데 근간에 노회 분립의 양상은 대부분 양측으로 나뉘어 갈등을 거듭하다가 결국 분립의 악순환으로 이어지는 것 같아 보인다. 본 건 평양노회 분립의 경우 "평양 A노회(김선규 목사 측) 평양 B노회(고영기 목사 측)" 등으로 표기한 것이 이를 입증하고 있으며 대부분의 노회 분립 과정에서 어느 한쪽은 21당회가 못 된다는 시비는 물론 서로 좋아하는 사람들끼리 헤쳐 모여 식의 노회 분립의 추태를 부리고 있는 것이 증거하고 있지 않는가.

총회의 노회 분립에 관련한 교회 행정 하나만 보아도 각 치리회의 교회 법률에 대한 개혁이 절실해 보인다.

총회여, 코람 데오!

78. 총회 유령 위원회가 노회에 하달한 유령 공문

총회가 동산교회 화해수습위원회 조직한 바 없어
위원회를 인정한다 해도 위원회는 노회에 공문 하달 못해

[질의] 최근 합동 교단 내 언론지인 크리스천포커스 38호 8면에 총회로부터 황해노회장 앞으로 "황해노회 동산교회에 관한 건"이라는 제목의 기상천외한 공문이 하달되었다는 특집 기사를 보았습니다. 게재된 공문의 내용을 보내드리오니 검토하시고 법적으로 합당한 공문인지 법리적인 답변을 바랍니다. (합동, S노회 K장로)

[답] 필자에게 알려온 공문의 내용을 검토한 후 총회장과 총회 서기에게 전화상으로 확인한바 권원 없는 유령 위원회가 유령 공문을 노회에 하달한 것 같아 보인다.

공문의 내용을 자세히 살펴보면

"문서번호 본부 제99-1167호(2015. 7. 9.) 수신: 황해노회장, 제목: 황해노회 동산교회에 관한 건, 내용: 제99회 총회 특별 재판국 보고는 잠재하고 제98회 재판국 판결문 보고대로 처리하기로 결의하였기에 통보하오니 이행하여 주시고 그 결과를 2015년 8월 17일까지 보고해 주시기 바랍니다. 별첨: 제98회 총회 재판국 판결문 사본 1부 끝. 하단 발신에는 대한예수교장로회 총회(관인) 총회장 백남선 황해노회 동산교회화해수습위원회 위원장 박무용"으로 하여 실인은 없고 총회 관인만 찍힌 공문이 황해노회 노회장에게 하달되었다고 한다.

이에 필자는 공문에 기록된 결의 내용과 위원회 조직에 대하여 총회장과 총회 서기에게 직접 전화로 확인한바 총회장 명의로 하달된 결의 내용에 대하여 총회장은 "결의한 사실을 모릅니다."라고 답하였고, 총회 서기는 "그런 위원회를 조직한 일이 없습니다."라는 답을 받고 보니 유령 위원회가 유령 공문을 총회장의 명의를 도용하여 총회 산하의 노회에 하달한 것으로 대명천지에 이런 날벼락과 같은 사건이 또 어디 있겠는가!

1. 유령 위원회의 허상(虛想)

총회 규칙 제27조 단항에 "당석에서 제안하는 안건은 … 개회 후 48시간 내에 제출하여야 한다."라고 규정하였다.

그래서 총회 서기가 작년 제99회 총회 회기 중 "긴급 동의안은 법정 기한인 수요일 오후 2시까지 제출해 달라"는 광고를 하였다고 한다. 그런데 동산교회 관련건의 긴급 동의안은 법정 기한이 이미 지나버린 수요일 오후 4시 20분에 제출하였을 뿐만 아니라 총회 마지막 날 파회를 목전에 두고 서기가 "긴급 동의안이 있습니다."라고 총회장에게 여러 번 제의하였고, 총대석에서도 "긴급 동의안이요"라고 항의가 있었으나 회장은 전혀 받아들이지 않았고, 결국 서기가 8건의 긴급 동의안 서류를 사회하는 총회장에게 올렸는데도 회장은 그 서류를 총회에 상정하지 아니하고 밀쳐 버림으로 모든 긴급 동의안은 자동으로 폐기된 서류라고 서기는 말했다.

문제는 총회 임원회가 총회를 파회한 후에 법리상으로 총회 회기 중에 이미 폐기된 긴급 동의안을 임원회가 위임받은 잔무라고 억지를 부리면서 ① 법정 시간 내에 접수된 "H목사 조사 처리의 건"은 기각 결의하고 ② 법정 시간이 지나서야 접수된 황해노회 동산교회 관련 건인 "특별 재판국 설치 조사 처리의 건"은 상정했다는 것이다.

이 때 서기는 "긴급 동의안은 폐기된 것이니 취급할 수 없다."고 강력히 항의했으나 총회장과 부총회장이 중심이 되어 밀어붙이기 식으로 상정하여 결국은 "3인을 보내어 화해를 한번 권면해 보라"고 결의한 것인데 어찌된 영문인지 처음에는 "화해조정위원회"(위원장: 부총회장 박무용 목사, 위원: 부총회장 이호영 장로, 회계 서병호 장로)라는 이름으로 3인 모두가 위원장, 서기, 회계의 위원회 임원이 되어 활동하다가 언제부터인가는 "황해노회 동산교회화해수습위원회"로 명칭이 바뀌어 버렸다는 것이 총회 서기의 답변이다.

이러한 일련의 과정을 볼 때 황해노회 동산교회화해수습위원회야말로 가히 유령 위원회라고 할 수밖에 없다.

2. 유령 공문의 실상(實相)

설령 동산교회화해수습위원회를 인정한다고 가정할지라도 "위원회 심사의 원칙"에 의하여 위원회는 총회장 명의로 노회에 공문을 하달할 수는 없고, 위원회가 활동한 결과에 대하여 다음(제100회) 총회에 "이렇게 화해했습니다."라는 보고이거나 "화해하지 못했습니다."라는 보고만 하는 것이 위원회의 한계이다.

그런데 치리회가 아닌, 그것도 유령 위원회가 "제99회 총회 특별 재판국 보고는 잠재하고"라는 결의를 하고 총회 결의에 반하는 유령 공문을 조작하여 노회에 "제98회 재판국 판결 보고대로 처리하기로 결의하였기에 … 이행하여 주시고"라는 유령 공문을 하달하면서 변조된 판결문까지 첨부하여 하달하였다고 하니 천하에 이런 망나니 같은 행위가 또 어디에 있단 말인가!

3. 법과 총회를 무시한 정치꾼들의 횡포

본 건은 합동 총회와 총회 재판국은 "법이야 어찌 되었든지 고퇴만 두드리면 된다."는 말을 수시로 들었던 말이 사실로 입증된 사건이다.

제97회 총회 재판국의 동산교회 사건에 대하여 불법으로 고퇴를 두드린 재판이었는데 또한 그 판결문에 대하여 초유의 판결문 변조 사건으로 당시 재판국장이 세상 법정에서 이미 3백만원의 벌금형을 확정 받은 바가 있고, 그 사건의 꼬리를 물고 총회가 조직해 주지도 아니한 유령 위원회가 "제99회 총회 특별 재판국의 보고는 잠재하고" 그야말로 세상을 떠들썩하게 한 변조된 문제의 판결문인 "제98회 총회 재판국 판결 보고대로 이행하여 주시고"라는 총회 결의에 정면으로 배치되고 총회를 무시하는 안하무인격 정치꾼들이 유령 공문을 조작하여 황해노회에 하달한 것이 바로 그것이다.

더구나 시한을 정하여 2015년 8월 17일까지 이행 결과를 보고해 달라고까지 하였으니 이는 유령 위원회가 "위원회 심사의 원칙"도 망각하고 교회 헌법을 짓밟고 더러운 발로 총회를 밟고 서서 옥상옥이 된 해괴한 장난을 하고 있는 것 같아 보인다.

하지만 아직 황해노회가 어떻게 처리하였다는 소식을 들을 수 없으니 이제는 유령 위원회가 제100회 총회에 보고 사항을 무엇이라 작성할지 궁금하기도 하고 한편 걱정스럽기도 하다.

믿고 싶지는 않지만 들리는바 더욱 우려되는 것은 황해노회 동산교회 당회는 만약 총회가 유령 위원회의 불법적인 보고를 채용하거나 제100회 총회에서 교회나 노회를 상대로 이전 총회 결의에 반하는 어떠한 결의가 이루어질 경우 즉시 교단을 탈퇴하기로 결의해 놓았다고 하는데 유령 위원회는 이와 같은 실상을 인지하고 있으면서도 어찌하여 반 총회적이고 위헌적인 불장난을 계속하고 있는지 그 저의가 의심스럽다.

4. 결론

필자의 견해로 볼 때에 총회 임원회나 소위 동산교회화해수습위원회는 교회법으로나 사회법으로도 완전히 종결된 황해노회 동산교회 사건에 대하여 더 이상 집착도 하지 말고 관여도 하지 말아야 한다고 보여 진다. 하면 할수록 지금 회자되고 있는 총회 정치권 간에 유착 관계 의혹만 증폭시킬 뿐이고, 화해나 수습, 조정, 합의 등의 단어가 유치한 말장난에 불과해 보이기도 하며 그 시효와 단계가 이미 물 건너가 버렸기 때문이다.

만일의 경우 정치꾼들의 오판으로 소위 황해노회 동산교회화해수습위원회 사건이 꼬리를 물고 다음 총회까지 이어진다면 역사적인 제100회 총회는 물거품이 되고 후대에 부끄러운 총회로 전락해 버릴 것이 자명해 보이지 않는가?

이제 제100회 총회는 이상과 같은 유령 위원회와 유령 공문에 대하여 전국 교회와 노회가 납득할 수 있도록 조사처리위원회를 조직하고 위탁하여 명명백백 불법 사실을 가려내어서 누구라도 두 번 다시 총회의 기강을 흔들지 못하도록 철퇴를 가함은 물론 무너진 총회의 질서를 바로 세우는 전화위복의 계기가 되었으면 하는 마음 간절하다.

딤후 2:5에 "경기하는 자가 법대로 경기하지 아니하면 면류관을 얻지 못할 것이라"고 말씀하였다.

제100회 총회여, 코람 데오!

79. 총회 임원회 노회에 목사 시벌 지시 어불성설

사설 언론사 운영은 노회 허락 필요치 않고 국가 허락으로 가능

[질의] 저는 미조직 교회를 시무하면서 언론사를 운영하는 S목사입니다. 총회가 사설 언론사에 관계된 헌의안에 대하여 임원회에 맡겨 처리하도록 위임하였습니다. 그런데 총회 임원회로부터 S목사가 소속한 서울강남노회에 "S목사를 기소하여 재판하고 2016년 1월 10일까지 보고하라"는 공문이 하달되었습니다.

서울강남노회는 총회에 기간 연장 요청과 S목사를 기소하기 위한 죄상이 무엇인가를 질의한 결과 총회본부 제100-402호(2016. 1. 8.) "질의 요청에 대한 회신"으로 시행 기간 연장은 요청에 의하여 2016년 2월 29일로 허락하는 내용과 함께 S목사의 죄상에 대하여 "1) 노회 허락 없는 기관 목사 시무 사칭 2) 담임 목사 직무 해태 3) 총회와 산하 교회의 연합과 화합 저해하는 분열 행위" 등이라는 공문을 대한예수교장로회 총회 총회장 박무용, 서기 이승희 명의로 서울강남노회 노회장에게 회신하였습니다.

① 총회 임원회가 S목사를 기소하여 재판하고 그 결과를 보고하라는 공문을 노회에 하달하는 것이 합법인지와 ② 위의 3가지 죄상으로 치리회가 재판을 할 수 있는지에 대하여 헌법적인 답변을 바랍니다. (합동, S목사)

[답] 자세한 정황을 알 수 없어 질의 내용의 문장에 따라 질의자가 합동 측 목사이므로 합동 총회의 헌법으로 답한다.

1. 총회가 위임한 임원회의 안건 처리 한계

총회가 필요에 따라 헌의안을 임원회 또는 상비부나 특별 위원회에 위탁

처리케 하는 것은 당연한 처리 방법이기도 하다.

그러나 수임을 받은 총회 임원회가 미조직 교회의 목사로 시무하면서 언론사를 운영하는 S목사에 대하여 S목사가 소속한 서울강남노회에 노회가 기소하여 재판하고 그 결과를 보고하라는 공문을 하달한 것은 위원회 심사의 원칙에 어긋날 뿐만 아니라 본회인 총회가 위탁한 업무 처리 한계를 뛰어넘은 월권이요 천부당만부당한 불법 행위이다.

총회 임원회는 총회로부터 위탁받은 사안을 법이 정한 범위 내에서 토의한 후 합의 결정하고 차기 총회에 보고하여 총회의 최종 결의를 기다리는 예비 심의를 위한 일개 위원회에 불과하다.

그런데 총회 임원회는 총회가 맡기지도 아니한 지나친 월권을 행사함으로써 S목사와 서울강남노회를 매우 곤혹스럽게 하는 것 같이 보인다.

총회 임원회가 언제 "S목사를 서울강남노회에 기소하여 재판하고 보고토록 하라"는 사안을 총회로부터 위임 받았는가? 총회 임원회는 반드시 이에 대한 답변을 명확히 해야 한다.

혹 총회가 "사설 언론사에 관계된 헌의안에 대하여 임원회에 맡겨 조사 처리케 하되 조사 과정에서 범죄 사실이 드러날 경우 임원 중에 기소 위원을 선정하여 범죄 당사자를 해 치리회에 기소하고 원고가 되어 해 치리회로 하여금 재판하게 하다."라고 임원회에 기소권과 재판 지시권을 위탁하는 분명한 명시가 있었다면 당연히 그 위임 사안을 수행해야 한다.

그러나 총회가 위탁하지도 아니한 '기소, 재판, 보고' 운운하면서 위원회에 불과한 임원회가 가당치도 않게 치리회인 노회에 공문을 하달하는 것은 위헌적 범죄 행위에 다름 아니다.

부언컨대 질의자의 질의 내용이나 필자의 기억에도 제100회 총회에 관계된 언론 등 모든 자료를 살펴본 결과, 총회가 "사설 언론사에 대한 헌의에 관련하여 S목사가 소속한 서울강남노회에 S목사를 기소하여 재판하고 그 결과를 보고하라"는 사안을 총회가 임원회에 맡긴 근거를 전혀 찾아볼 수가 없다. 오직 "임원회에 맡겨 처리하게 한 것"뿐이다. 그러므로 임원회가 총회장의 명의를 도용하여 서울강남노회에 공문을 하달하여 '기소, 재판, 보고' 운운한 문서는 휴지 조각에 불과하다는 말이다.

총회장과 총회 서기의 명의와 총회 직인으로 총회 산하 노회에 하달하는 모든 공문은 총회가 결의하고 총회 회의록에 기록된 사안을 공시 또는 시행 지시할 경우에만 국한될 뿐이요, 총회 임원회나 재판국을 포함한 모든 상비부 및 특별 위원회가 총회의 위탁을 받은 안건을 처리하기 위해 총회장과 서기의 명의로 노회에 지시 공문을 하달하는 것은 묵과할 수 없는 불법 범죄 행위라는 것을 총회 사무국과 사무 행정 담당자들은 필히 명심해야 할 중대 사안이다.

그동안 이와 같은 총회 사무 행정의 흠결로 여러 교회와 노회와 총회가 혼란과 고통과 시련을 겪어온 사건들이 부지기수임을 누구도 부인할 수 없으리라(한국기독신문 제754~755호 참조).

2. 총회 임원회가 제시한 죄상에 대하여

① 노회 허락 없는 기관 목사 사칭에 대하여

기관 목사 시무를 위한 노회 허락에 관하여 사설 언론사를 운영하는 자는 노회 허락이 필요치 아니하다. 기관 목사라 함은 총회 사무 행정, 기독신문사 등의 총회 기관 사무를 의미하고 기관 목사로 노회의 허락을 받은 목사는 노회의 정회원권이 부여된다(교회 정치 제4장 제4조 7항). 그러므로 S목사에 대하여 허락 없는 기관 목사 사칭 운운하는 것은 기소할 수 있는 죄상에 해당되지 아니한다.

또한 노회의 허락을 받은 기관 목사가 지교회의 위임 목사는 겸직할 수 없으나 미조직 교회의 임시 목사는 겸직 시무할 수 있도록 교회 헌법은 규정하고 있다(정치 제15장 제12조 2항).

그러므로 S목사는 위임 목사가 아닌 임시 목사요, 기관 목사도 아닌 사설 언론사를 운영하면서 미조직 교회를 시무하는 목사이므로 법적인 하자가 없고 오히려 합법적 보호를 받아야 하는 것이 현행 대한민국의 국법이요, 교회 헌법이다.

② 담임 목사 직무 해태에 대하여

담임 목사란 조직 교회의 위임 목사를 의미하는데(정치 제9장 제3조, 동 제4장 제4조 1항) 위임 목사가 아니고 미조직 교회를 시무하는 임시 목사(시무 목사는 제96회 총회장이 헌법 개정안을 공포하지 아니하고 총회를 파회했으므로 그 헌법 개정안은 폐기되었다. 그런데 그 폐기된 개정안을 2년이나 지나 제98회 총회장이 "추완 공포"라 하며 권원 없는 자의 공포였으니 법적 효력이 없어 여전히 임시 목사이다. 만일 시무 목사로의 개정을 인정한다면 그 개정된 헌법은 위임 목사와 부목사를 노회의 언권 회원이 되게 하는 모순에 빠지게 된다)에 대하여 담임 목사 직무 해태 운운하는 것은 담임 목사가 무엇인지 위임 목사가 무엇인지 임시 목사가 무엇인지도 모르는 무지에서 횡설수설하는 것으로 밖에 보이지 않는다. S목사는 임시 목사로서 총회 산하의 지교회를 시무하면서 사설 언론사를 운영하고 있는 목사이므로 "담임 목사(위임 목사) 직무 해태"라는 죄상은 삼척동자도 생각할 수 없는 억지에 다름이 아니다.

③ 총회와 산하 교회의 연합과 화합 저해하는 분열 행위에 대하여

필자는 S목사와의 전화 통화에서 "총회와 교회의 화합과 화해를 저해하는 분열 행위를 한 일이 있느냐?"고 문의한바 "기독신문에 당사자가 직접

'호기심에서 카지노에 가본 일이 있다.'고 시인하였고, 총회 임원으로서 카지노에 출입한 것과 총회 지도부 인사들이 습관적으로 카지노에 출입한 행위는 잘못이라는 것, 특히 그 중에 어떤 인사는 100회 이상이나 출입했다는 것과 고액의 공금을 횡령한 사실이 확인되어 검찰에 송치되었다는 내용을 기사화한 것뿐이고, 총회와 교회의 연합과 화해를 저해하거나 분열한 일은 없다."는 답을 들었다.

이것이 사실이라면 총회 임원회가 S목사의 죄상 운운하기보다는 언론에 공개된 사건에 임원이 개입되어 있으므로 임원회 자체로라도 총회를 개혁하는 차원에서 언론에 공개된 기사 내용을 분석 정리하여 수습하는 것이 급선무이며 합동 교단의 바람직한 자세라고 생각한다.

따라서 이상 3개항의 죄상들은 한 가지도 범죄 요건이 성립되지 않을 뿐만 아니라 죄증 설명서가 없는 기소장으로는 노회도 총회도 절대로 재판을 할 수가 없는 것이다.

3. 결론

본 건은 모모 언론사에서 수시로 총회 지도급 인사들의 공금 유용이나 횡령 등의 기사는 물론 금번 총회 임원을 비롯하여 총회의 지도급 인사들이 필리핀 카지노에 출입한 사실을 기사화하면서 특히 카지노에 100회 이상이나 출입했다는 등의 사실까지 기사화하자 범죄 당사자들이 총회 임원회를 충동하고 압력을 넣어 언론사를 운영하면서 미조직 교회를 시무하는 S목사에 대하여 보복적으로 책벌을 시도하려는 불의를 행한 것 같아 보인다.

바라기는 총회 임원회와 S목사와 서울강남노회는 지혜를 모아서 법과 원칙을 따라 풀어야 할 것은 풀고 개혁해야 할 것은 개혁하여 멀지 않은 날 하나님 앞에 설 때에 "잘 하였도다 착하고 충성된 종아 … 네 주인의 즐거

움에 참여할지어다"라는 칭찬을 받는 청지기들이 다 되기를 바라는 마음 간절하다.

불법자들에 대한 심판주 예수님의 경고 메시지입니다.

"그 날에 많은 사람이 나더러 이르되 주여 주여 우리가 주의 이름으로 선지자 노릇하며 주의 이름으로 귀신을 쫓아내며 주의 이름으로 많은 권능을 행치 아니 하였나이까 하리니 그때에 내가 저희에게 밝히 말하되 내가 너희를 도무지 알지 못하니 불법을 행하는 자들아 내게서 떠나가라 하리라 … 거기서 슬피 울며 이를 갊이 있으리라"

코람 데오! 아직도 늦지 않았습니다. 코람 데오! 코람 데오!!

80. 총회가 목사 정회원권 박탈 결의 언어도단
시무 목사는 선거권, 피선거권을 구비한 노회의 당당한 정회원
총회의 시무 목사 노회장, 총회 총대권 박탈 결의는 위헌적 횡포

필자가 2018년도 가을 정기 노회에 참석하여 대한예수교장로 합동 제103회 총회 보고서의 유인물을 받아보니 보고서 내용 중 "시무 목사의 노회장, 총회 총대 자격에 대한 질의는 기각됨"이라는 문장이 애매하여 질의한 바 "시무 목사는 노회장, 총회 총대가 될 수 없다."는 내용이라는 답을 받았다. 이는 총회가 정회원권을 박탈하고 민주 정치를 포기하는 위헌적 횡포에 다름 아니다.

1. 노회 회원으로서 시무 목사의 위치

시무 목사는 헌법을 개정하기 전에는 그 명칭이 임시 목사로서 위임 목사, 임시 목사, 부목사와 함께 각 지교회의 시무 목사였다(교회 정치 제4장 제4조 1, 2, 3항, 동 제10장 제3조 참조). 여기에서 각 지교회의 시무 목사인 위임 목사, 임시 목사, 부목사는 "그 담임한 시무와 형편"(교회 정치 제4장 제4조 참조)은 다르지만 노회의 회원권 면에서는 글자 하나 단어 하나 다름없이 동등하다. 그런데 시무 목사로 명칭이 개정되었다고 해서 정회원이 언권 회원으로 바뀌는 것도 아니고, 정회원이 선거권은 행사하면서 피선거권은 제한되는 것도 아니다. 총회가 위임 목사만의 총회인 것으로 착각을 해서는 결코 안 된다.

2. 상위법 우선의 원칙

대한예수교장로회 각 치리회의 행정은 상위법 우선의 원칙(교회법률상식 p.282 참조)에 의하여 교회 헌법과 상충되는 모든 결의, 규칙과 정관은 효력이 상실되어 시행할 수 없다. 따라서 임시 목사이든 전임 목사이든 시무 목사이든 정회원권을 박탈할 수 없다.

3. 시무 목사의 명칭에 관한 문제점

부언컨대 "시무 목사로 개정된 후 교회 정치의 법리"가 시무 목사는 회원 권이 구비한 목사이지만 오히려 위임 목사는 언권 회원으로 변질된 사실을 총회 회원들은 과연 모르고 있었단 말인가(정치 제10장 제3조, 동 제2조, 동 제8조, 한국기독신문 788~789호 참조).

이는 제102회 총회가 결의한 개정 초안인 "전임 목사" 그대로 각 노회가 수의하여 제103회 총회장이 개정을 공포했으면 아무 문제가 없었을 것이 다. 그런데 제103회 총회 시에 집단적인 정치력으로 "전임 목사"로의 개정 초안을 각 노회 수의 과정에서 삭제한 결과로 시무 목사는 정회원이요, 위임 목사는 언권 회원이라는 심각한 상항으로 돌변(突變)하게 된 것이다.

4. 임시 목사와 시무 목사 명칭의 원론적 문제점

임시 목사를 시무 목사로의 개정 초안은 파기 사장(死藏)된 법안이다. 그 실상은 제95회 총회가 개정안을 결의하여 노회 수의까지 보고를 받아 공포만 남은 상황에서 유일하게 공포할 권한자인 제96회 총회장(이기창 목 사)이 당시 정치적 사안에 의하여 공포를 하지 아니하고 총회를 파회함으 로 당시의 헌법 개정 초안은 파기되었다.

그래서 제96회와 제97회기 연도에는 임시 목사라는 명칭을 그대로 사 용하다가 2년이나 지난 후 공포할 권한이 없는 제98회 총회장이 파기된 헌법 개정안에 대하여 추완(追完) 공포라는 불법적인 공포를 한 것이 바 로 "임시 목사를 시무 목사로 개정된 것으로 착각"하면서(교회법률상식 pp. 207~209, 한국기독신문 제788호〈2017. 1. 21.〉동 289호〈2017.

2. 4. 〉 참조) 제98회기부터 제102회기까지 개정되지도 아니한 시무 목사의 명칭을 도용하고 있었던 것이 총회 행정의 부끄러운 흠결이다. 필자는 헌법을 개정할 때마다 못 쓰게 된 헌법으로 변질된 것을 보고 글을 쓸 때마다 가슴이 답답했다. 이와 같은 예는 너무나 수두룩하나 그 중에 몇 곳만 적어본다.

① 1992년도 개정판 정치 제13장 제4조에 "치리 장로, 집사 직은 종신직이다."를 "치리 장로, 집사직의 임기는 만 70세까지이다."로 개정하면서 정치 제5장 제5조에 "원로 장로"가 있고, 동 제6조에 "은퇴 장로"가 있으니 앞뒤가 맞지 아니한다.

② 2000년도 개정판 정치 제5장 제7조에 "협동 장로"를 신설한 것은 장로교회의 민주 정치를 파괴하는 헌법 개정의 대 흠결이다.

③ 2000년도 개정판 정치 제3장 제3조에 "권사는 안수 없는 종신 직원으로서 정년 때까지 시무할 수 있다."고 개정한 것은 권사를 임시직 그대로 두면서 종신직은 무엇이며, 안수 없는 종신직은 또 무엇인가? 임시직과 종신직이 뒤얽혀서 뒤죽박죽이 되어 있다.

5. 결론

본 건 임시 목사를 전임 목사로 초안한 개정안을 그대로 노회가 수의하여 공포했으면 아무 문제가 없었을 터인데 노회 수의 과정에서 집단적 정치 활동에 의하여 전임 목사로의 개정안을 삭제해 버렸다. 이는 위에서 언급한 바와 같이 법리를 거슬러 올라가 보면 제103회 헌법 개정의 결과가 "임시 목사" 그대로라는 사실을 알고 있는 제103회 총대가 한 사람도 없는 것 같아 보인다. 임시 목사를 시무 목사로 개정되었다고 인정할 경우 위임 목사가 언권 회원으로 돌변한 현실을 어떻게 타개해 나갈지 매우 궁금하다.

81. 총회는 재판국 보고를 변경 갱심케 할 수 없다

총회 재판국 판결은 취소, 변경, 하회로 갱심케 하는 것뿐이고,
총회는 재판국 보고를 채용, 환부, 특별 재판국 설치뿐

[질의] 총회가 재판국 보고를 검사하여 변경하거나, 노회 재판을 파기하고 노회로 갱심케 할 수 있는지요? 그리고 환부는 노회와 총회 재판국 중 어디로 환부하는 것인지, 법적인 답변을 바랍니다. (합동 총회, 사무 담당 목사)

[답] 총회 재판국의 판결과 총회 재판국의 판결에 대한 총회 보고와 관련하여 총회가 변경할 수 있는지, 총회가 노회로 갱심하도록 하달할 수 있는지, 환부 시에 노회로 하는지, 총회 재판국으로 하는지 등에 대하여 혼동하는 경우가 많다.

이에 관한 전화 문의가 적지 아니하므로 질의자의 교단 소속에 따라 합동 총회의 헌법으로 답한다.

1. 총회 재판국의 판결 범위

총회 재판국은 교회 재판의 최종심으로서 사실심으로 재판하는 것이 아니요, 증거조를 폐하고(권징조례 제94조 2항) 하회 서기가 상회 서기에게 교부한 서류만을 가지고(권징조례 제96조) 하회가 재판 절차에 따라 재판했는지, 법적용은 적합한지, 벌의 정도는 합당한지 등의 적부를 심의하여 판결하는 법률심이다.

그러므로 총회 재판국은 상소인이나 피상소인이나 증인 등을 소환하여 심문 조서해서는 안 되고 하회 서기가 보내온 하회 재판에 관계된 모든 서

류를 심사하여 권징조례 제99조 제2항 (4)에 규정한 대로 하회 판결을 ①
취소하든지 ② 하회 판결을 변경하든지 ③ 하회로 하여금 갱심케 하든지 3
가지 중에 하나로 판결하여 그 판결문을 원피고와 총회 원서기에게 교부함
으로 총회에 보고 시까지 쌍방을 구속(현상 동결)하는 것(권징조례 제138
조, 제139조)으로 재판을 종결한다.

이때 총회 재판국은 하회 서기가 상소건에 관한 관계 서류를 교부하지
아니했으면 재판을 할 수가 없다. 종종 총회 재판국이 하회 서기가 서류를
올려 보내지 아니했음에도 불구하고 상소인이 제출한 상소장으로 재판을
하는 경우가 있는데 그 재판은 당연 무효일 수밖에 없다

그 이유인즉 권징조례 제101조에 "상소가 제기되면 하회는 그 사건에 관
한 기록 전부와 일체 서류를 상회에 올려 보낼 것이니 만일 올려 보내지 아
니하면 상회는 하회를 책하고 이를 올려 보낼 때까지 하회의 결정을 정지하
게 한다."라고 규정하고 있기 때문이다. 즉 하회가 재판 관계 서류를 올려
보내지 아니하거나 올려 보낼 수가 없을 경우에는 하회의 판결이 계속하여
정지 상태가 되므로 하회 판결은 무효(정지) 확정과 같다는 말이다. 이는
하회의 서기가 상소인이 제출하는 상소 통지서의 접수를 거부할 수 없도록
하는 규정이기도 하다. 상소 통지서를 거부할 경우 상소장과 상소 이유 설
명서가 없으므로 상회에 제출할 서류 중 상소장과 상소 이유 설명서가 없
지 아니한가?

상소인이 제출한 상소장과 상소 이유 설명서는 상소건의 성립을 위한 구
비 서류일 뿐이지 총회 재판국이 재판할 재판 자료가 아니요, 총회 재판국
의 재판 자료는 오직 하회에서 올려 보낸 하회의 재판 관계 서류뿐이기 때
문이다.

2. 재판국의 판결에 대한 총회의 처리 범위

총회는 총회 재판국의 판결에 대하여 법대로 접수된 상소건이나 소원건을 총회가 재판국에 위탁한 사건이라면(권징조례 제134조 2항의 규정에 의하여 총회가 위탁하지 아니한 사건은 어떤 이유로도 재판국은 재판할 수 없고, 총회는 그 판결 보고를 받아도 안 된다) 권징조례 제141조에 규정한 대로 총회 재판국의 판결을 검사하여 ① 채용하거나 ② 환부하거나 ③ 특별 재판국을 설치하여 그 사건을 다시 판결하여 보고하게 한다.

여기에서 총회가 환부 처리하는 것은 노회로 환부하는 것이 아니라 총회 재판국으로 환부하여 다시 재판하여 보고하도록 하는 것이다. 그런데 총회 재판국이 총회의 결의를 이행하지 아니하고 전과 같이 재판할 우려가 다분할 경우에는 특별 재판국을 설치한다.

3. 결론

총회는 질의자가 질의한 내용과 같이 총회 재판국의 판결을 변경하거나 노회로 갱심토록 처리할 수는 없다. 변경하거나 노회로 갱심케 하는 것은 오직 총회 재판국에서 판결할 때에만 할 수 있는 사안이다. 오직 총회는 재판국의 판결을 ① 채용하거나 ② 총회 재판국으로 환부하거나 ③ 특별 재판국을 설치하는 것뿐이다.

다만 헌법을 개정하지 아니하는 한 현행 헌법대로는 총회가 위탁하지 아니한 상소건이나 소원건을 총회 결의나 총회 규칙 등을 빙자하여 총회 파회 후에 헌의부가 보낸 것을 받아 재판하여 보고할 경우는 상위법 우선의 원칙에 의하여 총회로서는 처음 접하는 사건이므로 권징조례 제134조 2항의 규정에 의하여 기각 처리해야 한다.

82. 총회 총대 임기와 파회 후 위원회 활동 근거

총회 총대 임기는 서기 호명 시부터 총회 파회 시까지
위원회의 활동은 총대 자격 아닌 사건 처결 우선주의로

[질의] 헌법 정치 제12장 제2조에 의거, 각 노회에서 파송하는 총대들의 임기가 ① 총회가 개회 이후 파회까지인지와 ② 총회 파회 후 상비부원이나 특별 위원 등으로 활동하는 것은 총대 임기의 연장으로 봐야 하는지에 대하여 헌법에 근거한 유권 해석을 요청드립니다. 본 질의에 대한 유권 해석은 법원에 제출할 준비 서면의 첨부 서류이니 목사님의 서명 날인을 특별히 부탁드립니다. (장로회 합동 교단 ○○○ 목사)

[답] 질의자가 장로교회의 합동 교단 목사이므로 합동 총회 헌법으로 답한다.

1. 총회 총대의 임기에 대하여

교회 헌법 정치 제12장 제6조(총회의 회집)에 "총대는 서기가 천서를 접수 호명한 후부터 회원권이 있다."는 규정에 의하여 "총회 총대로 총회 회원권이 발생하는 시기"는 직전 총회장이 총회를 개회하기 직전에, 직전 총회의 서기가 호명함과 동시에 총회 총대로서 총회 회원권이 발생하며 그 임기가 시작된다.

그리고 정치 제12장 제7조(개회 폐회 의식)에 총회가 폐회하기로 결의한 후에는 총회장이 "교회가 나에게 위탁한 권세로 지금 총회는 파(罷)함이 가한 줄로 알며 이 총회같이 다시 아무 날 아무 곳에서 회집함을 요하노라"라고 파회를 선언한 후 "기도함과 감사함과 축도로 산회(散會)한다."고 폐회

의식을 규정하였다.

즉 총회는 당회나 노회나 대회의 폐회 의식에서 "폐회를 선언"함과는 달리 "파회를 선언"함으로 산회와 동시에 총회가 없어진다. 따라서 파회 선언과 함께 총회 총대의 임기도 종료되며 상비부도 임원회도 역시 없어진다.

다만 총회장은 총회 후 공백 기간에 대외적인 면에서 상징적으로 존재하며, 대내적인 업무는 법이 정한바 총회가 위탁한 사안만 수행할 수 있고, 차기 총회를 소집하고 개회하여 신 임원을 선거할 때까지 사회권만 남아 있을 뿐이다.

즉 총회 총대의 임기는 직전 총회의 서기가 총대를 호명할 때부터 총회장이 파회를 선언할 때까지라는 말이다.

2. 총회 파회 후 위원회의 활동 근거에 대하여

총회의 모든 상비부와 특별 위원회와 임원회 등이 총회를 파회한 후에도 업무를 수행할 수 있는 법적인 근거는 권징조례 제134조 2항에 상비부의 하나인 재판국의 활동에 관하여 "재판국은 위탁 받은 사건만 심리 판결한다."는 규정에 준거하여 총회가 파하기 전에 총회가 위탁한 사안만을 처리하기 위하여 활동하는 것이다.

그러므로 임원회나 상비부나 특별 위원회가 총회를 파한 후에도 업무를 수행하는 법적 근거는 총대의 임기가 연장되는 특권에 의하여 활동하는 것이 아니라 임원회나 상비부나 특별 위원회에 총회가 위탁하여 처리케 한 사안을 처리하는 위원회의 위원 자격으로 활동하는 것이다.

이에 관하여 실례를 들어보면, 총회 규칙 제9조(정기 위원) 2(임무)에 "절차 위원"이나 "천서 검사 위원" 등은 직전 총회의 총대의 자격으로나 임원회의 자격으로 활동하는 것이 아니요 총회의 규칙에 "절차 위원은 직전 총회의

회장과 서기, 천서 검사 위원은 직전총회의 서기, 부서기, 회록 서기"라고 규정한 규칙에 의하여 그 임무를 수행한다.

그러나 "공천 위원"은 직전 총회의 총대도 아니요 노회장도 아닌 새로 선임된 각 노회의 노회장들로 위원이 구성되어 활동한다. 만일 총회 파회 후 상비부원이나 특별 위원이나 임원들의 활동을 총대 임기의 연장으로 봐야 한다면 공천부원들도 직전 노회장들이 되어야 마땅한데 신임 노회장들이 된다는 것은 모순이 아니겠는가.

즉 임원회나 상비부 등등의 위원회에 총회가 위탁한 업무가 없으면 어떤 부서이든 차기 총회가 조직될 때까지 존재할 이유가 없다는 말이다.

3. 결론

총회 총대의 임기는 서기가 호명할 때부터 총회장이 파회를 선언할 때까지로 총회가 진행되는 기간뿐이요, 총회를 파회함과 동시에 총회 총대의 임기는 종료된다.

그러나 직전 총회의 임원회나 상비부나 특별 위원회가 총회를 파회한 후에도 계속 활동하는 이유는 결코 직전 총회의 회원권인 총대 임기가 연장되어 활동하는 것이 아니라 교회 헌법과 총회 규칙이 규정한 바에 따라 총회가 각 위원회에 위탁한 업무를 수행하기 위하여 업무를 위탁받은 위원회의 위원으로서 장로회 정치의 회원권 우선주의가 아닌 사건 처결 우선주의의 관례(교회법률상식 pp. 94~95 참조)에 의하여 활동하는 것이다.

83. 합동 교단 사면위원회 설치 운영 언어도단

교회 헌법 어디에도 사면 의식 없고 해벌 의식뿐
책벌자의 해벌권은 책벌한 그 원심 치리회밖에 없어
헌법과 상충되는 상설 위원회 설치 시행은 범죄 행위

필자는 지난 2월 중순 경에 합동 교단에 소속한 P목사가 "총회 기소위원회 상설 조직과 총회 정치부의 상설화는 교회 헌법에 상충되는 것이므로 헌법을 개정하지 않고 총회 결의로는 시행할 수 없는 것 아닌가요?"라는 질의를 받아 답 글을 쓴 바 있다(한국기독신문 제790호, 2017. 2. 18. 참조).

그런데 보다 더 기가 막힌 사건은 제101회 총회가 "7인 위원으로 사면위원회를 설치하기로 가결하다"(제101회 총회 결의 및 요람 p.100 참조).라고 결의한 사건이다.

1. 사실 관계

합동 제101회 총회에서 대한예수교장로회 총회 교단 헌법도 외면하면서 총회 사면위원회를 설치한다고 야단법석을 떨면서 대내외적으로 망신을 당하고 있다.

1) 제101회 총회가 "7인 위원으로 사면위원회를 설치하기로 가결"한 후 7인 사면위원회는 위원장 김○○ 목사, 부위원장 김○○ 목사, 서기 김○○ 목사, 회계 윤○○ 장로, 총무 김○○ 목사, 부서기 심○○ 장로, 부회계 반○○ 장로 등으로 7인 모두가 임원이 되었고 위원은 한 사람도 없는 유별나고 특이한 위원회가 등장하였다. 7인의 위원 전원을 임원으로 조직한 의미는 과연 무엇일까?

2) 사면위원회 활동 상황

기독신문 제2098호(2017. 3. 28.) p.2의 하단에 "총회 사면위원회 사면 신청 접수 공고"라는 광고 내용에 조직과 업무 규정 제1조~12조를 수록하고 사면 신청 내용에는 사면 대상: 업무 규정 제6조 "권징과 교리가 잘못 적용되어 억울한 일을 당하였거나 정당한 징계라 할지라도 회개하고 용서와 자비를 구할 때 사면 대상이 된다."에 해당된다고 생각하시는 분, 사면 신청서: 소정 약식(첨부 서류로는 사면 신청을 증빙할 수 있는 서류), 제출 기간: 2017. 4. 28.(연장될 수 있음), 제출처: 총회 회관 사면위원회 서기 앞, 2017년 3월 13일, 대한예수교장로회 총회 사면위원회, 총회장 김○○ / 사면 위원장 김○○

이는 헌법을 짓밟을 뿐 아니라 불법을 저질러 놓고 슬그머니 선심을 쓰는 척 하면서 총회의 불법 행위를 덮으려 하는 꼼수에 다름 아니다.

3) 사면 심사 실시

기독신문 2108호(2017. 6. 13.) p.3에 7월부터 사면위원회가 사면 신청인 10명 중 "정○○, 주○○, 고○○, 송○○ 목사가 1차 심사 대상자가 될 것으로 예상된다."고 보도했다.

그런데 사면위는 "총회에서 징계를 받은 자에 한해서 심의를 진행키로 했다. 다시 말해 노회에서 징계를 받은 자는 심사 대상에서 제외한다는 의미이다."라 하였고 "위원장은 '사면위원회에 오해가 있지만 하나님께서 우리들에게 허락하신 직임에 대해 사명감을 갖고 혼돈한 총회를 바로 세우는 일을 잘 감당하자'며 위원들을 격려했다."고 하였다.

4) 사면 위원장의 괴변

기독신문 제2105호(2017. 5. 23.) p.25에 "사면위원회 설치 운영 법적 하자 없다"는 제하의 특별 기고를 보도했다.

그 내용은 "사면 정신 담은 합법적 총회 결의 … 성실 활동 의무 크다"는 머리기사로 "교권주의에 졸속 처리된 억울한 사건 제대로 살리는 것이 목적 … 합법적 절차 밟아 활동, 제102회 총회서 총대들의 동의 얻을 것"이라는 소제목 하에 ① 사면위원회 설치에 대한 헌의안은 합법적인 절차로 정치부에 보냈다. ② 정치부가 사면위원회 설치안을 본회에 내어놓은 것은 절차상 하자가 없다. ③ 임원회가 관여하거나 위원회가 활동하는 것은 문제가 전혀 없다. ④ 총회 보고 시에 사면위원회 활동 결과와 운영 규정까지 보고 사항이 된다. ⑤ 법을 주장하면서 법을 어기는 자가당착적인 모순을 범하면 안 된다. ⑥ 권징조례에 사면이 명시되지 않았지만 사면한 전례는 없는가? ⑦ 임원회나 사면위원회가 종교 개혁 500주년을 훼손한 일이 없다. ⑧ 결론에서 "총회 사면위원회 운영은 절차나 법적으로 하자가 없다. 그리고 합법적인 절차에 의하여 당연한 치리를 받은 사람을 사면위원회가 전횡(專橫)으로 하는 것이 아니다. 단지 총회 치리(노회 치리 제외)에 한하여 교권적 권위주의나 합법적인 절차가 없이 졸속 처리된 억울한 사건에 대하여 살필 것이다. 또한 사면위원회가 사면을 확정하는 것이 아니라 총회장에게 보고하고 제102회 총회에서 총대들의 동의를 얻어 원만한 공감의 분위기가 될 때 선포하는 것이므로 졸속 처리될 염려는 전혀 없다."라고 하였다.

필자는 위원장의 장문의 전단 기사를 3번이나 읽어 보았으나 일고의 가치도 없는 괴변으로 밖에 보이지 않는다.

2. 총회 행정의 흠결

필자의 사견으로는 총화가 "사면위원회"라는 희한한 위원회 조직을 결의한 사안으로서 총회의 행정과 총회 재판국이 연관되어 있으므로 양자를 겸하여 평가한다면 총회의 행정에 대하여는 F학점, 총회 재판국의 재판은 0점을 주고 싶다.

그 연유는 총회 회의와 결의 등과 관련하여 헌법대로 회의한다기보다는 주먹구구식으로 회의나 결의하는 것을 예사로운 일로 여기면서 처리하는가 하면, 총회 재판은 단 한건도 교단 헌법대로 재판하지 아니하면서 총회 역시 그런 재판의 판결을 거의 다 보고받기 때문이다.

실제 현상의 실례를 한 가지만 들어 보면 총회 재판국은 하회 서기가 교부한 서류만을 재판 자료로 하여 재판국원들만 모여서 심리한 후 ① 취소하든지 ② 변경하든지 ③ 하회로 갱심하게 하는 것, 3가지 중 하나로 판결문이 작성되어야 한다(권징조례 제99조 4항 참조).

그런데 법률심인 총회 재판국은 원심 재판에서도 볼 수 없는 노회장, 노회 서기, 하회 재판국장, 재판국 서기, 원고, 피고는 물론, 원고, 피고 측의 장로들까지 수십 명을 소환하여 심문을 하고 서명까지 받는 요란을 피운 후에는 헌법이 정한바 위의 3가지 중 하나로 판결문을 작성하는 것이 아니라 예를 들어 총회 총대 5년 정지, 당회장권 정지, 설교를 제외한 목사 직무 정지, 노회장 및 서기 직무 정지 등의 엉터리 판결문을 작성한다.

이는 당회나 노회 재판에서도 절대로 판결할 수 없는 판결문인데 하물며 총회 재판국에서 이런 판결문을 작성하여 총회에 보고하면 총회 역시 그 재판국의 판결 보고를 그대로 받는 것이 작금의 현실이다. 이런 경우를 두고 "그 나물에 그 밥이라" 했던가?

1) 총회 개혁은 곧 준법

총회가 헌법대로 회의하고 헌법대로 결의하면 총회 재판국에서도 불법 재판을 하고 싶어도 하지 못할 것이다. 총회가 불법을 결의하니 총회 재판국도 불법 재판을 할 수 밖에 없지 않겠는가! 지면상 총회가 절대 시행하면 안 될 2가지 불법 결의에 대하여 언급한다.

① 상설 재판 결의의 부조리

총회가 권징조례 제134조 2항에 "총회는 재판 사건을 직할 심리하거나 재판국에 위탁할 수 있고 재판국은 위탁 받은 사건만 심리 판결한다."는 헌법 규정을 무시하고 총회 파회 후에 접수된 상소건과 소원건을 차기 총회 개회 전에도 총회의 위탁 절차도 없이 재판할 수 있도록 총회가 결의하여 총회 재판국의 불법 재판을 하도록 부추겼을 뿐만 아니라, 권징조례 제142조에 "총회 재판국의 비용은 총회가 지불한다."는 규정을 어기고 상소인과 소원인에게 400만원씩의 재판 비용을 받아 재판하라고 결의해 주었으니 재판국이 급행료 400만원을 낸 사람은 위헌적 불법으로 재판을 신속히 해주는가 하면 돈이 없는 차기 총회가 위탁하여준 후에 합헌적인 재판을 하게 하는 빌미와 부조리를 재판국에 제공해준 총회가 되고 만 것이다.

② 상설 기소위원회의 설치

교회의 각 치리회는 상설 기소위원회를 절대로 설치할 수 없다. 오직 범죄자가 발현되었는데도 고소하는 자가 없는 경우에 한하여 부득불 치리회가 원고로 기소할 수 있을 뿐이다(권징조례 제7조 참고). 세상 법은 기소하는 검찰 제도가 있으나 교회의 치리회에서 상설 기소위원회를 설치하는 결의는 위헌적 불법으로 총회나 노회나 당회에 혼란을 야기 시킬 뿐이다.

범죄자도 없는데 앞으로 범죄자가 나타나기를 기다리며 기소하기 위하여 상설 기소위원회 운운하는 것은 그야말로 어불성설이다.

2) 사면과 해벌

교인의 사면과 해벌에 대하여 성경적으로 설명한다면 "사면"은 요 19:30에 "다 이루었다"고 하신 예수님의 가상 제6언으로서 엡 1:4의 말씀대로 "창세 전에 그리스도 안에서 택하심"을 받은 사람은 모두 동시에 영원히 "사면" 되었기 때문에 다시는 어느 누구도 사용할 수 없는 용어이다. 그리고 "해벌"은 마 18:18에 "진실로 너희에게 이르노니 무엇이든지 너희가 땅에서 매면

하늘에서도 매일 것이요 무엇이든지 땅에서 풀면 하늘에서도 풀리리라"고 하신 예수님의 말씀 중에 "땅에서 풀면 하늘에서도 풀리리라"는 말씀이 곧 "해벌"이다(예배모범 제17장). 결코 사면과 해벌을 혼동해서는 안 된다.

3) 판결과 시벌과 해벌

판결은 원심 치리회가 직할 재판하거나 재판국을 설치하여 위탁할 경우(권징조례 제117조) 재판회나 재판국이 권징조례에 의하여 재판하여 판결하는 것을 의미하고, 시벌은 예배모범 제16장(시벌)에 규정한 대로 재판회에서 판결한 판결을 예배 시간에 "교회 앞에서 직접 본인에게 언도하거나 혹본 치리회의 결의대로 교회에 공포만"하는 예배모범의 의식을 의미하며, 해벌은 예배모범 제17장(해벌)에 규정한 대로 책벌자 중에 진심으로 회개하는 자에게 책벌한 치리회가 해벌을 결의한 대로 예배 시간에 "회복하는 선언을 공포"하는 예배모범의 의식이다.

4) 해벌을 주관하는 치리회

한마디로 말한다면 오직 원심 치리회인 당회와 노회에만 해벌 결의권이 있을 뿐 총회와 대회는 원심 치리회가 아니기 때문에 해벌권이 없다. 그런데 총회가 해벌도 아닌 사면을 하겠다고 나서니 도무지 현기증이 날 지경이다.

이에 대하여 사면위 위원장은 "헌법 제12장 제5조 1항에 보면 '총회는 교회 헌법 … 을 해석할 전권이 있고'라는 조문을 근거로 권징조례에 있는 해벌이 사면을 포함하고" 있다고 총회가 해석한 것처럼 기독신문에 언급하였다.

"헌법 제12장"이 어디 있으며 "해벌이 사면을 포함한다."는 것을 총회가 언제 해석하였는가? 해벌이 사면을 포함한다는 것은 얼토당토 아니한 억지 주장이다.

해벌과 사면은 다르다. 사면은 국가 행정부에서나 적용되는 용어요, 교회에서는 오직 해벌일 뿐이다. 교회 법전에 사면이라는 용어는 없고 굳이 사면을 언급한다면 상론한 바와 같이 예수님의 가상 7언중에 "다 이루었다"고 하신 말씀으로 전 세대 전 지역 무형 교회의 성도들이 일시에 사면이 되었으니 그 이후 어느 누구도 사면 운운할 수는 없고 오직 해벌만 있을 뿐이다.

그런데 그 해벌은 오직 원심 치리회에서만 가능하다는 다음의 법적 근거가 분명하다.

① 독노회의 결의

예수교장로회대한로회 제3회 회록 p. 25에 "각 당회에서 책벌된 교우가 이사할 때에 천서 중에 책벌까지 기록함은 이후 회개하면 그 당회에서 책벌 푸는 권한까지 허락하는 줄로 인정함"이라고 결의하였다.

이는 당회가 해벌권이 있는바 이명을 원할 때 이명 증서에 책벌까지 기록하여 해벌도 이명간 교회에서 할 수 있게 한 결의로서 오직 원심 치리회만 해벌권이 있음을 의미한다.

② 예배모범의 규정

예배모범 제17장 7항에 "벌 아래 있는 교인이 그 벌 당한 치리회 소재지에서 먼 거리 되는 지방에 옮길 때에 회개함을 선언하고 회복함을 얻기 원하는 때는 본 치리회 결의의 등록을 날인하여 그 회에 교부할 수 있고 그 회는 자체가 처벌한 자와 같이 해벌한다."라고 규정하였다.

③ 정치문답조례의 해설

1919년 제8회 총회가 교회 정치 해석의 참고서로 채택한 정치문답조례 188문에 "교회 해벌 절차가 어떠하냐? 〈답〉 교회의 해벌 절차는 아래와 같다. 벌 아래 있는 자가 진실히 회개한 줄로 알면 본 당회나 혹은 교회 앞에 공개 자복케 한 후에 해벌한다. 목사는 비록 회개할 찌라도 오랫동안 겸손하며, 아름다운 행위를 나타내지 못하면 해벌할 수 없고, 본 치리회는 해벌하기 전에 사사로운 사정만 생각하지 말고, 온 교회와 참 도리에 손상이 되지 않도록 조심할 것이다. 해벌은 시벌한 원 치리회의 권고와 허락이 없는 이상 다른 치리회가 행할 수 없다."라고 하였다.

이상과 같이 "해벌은 원 치리회인 당회와 노회에서만 행할 수 있고 다른 치리회인 대회나 총회에서는 행할 수 없다."는 것이 기본적인 법리이다.

그런데 제101회 총회 시 사면위원회를 설치하여 해벌도 아닌 헌법에 용어조차도 없고 시행할 수 없는 사면을 하겠다고 하니 기가 막힐 일이다.

원리상 총회는 원심 치리를 할 수 없으니 해벌할 사건도 없을 뿐 아니라 해벌 또는 사면 운운하는 것은 사면 위원장이 인정하고 밝힌 바와 같이 총회의 불법 행위를 덮어 넘기려는 속셈이 아니겠는가.

3. 결론

제101회 총회가 절대로 결의할 수 없는 "사면위원회 설치"를 결의하였다. 이에 대하여 위원장 역시 총회가 불법 처리한 것을 불법 사면위원회가 불법으로 사면하려 함을 인정하였다.

이에 대하여 위원장의 기독신문 특별 기고에서 "총회 치리(노회 치리회 제외)에 한하여 교권적 권위주의나 합법적인 절차 없이 졸속 처리된 억울한 사건에 대하여 살필 것이다."라 하였고, "제101회 총회가 결의해 조직된 총회 사면위원회에 대한 오해가 있어" 글을 쓴다고 밝힌 것을 보면 위원장 스스로 총회가 교권적 권위주의나 합법적 절차 없이 졸속 처리하여 억울한 누명을 뒤집어씌운 총회의 불법 행위를 인정하였다.

거두절미하고 총회가 불법 처리함으로 억울한 형제가 있음을 발견했으면 총회가 그들 앞에 사죄하고 사과해야지 사면이라는 가면으로 선심을 쓰는 척 총회의 죄를 덮으려는 꼼수를 부려서야 되겠는가!

84. 합동 제102회 총회 왜 이러십니까

모든 회의의 정족수, 개회 시부터 폐회 시까지 유지해야
총회가 재판국의 판결 검사에서 노회로 환부는 절대 불가

합동 제102회 총회가 164개 노회로 목사 총대수와 장로 총대수를 합하여 1,642명 중 1,445명이 출석하여 역사적인 성 총회를 개회하여 회무를 처리하였다.

1. 성수 유지의 원칙

그런데 기독신문 제2124호(2017. 10. 17.) p.3에 "총회 마지막 날 정족수 논란"이란 머리기사에 "당일 결의 무효 주장 제기"와 "결의 흠집 내려는 정치적 의도 분석"이라는 소제목의 기사가 정면으로 충돌되게 보도되어 화제가 되고 있다.

이는 필자가 2000년 합동 제85회 총회의 총대로 출석하였던 진주 총회 시에 직접 목격한 바로는 총회를 개회할 당시에는 총회장(場)이 만석이었던 것과는 달리 마지막 날에는 가뭄에 콩 나듯 불과 몇 십 명 정도가 자리를 지키면서 총회의 중요 안건들을 처리하였던 광경이 생생하게 기억난다.

그 이후 오늘날까지 이와 같은 현상은 거의 매년 반복되어 왔음을 해 총회의 총대들이 주지하고 시인해온 바이다. 그런데 정족수 논란이 붉어질 때마다 "총회가 관례적으로 속회 때는 회원 점명을 생략해온 만큼 문제될 것이 없다는 주장"으로 유야무야 무시하고 지나갔던 것과는 달리 제102회 총회 결과에 대하여는 성수 유지가 파기된 상태에서 회의를 계속 진행하여 결의한 모든 안건은 "총회 결의 무효 사유에 해당한다는 주장"이 법정 대응 양상으로까지 발전하는 것 같아 보인다.

이에 관하여는 정치 제12장 제3조(총회의 성수)에 "총회가 예정한 날짜에 노회의 과반수와 총대 목사 장로 각 과반수가 출석하면 개회할 성수가 되어 일반 회무를 처리한다."는 규정 안에 해답이 모두 들어 있다. "헌법에 개회 성수만 규정돼 있고 속회 성수에 대해 명문화 된 규정이 없다."는 주장은 유치한 법리 해석이다.

모든 법은 원리와 원칙하에 적용되어야 되기 때문에 모든 회의에서 "성수 유지의 원칙"은 필수 불가결의 원칙이다. 따라서 총회가 성수에 충족하여 개회되었으면 파회 시까지 최소한의 성수가 유지되어야 합법적 회의라는 의미이다.

그러므로 개회 때에는 대다수의 회원이 출석하여 개회를 선언했을지라도 파회 시까지도 개회 시에 출석했던 수를 계속 유지해야 하는 것은 아니지만 혹 부득이하여 조퇴나 이석을 하는 회원이 있다고 해도 최소한 정치 제12장 제3조(총회의 성수)의 규정에 충족하는 노회 총수의 과반수 이상의 수와 목사 총대 총수의 과반수 이상의 수와 장로 총대 총수의 과반수 이상의 수는 항상 유지되어야 회의를 진행할 수 있다는 것은 지극히 상식에 속하는 회의법이다.

만일에 노회수의 과반수에서 1개 노회라도 미달되거나 목사 총대수의 과반수에서 1인이라도 미달되거나 장로 총대수의 과반수에서 1인이라도 미달될 경우에는 성수 유지의 원칙이 파기되었으므로 더 이상 회의를 진행할 수가 없다.

따라서 성수 유지의 원칙을 무시하고 성수 유지가 무너진 상태에서 회의를 계속 진행하여 안건을 처리했다면 그 처리된 안건은 효력을 발생할 수가 없으므로 당연 무효일 수밖에 없다.

2. 각 치리회의 개회 및 회의 성수

모든 회의의 개회 및 회의 성수는 치리회마다 그 경우가 다르다.

1) 총회 : 상론한 바와 같이 예정한 일시와 장소에서 총회 산하의 전체 노회수의 과반수 이상과 각 노회에서 파송한 목사 총대 전체 수의 과반수 이상과 각 노회가 파송한 장로 총대 전체 수의 과반수 이상이 출석하면 개회 성수가 되고 또한 성수 유지가 충족되어 회의를 계속 진행할 수 있다.

2) 대회 : 대회의 개회 및 회의 성수는 예정한 일시와 장소에 대회 총대 목사 7인 이상과 대회 총대 장로 3인 이상이 회집하면 개회 성수가 되고 또한 성수 유지가 충족되어 회의를 계속 진행할 수 있다(정치 제11장 제2조).

3) 노회 : 노회의 개회 및 회의 성수는 예정한 일시와 장소에 노회 정회원 목사 3인 이상과 각 당회에서 노회에 총대로 파송한 장로 3인 이상이 회집하면 개회 성수가 되고 또한 성수 유지가 충족되어 회의를 계속 진행할 수 있다(정치 제10장 제5조).

4) 당회 : 당회는 장로의 수에 따라 당회마다 개회 및 회의 성수의 수가 다르다. ① 장로 3인 이상인 당회는 장로 과반수 이상과 당회장의 출석으로 개회 및 회의 성수가 되고 ② 장로 2인인 당회는 장로 1인 이상과 당회장의 출석으로 개회 및 회의 성수가 되고 ③ 장로 1인인 당회는 장로 1인과 당회장의 출석으로 즉 당회원 전원이 출석해야 개회 및 회의 성수가 된다. 단, 장로 1인인 당회는 장로의 치리 문제와 안건 처리에 장로가 반대할 때는 당회장이 노회에 보고하여 처리한다(정치 제9장 제2조).

3. 총회 재판국의 판결과 총회의 검사 한계

제102회 총회 결과 재판국 판결의 흠결과 총회의 검사에 관한 흠결을 계기로 "총회 재판국의 판결 한계와 예심 판결 보고에 대한 총회 검사 한계"에 관하여 기고함으로 이해를 돕고자 한다.

1) 총회 재판국 재판의 실상

제102회 총회에 재판국이 보고한 서울북노회 광탄중앙교회 정○호 씨의 목사 7인에 대한 상소건의 예심 판결을 예로 들어본다.

"주문 1. 김○호 씨의 광탄중앙교회 위임 목사직은 상실되었다.

2. 2016년 11월 6일 광탄중앙교회에서 가진 임직식은 무효이다. 3. 임직식(주일) 순서를 담당한 김○호, 김○진, 정○진, 정○철, 김○귀, 김○영, 류○수 씨를 서울북노회는 치리하고 2017년 9월 5일까지 총회에 보고하라. 4. 재판 비용은 피상소인들이 부담하라. 5. 위 사항을 이행치 않을 시 서울북노회의 모든 행정을 중지한다."

위의 판결 주문은 총회 재판국의 예심 판결문이라기보다는 유치원생들의 낙서 정도로 평가할 수밖에 없어 보인다. 그 이유는

① 본 건은 표지만 상소장일 뿐 내용은 고소장이므로 총회 재판국은 재판할 수 없는 상소장인바 월권 불법 재판을 하였다.

② 따라서 총회 재판국은 원심 재판을 하였고 판결문 역시 상소장의 주문이 아닌 원심 판결문의 주문과 유사하다. 총회는 하회에 명하여 이행치 아니한 경우 외에는 절대로 원심 판결을 할 수 없다는 법리를 아는가 모르는가(권징조례 제19조).

③ 하회에서 재판도 하지 아니한 상소장을 받아 재판하였다.

④ 따라서 총회는 반드시 하회 서기가 교부한 재판 사건 진행 전말서, 상소장, 상소 이유 설명서만을 가지고 재판을 해야 하는데(권징조례 제96조, 제99조) 하회 서기는 노회가 재판을 한 적이 없어 상회에 재판할 서류조차 보낼 방법이 없다. 총회 재판국은 재판할 서류도 없이 눈감고 재판을 하였는가?

⑤ 총회 재판국장과 서기는 제102회 총회를 1개월 이상이나 앞둔 8월 14일자로 총회 보고와 총회 검사를 받기도 전에 예심 판결문을 시행해 버렸으니 총회장의 상투를 잡고 흔드는 격이 되었다.

⑥ 일개 상비부장에 불과한 총회 재판국장이 감히 치리회장인 노회장에게 총회장만 할 수 있는 총회 공한을 하달하면서 예심 판결문을 "시행하고 총회 전인 9월 5일까지 보고하라"고 함은 절대로 시행할 수 없음을 누구나 아는 지극히 상식적인 법리임에도 불구하고 하회에 공갈 협박을 하였다. 이는 특수 범죄에 다름 아니다.

그런데 제102회 총회는 상소건의 성립도 되지 아니한 사건이므로 보고받을 가치도 없는 서울북노회 광탄중앙교회 정○호 씨가 제출한 상소건의 예심 판결 보고를 채용하였다고 하니 기가 막힐 일이다. 총회는 재판국장이 총회가 검사하기도 전에 예심 판결문대로 이미 시행해 버린 사실에 대하여 예심 판결문의 주문 안에 작성되어 있음을 아는 총대가 한 사람도 없었단 말인가? 절차도 법리도 무시하고 불법 상소장을 제출한 상소인은 춤을 추게 해주고 영문도 모르고 피상소인이 된 7인 목사와 서울북노회는 맑은 날에 날벼락을 맞게 하는 이런 재판국은 존재할 가치도 없어 보인다.

2) 총회 재판국의 예심 판결문의 한계

상론한 바와 같이 광탄중앙교회의 정○호 씨가 제출한 상소건은 총회 재판국의 판결문일 수는 없다. 원심 재판국의 원심 판결문과 유사해 보이지만 원심 판결문도 아니다. 원심 판결문의 주문은 ① 권계 ② 견책 ③ 정직 ④ 면직 ⑤ 수찬 정지 ⑥ 제명 출교 ⑦ 정직, 수찬 정지 ⑧ 면직, 수찬 정지 등 8개항 중에서 반드시 한 가지로만 합의 판결해야 한다(권징조례 제35조, 제41조).

그런데 위의 1)항에 "주문" 5가지가 뭔가? 밭갈이하는 소가 들어도 웃을 일 아닌가? 그래서 필자는 "총회 예심 판결이라기보다는 유치원생들의 낙서 정도로 밖에 보이지 않는다."고 평가하였다.

총회 재판국의 상소장에 대한 예심 판결문의 "주문"은 반드시 ① 취소 ② 변경 ③ 하회로 갱심하게(파기 환송) 등 3가지 중에서 반드시 한 가지로만 판결해야 한다(권징조례 제99조 4항).

3) 총회의 재판국 보고에 대한 총회의 검사 한계

총회가 재판국 보고를 검사하면서 "4건의 재판은 해 노회로 환부하였고, 위에서 거론한 광탄중앙교회의 사건은 채용"하였다고 하니 정말 어처구니가 없다. "하회로 갱심하게(파기 환송)" 하는 것은 총회 검사 시에는 절대로 할 수 없고, 오직 상회가 상소건을 판결할 때만 선고할 수 있는 항목이다.

총회의 검사는 오직 ① 채용 ② 환부(총회 재판국으로) ③ 특별 재판국 설치 등 3가지 중에서 반드시 하나로만 합의 결정해야 한다(권징조례 제141조).

4. 결론

모든 회의의 정족수는 개회 시부터 폐회 시까지 유지해야 하고 총회가 재판국의 판결문을 검사할 때에 "노회로 환부"라는 결정은 절대로 할 수 없다는 것은 지극히 상식에 속한 것 아닌가!

85. 합동 총회 유령 위원회가 활동하고 있다

총회 회의 결의 및 요람에 없는 위원회는 활동 못 해
종결된 사건에 "화해수습처리위원회"는 어불성설

제98회 총회가 황해노회 동산교회 사건으로 최성용 씨가 상소한 상소건에 대하여 "제98회 총회 회의 결의 및 요람(2013)" p.85에 "특별 재판국을 설치하기로 가결하다."라고 결의하고 다시 재판하여 보고하도록 위탁하였다(제98회 총회 회의 결의 및 요람 pp.229~230 참조).

특별 재판국은 총회가 다시 재판하여 보고하라고 맡긴 최성용 씨의 상소건을 판결하고, 제99회 총회에 보고하니 총회는 "주문(최성용 씨와 최정환 씨가 황해노회 원심 재판국을 상대로 상소한 상소건은 기각한다)대로 받기로 가결하다(제99회 총회 회의 결의 및 요람 p.63)."로 채용하여 종결하였다.

그런데 제99회 총회 중에 박창복 목사 외 117명이 "황해노회 소속 동산교회 건 특별 재판국 불법 설치 및 결의에 대한 조사처리위원회 설치의 건"이라는 긴급 동의안을 서기에게 교부한 후 서기와 일부 총대들이 "긴급 동의안"이라고 세 번이나 회장에게 제안하였으나 회장은 무슨 이유에서인지 받아들이지 아니하였고 결국 총회가 파회됨으로 긴급 동의안은 자동 폐기되어버렸다.

그러나 총회 임원회는 "잔무는 임원회에 맡기고 파회하기로"하였음을 빙자하여 이미 폐기된 긴급 동의안도 잔무라고 하면서 2014. 11. 25.에 대전 중앙교회당에서 임원회를 개최하여 여러 건의 긴급 동의안을 다루는 중에 동산교회 관련 긴급 동의안에 대하여 "박창복 목사 외 117명이 긴급 동의한 황해노회 소속 동산교회 건 특별 재판국 불법 설치 및 결의에 대한 조사

처리위원회 설치의 건은 이미 본 총회가 특별 재판국의 판결을 채용하기로 결의하였으므로 황해노회 동산교회 화해 조정 위원으로 부총회장 2인과 회계를 선임하기로" 결의하였다.

그리고 그 결의대로 2015. 12. 8.에 모임을 갖고 위원장 박무용 목사, 서기 이호영 장로, 회계 서병호 장로로 조직하고 임원회에서는 "화해조정위원회"라 명명하여 결의하였는데 위원회는 무엇이 부족했는지 "화해수습처리위원회"라는 명칭으로 둔갑하여 출석 요구서까지 발송하면서 본격적인 활동을 하고 있다는 것이 언론에 공개되었다.

본 사건은 최종심인 총회가 특별 재판국의 판결을 만장일치로 채용하였고, 사회법에 소송을 제기한 24건도 모두 승소하여 종결되었으니 더 이상 수습, 처리 등이 필요치 아니함에도 불구하고 무슨 "화해조정위원회"니 "화해수습처리위원회"니 하는 잠꼬대 같은 일을 꾸미려하는지 알 수가 없다.

더욱 아이러니한 것은 총회 임원회가 잔무를 처리하면 반드시 총회 회의 결의 및 요람에 기록하는 것이 법인데 제99회 총회 회의 결의 및 요람(2014)에는 "긴급 동의안 처리"에 대한 결의 항목도 없고, 요람에 광명 동산교회 관련 "화해조정위원회"이든 "화해수습처리위원회"이든 간에 아무런 위원회 명칭도 없다.

그런데 "화해수습처리위원회"는 활동을 계속하고 있다고 하니 기가 막힐 일이다. 이와 같은 행태를 두고 어떻게 표현해야 할지, 또한 그 귀추가 어떻게 될지 자못 흥미로운 일이기도 하다. 필자의 사견으로는 총회 결의 내용에도 없고 총회 조직에 대한 요람에도 없는데 활동은 하고 있으니 "유령 위원회의 활동"이라고 함이 적절해 보인다.

그럼 이에 관련한 최근의 역대 총회 회의 결의 및 요람을 비교하여 살펴보자.

제97회 총회 회의 결의 및 요람(2012) p.80의 "19. 조사처리"부터 p.83의 "23. 기타 가~라"까지는 정치부가 보고하지 못하고 남겨둔 채 "잔무는 임원회에 맡기기로 결의"하고 파회되었으므로 위의 정치부 보고서 pp.80~83에 기록되어 있는 잔무에 속한 그 안건을 임원회가 처리한 후에 제97회 총회 회의 결의 및 요람에 빠짐없이 기록하였고 p.89에는 "긴급 동의안 처리" 항목을 기록하였으며 제98회 총회 회의 결의 및 요람(2013) p.86에도 역시 "긴급 동의안 처리" 항목이 기록되어 있다.

결론으로 제99회 총회 회의 결의 및 요람에 회의 결의 내용에 긴급 동의안 항목이 기록되지 아니하였고 요람에도 역시 소위 3인의 "화해수습처리위원회"라는 조직도 없으며, 교회법으로나 사회법으로도 완벽하게 종결된 사건이므로 수습할 일도 없고 처리할 사안도 없으며 수습이나 처리에 응해줄 상대도 없으니 시간과 재정만 낭비하지 말고 유령 위원회의 활동을 중단하고 해산하는 것이 옳아 보인다.

86. 직전 총회 총대 아닌 자, 차기 임원 후보 불가 어불성설

[질의] 2020년 5월 3일에 입력된 R 인터넷 신문의 "대구노회 남태섭 목사 부총회장 후보 추천 논란"이란 제하의 기사 내용에 "남태섭 목사가 제105회 총회 총대 투표에는 당선이 되었으나 제104회 총회의 총대가 아니었기 때문에 제105회 총회의 부총회장 후보가 될 수 없다."는 터무니없는 법리를 펴고 있습니다.

그 내용은 "남 목사는 … 현재(제104 회기) 총회의 총대가 아니었기 때문에 제105회 총회의 부총회장 후보가 될 수 없다는 대체적인 평가다."라 했고, "모 총회 선거 관리 위원은 '물론 검토를 해 보아야 하겠지만 총회 총대가 아닌 자가 총회 임원 후보가 될 수 있겠는가?'라고 의문을 제기하기도 했다."고 하는데 과연 제104회 총대가 아니었던 자는 제105회 총대 피선이 되었어도 임원 후보 등록을 할 수 없는지 목사님의 바른 법리를 듣고자 합니다. (합동, 서울 K장로)

[답] 질의자가 합동 교단 장로이므로 합동 총회 헌법으로 답한다.

1. 총회 회원과 총회 총대의 임기

교회 정치 제12장(총회 폐회 의식)의 폐회 선언문에 "교회가 나에게 위탁한 권세로 지금 총회는 파(罷)함이 가한 줄로 알며 이 총회 같이 조직한 총회가 다시 아무 날 아무 곳에서 회집함을 요하노라"라고 총회장이 파회를 선언한다.

여기 파회 선언문의 의미는 파회 선언과 동시에 차기 총회 개회를 선언하기까지 ① 총회는 종료되었고 ② 총회 회원권도 종료되었고 ③ 총회 총대권도 종료되었다는 말이다. 따라서 제104회 총회를 파(罷)함과 동시에 총회 총대는 단 1명도 존재하지 않는다.

다만 총회가 특별 위원회나 상비부나 임원회 등에게 맡긴 업무를 그 속회원이 수행하는 것은 총회 회원권이나 총대권의 연장으로 시무하는 것이 아니라 위탁한 그 부서의 활동으로 업무를 처리하는 것이 법의 규정이다.

그런데 남다르게 남태섭 목사를 특정하여 "남 목사는 … 현재(제104회기) 총회의 총대가 아니었기 때문에 제105회 총회의 부총회장 후보가 될 수 없다."라든가 총회 선거 관리 위원이라는 자가 "검토를 해 보아야 하겠지만 총회 총대가 아닌 자가 총회 임원 후보가 될 수 있겠는가?"라고 잠꼬대 같은 망언을 해서야 되겠는가.

첨언컨대 제104회 총회를 파회한 후에도 제105회 총회를 개회하기까지 계속 제104회 총대권이 유지된다는 착각과 주장은 곧 총회를 어지럽히는 무리들에 다름 아니리라.

2. 제104회 총대와 제105회 총대의 연관성

제105회 총회 임원 후보 자격과 관련하여 제104회 총대이었던지 총대가 아니었던지 간에 제105회 총대로 추천만 되면 전혀 문제가 없다. 혹이나 후보자 자격에 "후보 등록일까지 총회 총대 경력 연속 10회 이상 된 자"라고 법이 규정했다면 당연히 상관이 있고 후보 등록을 할 수가 없다.

그러나 법은 연속이 아니고 총회 선거 규정 제11조(총회 임원 입후보 자격) 1.의 ④에 단순하게 "등록일까지 총대 경력 10회 이상 된 자"라고 되어 있다. 연속이라는 용어가 없으니 남태섭 목사는 제104회 총대가 아니었을지라도 제105회 총대로 피선되었으니 당연히 후보 등록 자격이 부여된다.

3. 결론

본 건의 발단은 교회법에 문외한들이 제104회 총회를 파회(罷會)한 후에도 ① 총회 회원권도 계속 유지되고 ② 총회 총대권도 계속 유지되는 것처럼 착각을 한 연유와 ③ 총회 총대 경력 10회 이상이라는 규정을 연속 10회 이상인 것으로 착각하여 발생한 것처럼 보인다.

第2節 총회 재판국(總會裁判局)

87. 재판국 판결문과 총회 검사 용어에 대한 흠결
갱심(환송)은 재판국 판결문 용어, 환부는 총회 검사 용어
환부와 갱심(환송)에 대한 용어 착각으로 상하 치리회에 혼란

근간에 합동 총회가 총회 재판국 판결문의 용어와 판결 보고에 대한 총회 검사의 용어 사용에 "환부"와 "갱심(환송) <권징조례 제99조 4항, 제70조, 제76조, 제82조>"을 뒤바꿔 사용하는 착각을 범하므로 각 치리회의 행정이 어리둥절 오락가락하고 있다.

1. 재판국 판결문과 총회 검사 용어 흠결의 사실 관계

재판국 판결문 용어의 흠결과 총회가 판결문을 검사하여 결의한 용어의 흠결에 대한 사실 관계는 제102회와 제103회 재판국 보고 내용의 일부분에서만 정리해 본다.

① 제102회 총회 재판국 보고 16) "남울산노회 남송현 씨가 제출한 상소의 건은 …… '해 노회로 환부'하기로 가결하다."

② 동 24) "전서노회 고창성북교회 이승만 씨가 제출한 상소의 건은 …… '해 노회로 환부'하기로 가결하다."

③ 동 25) "경청노회 경산중앙교회 노우식 씨가 제출한 상소의 건은 …… '해 노회로 환부'하기로 결의하다."

④ 동 35) "동인천노회 하귀호 씨에 대한 총회 기소위원회의 기소의 건은 …… '해 노회로 환부'하기로 가결하다."

⑤ 동 26) "중부노회 혜린교회 최영환 씨가 제출한 상소의 건은 …… '환

부’하기로 가결하다.”

⑥ 동 ⑦ 27), ⑧ 29), ⑨ 30), ⑩ 31) “○○ 건은 ‘환부’하기로 가결하다.”

⑪ 제103회 재판국 보고 22) “편재영 씨 재심 청구는 주문 편재영 씨의 재심 청구를 ‘서경노회로 환부한다.’대로 채용하다.” 등으로 상상을 초월한 재판국 판결문과 총회 행정의 흠결이 드러났다.

2. 재판국 판결문과 총회 검사 용어 흠결에 대한 평가

총회가 재판국의 판결을 검사하면서 흠결이 노출된 것은 “환부”와 “갱심 (환송)”에 대한 착각의 결과로서 다음과 같다.

1) 전 항 ①~④의 결의는 “○○○ 씨가 제출한 상소건은 ‘해 노회로 환부’ 하기로 가결하다.”라고 했다. 이는 총회가 재판국의 판결문을 검사한 결의 문 용어가 아니요, 오직 재판국이 판결하면서 “환부”가 아닌 “갱심(환송)” 으로 용어를 바꾸어 “하회로 갱심(환송)하게 한다.”는 판결문의 용어이다. 그런데 총회가 검사하는 용어로서 “하회로 환부한다.”고 했으니 “하회로” 를 첨가한 것이 화근이 되었다. 만일 총회가 판결문을 검사한 결정문에 “환 부한다.”로만 가결했다면 “총회 재판국으로 보내어 다시 재판하게 하는 ‘환 부’(권징조례 제141조)”로서 합법적이고 훌륭한 결의문이 되었을 것이다.

2) 전 항 ⑤~⑩의 “○○○ 씨가 제출한 상소건은 환부하기로 가결하다” 라고 하였다. 이는 1)의 부분 “해 노회로 환부하기로 가결하다.”는 결의문 에서 “해 노회로”를 삭제하고 “환부하기로 가결하다.”라고 하였으니 ⑤~ ⑪의 부분만으로는 흠결이 없는 결의문이다.

그런데 1)항 부분은 “해 노회로 환부하기로 가결하다.”라고 해놓고 곧 이어서 2)항 부분에서는 “환부하기로 가결하다.”라고 하여 정면충돌된 내 용으로 쌍벽을 이루고 있어 합법적인 “환부”라는 결정문과 불법적인 “하회로 환부"라는 결정문이 뒤얽혀져 있어서 상회나 하회나 어리둥절 오락가락할 수밖에 없다는 말이다. 즉 총회의 결정문은 "하회로 환부"라는 부당한 결정문 때문에 "환부"라는 합당한 결정문까지도 희석되어 모두가 흠결로 드러날 수밖에 없다.

3) 전 항 ⑪의 "편재영 씨 재심 청구는 주문 '편재영 씨 재심 청구를 서경노회로 환부한다.'대로 채용하다."라고 하였다. 여기에서 총회는 권징조례 제141조의 채용, 환부, 특별 재판국 설치 등 3가지 중의 하나로 결정할 수 있는 결정권 중에 "채용"을 하였으니 합법적으로 잘 되었음에 반하여, 재판국 판결문에는 "서경노회로 환부한다."라고 하였으니 언어도단이다. 권징조례 제99조 (4)항에 규정한바 "서경노회로 갱심(환송)하게 한다."라고 해야 옳고 "서경노회로 환부한다."라고 해서는 절대로 안 된다.

따라서 총회 역시도 검사할 때에 재판국의 판결문 용어가 "갱심 또는 환송"으로 해야 하는데 "환부"라고 잘못 사용된 용어를 지적하고 "갱심"으로 수정하게 한 후 "채용"하였으면 하는 아쉬움이 남는다.

3. 결론

재판국은 "환부"와 "갱심(환송)"의 의미도 모르면서 판결을 하였고, 총회 역시 "환부"와 "갱심(환송)"의 의미도 모르면서 판결문을 검사했으니 판결과 검사에 흠결이 발생함은 당연한 일이 아닌가.

총회 총대들은 총회를 앞두고 교회 헌법 관리편인 교회 정치, 권징조례, 예배모범, 헌법적 규칙 그리고 "장로회 각 치리회 보통회의 규칙" 등을 한 번씩만 읽고 총회에 참석했더라도 이와 같은 실수는 없었을 것이요, 각 치리회가 재판 전에 재판국원들의 워크숍을 실시한 후 실무에 임한다면 불법 재판의 실수는 없지 아니할까 필자는 생각해 본다.

88. 제101회 총회 재판국의 현상을 진단한다
상소건의 재판은 반드시 하회 서기가 보낸 서류로 재판해야
상소건은 하회가 재판한 사실이 없으면 성립되지 않아

모 신문사가 보도한 기사 내용들을 통하여 오랫동안 말만 무성했던 합동 총회 재판국의 현상을 진단함으로 총회의 개혁을 바라는 마음 간절하다. 그 이유인즉 총회 재판국이 헌법대로 재판을 하지 아니하면 어떤 방법으로도 교단의 개혁은 요원하고 기대할 수 없기 때문이다.

1. 사실 관계

합동 교단 제101회 총회 재판국은 "김제노회 하○○ 씨 외 1인의 김제노회 백○○ 씨에 대한 상소"건을 재판했다고 하면서 그 "판결문"을 일개 상비부장에 불과한 총회 재판국장의 명의로 치리회장인 김제노회장을 수신인으로 하여 아래와 같이 하달하였다.

"문서 번호: 본부 제101-866호, 시행 일자: 주후 2017. 4. 21. 수신: 김제노회장, 제목: 총회 재판국 판결문 교부 (첨부: 판결문)

판결문 (김제노회 원평교회 하○○ 씨 외 1인의 김제노회 백○○ 씨에 대한 상소) 1. 김제노회는 피상소인 백○○ 씨의 목사직을 면직하고 출교하라. 2. 김제노회가 이를 순종하지 아니하거나 부주의로 처결하지 아니할 시는 총회가 직권으로 주문 1행대로 처결하고 김제노회의 총대권을 3년간 중지토록 한다. 주후 2017년 4월 20일 대한예수교장로회 총회 재판국 (대한예수교장로회 총회 재판국장 직인) 재판국장 윤○○ (인) 서기 배○○ (인)"으로 되어 있다.

그런데 김제노회는 하○○ 씨 외 1인이 김제노회 백○○ 씨에 대한 고소장에 대하여 김제노회는 노회를 소집하여 재판국을 설치하려고 토의하는 중에 재판국을 설치하지 아니하고 고소장을 반려하였는데 본 건 고소인들은 총회에 고소장을 제출하였고, 총회가 파한 후에 하회가 재판도 하지 아니한 사건을 제101회 총회 파회 시에 없어진 헌의부(아무리 총회 결의 운운해도 헌법 권징조례 제134조와 상충되므로 총회 결의는 시행할 수 없다)가 재판국으로 보낸 것을 총회 재판국은 제101회 총회의 위탁을 받지도 아니한 사건이요 재판할 수도 없는 사건에 대하여 재판을 했다고 하면서 판결문을 작성하였다.

보다 더 엄청난 총회 재판국의 부패 현상은 재판국 내부의 금품수수에 관계되는 전화 통화 내용으로서 다음은 이○○ 목사와 김제노회의 증경 노회장인 김○○ 목사와의 대화 중 요약된 내용은 아래와 같다.

"여보세요? 예예, 이○○ 목사님 맞으시지요? 나 김○○ 목사거든요. 원평교회 목사님을 설득했어요. 그러니까 하겠다고 말하더라고요. 얼마 선을 하면 될까 하는 것을 목사님 지도를 받고 싶어요. 저는 재판국원을 하면서 정치의 흐름을 압니다. 국장님과 서기는 아무리 어려워도 영향력이 있어요. 국장하고 서기에게 전화를 걸어가지고 만나자면 안 만날 거예요. 어디냐고 물어서 직접 만나세요. 보통 국장하고 서기는 반값을 주셔야 합니다. 최저로 이야기하면 3천정도는 생각해야 할 거예요. 도시 교회 같으면 5천 이상해야 할 텐데 여기는 농촌이라 2천정도 이렇게 말을 해 보았어요. 예예, 그 선에서 국장을 직접 만나서 하나를 딱 내 놓으세요. 딱 밀어버리세요. 무슨 말입니까? 하나... 아아아아, 천,.. 예, 알겠습니다. 나머지는 나중에 쓰고 수표를 주면 안 됩니다. 현금으로 딱 내 놓으시고 '죄는 주시되 이 사람이 이곳에서 근신하면서 일을 하게 해주세요' 그러면 감을 잡습니다. 그 사람이 우리에게 정치를 합니다. 윤○○ 씨가 어떻게 하느냐에 따라서 내가 또 알아서 할게요, 배○○ 목사에게는 어떻게? 그것은 나중에 하고요. 예예, 알겠습니다. 우리 소위원들이 5명 아닙니까? 그들에게도 교통비라도 쓰라고 20만원씩이라도 돌리면 효과가 있을 겁니다. 윤○○한테 먼저 츄라이하고 그리고 소위원은 제가 알아서 하겠습니다. 예예, 감사해요."

이상과 같은 녹음 파일이 필자에게도 전달이 되었으니 정치권에도 이미 알려졌으리라고 짐작이 된다. 위의 전화 내용대로 금품 수수에 관한 사실 여부에 관계없이 어떤 방법으로든지 본 건은 철저히 조사 처리할 대상이라고 생각된다.

2. 재판국원들의 자질

총회 재판국의 행패는 한 마디로 함축하면 헌법 책을 가방 속에 넣고 다니기는 하지만 한 번도 제대로 읽어보지도 아니하고 상황에 따라 주먹구구식에 의존하는 것 같아 보인다.

1) 재판할 서류도 없이 판결한 총회 재판국

총회 재판국은 하회 서기가 올려 보낸 서류만을 근거로 법률심으로 판결하는 최종심이다. 그런데 제101회 총회 재판국이 판결문까지 작성한 김제노회의 상소건은 김제노회가 재판한 일도 없고 서기가 서류를 올려 보내도 아니했는데 무엇을 근거로 어떻게 재판을 하였는지 재판국원들의 자질이 의심스럽다. 권징조례 제101조에 "상소가 제기되면 하회는 그 사건에 관한 기록 전부와 일체 서류를 상회에 올려 보낼 것이니 만일 올려 보내지 아니하면 상회는 하회를 책하고 이를 올려 보낼 때까지 하회의 결정을 정지하게 한다."라고 엄히 규정하지 아니하였는가?

이는 하회 서기가 서류를 교부하지 아니하면 총회 재판국은 재판할 서류가 없으므로 재판을 할 수 없기 때문에 서류를 올려 보낼 때까지 하회 판결을 정지하게 하는 규정으로, 김제노회는 재판도 하지 아니했고 서기가 올려 보낼 서류도 없으므로 총회 재판국은 아무 것도 할 수 없는 처지가 되어 상소장은 각하될 수밖에 없는 사건인데 엉터리 재판을 하여 판결문까지 작성을 하였으니 기가 막힐 일이다. 비유컨대 쌀이 없는데 쌀밥을 지어내는 요술쟁이라고 하면 제격일 것 같아 보인다.

2) 상비부장이 하회 회장에게 공문 하달은 범죄 행위

노회장에게 공문을 하달할 수 있는 자는 총회장 명의로 총회 서기만이 오직 가능하다. 그런데 총회의 일개 상비부장인 총회 재판국장의 명의로 "대한예수교장로회 총회 재판국장(인)"이라는 직인을 찍고 재판국장 윤○○(인) 서기 배○○ (인)으로 수신자 김제노회장으로 하달한 것은 모종의 목적 달성을 위한 협박에 불과한 것이라 아니할 수 없다.

전국의 각 노회장은 총회장의 명의로 총회 직인과 총회 서기가 날인하고 발송한 공문 외에는 시행할 필요도 없고 받을 필요도 없다. 오직 치리회 회장이 치리회 회장에게만 공문 발송이 가능하기 때문이다. 그렇다고 총회장이 서기도 모르게 직인 등을 날인하여 발송한 공문서도 역시 무효이다. 총회의 직인 등의 날인과 공문 하달은 오직 서기의 권한이기 때문이다.

3) 엉터리 판결문

총회 재판국의 판결은 재판국원들만 모여서 죄증 설명서의 각 항을 토의 없이 투표하여 각 항 모두가 무죄로 결정되면 기각 처리되고 1개항이라도 유죄로 결정되면 토의 후 투표로 합의 판결하여 권징조례 제99조 4항의 규정대로 ① 하회 판결을 취소한다. ② 하회 판결을 ○○으로 변경한다. ③ 하회로 갱심하게 한다. 등 3가지 중의 하나로 판결해야 한다. 그런데 본 건은 "1. 목사직을 면직하고 출교하라. 2. 김제노회가 순종치 아니하면 1행대로 처결하고 김제노회의 총대권을 3년간 중지토록 한다."라고 하였으니 이런 무식하고 유치한 엉터리 판결문은 어느 법전에 근거한 것인가!

4) 금품 수수 의혹의 재판 과정

돈을 받았던 받지 아니했던 관계없이 재판국원이 원고나 피고 또는 원고나 피고의 중재인에게 금품의 액수까지 정해주면서 교묘한 방법으로 "말하기 좋게 단 둘이만 만나서" 수표는 안 되고 현금으로 가져다주면서 죄를 최소한으로 낮추어 달라며 부탁하라고 말한 금품 수수 의혹의 사건은 차기 총회가 철저히 조사하여 해명해야 할 특수 범죄 행위에 다름 아니다.

3. 결론

본 건은 노회가 재판국을 설치하려다가 고소장을 반려하였으니 원고는 총회에 소원장을 제출해야 함이 옳고, 하회가 재판하지 아니한 사건은 상소장을 제출할 수가 없다. 다만 노회에 정당한 고소장을 접수하였으나 노회가 재판할 의사를 전혀 보이지 아니하거나 어떠한 이유로 고소장을 반려할 경우에는 부전지를 붙여서 총회에 원심 재판을 요청할 수는 있다.

그러나 본 건은 하회가 재판도 하지 아니한 사건을 총회 재판국이 상소장으로 받아 재판하여 엉터리 판결문까지 작성하였으니 원고가 제출한 고소장과는 앞뒤가 전혀 맞지 아니한다.

89. 제101회 총회 직할 재판의 흠결

직전 총회장이 임원 선거 하지 아니하고 직할 재판함은 범죄 행위
직할 재판 인정한다 해도 재판회 구성과 판결문은 엉터리

합동 제100회 총회장이 제101회 총회가 개회됨을 선언한 직후에 기독교 100년 역사상 유례가 없는 최대 불법 사건으로 총회장직의 직권을 남용하여 스스로 총회 직할 재판의 재판회장이 되어서 목사 5명에게 목사 면직, 본 교단 목사 제명, 영구 출교, 당회로 하여금 원로 목사 취소, 소속 노회 명부에서 제명, 본 교단에서 출교 처결, 총대권 5년 정지 처결, 공직 정지 1년 처결 등의 판결을 하여 제100회 총회장이 제101회 총회장 노릇을 하는, 어처구니없는 월권을 행사하여 제101회 총회의 후속 조치가 어수선하게 되었다.

1. 직전 총회장의 직권 남용 및 월권 행위에 대하여

직전 총회장인 제100회 총회장이 "제101회 총회가 개회됨을 선언합니다."라고 개회 선언을 했으면 제101회 총회장 노릇을 해서는 결코 안 된다. 오직 임원을 선거하여 신구 임원 교체와 신임 총회장 취임 예식(정치문답조례 617문)에 관한 사회권만 행사하는 것이 교회 헌법이 정한 법리이다. 이에 대하여 정치문답조례 456문에 "누가 총회를 개회 하느냐?"의 답으로 "전 회장의 설교로 개회하고 신 회장이 선임되어 교체될 때까지 사회한다."고 하였다.

그런데 제100회 총회장은 제101회 총회가 개회됨을 선언하자마자 당연한 순서인 임원 선거는 제쳐놓고 제100회 총회가 결의하여 위탁하지도 아니한 "총회결의 시행방해 조사처리위원회"라는 유령 위원회를 등장시켜 총회를 재판회로 변경하고 총회장의 직권을 남용하여 재판회장의 자리에 앉는 등 철면피한 월권을 행사하였다.

이와 같은 직전 총회장의 극단적 행패에 대하여 증경 총회장 중 한 분이 불법이라는 지적과 함께 자제를 촉구하였으나 막무가내로 권징조례에 맞지도 아니한 엉터리 재판을 진행하여 권징조례에 명시도 되지 아니한 엉터리 책벌을 행하는 범죄 행위를 계속하였다.

2. 총회 직할 재판의 법리적 절차에 대하여

총회 직할 재판의 성립 요건은 신임 총회장이 취임(정치문답조례 617문)한 후 하회에서 올라온 안건을 처리하면서 헌의부 보고 시에 상소건이나 소원건 중에 재판국으로 보내지 아니하고 본회가 직접 재판할 필요성이 있다고 판단되는 사건이 있을 때 총회가 직할 재판을 하기로 결의하면 그 사건만 총회 직할 재판건으로 성립된다.

그런데 제100회 총회장이 불법으로 목사 5명을 판결한 것은 상소건이나 소원건이 아니요, 총회에서는 할 수 없고 노회에서만 할 수 있는 목사의 원심 재판(권징조례 제19조)을 총회가 직접 하였다. 그 증거는 판결문의 책벌 내용이 상소건이나 소원건의 판결문이 아니고 원심 재판의 판결문인 것으로 확실하게 밝혀진 것이다.

혹 노회가 그 목사들을 재판하기 어려워 총회에 위탁 판결을 청원을 했다고 변명을 하거나 가정할지라도 ① 직전 회장이 할 수는 없고 반드시 신임 총회장이 해야 함은 물론이요 ② 목사가 5명인데 5개 노회가 다 같이 위탁 판결 청원을 한 흔적이 없고 ③ 제100회 총회가 권징조례 제19조에 근거하여 5명의 목사를 지명하여 해 노회에 책벌하고 보고하도록 결의한 회록도 없기 때문에 위탁 판결 운운하는 변명은 할 수도 없다.

3. 제101회 총대들의 자세에 대하여

그런데 증경 총회장 수십 명이 있었고 총대 1,500여명이 총회 회원의 자리를 지키고 있었지만 직전 총회장의 불법 횡포를 막아내지 아니하고 보고만 있었다는 연유에 관하여는 백번을 생각해 보아도 필자는 도저히 이해가 되지 아니하는 대목이다.

본 사건이 엄청난 불법이라는 것을 증경 총회장들 중에 딱 한 분만 알고 있었고 다른 분들 모두가 모르고 있을 리는 만무하다. 또한 알고 있었으면서도 모두 다 보고만 있었다면 총회는 왜 참석하였는가? 총회의 원로들로서 총회가 진흙탕이 되는 것을 강 건너 불 보듯 보고만 있어서야 되겠는가!

뿐만 아니라 1,500여명 총대들은 총회 현장이 난장판이 되어 불법 재판이 진행되는 총회 석상에서 함께 재판관이 된 자들로서 도대체 무엇을 하고 있었는지 묻고 싶다. 어찌 제101회 총회의 회원들이 임원 선거도 하지 아니하고 자격도 없는 제100회 총회장이 제101회 총회장 노릇을 하며 총회를 아수라장으로 만드는 데도 그대로 앉아서 보고만 있으면서 과연 총회의 회원이라고 할 수 있겠는가? 제101회 총회 직할 재판은 제100회 총회장이 해서는 절대로 안 되고 제101회 총회의 총회장만이 할 수 있다는 것은 지극히 상식에 속한 일이 아닌가!

4. 총회 직할 재판회의 구성에 대하여

총회 직할 재판은 1,500여명의 총회 회원 전원이 재판관이 되어 피고를 재판하는 것을 의미한다. 재판회장은 당연직으로 총회장이 되고 재판회 서기는 당연직으로 총회 서기가 된다. 그런데 "제101회 총회가 개회됨을 선언합니다."라고 선언한 후에 임원 선거를 하지 아니했으니 정작 제101회 총회장도 없고, 제101회 총회 서기도 없으므로 제101회 총회 재판회장 될 사람도 없고 재판회 서기 될 사람도 없어서 사실상 제101회 총회의 직할 재판을 절대로 할 수가 없는 상황이다.

그리고 1,500여명의 총대들은 제100회 총회의 총대가 아니라 제101회 총회의 회원들이다. 그러므로 제100회 총회장이 제101회 총회의 임원을 선거하지 아니하고 자기가 계속하여 사회를 하면서 자기가 스스로 총회의 안건을 처리하려 하면 제101회 총회의 회원들은 헌법이 정한(정치 제12장 제7조) 바에 따라 제100회 총회장이 제101회 총회장 노릇하는 것을 거부하고 제지하여 제101회 총회의 임원 선거를 하여 제101회 총회를 조직하도록 촉구해야 한다. 그런데 제101회 총회의 회원들이 직전 총회장인 제100회 총회장의 농간에 놀아나고 있어서야 되겠는가!

직전 총회의 서기가 총대를 호명하면 총대들은 제101회 총회의 회원권이 구비된다. 그러므로 제100회 총회장은 "총회가 개회됨을 선언"한 후 혹 신설립 노회가 있을 경우에 한해서 신 설립 노회의 보고만 받고 그 노회의 총대 호명을 하여 회원으로 가입한(정치 제22장 제1조 2항) 후 즉시 임원을 선거하여 제101회 총회장 취임 예식을 하기까지 사회권만 있다는 것은 지극히 상식에 속한 법리이다.

부언컨대 제100회 총회는 총회장이 "파회를 선언"할 때에 제100회 총회는 없어졌고, 총회장도 없어졌고, 임원들도 직전 임원으로 남아있을 뿐 모두 없어졌다. 그러므로 제101회 총회가 선언된 후부터는 오직 제101회 총회가 정통을 이어 총회의 모든 안건을 처리해야 함에도 제100회 총회장이 임원 선거를 제쳐놓고 스스로 제101회 총회의 직할 재판회 회장이 되어 판결을 한 행위는 천부당만부당한 특수 범죄 행위이다.

5. 권징조례에 접근도 하지 못한 판결문

재판회장 권한도 없는 제100회 총회장이 제101회 총회의 재판회장 노릇을 한 제101회 총회의 직할 재판의 판결은 모두 다 당연 무효로서 효력이 없다고 하겠다.

그 이유인즉 권원 없는 자의 재판 진행과 판결임은 물론이요, 교회 재판에서는 권징조례 제41조에 명시된 대로 권계, 견책, 정직, 면직, 수찬 정지, 출교, 정직 및 수찬 정지, 면직 및 수찬 정지 등 8가지의 책벌만 합의 투표로써 결정, 선고할 수 있고 그 외에 어떤 책벌도 할 수 없다.

그런데 권한도 없는 자가 재판하여 판결한 책벌 내용을 보면 기가 막힐 일이다. 도대체 "본 교단 목사 제명, 영구 출교, 당회로 하여금 원로 목사 취소, 소속 노회 명부에서 제명, 본 교단에서 출교 처결, 총대권 5년 정지 처결, 공직 정지 1년 처결" 등의 책벌은 어느 쓰레기장에서 주워다 붙인 판결문인가!

그 중에서도 특히 "당회로 하여금 원로 목사 취소"는 무엇인가? 원로 목사 취소는 당회가 하는 것이 아니고 노회가 하는 것도 모르면서 재판관의 자리에 앉아 고퇴를 두드리는 것이 말이나 되는가! 그리고 "영구 출교"는 또 무엇인가? 책벌자는 치리회가 회개를 권유하고 그 진상이 만족할 때는 치리회의 결의로 해벌 복직 등을 하므로(예배모범 제17장, 교회 정치 제9장 제5조 6항) 범죄자의 신령적 유익을 도모하는 것이 권징의 목적인데(권징조례 제2조) 같은 예수를 믿는 형제간에 무슨 원한이 있기에 책벌 명칭도 없는 영구 출교를 했단 말인가! 또 "총대권 5년 정지 처결, 공직 정지 1년 처결"은 무슨 뚱딴지같은 병정놀이인가? 다른 장로교회의 헌법에는 헌법 개정으로 존재하지만 우리 합동 헌법은 아직 그렇게 개정한 바가 없다. 그리고 "제명"은 어디에서 복사해 붙인 책벌인가? 우리 합동 교단 헌법에는 재판을 하여 "제명"이란 책벌은 할 수 없다(권징조례 제41조, 교회법률상식 p. 376, 기독신문 1207호 참조).

6. 결론

본 사건에서 제100회 총회장이 "제101회 총회가 개회됨을 선언하자마자 임원을 선거해야 할 순서임에도 불구하고 임원 선거는 하지 아니하고 스스로 제101회 총회장 노릇을 하면서 느닷없이 총회를 재판회로 변경한 것은 헌정 질서를 짓밟는 범죄 행위이다.

그런데 그 재판회의 구성도 엉터리, 재판 절차도 엉터리, 판결문까지 권징조례에도 없는 엉터리 판결 선고를 한 직전 총회장의 행태야말로 이성을 잃은 사람처럼 보인다. 한마디로 말해서 총회장으로나 재판회장으로나 수준 미달이요, 교단의 대 망신이라 아니할 수 없다.

90. 제103회 총회 재판국 변화의 바람 기대한다
총회 재판국이 교회 헌법대로 재판하면 총회가 변화 돼

제103회 총회 회의 결의 및 요람에서 총회장의 인사말 중 "급변하는 세기의 역사 앞에서 교회는 새로운 시대의 준비에 무관심하며 우리 스스로 자정(自淨)하는 일에 실패함으로 신뢰를 잃어가고 미래를 빼앗기고 있다."고 하면서 요람 책자 안에 "변화하라"는 애절하고 간곡한 표어를 15번이나 대서특필로 강조하였다.

필자의 사견으로 "루터가 성경으로 돌아가자"는 개혁이었다면 총회장이 바라는 변화는 "합법으로 돌아가자"는 소신으로 보인다.

차제에 2018년 11월 12일에 총회 재판국 워크숍에서 필자가 200분간 강의한 원고를 요약하여 공개함으로써 총회 재판국이 가장 먼저 헌법대로 재판하는 변화의 바람을 일으키고, 노회 재판국과 당회 재판회까지 이르게 하며 총회, 노회, 당회를 아우르는 각 치리회마다 법치 개혁으로 교단 변화의 역사가 성취되기를 기대한다.

1. 총회 재판국의 변화

제102회기 이전에는 총회 재판국에서 상소건이나 소원건을 재판할 때에 상소인, 피상소인, 증인, 하회의 노회장, 재판국장 등을 소환하고 원심 재판과 똑같이 심리하여 서명 날인까지 받고 판결문 역시 총회 재판국의 판결문이 아닌 행정 처리 결정서와 유사하게 판결한 것은 이미 주지의 사실이다.

총회 재판국은 세상 법정의 대법원과 같아서 상소인, 피상소인, 증인, 하회의 노회장, 재판국장 등 어느 누구도 소환하여 사실심(事實審)의 재판을 해서는 결코 안 된다. 오직 법률심으로 판결해야 한다.

1) 총회 재판국이 법률심으로 재판해야 할 서류

총회 재판국에서 법률심으로 재판할 때 서류는 상소인이 총회 서기에게 제출한 상소장으로 재판해서는 결코 안 된다. 상소인이 제출한 상소장은 상소건의 성립을 위한 구비 서류일 뿐이기 때문이다(권징조례 제97조).

오직 하회 서기(노회)가 "상소 통지서, 상소장, 상소 이유 설명서, 재판 진행 전말서" 등을 총회 서기에게 교부(권징조례 제96조 하)한 그 서류만을 가지고 판결해야 한다.

그래서 만일 하회 서기가 해 상소건에 관계된 모든 서류를 총회 서기에게 교부하지 아니했을 경우에는 재판국이 재판할 서류가 없어 재판을 할 수가 없기 때문에 권징조례 제101조에 규정한 대로 "하회를 책하고, 하회에 재판할 서류를 속히 올려 보내도록 통지하며 하회 판결은 정지된다." 향후 끝까지 하회가 재판 관계 서류를 올려 보내지 아니하면 하회가 상소인의 상소권을 방해하는 결과가 되므로 총회 재판국은 부득불 하회 판결을 "취소"할 수밖에 없다.

2) 총회 재판국의 재판 절차

재판국원 11인 이상이 출석하고 그 중 목사가 과반수 이상이면 국장은 개정을 선언한다(권징조례 제136조).

(1) 서기는 하회 서기가 보내온 재판 기록을 자초지종 낭독한다.

(2) 상소 이유 설명서에 기록한 각 조를 토론 없이 회장이 축조 가부하여 각 조에 상소할 이유가 없고 하회 판결이 착오가 없이 적합한 것으로 인정되면 "기각" 판결한다.

(3) 상소 이유 설명서에 기록한 각 조 중 1조 이상이 상소 이유가 합당한 것으로 인정되면 하회 판결을 "취소"할 것인지 "변경"할 것인지 "하회로 갱심(更審)하게"할 것인지의 3가지만을 놓고 토의한다.

(4) 신중히 토의한 후 재판국원 전원이 투표에 임하여 취소, 변경, 갱심 등 3가지 중 하나씩만 기표하여 좋다수로 결정된 것이 "판결 주문"이 된다(이상 권징조례 제99조). 이 때 좋다수가 동수일 경우 국장이 결정하고 국장도 투표했으면 국원만 다시 투표하여 그래도 동수가 되면 국장이 결정하는 것이 투표의 지혜이다.

3) 총회 재판국의 판결 주문

위의 (2)와 같이 하회의 재판이 잘 되었으면 ① 기각, 합의 투표 결과 좋다수로 결정된 ② 취소 ③ 변경 ④ 하회로 갱심 등 ①~④의 4가지 중 한 가지의 판결 주문으로 판결한다. 여기에서 "변경"은 하회 판결 주문이 "면직"일 경우이면 하회 판결 주문인 "면직"을 제외한 ① 권계 ② 견책 ③ 정직 ④ 수찬 정지 ⑤ 제명 출교 ⑥ 정직, 수찬 정지 ⑦ 면직, 수찬 정지 등 ①~⑦의 7가지 중의 한 가지로만 변경해야지 다른 글귀 하나도 붙어서는 안 된다.

2. 원심 재판국의 변화

당회 재판회와 노회 재판국의 판결문 역시 다른 글귀 하나 붙임 없이 ① 권계 ② 견책 ③ 정직 ④ 면직 ⑤ 수찬 정지 ⑥ 제명 출교 (⑦ 정직과 수찬 정지 ⑧ 면직과 수찬 정지) 등 ①~⑧번 중에서 하나만을 합의하여 판결해야 한다(권징조례 제41조, 동 제35조).

3. 결론

이상 논지와 같이 재판을 교회 헌법대로만 판결하고 당회, 노회. 총회 등의 각 치리회는 역사로 보관된 각 치리회의 회의록과 각종 문서들을 면밀히 검토하고 불법 회의 및 불법 처리된 내용을 종합 정리하여 참고하면서 그와 같은 불법 회의 및 불법 처리를 반복하지 아니하고 법대로만 하면 총회의 변화는 완성될 것이라고 확신한다.

91. 총회 재판과 관련된 "환송"과 "환부"의 의미

총회 재판국 판결문의 주문 용어는 하회로 "환송"

총회가 판결문을 검사 시 변경 용어는 총회 재판국으로 "환부"

[질의] 총회 재판국의 재판과 관련하여 "환송"과 "환부"에 대한 법리적 의견이 분분하여 각 치리회와 산하 교회들이 심각한 혼란에 시달리고 있습니다.

어떤 분은 총회가 재판국의 판결문을 검사할 때 총회 재판국으로 다시 재판하라고 "환부"한다고 하는가 하면, 어떤 분은 총회 재판국으로 환부하는 것이 아니라 하회인 노회로 "환부"한다고 하며, 또 어떤 분은 총회 재판국으로 보내는 것이나 하회로 보내는 것 모두 "환송"이라고 주장하면서 서로 간에 물러서지 않고 다투는 경우가 허다합니다. 이에 관하여 목사님의 "환부"와 "환송"에 대한 헌법적 법리를 정리해 주시면 감사하겠습니다. (전남, 합동 P목사)

[답] 질의자가 합동 측 교단의 목사임을 밝혔으므로 합동 교단의 헌법으로 답하면서 원론적인 각 치리회의 판결 주문을 교회 헌법에 명시된 대로 정리한 후에 질의 내용을 답하고자 한다.

1. 원심 치리회 재판의 판결 주문

원심 재판의 치리회는 평신도를 재판하는 치리회로서 "당회 재판회"와 목사를 재판하는 치리회로서 "노회 재판회(노회 직할)"와 "노회 재판국(노회의 위탁의 경우)"을 의미한다(권징조례 제19조).

이상과 같은 원심 재판의 판결 주문은 당회 재판회나 노회 재판회나 노회 재판국을 막론하여 공히 ① 권계 ② 견책 ③ 정직 ④ 면직 ⑤ 수찬 정지 ⑥ 제명 출교 (⑦ 정직과 수찬 정지 ⑧ 면직과 수찬 정지) 등 ①~⑧번 중에서 하나만을 합의하여 판결해야 한다(권징조례 제41조, 동 제47조 동 제35조). 예를 들면 "견책과 수찬 정지에 처한다."라고 하거나 "정직과 면직에 처한다."고 해서는 절대로 안 된다. 오직 "정직"과 "면직"에만 "수찬 정지"를 함께 할 수도 있도록 법에 명시하였기 때문이다.

더욱이나 "당회장권 3개월 정지, 모든 공직 1년 정지, 원로 목사 해지, 제명 등에 처한다."라는 판결 주문은 절대로 있을 수 없다.

여기에서 정치 제9장 제5조 6항과 권징조례 제35조에 평신도를 재판하는 당회가 정하는 책벌에 ① 권계 ② 견책 ③ 정직 ④ 면직 ⑤ 수찬 정지 ⑥ 제명 ⑦ 출교 등으로 되어 있는데 여기 ⑥의 제명은 헌법 개정의 근거도 없이 끼어든 책벌로, 출교가 되면 자동 제명된다는 의미로 "제명 출교"인 것을 인쇄 과정에서 제명에 점을 붙여서 인쇄한 것이 결국 제명이라는 벌이 있는 것처럼 된 것이다(기독신문 1560호, 1207호, 교회법률상식 pp. 210~211, 동 p. 376 참조).

평신도를 출교하지 아니하고 제명만 하면 세례 교인인 그의 소속 교회는 어느 교회이며 그 교회에서 받은 직분은 어찌 된단 말인가!

2. 총회 재판국의 판결 주문

총회 재판국의 재판과 판결문 작성은 권징조례 제99조에 총회가 직할하는 재판과 같이 재판국 서기는 노회 서기가 총회 서기에게 교부한 상소 통지서, 상소장, 상소 이유 설명서, 재판 진행 전말서(권징조례 제96조) 등을 자초지종 낭독한다.

이때 서기는 상소인이 제출한 상소장, 상소 이유 설명서를 낭독해서는 절대로 안 된다. 만일 하회 서기가 총회 서기에게 교부한 서류가 없으면 재판을 보류하고 권징조례 제101조의 규정대로 하회를 책하고 서류를 올려 보낼 때까지 하회 판결은 정지된다.

서기가 정당한 서류(하회 서기가 교부한)를 낭독하면 재판국장은 토론없이 상소 이유 설명서의 각 항을 축조 가부하여 각 항에 상소 이유가 없고하회 처리도 착오가 없으면 하회 판결이 적합한 줄로 인정하여 ① "기각"처리하고, 만일의 경우 상소 이유 설명서 중 단 1개항이라도 상소 이유가합당한 것으로 결의되면 하회 판결에 관하여 ② 취소할 것인지 ③ 변경할것인지 ④ 하회로 갱심(환송)(권징조례 제70조, 76조, 82조 참조)하게 할것인지 충분히 토의한 후 투표하여 종다수로 합의한다. 여기에 "갱심" 즉 "환송"은 마치 대법원에서 파기환송과 같은 의미로 이해하면 된다.

따라서 총회 재판국의 판결 주문은 위의 설명과 같이 ① 기각 ② 취소 ③ 변경 ④ 하회로 갱심(환송) 등 ①~④ 중 한 가지만 주문이 되어야 한다. 그외에 다른 어떤 주문을 붙여서는 결코 안 된다.

3. 총회 재판국 판결에 대한 총회의 검사

총회 재판국 판결문의 총회 검사 범위는 권징조례 제141조의 규정대로① 채용 ② 환부(총회 재판국으로) ③ 특별 재판국을 설치하여 판결 보고하게 등 ①~③ 중 한 가지만으로 정해야 한다.

4. 결론

이상의 논지(論旨)에서 보는 바와 같이 "환송"은 총회 재판국의 판결문의 주문 중 하나로 총회가 하회로 보내는 것을 의미하고, "환부"는 총회가재판국의 판결 주문을 검사하여 다시 재판하도록 총회 재판국으로 보내는것을 의미한다.

92. 총회 재판국은 헌법의 규정한바 법률심으로 재판해야

장로회 합동 제98회 총회가 "총회 재판국(3심 재판) 운영 관련"의 건으로 "전남제일노회장 김효석 씨가 헌의한 총회 재판국 헌법 권징조례 제9장 제94조 2항 규정에 의하여 증거조를 폐하고 법률심 시행의 건은 헌법대로 하기로 가결하다(제98회 총회 결의 및 요람 p.82)."라고 결의하였다.

그런데 제98회 총회의 결의 이후 제99~101회 총회 재판국은 헌법대로 재판하는 모습이 전혀 보이지 아니하고 제98회 총회 결의 전과 다름없이 불법 재판을 하고 있다는 소식뿐이다.

1. 중차대한 불법 재판의 유형

① 권징조례 제94조 2항에 "상고심(세상 법원은 대법원, 교회는 총회 재판국을 말함)에는 증거조를 폐한다."고 하였으니

대법원에서 상고인이나 피상고인이나 어떤 증인도 소환하지 아니하고 하회 법원에서 재판한 서류만을 가지고 재판한다. 그런데 신성한 총회 재판국은 헌법과 총회 결의를 짓밟고 원고, 피고, 하회의 재판국장, 재판국 서기, 노회장까지 소환하여 야단법석을 떤다.

② 권징조례 제134조 2항에 "총회는 재판 사건을 직할 심리하거나 재판국에 위탁할 수 있고 재판국은 위탁 받은 사건만 심리 판결한다."고 하였으니 총회 재판국은 상설 재판국으로서 총회가 위탁한 사건만 심리 판결할 수 있는 것이 현행 헌법인데 총회를 파회한 후에도 사사로이 제출하는 사건까지 총회 결의를 빙자하여 상위법인 헌법과 상충하는 상설 재판을 하고 있다.

③ 권징조례 제142조에 "재판국 비용은 총회가 지불한다."고 하였으니

총회 재판국은 총회가 지불하는 재판 비용으로만 재판을 해야 하는데 사사로이 제출하는 상소건을 위헌적으로 접수하여 재판 비용 4백만원을 받아 재판을 해주고 심지어 재판국장 명의로 해 노회장에게 지시 공문까지 하달하고 있으니 기가 막힐 일이다.

④ 제101회 총회 재판국은 K노회의 노회장 K목사가 노회에서 재판을 받은 사실이 없음에도 모 장로들이 K목사를 상대로 상소장을 제출하였는데 그 상소장을 접수하고 해 노회장을 3회나 소환하여 심리까지 하였다고 하니 재판 기록도 없는 상소장을 접수하여 재판을 진행하고 있는 총회 재판국원들이야말로 재판관으로서의 수준 미달이라 아니할 수 없다.

2. 총회 재판국의 법률심 절차

① 하회 판결 후 10일 이내에 하회 서기에게 상소 통지서 제출 여부(권징조례 제96조).

② 상회 정기회 개회 익일 이내에 상회 서기에게 상소장 제출 여부(권징조례 제97조 상).

③ 상회 정기회 개회 다음 날에 총회에 출석 여부(권징조례 제97조 하). 만일 불출석에 관한 정당한 이유를 제시하지 못하면 그 상소는 취하한 것으로 인정하고 하회 판결은 확정된다.

④ 만일 노회 서기가 하회 재판에 관한 일체의 서류를 상회 개회 다음 날까지 상회 서기에게 올려 보내지 아니하면 총회는 재판할 서류가 없으므로 재판을 진행할 수가 없어 하회를 책하고 하회의 재판 서류 일체를 올려 보낼 때까지 하회의 판결을 정지하게 한다(권징조례 제101조). 총회 재판국은 상소인이 제출한 서류로 재판하는 것이 아니라 노회 서기가 제출한 서류로 재판하여야 하기 때문이다(권징조례 제96조). 오직 상소인이 제출한

서류는 상소건의 성립 여부를 확인하는 서류에 불과하다.

3. 합의 판결

재판국원들만 회집 개정하여 상소 이유 설명서에 기록한 각 조에 관하여 토론 없이 투표하여 각 조에 상소할 이유가 없고 또 하회 처리도 잘못 됨이 없는 것으로 결과가 나오면 상소를 기각하고, 각 조 중 1조 이상이 상소할 만한 이유가 있는 것으로 결과가 나오면 ① 하회 판결을 취소하든지 ② 변경하든지 ③ 하회로 환송하여 갱심하게 할 것인지에 대하여 토의한 후 투표하여 좋다수로 결정하고, 만일 변경이 결정될 경우에는 변경 내용을 결정하여 판결문을 작성한다(권징조례 제99조 4항). 총회 재판국은 위의 3개항 즉 하회 판결 취소, 하회 판결 변경, 하회로 환송하여 갱심하게 하는 것 외의 다른 어떤 것으로도 판결할 수 없다.

그런데 총회 재판국의 현실은 공직 정지 1년, 총회 총대권 3년 정지, 노회장 및 서기 직무 정지, 당회장권 정지, 설교권을 제외한 목사 직무 정지 등의 엉터리 판결을 일삼고 있다.

4. 총회 보고

재판국은 합의 판결의 3가지 중 한 가지만 합의 판결하여 총회에 보고하면 총회는 검사하여 ① 채용하거나 ② 총회 재판국에 환부하거나 ③ 특별 재판국을 설치하여 판결 보고하게 한다(권징조례 제141조).

93. 총회 재판국 왜 이러십니까

하회가 재판하지 아니한 상소장, 상회 재판 어불성설

총회 재판국장, 노회장에게 특정인 재판 지시 언어도단

[질의] 합동 S노회 산하 K교회의 D목사가 폐 당회 된 후 2년이 경과하여 무임 목사가 될 처지에서 시골 교회의 현실을 감안하여 노회가 당회를 조직하는 조건으로 위임 목사 신분을 2년 연장하는 것과 당회장권 2년을 허락하기로 결의하였습니다.

① D목사는 노회가 허락한 당회장으로서 법 절차에 따라 공동 의회를 소집하고 장로 1인, 권사 10인을 피택하여 장로 임직과 권사 취임식을 거행하였습니다. 그런데 총회 재판국은 재판을 하여 "임직식은 무효"라고 판결하였습니다. ② 그 후 노회는 K교회에 당회장을 파송하였고, 그 당회장은 K교회의 위임 목사로 시무하다가 폐 당회가 된 연유로 무임 목사가 된 D목사를 K교회의 시무 목사로 청빙을 위한 공동 의회를 소집하여 3분의 2 이상의 찬성을 받았습니다.

그런데 R 언론사에서는 당회장은 "무임 목사 된 전 담임 목사를 다시 청빙 후보로 제시할 수 없다. 왜냐하면 위법적으로 장로, 권사를 선출하여 임직케 하였으며 주일 행사를 주관함으로 총회 결의를 위반하여 불법을 범했기 때문이다."라는 기사를 신문에 보도하였습니다. ③ 총회 재판국의 판결문에 「1. 임직식(주일) 순서를 담당한 7인을 서울북노회는 적법하게 처리하고 2017년 9월 5일까지 총회로 보고하라. 2. 재판 비용은 피상소인이 부담하라. 3. 위 사항을 이행치 아니할 시 서울북노회의 모든 행정을 중지한다.」라고 했는데 합법적인 판결인지요? 이상 3가지 질의에 관계된 서류를 첨부하여 보냅니다. 목사님의 법적인 답변을 바랍니다. (합동, 서울북노회

K목사 올림)

[답] 질의자가 합동 교단 목사이므로 합동 교단의 헌법으로 답한다.

1. 노회가 허락한 당회장의 임직식 거행에 대하여

K교회를 시무하다가 폐 당회로 2년이 지나 비록 무임 목사일지라도 노회로부터 2년간 K교회의 당회장권을 허락받은 D목사가 K교회에 장로 1인, 권사 10인을 법이 정한 절차에 따라 투표한 후 장로 임직식과 권사 취임식을 거행한 것은 당회장으로서 지극히 당연하고 합법적인 직무를 행사한 것이다(교회 정치 제9장 제5조 4항).

그런데 총회 재판국은 재판할 권한도 없는 사건을 불법으로 재판하여 "2016년 11월 6일 광탄중앙교회에서 가진 임직식은 무효이다."라는 판결문이야말로 밭갈이 하는 소가 들어도 웃을 일이다.

더욱 이해할 수 없는 것은 총회 재판국의 재판을 인정한다고 가정할지라도 총회 재판국이 2017년 8월 11일 판결하여 2017년 8월 14일에 판결문을 교부 발송하면서 2017년 9월 5일까지 겨우 약 20일 동안에 노회원 목사 7인을 재판하여 총회에 보고하라는 것이 말이나 되는가? 이를 두고 "번갯불에 콩 볶아 먹는다."고 했던가!

뿐만 아니라 재판 비용은 치리회가 부담하는 것이 헌법의 규정(권징조례 제132조, 제142조)인데 "피상소인이 부담하라" 함은 어불성설이다. 또한 노회가 재판국의 "지시 사항을 이행치 않을 시 노회의 모든 행정을 중지한다."는 주문에 대하여는 누가 무엇을 어떻게 중지한다는 말인가! 판결문치고는 유치하기 그지없어 보인다.

2. 노회가 파송한 당회장이 D목사를 K교회의 시무 목사로 청빙을 위한 공동 의회에 대하여

노회가 파송한 지교회의 당회장(교회 정치 제9장 제4조)의 직무는 위임 목사인 당회장이 위임 받은 교회의 당회장의 직무를 수행하는 것과 차별이 없다.

따라서 노회가 K교회에 파송한 당회장이 K교회의 위임 목사였던 D목사가 폐 당회로 무임 목사가 되었다고 해서 K교회의 시무 목사(임시 목사)로 청빙 청원을 위한 공동 의회를 법 절차에 따라 소집하여 투표한 것은 지극히 당연한 당회장의 직무를 수행한 것이다.

그런데 R 언론사가 D목사에 대하여 위법, 불법 운운하면서 "무임 목사 된 전 담임 목사를 다시 청빙 후보로 제시할 수 없다."고 주장하는 법리는 어불성설이다. 청빙 받은 목사가 위법, 혹은 불법을 행했다는 소문이나 혹 그것이 사실이라 할지라도 교회 재판에 의한 판결이 있기 전에는 "무죄 추정의 원칙"에 의하여 여전히 무흠 목사이다. 그런데 어찌 D목사에 대하여 기본적인 피선거권을 박탈해야 한다는 말인가!

더욱이 노회가 파송한 당회장이 위임 목사로 시무하다가 폐 당회가 되어 무임 목사 신분으로 바뀐 목사를 시무 목사 청빙을 위한 공동 의회를 소집하여 투표한 것은 자연스럽고 당연한 순리이자 법리이다.

D목사가 3분의 2 이상의 찬성표를 받았다고 하니 이제 당회장은 노회에 시무 목사 청빙 청원서를 제출하고 노회는 의무적으로 허락하는 절차만 남아 있는 것이 현행 헌법이다.

3. 총회 재판국의 불법 재판에 대하여

제101회 총회 재판국이 불법 재판을 하여 판결한 판결문 및 판결문 교부

문서는 다음과 같다. "문서 번호: 제101-1358호(2017. 8. 14.), 수신: 서울 북노회장, 제목: 총회 재판국 판결문 교부, 대한예수교장로회 총회(대한예 수교장로회 총회 재판국장 관인) 재판국장 윤○세 서기 배○철, 판결문, 서 울북노회 광탄중앙교회 정○호 씨의 서울북노회 김○호 씨 외 6인에 대한 상소건, "주문 1. 김○호 씨의 광탄중앙교회 위임 목사직은 상실되었다. 2. 2016년 11월 6일 광탄중앙교회에서 가진 임직식은 무효이다. 3. 임직식(주 일) 순서를 담당한 김○호, 김○진, 정○진, 정○철, 김○귀, 김○영, 류○ 수 씨를 서울북노회는 치리하고 2017년 9월 5일까지 총회에 보고하라. 4. 재판 비용은 피상소인들이 부담하라. 5. 위 사항을 이행치 아니할 시 서울 북노회의 모든 행정을 중지한다."로 되어 있다.

1) 하회가 재판도 하지 아니한 상소건을 재판한 총회 재판국

총회 재판국이 거명한 7인의 목사들은 서울북노회로부터 재판을 받은 사 실이 없다. 그런데 광탄중앙교회 정○호 씨는 7인의 목사들을 고소하면서 총회에 상소장을 제출하였고, 총회 재판국은 어떤 절차에 의해서 상소장을 넘겨받았는지는 알 수 없으나 절대로 해서는 안 되는 불법 재판을 하고 말 았다. 이는 총회 재판국이야말로 교회 헌법 권징조례에 대한 기초적 상식도 없는 문외한(門外漢)들이라 아니할 수 없어 보인다.

2) 재판할 서류도 없이 재판한 총회 재판국

총회 재판국은 증거조를 폐하고(권징조례 제94조 2항) 법률심으로 판결 하는 대법원과 같은 최종심이다. 그러므로 하회 서기가 보내온 하회 재판 에 관계된 모든 서류만을 가지고 재판해야 한다(권징조례 제94조, 제101 조).

그런데 하회가 재판을 한 흔적도 없으니 하회 서기는 하회 재판에 관계된 서류를 상회 서기에게 교부하지 아니했을 것은 기정사실일진대 총회 재판국은 재판하여 판결문까지 작성 교부했으니 상소인이 제출한 상소장을 근거로 재판을 했을 것이 불을 보듯 뻔하다.

총회 재판국은 상소인이 제출한 상소장을 가지고 재판하는 것이 아니라 오직 하회 서기가 제출한 ① 재판 사건 진행 전말서 ② 상소장 ③ 상소 이유 설명서만을 가지고 재판하는 것이 현행 헌법이다(권징조례 제96조, 제99조).

그런데 본 건 총회 재판국은 위 ①, ②, ③항의 서류가 하나도 없이 재판을 하였으니 당연히 원천무효이다. 더욱 기가 막힌 것은 상소장 내용이 상소인(원고)과 피상소인(피고)만 상소장의 요식을 갖추었고 알맹이는 고소장으로 되어 있어 마땅히 각하해야 할 사건을 판결문대로 재판하여 교부했으니 상소장의 서류 검토도 제대로 못하는 총회 재판국원들이야말로 재판관으로서 수준미달이라 할 수밖에 없다.

3) 총회 재판국의 월권

제101회 총회가 파회된 후의 모든 재판 관계 서류는 제102회 총회 재판국이 제102회 총회로부터 위탁을 받은 사건만 심리 판결해야 한다(권징조례 제134 2항).

그런데 본 건 상소장은 2017년 1월 3일이 시행 일자인 문서이기 때문에 제101회 총회 재판국은 받아 처리할 수 없는 서류임이 명백하다. 혹 총회가 급행료(?) 400만원을 받고 상설 재판을 해 주기로 결의 운운하는 것은 헌법과 상충되는 결의이므로 상위법 우선의 원칙에 의하여 시행할 수 없는 결의임을 아는가 모르는가.

4) 총회 재판국장이 서울북노회장에게 지시한 공문에 대하여

설령 본 건의 재판을 인정한다고 가정할지라도 일개 상비부장에 불과한 총회 재판국장이 감히 치리회장인 노회장에게 약 20일간의 여유만을 주고

해 노회원 7인을 치리하고 총회로 보고하라는 명령을 내린 것은 천지가 개벽할 일이다. 이를 두고 "하룻강아지 범 무서운 줄 모른다."고 했던가!

합법적인 재판이라 할지라도 총회 재판국의 판결은 예심 판결로서 판결문을 교부하는 것은 쌍방을 구속(현상 동결)할 뿐이요(권징조례 제138조), 총회에 보고하여 총회가 채용할 경우 상회 치리회장인 총회장이 하회 치리회장인 노회장에게 공문을 하달하는 것은 지극히 상식적인 법리이다. 그런데 총회에 보고도 하기 전에 총회 재판국장이 노회장에게 판결문 내용을 시행하라는 협박조의 지시 공한을 발송하는 행위는 절대로 용납할 수 없는 무례한 범죄 행위에 다름 아니다.

4. 결론

서울북노회가 D목사에게 위임 목사 신분을 2년간 연장한 결의는 잘못이다. 그러나 무임 목사도 지교회 당회장으로 파송할 수 있으므로 D목사가 당회장으로서 파송을 받아 장로 1인, 권사 10인을 법 절차에 따라 공동 의회의 투표를 거쳐 임직 및 취임식을 거행한 것은 합법이요, 노회가 제3의 당회장을 파송하여 그 당회장이 D목사를 K교회에 시무 목사 청빙을 위한 공동 의회를 행한 것도 합법이다.

그러나 총회 재판국이 본 건을 심리 판결한 것은 법도 아니고 재판도 아니고 초등학생들의 낙서와 같아 보인다. 오직 총회 재판국의 상소건 판결은 ① 취소하든지 ② 변경하든지 ③ 하회로 갱심하게 하든지 하는 것뿐임(권징조례 제99조 4항)을 아는가 모르는가.

94. 재판건에 관계된 총회와 재판국 행정의 흠결

판결문은 재판국장이 상소인, 피상소인, 총회 서기에게 교부해야
총회장은 총회가 변경한 사건만 당사자에게 변경 내용을 통지해야

총회 재판국이 총회로부터 위탁받은(권징조례 제134조 2항) 상소(소원, 하회의 위탁 판결 포함. 이하는 생략)건을 법대로 심리 판결한 그 판결문은 총회 행정 절차상의 통제나 구애를 받지 아니하고 총회 재판국장과 서기가 서명 날인하여 상소인과 피상소인과 총회 서기에게 각각 1통씩 발송 교부(권징조례 제139조)하여 총회가 채용할 때까지 쌍방을 구속(현상 동결)케(권징조례 제138조) 해야 한다.

그런데 근간에 재판에 관계된 총회 행정과 총회 재판국의 행정에 지나칠 수 없는 흠결이 계속되고 있어 그 시정을 촉구한다.

1. 판결문 교부에 대한 흠결 사실

제103회 총회 재판국이 심리 판결한 판결문 교부 실황을 보면 말문이 막힌다. 그 내역은 2019년 9월 24일부터 27일까지 제104회 총회를 개최하였는데 재판 당사자들에게 판결문을 교부한 발송일은 "본부 제104-22호(2019. 10. 10.), 제목: 제104회 총회 판결문 등본 교부, 대한예수교장로회총회, 총회장 김종준, 서기 정창수"라는 총회 공문에서 총회 파회 후 10여 일이나 경과한 10월 10일로 밝혀졌다. 그것도 재판국장의 서신이 아닌 총회장 명의로 총회가 공문으로 발송했으니 심히 안타까운 일이다. 재판국의 판결문을 어찌 총회장이 교부한단 말인가!

2. 판결문 교부의 소관

총회 재판국이 판결문을 작성한 후에는 총회 때까지 기다려서는 안 된

다. 재판국장과 서기는 판결문 작성이 완료되는 즉시 권징조례 제139조의 규정에 의거 당사자들 각자에게 발송 교부하고 권징조례 제138조의 규정대로 상소인과 피상소인 쌍방을 판결문 선고로부터 총회가 채용할 때까지 구속해야 한다. 따라서 총회 전에 판결문을 교부하지 아니하면 절대로 안 된다.

3. 총회의 총회 재판국 판결문 검사

총회 재판국이 재판국 판결에 대하여 총회에 보고하면 총회는 권징조례 제141조의 규정대로 "① 채용하거나 ② 환부하거나(총회 재판국으로) ③ 특별 재판국을 설치하고 그 사건을 판결 보고하게 한다." 등의 3가지 중 하나만 결정한다. 이때 총회가 검사하지도 아니하거나 검사할지라도 변경이 없으면 총회 파회 때부터 재판국의 판결은 확정된다.

4. 총회 검사의 변경에 대한 후속 조치

총회의 검사에서 "변경"이란 용어는 권징조례 제99조에 규정한 총회 재판국의 "판결 주문의 변경"과는 확연히 다르다.

재판국의 판결 주문 변경은 "하회의 판결 주문을 변경"하는 것이요, 총회가 재판국 판결을 변경하는 것은 하회의 판결 주문을 변경하는 것이 아니라 오직 재판국 판결 보고를 "환부하거나 특별 재판국을 설치하고 그 사건을 판결 보고하게 한다."의 2개항 중 하나로만 변경하는 것을 의미한다.

만일의 경우 총회 검사에서 전부 채택했으면 후속 조치가 필요 없지만 일부라도 변경 처리하였을 경우에는 변경된 내용을 당사자들에게 총회 공문으로 반드시 통지해야 한다.

5. 결론

총회 재판에 관계된 총회의 행정과 재판국의 행정을 혼동해서는 안 된다. 재판국의 판결문 교부는 어떠한 경우에도 총회가 하는 것이 아니요 재판국장과 서기만이 할 수 있는 고유한 특권이다.

총회는 총회가 재판국의 판결문을 검사하여 변경했을 경우에만 그 후속 조치로 변경 내용을 그 당사자에게만 통지하면 된다. 다만 총회가 직할 심리 판결한 사건은 총회장이 총회 공문으로 발송 교부한다.

95. 환부환송유권해석연구위원회 해설에 대한 소고

기독신문 제2255호(2020년 7월 21일자 3면)에 게재된 환부환송유권해석연구위원회가 해석한 내용을 보니 천지가 개벽하는 것 같은 두려움에 글을 쓸 수밖에 없음을 밝혀 둔다.

게재된 기독신문의 기사 내용 전문을 보면 "환부환송유권해석연구위원회(위원장: 배만석 목사)가 '환부'에 대해 해석을 내렸다. 연구위원회는 '총회 재판에서 환부는 노회로 보내는 것이며, 재판 없이 노회 판결을 확정하는 것'이라고 결론 내렸다. 환송은 '재판국 판결문의 주문 중 하나로 상회가 하회로 보내는 것'이라고 해석했다. 단 '총회 재판국은 판결 주문을 기각, 취소, 변경, 환송 4가지로 명확히 해서 (가급적) 환부하는 일이 없도록 해 달라'고 요청하기로 했다. 〈총회 보고서〉 초안에 따르면 환송은 재판국 판결문 중 하나로 '상회가 하회로 보내는 것'을 뜻한다. 환부는 '노회에서 패소자가 상소한 것을 총회가 실질적으로 기각한 것'이라며 '다시 재판할 필요 없이 노회 판결을 확정해 실행하라'는 의미다. 유장춘 목사는 '〈총회 헌법〉은 재판 용어인 기각이라는 단어 대신 행정 용어인 환부를 사용한 것'이라고 설명했다. 연구위원회 결정에 반발도 적잖았다. 일부 교회법 전문가들은 환부를 '총회 재판국으로 보내 다시 재판하라'는 의미로 설명했으며, '실제로 〈총회 헌법〉 제141조의 환부는 총회 재판국 항목에 등장하는 용어라고 강조했다. 한편 연구위원회의 해석은 7월 27일 총회 실행위원회에서 보고될 예정이며, 이날 결정에 따라 곧바로 시행된다."라고 되어 있다.

여기 신문 기사 전문 중에 바른 법리는 "환송은 재판국 판결문의 주문 중 하나로 상회가 하회로 보내는 것"이라고 해석한 것과 "교회법 전문가들은 환부를 '총회 재판국으로 보내 다시 재판하라'는 의미로 설명했으며"라는 문장뿐이고 그 외에는 일고의 가치도 없는 엉터리 해설이다.

심지어 소위 "교회법 전문가들"이 훈수한 "실제로 〈총회 헌법〉 제141조의 환부는 총회 재판국 항목에 등장하는 용어라고 강조했다."는 내용도 잘못된 해설이다. "환부"는 총회가 재판국의 판결문을 검사하는 행정 처리 상의 용어이지 "총회 재판국 항목에 등장하는 용어"가 아니기 때문이다.

본론으로 천지가 개벽하는 것 같은 잘못된 해설을 살펴본다.

1. "연구위원회는 '총회 재판에서 환부는 노회로 보내는 것이며, 재판 없이 노회 판결을 확정하는 것'이라고 결론 내렸다."에 대하여

[평가] 이런 문외한의 해설을 또다시 어디서 구경을 할 수 있겠는가? 환부는 권징조례 제141조에 총회 행정 처리에서 언급하는 용어인데 어찌 "총회 재판에서 노회로 보내는 것"이라고 겁도 없이 법적 근거도 없고 당치도 아니한 해석을 하는가!

2. "총회 재판국은 판결 주문을 기각, 취소, 변경, 환송 4가지로 명확히 해서 (가급적) 환부하는 일이 없도록 해달라'고 요청하기로 했다."에 대하여

[평가] 총회 재판국의 판결 주문이 교회 헌법대로 ① 기각 ② 취소 ③ 변경 ④ 갱심(파기 환송) 등의 4가지 중 한 가지로만 판결하면 총회가 "환부" 결정을 하지 못할 것이라고 착각하는가? 총회는 총회 재판국이 위의 4가지 중 하나로 판결해도 "환부" 결정을 할 수 있다는 것을 아는가 모르는가.

3. "〈총회 보고서〉 초안에 따르면 환부는 '노회에서 패소자가 상소한 것을 총회가 실질적으로 기각한 것'이라며 '다시 재판할 필요 없이 노회 판결을 확정해 실행하라'는 의미다."에 대하여

[평가] 이는 위의 1항에서 언급한 바와 같이 일고의 가치도 없는 법리로서 초등학생들의 글짓기만도 못한 우스꽝스러운 문장이다.

4. "유장춘 목사는 '〈총회 헌법〉은 재판 용어인 기각이라는 단어 대신 행정 용어인 환부를 사용한 것'이라고 설명했다."에 대하여

[평가] 유장춘 목사는 추상적이고 개인적인 생각으로 해석하지 말고 총회 헌법에 "재판 용어인 '기각'을 행정 용어로는 '환부'로 사용한다."는 법조문을 제시해야 한다.

5. 결론

7월 27일에 열리는 총회 실행위원회에서 환부환송유권해석연구위원회의 보고가 기독신문의 총회 보고서 초안대로 결정되어 시행되는 일이 있어서는 절대 안 되고, 보고를 기각하여 바로 잡든지 제105회 총회에 보고케 하여 총회가 직접 "① 환부는 총회가 총회 재판국의 판결을 검사할 때 총회 재판국에 다시 재판하라고 보내는 것을 의미하고 ② 환송은 총회 재판국의 판결문 4가지 중 하나인 갱심 즉 파기 환송으로서 하회로 보내는 것을 의미한다."고 분명하게 해석해야 한다.

부록(附錄)

장로회 각 치리회 보통회의 규칙

본 장로회 각 치리회 보통회의 규칙은 곽안런 저 교회정치문답조례 제 618문답에 기록된 장로회 각 치리회 규칙을 본 총회가 총회 회의 규칙으로 채용하기로 가결하여 총회록 부록에 부록하고 현재까지 사용해온 규칙이 다(제7회 총회록 pp. 14, 77~86).

1) 치리회가 정한 휴회 시간이 끝나면 정확한 시간에 회장이 승석하여 회 원들을 불러 성수가 회집하였으면 기도로 개회할 일
2) 예정한 시간에 성수가 회집하였으되 회장이 결석하였으면, 신 회장이 선임되기까지 임시 회장으로 사회할 서열은 아래와 같다.
　ㄱ. 회장 유고 시에 이를 대리할 부회장
　ㄴ. 출석 총대 중 최후 증경회장(역자 주: 우선 순위를 1년 전 회장에서 2 년 전 회장, 3년 전 회장으로 거슬러 올라간다)
3) 예정한 시간에 성수가 회집되지 못하였으면, 출석 회원이 둘뿐이라고 해도 저희가 다시 회집할 시일을 작정할 수 있다. 성수가 되기까지 이 방법은 계속된다.
4) 회장은 항상 질서를 유지하며 회무 처리를 신속히 하며 정당한 결과를 가져오도록 힘쓸 일
5) 회장은 순서에 예정한 시간을 어기지 아니하도록 배정한 사건을 처리

케 하며, 의사 중 특별히 정한 사건도 지정한 시간에 반드시 처리하도 록 인도할 일

6) 회의 규칙에 대하여는 회장에게 우선 설명권이 있고, 회장의 기립 공포 한 해석대로 시행하되, 회원 중 2인 이상이 항변하면 회장은 변론 없이 가부를 물어 공포한 해석을 바로 잡을 일

7) 치리회가 다른 작정이 없으면 회장이 모든 위원을 자벽하며, 상임위원 을 임명하며, 부회장도 임명하여 회장의 요구에 응하게 하며, 혹은 다 른 방법으로 회장을 돕게 하며, 유고시에는 그 직무를 대리하게 한다.

8) 치리회가 무기명 투표로 표결할 때에 회장도 다른 회원과 같이 투표할 수 있다.

그러나 이같이 투표하였으면 가부 동수가 되어도 회장이 다시 투표할 수 없고 그 안건은 부결된다.

9) 위원을 자벽할 때에 따로 정한 것이 없으면 먼저 호명된 자가 소집장 이 되고, 그가 결석하였거나 유고할 때에는 두 번째 호명자가 소집장 이 된다.

10) 서기는 완전한 회원 명단을 작성하여 개회 직후에 회장에게 제출하 고, 그 후 지참 회원을 추가 기입할 일

11) 서기의 직무

ㄱ. 각종 문서를 접수하고 보고하거나, 채택된 차례대로 정리하여 보관 할 일

ㄴ. 합당한 각종 헌의건과 청원건 등 일체의 의안을 헌의부로 보내고, 그 위원으로 하여금 총회에 보고하여 해당 부서로 분급케 할 일

※ 회가 회집하면 의안을 분급하는 일을 위탁한 헌의위원에게 항상 우선 권을 주어 보고하게 할 일

12) 개회 시마다 회록을 작성할 것이요, 요구를 좇아 전 회록을 낭독하고, 착오가 있으면 바로 잡을 일

13) 전회의 미결 안건을 먼저 취급할 일

14) 동의는 재청이 있어야 성립되고, 토론은 회장이 그 동의를 선포하거나 낭독이 앞서야 한다. 회장이나 혹은 회원이 요청하면 동의자는 서면 동의를 해야 한다.

15) 모든 회원은 재청자와 함께 동의할 자유가 있으며, 토론하기 전에 이를 취하할 자유가 있다. 그러나 토론이 시작된 후에는 본회의 허락 없이는 취하할 수 없다.

16) 한 동의에 여러 부분이 포함되었을 경우, 2인 이상이 요구하면 부분별로 나누어 각각 가부를 물을 수 있다.

17) 수효와 시간에 관계되는 동의에 대하여 여러 가지 개의가 있으면, 최고수에서 최소수로, 혹은 아주 먼 시간에서 아주 가까운 시간으로 차례를 삼아 물을 일

18) 발언권 규정

ㄱ. 토론 없이 가부를 묻는(언권을 허락할 수 없는) 동의

  a. 유안 동의

  b. 유안했던 사건을 심의하자는 동의

  c. 폐회 동의

  d. 토론을 종결하고 가부 표결하자는 동의

ㄴ. 한 번만 발언할 수 있는 동의

  a. 규칙 위반에 관한 사건

  b. 논의를 연기하자는 동의

  c. 사건을 위원에게 일임하자는 동의

ㄷ. 기타 사건

한 분이 한 사건에 세 번 이상 발언하지 못하나, 다시 발언하려고 하면 특별 허락 을 얻어야 한다.

19) 사건을 논의하는 중에 다른 사건을 제출하지 못하나 아래와 같은 동의는 받아 논의할 수밖에 없다.

ㄱ. 원안대로 받자는 동의

ㄴ. 원안을 수정하자는 동의

ㄷ. 동의와 개의와도 다른 재개의

ㄹ. 위원에게 위임하자는 동의

ㅁ. 유기한 연기 동의

ㅂ. 무기한 연기 동의

ㅅ. 유안 동의

ㅇ. 폐회 동의

이상 여러 가지 동의에 대하여 가부를 물을 때에는 제각기 선결 차서를 따라 폐회 동의에서 시작하여 원 동의까지 거슬러 올라간다.

20) 동의에 대하여 개의하고 개의에 대하여 재개의할 수 있으나 그 밖에 는 더 수정하지 못하며, 가부를 물을 때에는 재개의를 먼저 묻고, 그 다음에는 개의를 묻고, 원 동의를 묻는데, 대의(개의의 일종)가 있으 면 대의를 먼저 묻고 나중에 원 동의를 묻는다.

21) 유안 중에 아래와 같이 두 가지 구별이 있다.

ㄱ. 폐회 전 어느 시간까지 유안하기로 하였으면 회기 중 정한 시간에 다시 논의할 일

ㄴ. 무기한 유안하기로 하였으면 그 회기 중에는 다시 논의할 수 없으 나, 혹시 재론하여 개정되면 그 회기 중에도 다시 논의할 수 있다.

유안 동의는 토론을 허락하지 아니한다.

22) 토론을 종결하고 가부 표결하기로 가결되면, 아래와 같은 순서로 본 안건에 대하여 즉시 가부를 묻는다.

　ㄱ. 위원에게 위임하자는 동의

　ㄴ. 재개의

　ㄷ. 개의

　ㄹ. 동의

※ 가부를 묻겠다고 회장이 선언한 후에는 그 안건이 처결될 때까지 일체의 발언을 허락하지 아니한다.

23) 한번 처결한 사건은 회기 중 다시 재론할 수 없다. 그러나 결정할 당시에 다수 편에 속했던 회원 중에서 동의와 재청이 있고, 회원 3분의 2 이상의 가결이 있으면 재론할 수 있다.

24) 무기한 연기하기로 가결된 사건은 그 회기 중에는 다시 논의할 수가 없다.

그러나 그 결정에 동참한 회원 4분의 3 이상이 가결하면 그 회기 중에 다시 논의할 수 있다.

25) 회원은 특별한 이유가 없는 한 표결에 참가해야 한다. 그렇지 아니하면 각 항 결정을 소수가 좌우하게 된다. 침묵 회원은 그 의견이 다수 편과 동일한 것으로 인정된다.

26) 회장이 가부 표결을 선언하면 폐회 동의 외에는 이론이나 설명 등 일체의 발언을 허락하지 아니한다. 그러나 과오가 드러나면 표결을 중지하고 시정한 후에, 회장이 다시 가부 표결을 선언하고 표결한다. 표결할 시간을 미리 작정하자는 동의는 토론 없이 즉시 가부를 묻는다.

투표를 진행할 때에 정회 혹은 폐회 시간이 되면 마땅히 투표를 필할 때까지 시간을 연장할 것이요, 혹 다수가 허락하면 정회할 수 있으나, 속회하면 그 투표건을 우선 처결해야 한다.

한가지 안건 중 여러 가지 사건이 포함되었으면 편의상 사건마다 가부를 물을 것이 아니라, 축조하여 회중의 허락을 일단 넘겨 놓고, 맨 나중에 전체를 채용하자는 동의와 재청으로 가부를 물어 완전히 결정할 일

27) 출석 회원 3분의 1 이상의 요청이 없으면 어떤 문제에 대한 찬성과 반대를 기록으로 남기지 아니한다.

회장이 가부를 공포할 때에 회원 중 불복하고 기립 표결을 요청하면 그 수를 헤아릴 것 없이 기립으로 다시 가부를 표하게 할 것이요, 그래도 회장이 판단하기가 어렵든지, 회원 중 개회 성수 이상의 요청이 있으면, 회장은 계산위원을 자벽하여 그 위원으로 하여금 양편을 헤아려 보고하게 할 일

28) 회원들이 토론할 때에 인신 공격을 하도록 방임하지 못할 일

29) 회원 중 2인 이상이 기립하여 언권을 청하는 경우에는 회장석에서 가장 먼 자로 우선권을 줄 것이요, 토론하는 의안이 양론으로 갈리게 되면 회장은 번갈아 언권을 허락할 일

30) 회원 중 3인 이상이 일시에 일어나면 회장은 발언자 외에는 모두 앉도록 한 후에 발언을 계속하여 할 일

31) 모든 회원은 발언할 때에 회장을 향하여 하고, 회원 상호간에 존대하며 특히 회장에게 예의 바르게 하며 존경할 일

32) 발언자가 규칙을 어기거나, 잘못을 바로 잡는다고 변명하거나 그릇된 설명을 하지 아니하는 한 발언 중지를 당하지 아니한다.

33) 치리회 회무가 계속되는 동안 회원들은 사담할 수 없으며, 회장의 명백한 허락이 없이는 방청인이나 다른 회원을 향하여 대화할 수 없고, 회장을 향하여 발언할 일

34) 치리회가 재판회로 회집할 때에는 필수적으로 회원들의 침착과 위엄이 지속되어야 한다. 간명하게 발언하고 정황하고 엉뚱한 열변을 피해야 한다.
본 문제에서 이탈하면 어느 회원이든지 "규칙이요"라고 불러 제지할 특권이 있고, 또한 이것은 회장의 본분이기도 하다.

35) 회원 중 누구든지 무례한 행동을 하면 아무나 "규칙이요"라고 불러 제지할 특권이 있고, 이것은 또한 회장의 본분이기도 하다.

36) 회원 중 누구든지 회장의 결단으로 말미암아 압제를 당한다고 여겨지면 그 치리회에 항의할 특권이 있고, 그 항의는 토론 없이 즉시 회장이 표결해야 한다(권징조례 제4장 제28조 참조).

37) 회원 중 누구든지 회장의 허락 없이 회의 장소를 떠날 수 없으며, 본회의 허락 없이 귀가할 수 없다.

38) 어느 치리회든지 사건이 공개할 만한 것이 아니라고 여겨질 때에는 비밀회로 회집할 특권이 있다.

39) 어느 치리회든지 담화회로 회집할 특권이 있다. 이런 회는 규칙에 얽매이지 아니하고 자유롭게 대화한다(정치문답조례 제259문답 참조).

40) 치리회가 재판회로 회집하면 회장은 지정된 재판 업무를 신중하게 처리할 것과, 예수 그리스도의 법정에서 재판하는 재판관으로서의 신성한 본분과 비상한 특성을 회상하고 삼가 조심할 것을 정중하게 공포해야 한다(권징조례 제4장 제20조 참조)

41) 고소인과 기소인이 소송을 제기하는 경우, 치리회는 먼저 조사위원을 선정하여 저들로 모든 문서를 분류하고 정리하며, 치리회 감독 아래 사건 진행상의 완전한 절차를 결정하게 하는 것이 편리하다. 그럴지라도 동 위원들의 재판 회원으로서의 권리에는 아무런 제한도 받지 아니한다.

42) 원고가 없이도 치리회가 기소하기로 가결하고 진행하는 재판 사건(권징조례 제2장 제7조)에, 치리회가 선임한 기소위원은 자초지종 그 사건의 원고가 된다(권징조례 제2장 제12조). 기소위원은 재판 회원권을 상실한다.

43) 치리회의 총무 서기 등 상설 직원은 각각 해당 사무 관계를 논의할 때에 언권 회원이 된다.

44) 당회는 기도로 폐회하나 모든 상회는 폐회할 때에 기도뿐 아니라, 회장이 적당한 시나 찬송을 부르고 축도로 폐회한다.

45) 본 회칙은 출석 회원 3분의 2 이상의 가결로 일시 정지할 수 있다.